Haftungsfragen bei Unfällen zwischen Radsportlern

Haftungs- und Versicherungsrecht

Rechtliche Probleme der vertraglichen und außervertraglichen Haftung sowie des Versicherungsrechts

Herausgegeben von Christoph Brömmelmeyer, Erwin Deutsch, Hans-Peter Schwintowski und Jochen Taupitz

Band 14

PL ACADEMIC RESEARCH

Friedrich Anselm Wagner

Haftungsfragen bei Unfällen zwischen Radsportlern

Zugleich eine Untersuchung zu relativen Schutzpflichten und der Struktur des § 823 Abs. 1 BGB

PL ACADEMIC RESEARCH

Bibliografische Information der Deutschen Nationalbibliothek
Die Deutsche Nationalbibliothek verzeichnet diese Publikation in der Deutschen Nationalbibliografie; detaillierte bibliografische Daten sind im Internet über http://dnb.d-nb.de abrufbar.

Zugl.: Passau, Univ., Diss., 2015

Veröffentlicht mit finanzieller Unterstützung der Universität Passau.

Gedruckt auf alterungsbeständigem,
säurefreiem Papier.

D 739
ISSN 0945-3628
ISBN 978-3-631-66665-4 (Print)
E-ISBN 978-3-653-06110-9 (E-Book)
DOI 10.3726/978-3-653-06110-9

PL Academic Research ist ein Imprint der Peter Lang GmbH.

Peter Lang – Frankfurt am Main · Bern · Bruxelles · New York ·
Oxford · Warszawa · Wien

Diese Publikation wurde begutachtet.

www.peterlang.com

Vorwort

Mein besonderer Dank gilt meinem Doktorvater Professor Dr. Tomas Kuhn für die Betreuung des Promotionsvorhabens, die ich mir nicht besser hätte vorstellen können. Frau Professorin Dr. Dörte Poelzig danke ich für die zügige Erstellung des Zweitgutachtens.

Außerdem danke ich der Studienstiftung des deutschen Volkes für die großzügige finanzielle und ideelle Förderung meiner Promotion.

Meiner Freundin Maria Hoppe danke ich für ihre liebevolle Fürsorge während der Erstellung dieser Arbeit.

Schließlich danke ich ganz besonders meinen Eltern, die mich nicht nur während meiner Promotion, sondern in meinem gesamten bisherigen Werdegang stets bedingungslos unterstützt haben.

Inhaltsverzeichnis

Einleitung

„Sport has the power to change the world. It has the power to unite people in a way that little else does“ (*Nelson Mandela*).

Damit beschrieb Nelson Mandela eine der wichtigsten positiven Eigenschaften, die dem Sport gemeinhin zugeschrieben wird. Darüber hinaus fördert die sportliche Betätigung die Gesundheit und trägt zum körperlichen Wohlbefinden bei.

A. Bedeutung des Sports für die Gesellschaft und Umgang der Gesellschaft mit Folgeschäden der Sportausübung

Sport ist Teil der Gesellschaft. In fast allen Schulen findet Sportunterricht statt, zahllose Vereine bieten eine kaum mehr überschaubare Vielfalt an Sportprogrammen an und es gibt Wettkämpfe aller Art für Hobby- und Leistungssportler. Die Motivation zum Sportreiben ist sehr vielfältig: Leistungssportler erwirtschaften zumindest einen Teil ihrer finanziellen Lebensgrundlage durch Sportausübung, wohingegen Hobbysportler Sport betreiben, um Entspannung zu finden, Freunde zu treffen, weil ihnen die körperliche Betätigung Freude bereitet und ihrer Gesundheit zuträglich ist.

Leider sind bei der Sportausübung Unfälle zwischen Sportlern unvermeidbar. Diese können teilweise gravierende Folgen für Körper und Gesundheit des Sportlers sowie dessen Vermögen haben. In Deutschland kommt es jährlich zu etwa 2 Millionen Sportverletzungen.[1] In der Schweiz verunglückten in dem Zeitraum von 2000 bis 2012 2383 Sportler tödlich.[2] Bei wie vielen dieser Unfälle Fremdbeteiligung eine Rolle gespielt hat, geht aus den Statistiken leider nicht hervor. Es würde aber bereits ein sehr geringer prozentualer Anteil genügen, um zu einer beträchtlichen absoluten Zahl an Unfällen mit Fremdbeteiligung zu kommen.

Außerdem ergeben sich aus den Folgen des Unfalls häufig auch Folgen für Dritte bzw. die Gesellschaft.[3] Erinnert sei in diesem Zusammenhang an Krankschreibungstage oder Behandlungskosten in Folge von Sportverletzungen. Im Jahr 2000 entstand in Deutschland durch Sportverletzungen ein Schaden von 1.650 Millionen Euro, mag auch hiervon wieder nur ein Teil auf Sportverletzungen mit Fremdbeteiligung

1 *Henke, T./Luig, P./Schulz, D.*, Bundesgesundheitsblatt 2014, 628.

2 *bfu - Beratungsstelle für Unfallverhütung*, Tödliche Sportunfälle in der Schweiz 2000–2012, http://www.bfu.ch/sites/assets/Shop/bfu_2.117.01_bfu-Grundlagen%20%E2%80%93%20T%C3%B6dliche%20Sportunf%C3%A4lle%20in%20der%20Schweiz,%202000%E2%80%932012.pdf (Zuletzt geprüft am: 09.10.2014).

3 Siehe dazu ausführlich: *Fuchs, M.*, SpuRt 1999, 133–138.

entfallen.[4] In den USA entsteht zum Beispiel jährlich ein Schaden von mehr als eine Milliarde US Dollar durch die Behandlung von 500.000 Patienten nach Mountainbike-Unfällen.[5]

Um diese Unfallfolgen aufzuarbeiten und aufzufangen, bedarf es eines Mechanismusses, der einen gerechten Ausgleich zwischen den Betroffenen herstellt. Betroffen sind nicht nur die Sportler selbst, sondern auch auf den ersten Blick Unbeteiligte wie Arbeitgeber oder Krankenversicherungen. Den Arbeitgebern und Krankversicherungen werden kraft Gesetzes Schäden aus der Sphäre des Arbeitnehmers bzw. Versicherten zugewiesen, sodass sie unter Umständen ebenfalls geschädigt sein könnten. Im Fall der Krankenversicherung ist nicht nur diese selbst, sondern letztlich die Gemeinschaft der Versicherten betroffen. Denn muss eine Krankenversicherung für einen Schaden aufkommen, wird diese versuchen, die gestiegenen Kosten auf die Versicherten durch höhere Beiträge abzuwälzen.[6]

Wann jedoch eine Verlagerung des Schadens auf Krankenkasse oder Arbeitgeber angemessen ist, ist häufig rechtlich, gesellschaftlich und somit auch rechtspolitisch stark umstritten.

Die Lohnfortzahlungspflicht des Arbeitgebers trotz Arbeitsunfähigkeit des Arbeitnehmers ist Ausfluss des Sozialstaatsprinzips und sorgt für eine Risikoverschiebung aufgrund gesellschaftlichen Konsenses vom Schwachen zum Starken. Diese Pflicht zur Zahlung von Lohn ohne Arbeit besteht gemäß § 3 I 1 EFZG nur, wenn den Arbeitnehmer kein Verschulden an der Herbeiführung der Arbeitsunfähigkeit trifft. Obwohl der Wortlaut dies zunächst nahe legt, ist der Verschuldensmaßstab nicht § 276 I BGB zu entnehmen, sondern ein Verschulden wäre nur bei einem gröblichen Verstoß gegen das von einem verständigen Menschen für den Selbstschutz als notwendig erachtete Verhalten gegeben.[7] Dementsprechend führt nur ein grob fahrlässiges oder vorsätzliches Verhalten zum Verlust des Anspruchs auf Entgeltfortzahlung. Dabei kommt unter Umständen ein solches Verschulden bereits durch die bloße Ausübung einer besonders gefährlichen Sportart in Betracht.[8]

Ein Ausschluss der Leistungspflicht der gesetzlichen Krankenkasse kommt dagegen selbst bei vorsätzlicher Herbeiführung der Verletzung bzw. Krankheit des Versicherten nicht in Betracht. Bei vorsätzlicher Herbeiführung der Krankheit kann

---

4 *Gläser, H./Henke, T.*, Sportunfälle - Häufigkeit, Kosten, Prävention, http://www.budoten.org/wp-content/uploads/2010/09/arag-sportunfaelle.pdf (Zuletzt geprüft am: 30.09.2014).

5 *Aleman, K.B./Meyers, M.C.*, Sports Medicine (Auckland, N.) 2010, 77, 80.

6 Eine umfassende Darstellung der Umverteilung von Schäden bei Sportunfällen bietet *Fuchs, M.*, SpuRt 1999, 133–138.

7 BeckOk Arbeitsrecht/*Ricken*, Stand 06.2014, § 3 EFZG Rn. 34.

8 Für Einzelheiten siehe: BeckOk Arbeitsrecht/*Ricken*, Stand 06.2014, § 3 EFZG Rn. 47 sowie unten *Untauglichkeit des eingegangenen Risikos als einziges Kriterium S. 218 ff.*

die gesetzliche Krankenkasse jedoch gemäß § 52 I SGB V den Versicherten in angemessener Höhe an den Kosten der Leistung beteiligen.[9]

Eine Verlagerung des Schadens von einem schädigenden Dritten auf die Krankenkasse oder den Arbeitgeber erfolgt dagegen nur in viel geringerem Maße. Zwar ist auch in diesem Fall der Arbeitgeber zunächst gemäß § 3 I 1 EFZG zur Entgeltfortzahlung verpflichtet. Allerdings kann der Arbeitgeber aus der Schadensersatzforderung des Arbeitnehmers, die gemäß § 6 I EFZG auf ihn übergegangen ist, gegen den Schädiger vorgehen und so Regress nehmen. Hat die Krankenkasse Behandlungskosten nach Schädigung des Versicherten durch einen Dritten übernommen, kann auch sie aus gemäß § 116 I 1 SGB X übergegangen Recht gegen den Schädiger vorgehen.

In Anbetracht dieser Umstände besteht seit langem darüber Einigkeit, dass der Interessenausgleich nach einem Sportunfall über eine sportinterne Reaktion allein, zum Beispiel in Form eines Schiedsrichterurteils[10] oder einer Verbandssanktion, nicht herzustellen ist. Eine sportinterne Reaktion allein würde der Bedeutung der Unfallfolgen in vielen Fällen nicht gerecht.[11] Die Sportausübung bewegt sich somit im Rahmen der gesetzlichen Vorgaben und der staatlichen Gerichtsbarkeit[12]. Andererseits kann die rechtliche Beurteilung des Sportunfalles nicht losgelöst von den sportlichen Rahmenbedingungen erfolgen. Das Recht muss den Sportregeln und damit den Besonderheiten des Sporttreibens ausreichend Rechnung tragen. Wie genau

---

9 Dabei handelt es sich Ermessensentscheidung, vgl.: *Waltermann, R.* in: Kreikebohm, Ralf/Spellbrink, Walter/Waltermann, Raimund, Kommentar zum Sozialrecht, 3. Aufl. 2013, § 53 SGB V. Im Fall der privaten Krankenversicherung ist die Rechtslage ähnlich: gemäß § 201 VVG ist die Versicherung nicht zur Leistung verpflichtet.

10 Als Schiedsrichter ist hier der – zumeist vom Verband bestellte – Offizielle gemeint, der während des Wettkampfes über die Einhaltung der Sportregeln wacht. Nicht gemeint ist dagegen der Schiedsrichter, der Teil eines Schiedsgerichts im Sinne von § 1034 ZPO ist.

11 *Pfister, B.*, Einleitung, in: Fritzweiler, J.; Pfister, B.; Summerer, T., Praxishandbuch Sportrecht, 2. Aufl. 2007, S. 7.

12 Teilweise wird innerhalb des Sport versucht, die staatliche Gerichtsbarkeit durch Vereinbarung von Schiedsgerichten im Sinne der §§ 1025 ff. ZPO auszuschließen. Allerdings scheitert dieser Versuch häufig an einem zu großen Einfluss des Verbandes auf das Schiedsgericht, vgl.: *Pfister, B./Summerer, T.*, 2. Teil. Sport, Vereine und Verbände, in: Fritzweiler, J.; Pfister, B.; Summerer, T., Praxishandbuch Sportrecht, 2. Aufl. 2007, S. 210–213. Weniger kritisch hierzu hingegen *Buchberger, M.*, Die Überprüfbarkeit sportverbandsrechtlicher Entscheidungen durch die ordentliche Gerichtsbarkeit, 1999, S. 182–186 und *Steiner, U.*, SpuRt 2014, 2, 3 f.
Darüber hinaus unterliegen auch schiedsgerichtliche Urteile einer eingeschränkten Kontrolle durch die staatliche Gerichtsbarkeit, für Einzelheiten siehe: Müko-ZPO[4]/*Münch*, Vorbemerkungen zu den §§ 1025 ff. ZPO Rn. 7–9.
Aktuell siehe zu dieser Problematik den Fall Pechstein vor dem LG München I, dessen Urteil allerdings noch nicht rechtskräftig ist: *LG München I,* Urteil v. 26.02.2014 (Az. 37 O 28331/12), zitiert nach Juris. Siehe dazu auch *Mohnheim, D.*, SpuRt 2014, 90–94.

nun diese Besonderheiten im Rahmen der allgemeinen Dogmatik und Systematik des Haftungsrechts zu berücksichtigen sind, ist seit Jahrzehnten heftig umstritten.

B. Gegenstand der Untersuchung

Die rechtliche Bewältigung des beschriebenen Interessenausgleichs zwischen den Sportlern und den mittelbar beteiligten Institutionen wie Krankenversicherung und Arbeitgeber bildet den Mittelpunkt der Untersuchung. Allerdings würde es den Rahmen der Arbeit sprengen, alle Haftungskonstellationen zu diskutieren, die sich aus einem Sportunfall ergeben können.

Unter den Begriff Sportunfall lassen sich nach allgemeinem Sprachgebrauch zunächst alle Unfälle während der Sportausübung fassen, an denen zumindest ein Sportler beteiligt ist. Erfasst sind damit Unfälle während der Sportausübung zwischen Sportlern, Unfälle zwischen Sportlern und Zuschauern und zuletzt auch Unfälle, die ein Sportler ohne Fremdbeteiligung, unter Beteiligung eines Veranstalters oder Beteiligung von gänzlich Unbeteiligten erleidet.

Gegenstand der hier vorgenommenen Untersuchung ist die Haftung der Sportler untereinander. Dementsprechend sind nur Sportunfälle unter ausschließlicher Beteiligung von Sportlern während der Sportausübung von Interesse. Auch ausgeklammert bleiben Unfälle, bei denen ein Sportler eine besondere Vertrauensstellung einnimmt und die Möglichkeit hat, das Geschehen alleinverantwortlich zu lenken. Dabei kann dahingestellt bleiben, ob es sich bei diesen Personen in der jeweiligen Situation überhaupt noch um Sportler bei der Sportausübung handelt. Eine besondere Vertrauensstellung und Lenkungsbefugnis haben insbesondere Lehrer, Trainer und sonstige Übungsleiter.

Des Weiteren konzentriert sich die Arbeit auf den Radsport. Im Radsport gehen die Sportler typischerweise ein Risiko ein, indem sie statt des nach der StVO vorgeschrieben Abstandes nur einen viel geringeren Abstand einhalten.[13] Von diesem Verhalten versprechen sich die Sportler den Vorteil einer deutlichen Kraftersparnis.[14] Dementsprechend ist der Radsport als Exempel für die Untersuchung der Haftung, und insbesondere die Haftungsmodifikation aufgrund eines freiwillig eingegangen Risikos, besonders geeignet.

C. Ziel der Arbeit

Die Untersuchung verfolgt zwei Hauptziele. Zunächst soll die Arbeit als erste umfassende Darstellung von Haftungsfragen im Radsport einen Beitrag zur Rechtsklarheit im Radsport leisten.

---

13 Zur Gefährlichkeit des Radsports siehe unten: *Gefahren im Radsport S. 51 ff.*

14 Ausführlich zu Interessenlage und Taktik im Radsport siehe unten: *Typische Unfallmuster und deren Ursache S. 66 ff.*

Darüber hinaus sind ganz allgemein Ergebnisse zu umstrittenen Fragen im Haftungsrecht zu erwarten. Möglicherweise genügen die Sportregeln, die zu einem gewissen Näheverhältnis zwischen den Sportler führen, zur Begründung eines ähnlichen geschäftlichen Kontakts im Sinne von § 311 II Nr. 3 BGB oder können zumindest auf anderem Wege als Grundlage für eine Haftung aus § 280 I BGB dienen. Des Weiteren ist auch im Rahmen von § 823 I und II BGB die Frage zu klären, ob ein freiwillig eingegangenes Risiko durch den Geschädigten, das darüber hinaus auch noch gesellschaftlich gebilligt und sogar unterstützt wird, dessen Schadensersatzanspruch ausschließen oder begrenzen kann.

D. Untersuchungsverlauf

Die Untersuchung ist induktiv aufgebaut: Ausgehend vom Unfall zwischen Radsportlern sollen verallgemeinerungsfähige Thesen zur Dogmatik der Haftung bei Sportunfällen entwickelt werden. Die Untersuchung wird dabei in zwei Teile untergliedert.

I. Erster Teil: Der Unfall im Radsport

Den ersten Teil der Arbeit bildet die Analyse des Unfalls im Radsport unter Zuhilfenahme der hierzu vorhandenen Literatur und der Datenbanken von Unfallverhütungsstellen. Bei der vorhandenen Literatur handelt es sich nicht um rechtlich analysierende Untersuchungen, sondern zumeist um medizinische Veröffentlichungen. Die Unfallverhütungsstellen stellen direkt empirisches Material zur Verfügung. Ein besonderes Augenmerk bei der Analyse dieser Daten liegt auf der Häufigkeit, den Ursachen und den Folgen von Unfällen im Radsport in den jeweiligen Radsportdisziplinen.

In einem zweiten Schritt ist zu klären, welche Regeln zwischen den Radsportlern zur Verhütung von Unfällen gelten. Hier ist zwischen Sportausübung im Rahmen eines Wettkampfes und Sportausübung zum Training zu unterscheiden. Von Interesse ist hierbei insbesondere, auf welchem rechtlichen Wege die Sportregeln in Wettkampf und Training zwischen den Radsportlern Geltung erlangen. Darüber hinaus werden die Sportregeln mit der StVO verglichen.[15]

II. Zweiter Teil: Die Haftung nach einem Unfall im Radsport

Ausgehend von den gefundenen Ergebnissen wird die Haftung der beteiligten Personen geklärt. Dabei stellt sich zunächst die Frage, unter welchen Voraussetzungen eine vertragliche Haftung gemäß §§ 280 I, 241 II BGB (u.U. zusätzlich in Verbindung mit § 311 II Nr. 3 BGB oder den Grundsätzen des Vertrages mit Schutzwirkung für Dritte) in Betracht kommt. Von zentraler Bedeutung ist dabei aber auch die deliktische Haftung gemäß § 823 I, II BGB.[16] Die Untersuchung wird

15 Siehe dazu unten: *1. Teil: Radsport und Radsportunfälle, S. 31 ff.*
16 Siehe dazu unten: *2. Teil: Haftung bei Unfällen im Radsport, S. 107 ff.*

auch hier unterteilt in die Haftung während eines Wettkampfes und die Haftung bei einer Trainingsfahrt.

Ferner wird der Versuch unternommen, verallgemeinerungsfähige Vorschläge für die Fortentwicklung der bestehenden haftungsrechtlichen Dogmatik zur Haftung zwischen Sportlern zu gewinnen.

1. Teil:
Radsport und Radsportunfälle

1. Kapitel: Disziplinen des Radsports und Gefahren des Radsports

A. Die Disziplinen des Radsports

Radsport kann in verschiedenen Disziplinen betrieben werden. Die *UCI* (*Union Cycliste Internationale*) und der *BDR* (*Bund Deutscher Radfahrer*) unterscheiden Straßenradsport, Mountainbikesport, Querfeldeinsport, Bahnradsport, Hallenradsport, BMX Sport, Trialsport und Einradfahren.[17]

Das Reglement wird bestimmt durch die für alle Disziplinen geltende Sportordnung des *BDR*. Darüber hinaus gibt es Wettkampfbestimmungen des BDR für jede einzelne Disziplin.[18] Die Sportordnung sowie die Wettkampfbestimmungen haben mit den *UCI* Cycling Regulations ein Pendant auf internationaler Ebene.[19] Die Sportordnung und die Wettkampfbestimmungen gelten für alle Wettbewerbe des Rennkalenders des BDR. Sollte es sich um ein internationales Rennen des Kalenders der UCI handeln, gilt das UCI-Reglement.[20] Im Folgenden wird daher sowohl das BDR-Reglement als auch das UCI-Reglement untersucht.

I. Straßenradsport

Straßenradsport wird auf asphaltierten Wegen betrieben.[21] Die Straßenräder müssen bestimmte Voraussetzungen einhalten.[22] Hervorzuheben ist das Mindestgewicht von 6,80 kg.[23]

---

17 Vgl.: *UCI*, Union Cycliste Internationale, http://www.uci.ch/ (Zuletzt geprüft am: 30.09.2014), *BDR*, rad-net - Das Radsport-Portal, http://www.rad-net.de/index.php?menuid=60 (Zuletzt geprüft am: 30.09.2014).

18 Sowohl die Sportordnung als auch die Wettkampfbestimmungen sind abrufbar unter: http://www.rad-net.de/modules.php?name=html&f=verwaltung/reglements.htm&menuid=76 (Zuletzt geprüft am: 30.09.2014).

19 Die UCI Cycling Regulations sind abrufbar unter http://www.uci.ch/inside-uci/rules-and-regulations/regulations/ (Zuletzt geprüft am: 30.09.2014).

20 BDR, Wettkampfbestimmungen Straßenrennsport, Stand 04.2014, Punkt 1.1.

21 Ausnahmen sind denkbar, aber sehr selten. Manche Rennen im Frühjahr werden teilweise auf Kopfsteinpflaster ausgetragen, das berühmteste dieser Rennen ist Paris-Roubaix.

22 Siehe UCI, Cycling Regulations, Part 1 General Provisions, Stand 05.2014, Punkt 1.3.006–1.3.025 und BDR, Wettkampfbestimmungen Straßenrennsport, Stand 04.2014, Punkt 4.

23 UCI, Cycling Regulations, Part 1 General Provisions, Stand 05.2014, Punkt 1.3.019, auf diese Regelung wird von BDR, Wettkampfbestimmungen Straßenrennsport, Stand 04.2014, Punkt 4.1 Absatz I verwiesen.

Im Wettkampf werden von der UCI und dem BDR folgende weitere Unterdisziplinen unterschieden: Straßenrennen, Einzelzeitfahren, Mannschaftszeitfahren und Rundstreckenrennen. Bei den genannten Disziplinen handelt es sich um Eintagesrennen. Etappenrennen dauern dagegen mehrere Tage und können an jedem Tag ein Rennen entsprechend dem Reglement eines Eintagesrennens enthalten.[24]

1. *Straßenrennen*

Straßenrennen sind Rennen mit Massenstart.[25] Es dürfen maximal 200 Teilnehmer starten.[26] Die Rennlänge beträgt bei Rennen des nationalen Kalenders zwischen 20 km in der Nachwuchsklasse für unter Elfjährige und 250 km in der Eliteklasse der Herren.[27] Bei Rennen des internationalen Kalenders verlängert sich die maximale Länge bei den Herren in der Eliteklasse auf 280 km, wobei die UCI für manche Rennen ausnahmsweise sogar eine noch längere Distanz erlauben kann.[28] Der Veranstalter muss dafür sorgen, dass die Strecke weder für die Sportler noch für die Betreuer oder Zuschauer ein besonderes Risiko darstellt.[29] Allerdings ist eine komplette Sperrung der Straßen nicht unbedingt notwendig.[30] Das Rennen kann

24 BDR, Wettkampfbestimmungen Straßenrennsport, Stand 04.2014, Punkt 1.2; UCI, Cycling Regulations, Part 2 Road Races, Stand 08/2014, Chapter III, Chapter IV, Chapter V, Chapter VI, Chapter VII; darüber hinaus sehen die UCI, Cycling Regulations, Part 2 Road Races, Stand 08/2014, in Kapitel VIII auch noch Einzelrennen vor, die wie Straßenrennen durchgeführt werden, zu denen allerdings nur Einzelfahrer und keine Teams zugelassen sind.

25 UCI, Cycling Regulations, Part 2 Road Races, Stand 08/2014, Punkt 2.3.010; BDR, Wettkampfbestimmungen Straßenrennsport, Stand 04.2014, Punkt 7.4. Absatz II.

26 UCI, Cycling Regulations, Part 2 Road Races, Stand 08/2014, Punkt 2.2.002; BDR, Wettkampfbestimmungen Straßenrennsport, Stand 04.2014, Punkt 6.7 Absatz I.

27 BDR, Wettkampfbestimmungen Straßenrennsport, Stand 04.2014, Punkt 7.2.1 Absatz I.

28 UCI, Cycling Regulations, Part 2 Road Races, Stand 08/2014, Punkt 2.3.002. Das längste klassische Eintagesrennen im Profisport ist der Frühjahresklassiker Mailand – San Remo mit einer Länge von 290 km, vgl.: *Wikipedia*, Mailand - Sanremo, http://de.wikipedia.org/wiki/Mailand%E2%80%93Sanremo (Zuletzt geprüft am: 30.09.2014).

29 BDR, Wettkampfbestimmungen Straßenrennsport, Stand 04.2014, Punkt 7.3. Absatz I; bei der UCI fehlt dagegen eine entsprechende Regel, diese wird, was allerdings nur vermutet werden kann, wohl für selbstverständlich gehalten.

30 Dies ergibt sich aus einem Umkehrschluss daraus, dass sowohl für Kriterien, als auch für Einzelzeitfahren und Mannschaftszeitfahren, sich im Reglement eine entsprechende Regel findet, im Reglement für Straßenrennen eine solche Vorschrift jedoch fehlt. Vgl.: BDR, Wettkampfbestimmungen Straßenrennsport, Stand 04.2014, Punkt 7.3. Absatz I im Vergleich zu Punkt 8.1 Absatz II und Punkt 11; im UCI Reglement siehe die nicht geregelte Sicherungspflicht für Straßenrennen UCI, Cycling Regulations, Part 2 Road Races, Stand 08/2014, Punkt 2.4.002–2.4.004 im Vergleich zur Regelung für Kriterien in Punkt 2.7.002.

auf einer Rundstrecke ausgetragen werden. Allerdings muss die Runde mindestens 10 km lang sein, sonst handelt es sich um ein Rundstreckenrennen[31].[32]

Die Rennfahrer dürfen eng zusammen fahren und den Windschatten von anderen Fahrern nutzen. Lediglich das Behindern anderer Rennfahrer durch Abdrängen oder Ähnliches ist untersagt.[33] Es gewinnt derjenige Fahrer, der zuerst die Ziellinie überquert.[34]

2. *Einzelzeitfahren*

Im Gegensatz zu Straßenrennen erfolgt der Start beim Einzelzeitfahren einzeln von einer Startrampe.[35] Die Strecke ist deutlich kürzer, bei den Juniorinnen sind Distanzen zwischen 10 km und 15 km zulässig, bei den Herren in der Eliteklasse beträgt die Distanz maximal 80 km, wobei 50 km üblich sind.[36] Die Strecke muss ausgeschildert und sicher abgesperrt sein.[37]

Die Rennfahrer dürfen sich nicht gegenseitig helfen und dürfen, sollten sie trotz Einzelstarts einen anderen Rennfahrer einholen, außerhalb der eng begrenzten Überholphase nicht im Windschatten des anderen Fahrers fahren.[38] Beim Überholen ist ein Seitenabstand von 2 m einzuhalten und nach einem Kilometer muss der Überholte einen Mindestabstand von 25 m zum Vordermann einhalten.[39] Beim Einzelzeitfahren siegt der Fahrer mit der schnellsten Endzeit.[40]

---

31 Zum Reglement von Rundstreckenrennen siehe unten: *Rundstreckenrennen S. 36 f.*

32 UCI, Cycling Regulations, Part 2 Road Races, Stand 08/2014, Punkt 2.3.007; BDR, Wettkampfbestimmungen Straßenrennsport, Stand 04.2014, Punkt 7.3 Absatz VII, VIII.

33 BDR, Wettkampfbestimmungen Straßenrennsport, Stand 04.2014, Punkt 7.5; in UCI, Cycling Regulations, Part 2 Road Races, Stand 08/2014, sind diese Vorgaben etwas versteckter unter Punkt 2.3.036 und Punkt 2.3.012 zu finden.

34 UCI, Cycling Regulations, Part 2 Road Races, Stand 08/2014, Punkt 2.3.037; BDR, Wettkampfbestimmungen Straßenrennsport, Stand 04.2014, Punkt 7.12.

35 UCI, Cycling Regulations, Part 2 Road Races, Stand 08/2014, Punkt 2.4.007, 2.4.011; BDR, Sportordnung, Stand 04.2014, Punkt 8 Absatz I; für den Rennen des nationalen Kalenders wird der Start von einer Startrampe lediglich empfohlen: BDR, Wettkampfbestimmungen Straßenrennsport, Stand 04.2014, Punkt 8. 2 Absatz IV.

36 UCI, Cycling Regulations, Part 2 Road Races, Stand 08/2014, Punkt 2.4.001; BDR, Wettkampfbestimmungen Straßenrennsport, Stand 04.2014, Punkt 8.1 Absatz I.

37 UCI, Cycling Regulations, Part 2 Road Races, Stand 08/2014, Punkt 2.4.002–2.4.004; BDR, Wettkampfbestimmungen Straßenrennsport, Stand 04.2014, Punkt 8.1 Absatz II.

38 UCI, Cycling Regulations, Part 2 Road Races, Stand 08/2014, Punkt 2.4.017; BDR, Wettkampfbestimmungen Straßenrennsport, Stand 04.2014, Punkt 8.4 Absatz I–III.

39 UCI, Cycling Regulations, Part 2 Road Races, Stand 08/2014, Punkt 2.4.019, 2.4.020; BDR, Wettkampfbestimmungen Straßenrennsport, Stand 04.2014, Punkt 8.4 Absatz I–III.

40 BDR, Wettkampfbestimmungen Straßenrennsport, Stand 04.2014, Punkt 8 Absatz I; eine entsprechende Regel in UCI, Cycling Regulations, Part 2 Road Races, Stand 08/2014, fehlt – diese wird wohl als überflüssig da selbstverständlich erachtet.

3. *Mannschaftszeitfahren*

Das Reglement im Mannschaftszeitfahren entspricht im Wesentlichen dem des Einzelzeitfahrens, allerdings mit dem Unterschied, dass an die Stelle des einzelnen Sportlers eine Mannschaft tritt und die erlaubten Distanzen etwas länger sind.[41]

Dementsprechend ist von anderen Mannschaften entsprechender Abstand zu halten, auch während eines möglichen Überholens. Innerhalb der Mannschaft ist jedoch dichtes Fahren im Windschatten erlaubt. Lediglich Abstoßen oder Abschieden der Fahrer einer Mannschaft untereinander ist nicht erlaubt.[42]

4. *Rundstreckenrennen*

Für Rundstreckenrennen oder auch Kriterien (die beiden Begriffe sind Synonyme) gilt das Reglement von Straßenrennen analog.[43] Die Besonderheit liegt allerdings darin, dass Kriterien auf kleinen Runden ausgetragen werden. Die Rundenlänge kann zwischen 800 m und 9999 m (BDR) bzw. 800 m und 10000 m (UCI) variieren.[44] Der Sieger wird entweder genauso wie im Straßenrennen danach bestimmt, wer als Erster über die Ziellinie nach der letzten Runde fährt[45], oder danach, wer die meisten Punkte gesammelt hat. Punkte werden jeweils an die Erstplatzierten jeder Runde beim Überfahren der Start- und Ziellinie vergeben. Sollte es einem Fahrer gelingen, alle anderen Fahrer zu überrunden, so gewinnt dieser Fahrer unabhängig von den davor gesammelten Punkten.[46]

---

41 Vgl.: UCI, Cycling Regulations, Part 2 Road Races, Stand 08/2014, Chapter V; BDR, Wettkampfbestimmungen Straßenrennsport, Stand 04.2014, Punkt 9.

42 UCI, Cycling Regulations, Part 2 Road Races, Stand 08/2014, Punkt 2.5.015 – 2.5.018; BDR, Wettkampfbestimmungen Straßenrennsport, Stand 04.2014, Punkt 9.4.

43 UCI, Cycling Regulations, Part 2 Road Races, Stand 08/2014, Punkte 2.7.001; BDR, Wettkampfbestimmungen Straßenrennsport, Stand 04.2014, Punkt 11.2.1 Absatz I und Punkt 11.

44 UCI, Cycling Regulations, Part 2 Road Races, Stand 08/2014, Punkt 2.7.016; BDR, Wettkampfbestimmungen Straßenrennsport, Stand 04.2014, Punkt 11 und Punkt 11.1 Absatz II.

45 UCI, Cycling Regulations, Part 2 Road Races, Stand 08/2014, Punkt 2.7.002 Nr. 1; BDR, Wettkampfbestimmungen Straßenrennsport, Stand 04.2014, Punkt 11.2.2; der BDR spricht nur bei dieser Form der Ergebnisbestimmung von Rundstreckenrennen.

46 UCI, Cycling Regulations, Part 2 Road Races, Stand 08/2014, Punkt 2.7.002 Nr. 2.; BDR, Wettkampfbestimmungen Straßenrennsport, Stand 04.2014, Punkt 11.2.3; bei dieser Form der Ergebnisbestimmung spricht der BDR von Kriterien.

Im Gegensatz zu Straßenrennen muss die Strecke für den Verkehr gesperrt sein.[47] Die zulässige Distanz beträgt, abhängig von der Länge der Runde, zwischen 80 km und 150 km.[48]

II. Mountainbikesport

Mountainbikesport wird im Gegensatz zum Straßenradsport nicht nur auf asphaltierten Wegen, sondern auch auf unbefestigten Wegen und im freien Gelände betrieben.[49] Für die Räder im Mountainbikesport gelten gegenüber den Straßenrädern verschärfte Bedingungen, u.a. muss die Reifenbreite mindestens 1,5 Zoll betragen.[50]

Die bekanntesten Disziplinen im Mountainbikesport sind Cross Country (CC), Cross Country Eliminator (XCE), Downhill (DH), Marathonrennen (XCM) und 4-Cross (4X).[51] Darüber hinaus entwickeln sich laufend neue Wettkampfformate wie zum Beispiel 24 Stunden-Rennen, Dual Slalom, Bergzeitfahren und viele weitere mehr. Etappenrennen sind ebenfalls zulässig, allerdings nur in den Disziplinen Cross Country und Marathonrennen.[52] Darüber hinaus gibt es auch Wettkämpfe in der Disziplin Mountainbike Orientierung, bei denen es primär um die schnellste Routenwahl nur mit Hilfe einer Karte geht.[53]

1. Cross Country

Cross Country Wettkämpfe werden auf Rundstrecken ausgetragen, die zwischen 4 km und 6 km lang sind und auf verschiedenen Wegen inklusive Steigungen und Abfahrten verlaufen.[54] Die Renndauer soll nicht länger als 1:45 Stunden sein.[55] Die

---

47 UCI, Cycling Regulations, Part 2 Road Races, Stand 08/2014, Punkt 2.7.002; BDR, Wettkampfbestimmungen Straßenrennsport, Stand 04.2014, Punkt 11.

48 UCI, Cycling Regulations, Part 2 Road Races, Stand 08/2014, Punkt 2.7.017; BDR, Wettkampfbestimmungen Straßenrennsport, Stand 04.2014, Punkt 11.1 Absatz III.

49 UCI, Cycling Regulations, Part 4 Mountain Bike Races, Stand 04/2014, Punkt 4.2.016, 4.3.004, 4.4.014; BDR, Wettkampfbestimmungen Mountainbike (MTB), Stand 04/2014, Punkt 1.1.

50 BDR, Wettkampfbestimmungen Mountainbike (MTB), Stand 04/2014, Punkt 4.2. Absatz I.

51 UCI, Cycling Regulations, Part 4 Mountain Bike Races, Stand 04/2014, Punkt 4.1.001; BDR, Wettkampfbestimmungen Mountainbike (MTB), Stand 04/2014, Punkt 1.2.1.

52 UCI, Cycling Regulations, Part 4 Mountain Bike Races, Stand 04/2014, Punkt 4.2.066, 4.2.071; BDR, Wettkampfbestimmungen Mountainbike (MTB), Stand 04/2014, Punkt 2.6.1 und 2.6.4 Absatz V.

53 Siehe dazu: BDR, Wettkampfbestimmungen Mountainbike Orienteering (MTBO), Stand 01/2014.

54 UCI, Cycling Regulations, Part 4 Mountain Bike Races, Stand 04/2014, Punkt 4.2.016; BDR, Wettkampfbestimmungen Mountainbike (MTB), Stand 04/2014, Punkt 2.1.1 Absatz I, Punkt 2.1.2 Absatz I, II.

55 UCI, Cycling Regulations, Part 4 Mountain Bike Races, Stand 04/2014, Punkt 4.2.001.

Strecke besteht zu höchstens 15 Prozent aus asphaltierten Wegen, der restliche, nicht asphaltierte Teil der Strecke, soll fahrbar sein.[56] Auf der Strecke dürfen sich auch bedeutende Hindernisse befinden, allerdings nur, wenn die Kommissäre diese abgenommen haben.[57] Trotz dieser Reglement-Vorgaben ist in den letzten Jahren ein deutlicher Trend hin zu technisch anspruchsvolleren Strecken zu erkennen. Dabei werden immer öfter auch künstliche Hindernisse verwendet.

Der Start erfolgt als Massenstart;[58] es gewinnt derjenige Fahrer, der als Erster die Ziellinie überquert[59]. Die Rennfahrer müssen sich fair verhalten und schnelleren Fahrern das Überholen ohne Behinderung ermöglichen. Windschattenfahren ist erlaubt.[60]

2. Cross Country Eliminator

Ein Cross Country Eliminator Rennen entspricht in weiten Teilen einem Cross Country Rennen,[61] mit dem Unterschied einer deutlich kürzeren Renndauer und Rundenlänge (500 m – 1250 m).[62] Die Rennstrecke soll künstliche, aber überfahrbare Hindernisse enthalten.[63]

Der Sieger wird durch Ausscheidungsläufe bestimmt. Die Fahrer starten in Gruppen zwischen vier und sechs Fahrern; eine bestimmte Anzahl dieser Fahrer können sich für die nächste Runde durch Überqueren der Ziellinie vor den anderen Fahrern

---

56 UCI, Cycling Regulations, Part 4 Mountain Bike Races, Stand 04/2014, Punkt 4.2.016, 4.2.017; BDR, Wettkampfbestimmungen Mountainbike (MTB), Stand 04/2014, Punkt 2.1.1 Absatz II, III.

57 BDR, Wettkampfbestimmungen Mountainbike (MTB), Stand 04/2014, Punkt 2.1.2 Absatz V.

58 UCI, Cycling Regulations, Part 4 Mountain Bike Races, Stand 04/2014, Punkt 4.2.003; BDR, Wettkampfbestimmungen Mountainbike (MTB), Stand 04/2014, Punkt 2.1.3 Absatz I.

59 BDR, Wettkampfbestimmungen Mountainbike (MTB), Stand 04/2014, Punkt 2.1.7 Absatz III; eine entsprechende Regel im UCI Reglement fehlt.

60 UCI, Cycling Regulations, Part 4 Mountain Bike Races, Stand 04/2014, Punkt 4.1.034; BDR, Wettkampfbestimmungen Mountainbike (MTB), Stand 04/2014, Punkt 2.1.4 Absatz III.

61 Vgl.: UCI, Cycling Regulations, Part 4 Mountain Bike Races, Stand 04/2014, Punkt 4.2.010 – 4.2.013; BDR, Wettkampfbestimmungen Mountainbike (MTB), Stand 04/2014, Punkt 2.2.

62 BDR, Wettkampfbestimmungen Mountainbike (MTB), Stand 04/2014, Punkt 2.2.2 Absatz I; laut UCI, Cycling Regulations, Part 4 Mountain Bike Races, Stand 04/2014, Punkt 4.2.010 sogar nur 500m bis 1000m.

63 BDR, Wettkampfbestimmungen Mountainbike (MTB), Stand 04/2014, Punkt 4.2.010; BDR, Wettkampfbestimmungen Mountainbike (MTB), Stand 04/2014, Punkt 2.2.2 Absatz II.

qualifizieren.[64] Die Fahrordnung ist mit der eines Cross Country Rennens vergleichbar: Die absichtliche Behinderung von Konkurrenten ist verboten, das dichte Fahren ohne Abstand zueinander aber erlaubt.[65]

3. Marathonrennen

Mountainbike Marathonrennen sind mit Cross Country Rennen vergleichbar. Lediglich hinsichtlich der Länge und Schwierigkeit der Strecke können Unterschiede ausgemacht werden: Marathonrennen sind mit 60 km bis 120 km Rennlänge deutlich länger[66], die Strecke ist dagegen zumeist technisch leichter, obwohl häufig Laufpassagen enthalten sind.

Auch die Fahrordnung entspricht der Fahrordnung von Cross Country Rennen. Hervorzuheben ist allerdings, dass häufig durch den Veranstalter darauf hingewiesen wird, dass gegebenenfalls auch Verkehrsvorschriften und behördliche Anordnungen zu beachten sind.[67] Aufgrund der großen Streckenlänge ist es oft nicht möglich, die gesamte Strecke abzusperren.

4. Downhill

Downhillwettbewerbe werden auf einer 1500 m – 3500 m langen, abwechslungsreichen und technischen fordernden abschüssigen Strecke ausgetragen.[68] Der Start erfolgt einzeln, es gewinnt der Fahrer mit der schnellsten Zeit.[69]

---

64 UCI, Cycling Regulations, Part 4 Mountain Bike Races, Stand 04/2014, Punkt 4.12.011 und 4.2.012; BDR, Wettkampfbestimmungen Mountainbike (MTB), Stand 04/2014, Punkt 2.2.1 Absatz I, Punkt 2.2.3 und Punkt 2.2.4.

65 UCI, Cycling Regulations, Part 4 Mountain Bike Races, Stand 04/2014, Punkt 4.2.012; das BDR Reglement verzichtet dagegen auf eine ausdrückliche Nennung dieser Regel.

66 UCI, Cycling Regulations, Part 4 Mountain Bike Races, Stand 04/2014, Punkt 4.2.004 und 4.2.005; BDR, Wettkampfbestimmungen Mountainbike (MTB), Stand 04/2014, Punkt 2.4.

67 BDR, Wettkampfbestimmungen Mountainbike (MTB), Stand 04/2014, Punkt 2.4.11 Absatz I.

68 BDR, Wettkampfbestimmungen Mountainbike (MTB), Stand 04/2014, Punkte 4.3.004 bis 4.3.006; BDR, Wettkampfbestimmungen Mountainbike (MTB), Stand 04/2014, Punkt 2.3.2 Absatz I und II.

69 UCI, Cycling Regulations, Part 4 Mountain Bike Races, Stand 04/2014, Punkt 4.3.001; BDR, Wettkampfbestimmungen Mountainbike (MTB), Stand 04/2014, Punkt 2.3.3 Absatz I und II.

5. 4-Cross

4-Cross Rennen sind bezüglich der Strecke mit Downhillrennen vergleichbar.[70] Allerdings erfolgt der Start nicht einzeln, sondern in einer Gruppe von 4 Fahrern. Der Sieger wird durch Ausscheidungsläufe bestimmt.[71] Die Lauflänge beträgt zwischen 30 und 60 Sekunden.[72]

Die Fahrordnung erlaubt einen deutlich härteren Zweikampf. Berührungen zwischen den Fahrern sind erlaubt, solange sie nicht absichtlich erfolgen und nicht gegen den fair-play-Grundsatz verstoßen.[73]

III. Querfeldeinsport

Der Querfeldeinsport (auch Crosssport genannt) wird abseits von befestigten Wegen im freien Gelände betrieben.[74] Die Räder unterliegen den gleichen Vorschriften wie Straßenräder, allerdings darf die Reifenbreite 33 mm nicht übersteigen.[75] Der Wettbewerb findet auf einem zwischen 2,5 km und 3,5 km langen Rundkurs statt, der künstliche Hindernisse wie Holzplanken oder Sandfelder enthalten kann, im Übrigen aber stets fahrbar sein muss.[76] Der Rundkurs muss vollständig abgesperrt sein und darf während des Rennens nur von den Rennfahrern betreten werden.[77] Die Rennen werden zwischen September und Februar ausgetragen.[78] Typischerweise sollen die Querfeldeinrennen die Lücke im Kalender der Straßenrennen schließen und so den Straßenrennfahrern Gelegenheit geben, ihre technischen Fähigkeiten zu schulen und auch im Winter im hochintensiven Bereich Wettkämpfe zu bestreiten.

---

70 UCI, Cycling Regulations, Part 4 Mountain Bike Races, Stand 04/2014, Punkt 4.4.014; BDR, Wettkampfbestimmungen Mountainbike (MTB), Stand 04/2014, Punkt 2.5.5 Absatz I.

71 UCI, Cycling Regulations, Part 4 Mountain Bike Races, Stand 04/2014, Punkt 4.4.002 bis 4.4.013; BDR, Wettkampfbestimmungen Mountainbike (MTB), Stand 04/2014, Punkt 2.5.2 und Punkt 2.5.4.

72 UCI, Cycling Regulations, Part 4 Mountain Bike Races, Stand 04/2014, Punkt 4.4.015 BDR, Wettkampfbestimmungen Mountainbike (MTB), Stand 04/2014, Punkt 2.5.5 Absatz II, wobei nach BDR Reglement eine Länge bis 45 Sekunden zulässig ist.

73 UCI, Cycling Regulations, Part 4 Mountain Bike Races, Stand 04/2014, Punkt 4.4.001; BDR, Wettkampfbestimmungen Mountainbike (MTB), Stand 04/2014, Punkt 2.5.1.

74 UCI, Cycling Regulations, Part 5 Cyclo-Cross Races, Stand 06/2014, Punkt 5.1.012; BDR, Wettkampfbestimmungen Querfeldein-Rennsport, Stand 08/2014, Punkt 1.1 Absatz I und Punkt 3.3 Absatz I.

75 BDR, Wettkampfbestimmungen Querfeldein-Rennsport, Stand 08/2014, Punkt 1.2.5.

76 UCI, Cycling Regulations, Part 5 Cyclo-Cross Races, Stand 06/2014, Punkt 5.1.013, 5.1.017, 5.1.023, 5.1.024; BDR, Wettkampfbestimmungen Querfeldein-Rennsport, Stand 08/2014, Punkt 3.3.

77 BDR, Wettkampfbestimmungen Querfeldein-Rennsport, Stand 08/2014, Punkt 3.4 Absatz VI.

78 BDR, Wettkampfbestimmungen Querfeldein-Rennsport, Stand 08/2014, Punkt 1.1 Absatz I.

Der Start erfolgt als Massenstart.[79] Die Renndistanz wird während des Rennens so festgelegt, dass die Endzeit des Schnellsten 1 Stunde beträgt (in der Eliteklasse der Herren, in den Nachwuchsklassen ist die Zeit kürzer).[80] Es gewinnt derjenige, der als Erster die Ziellinie überquert.[81] Eine spezielle Fahrordnung für den Crosssport existiert nicht; nachdem die Wettkampfbestimmungen Querfeldein aber auf den Wettkampfbestimmungen Straße basieren, ist die Fahrordnung von Straßenrennen heranzuziehen.[82]

IV. Bahnradsport

Bahnradsport wird in der Regel auf speziellen Fahrradbahnen betrieben.[83] Diese bestehen aus zwei überhöhten Kurven, die durch zwei Geraden verbunden sind. Die Radrennbahn soll so konstruiert sein, dass die Fahrer ihre Chancen ohne besondere Risiken verteidigen können.[84] Die Länge und Breite der Bahn muss den Anforderungen der darauf ausgetragenen Wettbewerbe entsprechen. Weltmeisterschaften dürfen nur auf Bahnen ausgetragen werden, die mindestens 250 m lang und 7 m breit sind.[85]

---

79 Ergibt sich aus UCI, Cycling Regulations, Part 5 Cyclo-Cross Races, Stand 06/2014, Punkt 5.1.020, 5.1.042 und BDR, Wettkampfbestimmungen Querfeldein-Rennsport, Stand 08/2014, Punkt 5.1.

80 UCI, Cycling Regulations, Part 5 Cyclo-Cross Races, Stand 06/2014, Punkt 5.1.048; BDR, Wettkampfbestimmungen Querfeldein-Rennsport, Stand 08/2014, Punkt 1.3 Absatz I und II.

81 Ergibt sich aus UCI, Cycling Regulations, Part 5 Cyclo-Cross Races, Stand 06/2014, Punkt 5.1.050 und BDR, Wettkampfbestimmungen Querfeldein-Rennsport, Stand 08/2014, Punkt 6.2.

82 Persönliche Mitteilung des Verantwortlichen beim BDR, Herrn *Putzke-Schmidt* am 15.5.2013. Das UCI Reglement verzichtet ebenfalls auf eine spezielle Fahrordnung, was dazu führt, dass die allgemeine Fahrordnung gilt, die sich darauf beschränkt, Fairness und Umsichtigkeit vorzuschreiben, vgl.: UCI, Cycling Regulations, Part 1 General Provisions, Stand 05.2014, Punkt 1.2.079 bis 1.2.083.

83 UCI, Cycling Regulations, Part 3 Track Races, Stand 04/2014, Punkt 3.6.064; BDR, Wettkampfbestimmungen Bahnrennsport, Stand 04/2014, Absatz I (gleich zu Beginn des Dokuments); Wettkämpfe auf anderen Bahnen wie zum Beispiel Tartanbahnen sind nur ausnahmsweise zulässig, vgl.: BDR, Wettkampfbestimmungen Bahnrennsport, Stand 04/2014, Punkt 1.1 Absatz IV.

84 UCI, Cycling Regulations, Part 3 Track Races, Stand 04/2014, Punkt 3.6.067; BDR, Wettkampfbestimmungen Bahnrennsport, Stand 04/2014, Punkt 1.2.1.

85 Die UCI macht dagegen für internationale Rennen strengere Vorgaben: Die Bahnen müssen zwischen 133m und 500m lang sein, siehe UCI, Cycling Regulations, Part 3 Track Races, Stand 04/2014, Punkt 3.6.068, Punkt 3.6.070; BDR, Wettkampfbestimmungen Bahnrennsport, Stand 04/2014, Punkt 1.2.2.

Im Bahnradsport existieren sehr viele unterschiedliche Wettkampfformen.[86] Es ist sogar zulässig, dass Veranstalter spezielle Wettkampfformen erfinden.[87] Grundsätzlich können die Wettbewerbe in Einzel- und Mannschaftswettbewerbe eingeteilt werden. Eine weitere Unterteilung ist danach möglich, ob die Teilnehmer bzw. Mannschaften in einer Gruppe starten oder einzeln. In die Kategorie Einzelstart fallen auch Disziplinen, bei denen mehrere Teilnehmer gleichzeitig auf verschiedenen Plätzen der Bahn starten, aufgrund der verschiedenen Startpositionen aber ein Fahren in der Gruppe weder möglich noch zulässig ist. Geeignete Rennformen können auch als Tandemrennen ausgetragen werden; es gilt dann das Reglement des entsprechenden Rennformates analog.[88] Eine Sonderstellung nehmen Disziplinen ein, bei denen die Radfahrer bis zum Schluss von einem motorisierten Schrittmacher angeführt werden. Bei allen Disziplinen wird die Bahn nur in eine Richtung befahren.[89]

1. *Einzelwettkämpfe*

Klassische Einzelwettkämpfe sind der Sprint, die Einerverfolgung, das Zeitfahren, das Punktefahren, das Ausscheidungsfahren, das Vorgaberennen, der Keirin und das Omnium.

Das Omnium ist kein eigenes Rennen, sondern nur eine Kombinationswertung aus Resultaten aus anderen (klassischen) Bahnrennen.[90]

a) Einzelstart

Bei den Wettkampfformen Einerverfolgung[91], Zeitfahren[92] und Vorgaberennen[93] starten die Teilnehmer einzeln.

Bei Einzelstart-Wettkämpfen kommt es darauf an, in einer bestimmten Zeit eine möglichst große Strecke zurückzulegen oder eine bestimmte Strecke in einer möglichst kurzen Zeit zu bewältigen.

Typischerweise ist bei Einzelstartwettkämpfen, sollte es ausnahmsweise zu einem Aufeinandertreffen von Fahrern kommen, bereits ein dichtes Fahren im

---

86 UCI, Cycling Regulations, Part 3 Track Races, Stand 04/2014, Punkt 3.2.022 – 3.2.258; BDR, Wettkampfbestimmungen Bahnrennsport, Stand 04/2014, Punkt 2.

87 BDR, Wettkampfbestimmungen Bahnrennsport, Stand 04/2014, Punkt 2 Absatz I.

88 UCI, Cycling Regulations, Part 3 Track Races, Stand 04/2014, Punkt 3.2.184 – Punkt 3.2.188; BDR, Wettkampfbestimmungen Bahnrennsport, Stand 04/2014, Punkt 3.6.

89 BDR, Wettkampfbestimmungen Bahnrennsport, Stand 04/2014, Punkt 1.3.3 Absatz I.

90 UCI, Cycling Regulations, Part 3 Track Races, Stand 04/2014, Punkt 3.2.247 – 3.2.252; BDR, Wettkampfbestimmungen Bahnrennsport, Stand 04/2014, Punkt 3.11.

91 UCI, Cycling Regulations, Part 3 Track Races, Stand 04/2014, 3.2.051 – 3.2.076; BDR, Wettkampfbestimmungen Bahnrennsport, Stand 04/2014, Punkt 3.2.

92 UCI, Cycling Regulations, Part 3 Track Races, Stand 04/2014, 3.2.101 – 3.2.113; BDR, Wettkampfbestimmungen Bahnrennsport, Stand 04/2014, Punkt 3.3.

93 BDR, Wettkampfbestimmungen Bahnrennsport, Stand 04/2014, Punkt 3.7.

Windschatten nicht gestattet.[94] Obwohl nicht ausdrücklich normiert, sind stärkere Eingriffe in die Fahrweise anderer Fahrer wie Abdrängen, Abziehen oder Abschieben erst recht verboten.[95]

Abziehen bezeichnet einen Vorgang, bei dem ein Rennfahrer einen anderen Rennfahrer mit der Hand ergreift und an diesem zieht, um seine eigene Geschwindigkeit zu erhöhen und die des Gegners zu verringern. Abschieben funktioniert ähnlich: Ein Rennfahrer drückt sich vom anderen Rennfahrer in Fahrtrichtung ab, was wiederum seine Geschwindigkeit im Vergleich zu der des Gegners vergrößert. Durch beide Vorgänge wird die kinetische Energie des einen Fahrers auf den anderen Fahrer übertragen. Dadurch wird der abziehende oder abschiebende Fahrer stark beschleunigt, während hingegen die Geschwindigkeit des anderen Fahrers sehr stark abnimmt. Dies führt zu einer Gefährdung der Fahrer, insbesondere auch der nicht an diesem Vorgang beteiligten Fahrer.

b) Massenstart

Bei folgenden Wettkämpfen erfolgt der Start als Massenstart: Sprint[96], Punktefahren[97], Ausscheidungsfahren[98], Keirin[99] und Einzelfahren (Scratch)[100].

Typisch für diese Wettkämpfe ist eine stark durch Renntaktik geprägte Fahrweise sowie sehr dichtes Fahren in der Gruppe bei teilweise extrem hohen Geschwindigkeiten von bis zu 75 km pro Stunde.[101]

Die Fahrordnung erlaubt das dichte Fahren im Windschatten; untersagt sind lediglich Fahrmanöver, die andere Fahrer zum Sturz oder zum Verlassen der Bahn

---

94 UCI, Cycling Regulations, Part 3 Track Races, Stand 04/2014, Punkt 3.2.051 (Bei Einholen des anderen Fahrers hat der Fahrer das Rennen gewonnen), bei Rennen nach Punkt 3.2.101 – 3.2.113 befindet sich nur ein Fahrer auf der Bahn; BDR, Wettkampfbestimmungen Bahnrennsport, Stand 04/2014, Punkt 3.2.5 Absatz III.

95 UCI, Cycling Regulations, Part 3 Track Races, Stand 04/2014, Punkt 3.2.002; BDR, Wettkampfbestimmungen Bahnrennsport, Stand 04/2014, Punkt 1.3.3 Absatz II, Punkt 3.10.4 Absatz I.

96 UCI, Cycling Regulations, Part 3 Track Races, Stand 04/2014, Punkt 3.2.029 – 3.2.050; BDR, Wettkampfbestimmungen Bahnrennsport, Stand 04/2014, Punkt 3.1.

97 UCI, Cycling Regulations, Part 3 Track Races, Stand 04/2014, Punkt 3.2.114 – 3.2.133; BDR, Wettkampfbestimmungen Bahnrennsport, Stand 04/2014, Punkt 3.4.

98 UCI, Cycling Regulations, Part 3 Track Races, Stand 04/2014, Punkt 3.2.218 – 3.2.226; BDR, Wettkampfbestimmungen Bahnrennsport, Stand 04/2014, Punkt 3.5.

99 UCI, Cycling Regulations, Part 3 Track Races, Stand 04/2014, Punkt 3.2.134 – 3.2.143; BDR, Wettkampfbestimmungen Bahnrennsport, Stand 04/2014, Punkt 3.10.

100 UCI, Cycling Regulations, Part 3 Track Races, Stand 04/2014, Punkt 3.2.173 – 3.2.183; BDR, Wettkampfbestimmungen Bahnrennsport, Stand 04/2014, Punkt 3.15.

101 BDR, Wettkampfbestimmungen Bahnrennsport, Stand 04/2014, Punkt 1.2.2 Absatz I.

zwingen.[102] Allerdings ist Überholen in aller Regel nur rechts gestattet.[103] Ebenfalls untersagt ist ein Abziehen, Abschieben, Abdrängen oder sonstiges starkes Behindern anderer Fahrer.[104]

2. *Mannschaftswettkämpfe*

Die klassischen Mannschaftswettkämpfe sind die Mannschaftsverfolgung[105], das Zweier-Mannschaftsrennen (Madison)[106] und der Mannschaftssprint[107].

Die Mannschaftsverfolgung wird – bis auf die Tatsache, dass nicht einzelne Sportler sondern Mannschaften starten – genauso ausgetragen wie die Einerverfolgung.[108] Den Fahrern einer Mannschaft ist es gestattet, eng aneinander zu fahren, um im Windschatten des anderen Fahrers/der anderen Fahrer Kraft zu sparen. Ein Abstoßen, Abziehen oder Ähnliches ist aber auch innerhalb der Mannschaft untersagt.[109]

Der Mannschaftssprint entspricht dem Verfolgungsrennen auf Einzelebene.[110] Die Fahrer innerhalb einer Mannschaft dürfen den Windschatten nutzen, sich aber nicht gegenseitig Abziehen oder Ähnliches. Auch ein Ablösen ist untersagt; jeder Fahrer muss eine Runde führen und danach das Rennen verlassen.[111]

---

102 UCI, Cycling Regulations, Part 3 Track Races, Stand 04/2014, Punkt 3.2.002, Punkt 3.2.122, Punkt 3.2.141, 3.2.226; BDR, Wettkampfbestimmungen Bahnrennsport, Stand 04/2014, Punkt 3.1.5 Absatz II, III, V, VI, Punkt 3.4.4 Absatz I, Punkt 3.5.2 Absatz II, Punkt 3.10.4 Absatz I und V, Punkt 3.15.2 Absatz I.

103 UCI, Cycling Regulations, Part 3 Track Races, Stand 04/2014, Punkt 3.2.043; BDR, Wettkampfbestimmungen Bahnrennsport, Stand 04/2014, Punkt 1.3.3 Absatz I, Punkt 3.1.5 Absatz IV, Punkt 3.4.4 Absatz I, Punkt 3.5.2 Absatz II, Punkt 3.10.4 Absatz I und V, Punkt 3.15.2 Absatz I.

104 UCI, Cycling Regulations, Part 3 Track Races, Stand 04/2014, Punkt 3.2.002, Punkt 3.2.122, Punkt 3.2.141; BDR, Wettkampfbestimmungen Bahnrennsport, Stand 04/2014, Punkt 1.3.3 Absatz II, Punkt 3.4.4 Absatz IV, Punkt 3.5.2 Absatz II, Punkt 3.10.4 Absatz I und V, Punkt 3.15.2 Absatz I.

105 UCI, Cycling Regulations, Part 3 Track Races, Stand 04/2014, Punkt 3.2.077 – 3.2.100; BDR, Wettkampfbestimmungen Bahnrennsport, Stand 04/2014, Punkt 3.12.

106 UCI, Cycling Regulations, Part 3 Track Races, Stand 04/2014, Punkt 3.2.156 – 3.2.172; BDR, Wettkampfbestimmungen Bahnrennsport, Stand 04/2014, Punkt 3.13.

107 UCI, Cycling Regulations, Part 3 Track Races, Stand 04/2014, Punkt 3.2.144 – 3.2.155; BDR, Wettkampfbestimmungen Bahnrennsport, Stand 04/2014, Punkt 3.14.

108 UCI, Cycling Regulations, Part 3 Track Races, Stand 04/2014, Punkt 3.2.078; BDR, Wettkampfbestimmungen Bahnrennsport, Stand 04/2014, Punkt 3.12.3 Absatz I.

109 UCI, Cycling Regulations, Part 3 Track Races, Stand 04/2014, Punkt 3.2.002; BDR, Wettkampfbestimmungen Bahnrennsport, Stand 04/2014, Punkt 3.12.4 Absatz I, V.

110 UCI, Cycling Regulations, Part 3 Track Races, Stand 04/2014, 3.2.144 – 3.2.155; BDR, Wettkampfbestimmungen Bahnrennsport, Stand 04/2014, Punkt 3.14.1 Absatz I.

111 UCI, Cycling Regulations, Part 3 Track Races, Stand 04/2014, Punkt 3.2.152; BDR, Wettkampfbestimmungen Bahnrennsport, Stand 04/2014, Punkt 3.14.2 Absatz III, IV, V.

Dem Zweier-Mannschaftsrennen fehlt dagegen ein Pendant auf Ebene der Einzelwettkämpfe. Im Zweier-Mannschaftsrennen treten jeweils zwei Sportler gemeinsam an, um im Massenstart gegen andere Mannschaften zu bestehen.[112] Sieger ist die Mannschaft, die in einer bestimmten Zeit am meisten Runden gefahren ist oder eine bestimmte Rundenzahl in der kürzesten Zeit bewältigt hat. Teilweise werden auch Punkte für Zwischensprints vergeben[113]. Die Fahrer innerhalb einer Mannschaft dürfen sich ständig ablösen.[114] Dabei ist auch Abziehen, Abschieben oder Abschleudern zulässig.[115]

Beim Abschleudern greifen sich die Mannschaftskollegen an der Hand. Um das Tempo des von hinten kommenden Fahrers zu erhöhen, zieht der vordere Fahrer diesen nach vorne und schiebt ihn an. Der von hinten kommende Fahrer unterstützt diesen Vorgang. Das Abschleudern ermöglicht es, nahezu die gesamte kinetische Energie des abgelösten Fahrers auf den nächsten Fahrer zu übertragen.

Der abgelöste Fahrer muss am äußeren Ende der Bahn weiter fahren ohne in das eigentliche Wettkampfgeschehen einzugreifen.[116] Innerhalb des Feldes der Fahrer, die nicht neutralisiert sind, ist ein sehr dichtes Fahren zulässig.[117]

3. Wettkämpfe mit motorisiertem Schrittmacher

Sowohl bei Steherrennen[118] als auch bei Derny-Rennen[119] bilden jeweils ein motorisierter Fahrer sowie ein Radfahrer ein Team. Die beiden Renntypen sind weitestgehend vergleichbar; lediglich der Start erfolgt bei Steherrennen stehend als Massenstart[120], bei Derny-Rennen dagegen fliegend als Massenstart[121]. Darüber hinaus dürfen beim

---

112 UCI, Cycling Regulations, Part 3 Track Races, Stand 04/2014, Punkt 3.2.156; BDR, Wettkampfbestimmungen Bahnrennsport, Stand 04/2014, Punkt 3.13.1 Absatz I.

113 UCI, Cycling Regulations, Part 3 Track Races, Stand 04/2014, Punkt 3.2.156; BDR, Wettkampfbestimmungen Bahnrennsport, Stand 04/2014, Punkt 3.13.2 Absatz I.

114 BDR, Wettkampfbestimmungen Bahnrennsport, Stand 04/2014, Punkt 3.13.1 Absatz I.

115 UCI, Cycling Regulations, Part 3 Track Races, Stand 04/2014, Punkt 3.2.164; BDR, Wettkampfbestimmungen Bahnrennsport, Stand 04/2014, Punkt 3.13.3 Absatz IV.

116 BDR, Wettkampfbestimmungen Bahnrennsport, Stand 04/2014, Punkt 3.13.3 Absatz IV, V, VI.

117 UCI, Cycling Regulations, Part 3 Track Races, Stand 04/2014, Punkt 3.2.165; BDR, Wettkampfbestimmungen Bahnrennsport, Stand 04/2014, Punkt 3.13.3 Absatz I.

118 UCI, Cycling Regulations, Part 3 Track Races, Stand 04/2014, Punkt 3.2.189 – 3.2.217, BDR, Wettkampfbestimmungen Bahnrennsport, Stand 04/2014, Punkt 3.8.

119 BDR, Wettkampfbestimmungen Bahnrennsport, Stand 04/2014, Punkt 3.9.

120 BDR, Wettkampfbestimmungen Bahnrennsport, Stand 04/2014, Punkt 3.8.4.

121 BDR, Wettkampfbestimmungen Bahnrennsport, Stand 04/2014, Punkt 3.9.2 Absatz I.

Steherrennen spezielle schwere Motorräder eingesetzt werden[122], beim Derny Rennen dagegen nur spezielle leichte Motorräder[123].

Die Fahrordnung ist bei beiden Rennen sehr streng. Die Gespanne dürfen sich nur rechts mit genügend Seitenabstand überholen und müssen auch beim Einscheren genügend Abstand lassen.[124]

In der Geschichte finden sich viele Radrennfahrer, die während Rennen mit motorisiertem Schrittmacher tödlich verunglückt sind.[125] Dementsprechend ist von einem erheblichen Gefahrenpotential in diesen Disziplinen auszugehen, wenn auch die Opferzahl seit 1960 stark zurückgegangen ist.

V. Hallenradsport

Hallenradsport besteht aus den Disziplinen Radball, Radpolo und Kunstradsport.

1. Radball

Radball ist ein Wettbewerb zwischen zwei Zweiermannschaften auf einem genau markierten Spielfeld in der Halle.[126] Der Sport ist insoweit vergleichbar mit Handball oder Fußball, als die Mannschaft mit den meisten geschossenen Toren siegt.[127]

Der Ball darf nur mit dem Rad bewegt werden (Kopfbälle sind allerdings erlaubt)[128]. Das Rad selbst muss spezielle Vorschriften erfüllen.[129] Radball ist ein

---

122 BDR, Wettkampfbestimmungen Bahnrennsport, Stand 04/2014, Punkt 3.8.1 Absatz I und Anhang E.

123 BDR, Wettkampfbestimmungen Bahnrennsport, Stand 04/2014, Punkt 3.9.1 Absatz I Anlage F.

124 UCI, Cycling Regulations, Part 3 Track Races, Stand 04/2014, Punkt 3.2.205; BDR, Wettkampfbestimmungen Bahnrennsport, Stand 04/2014, Punkt 3.8.6 Absatz II, III, Punkt 3.9.1. Absatz I, Punkt 3.9.2 Absatz II, IV.

125 Eine Liste der tödlich verunglückten Radrennfahrer findet sich bei: *Wikipedia*, Liste von tödlich verunglückten Radrennfahrern, http://de.wikipedia.org/wiki/Liste_von_t%C3%B6dlich_verungl%C3%BCckten_Radrennfahrern (Zuletzt geprüft am: 30.09.2014).

126 UCI, Cycling Regulations, Part 8 Indoor Cycling - Cycle-Ball, Stand 10/2010, Punkt 8.1.001, 8.1.023; Der BDR erkennt auch 5er Radball an. Die Mannschaft besteht dann aus fünf Spielern und das Spielfeld ist deutlich größer. Vgl.: BDR, Reglement Fünfer - Radball, Stand 01/2014; im Übrigen gibt es aber kein spezielles BDR Radball Reglement; geregelt ist insoweit nur die Organisation der einzelnen Spielligen und Mannschaften. Vgl.: BDR, Durchführungsbestimmungen Radball - Radpolo, Stand 08/2013.

127 UCI, Cycling Regulations, Part 8 Indoor Cycling - Cycle-Ball, Stand 10/2010, Punkt 8.3.004.

128 UCI, Cycling Regulations, Part 8 Indoor Cycling - Cycle-Ball, Stand 10/2010, Punkt 8.2.002.

129 UCI, Cycling Regulations, Part 8 Indoor Cycling - Cycle-Ball, Stand 10/2010, 8.1.032–8.1.040.

kontaktfreier Sport, denn es ist nicht gestattet, den Gegner oder dessen Rad in irgendeiner Form anzugreifen.[130]

2. Radpolo

Radpolo funktioniert wie Radball mit dem Unterschied, dass die Spieler zum Bewegen des Balles zusätzlich zum Rad und dem Körper mit Ausnahme von Händen und Füßen den Poloschläger nutzen dürfen.[131]

3. Kunstradsport

Im Kunstradsport[132] kommt es darauf an, in einem vorgegebenen Feld[133] auf einem genau vorgeschriebenen Fahrrad[134] Kunststücke[135] auszuführen. Es gibt Wettbewerbe für Einzelfahrer, für Zweier-, Vierer- und Sechserteams.[136]

VI. BMX-Sport

BMX Sport wird mit dem BMX auf speziellen BMX-Bahnen betrieben.[137] Das BMX ist ein Rad mit einem Laufraddurchmesser von 20 Zoll oder zwischen 22,5 Zoll und 26 Zoll (bei letzterem handelt es sich um ein BMX-Cruiser).[138] Die BMX Bahn ist zwischen 300 m und 400 m lang und enthält überhöhte Kurven und Hindernisse.[139]

Der Start erfolgt als Massenstart von bis zu acht Fahrern hinter einem speziellen Startgatter.[140] Sieger eines Laufes ist derjenige, der als Erster die Ziellinie

---

130 UCI, Cycling Regulations, Part 8 Indoor Cycling - Cycle-Ball, Stand 10/2010, Punkt 8.2.003, 8.2.004.

131 Vgl.: BDR, Reglement Zweier Radpolo, Stand 01/2013; UCI Reglement zu Radpolo existiert nicht.

132 Ein eigenes BDR Reglement existiert nicht; der BDR hat nur die Durchführungsbestimmungen normiert.

133 UCI, Cycling Regulations, Part 8 Indoor Cycling - Cycle-Ball, Stand 10/10, Punkt 3.1.

134 UCI, Cycling Regulations, Part 8 Indoor Cycling - Cycle-Ball, Stand 10/10, Punkt 4.1.

135 UCI, Cycling Regulations, Part 8 Indoor Cycling - Cycle-Ball, Stand 10/10, Chapter IV, V, VI, VII.

136 UCI, Cycling Regulations, Part 8 Indoor Cycling - Cycle-Ball, Stand 10/10, Chapter II, III.

137 BDR, Wettkampfbestimmungen BMX, Stand 05/2013, Punkt 1.1 Absatz I.

138 UCI, Cycling Regulations, Part 6 BMX Rule Book, Stand 04/2014, Punkt 6.1.064; BDR, Wettkampfbestimmungen BMX, Stand 05/2013, Punkt 10.2 Absatz II.

139 UCI, Cycling Regulations, Part 6 BMX Rule Book, Stand 04/2014, Punkt 6.1.027, 6.1.032; BDR, Wettkampfbestimmungen BMX, Stand 05/2013, Punkt 9.1 Absatz I, Punkt 9.6.

140 UCI, Cycling Regulations, Part 6 BMX Rule Book, Stand 04/2014, Punkt 6.1.022; BDR, Wettkampfbestimmungen BMX, Stand 05/2013, Punkt 9.3, 11.8.

überquert.[141] Ein vorsätzliches Berühren der anderen Fahrer ist unzulässig, der erste Fahrer darf allerdings seine Fahrspur frei wählen. Lediglich auf der Zielgeraden ist ein Zick-Zack Fahren, das die Konkurrenten am Überholen hindert, verboten.[142] Trotzdem kommt es beim BMX Sport, der sehr stark dem 4-Cross ähnelt, häufig zu Körperkontakten.[143]

VII. Trialsport

Beim Trialsport muss ein bestimmter Kurs, der primär aus künstlichen oder natürlichen Hindernissen besteht, mit möglichst wenigen Fehlern befahren werden.[144] Als Fehler zählt zum Beispiel das Absetzen eines Fußes oder ein Sturz.[145] Der Start erfolgt einzeln oder als Massenstart.[146] Allerdings besteht beim Massenstart freie Hinderniswahl (es muss also keine bestimmte Reihenfolge eingehalten werden) und die Hindernisse werden nur einzeln befahren, sodass dichtes Fahren ohne Sicherheitsabstand nicht vorkommt.[147]

VIII. Einradsport

Einradsport wird in den verschiedensten Disziplinen betrieben, die entweder auf die Erzielung einer größtmöglichen Geschwindigkeit gerichtet sind oder artistische Fähigkeiten erfordern. Die Spanne reicht von Offroad Downhillwettbewerben oder Straßenrennen in der Länge eines Laufmarathons über Rennen auf einer Einradbahn bis hin zu Kombinationen aus Einradfahren und Jonglieren oder Rückwärtsfahren und sogar Ballsportarten wie Einrad-Basketball.[148]

Das Reglement für jede einzelne Disziplin darzulegen, würde den Rahmen dieser Arbeit sprengen. Für Rennen kann allerdings gesagt werden, dass das Reglement

---

141 UCI, Cycling Regulations, Part 6 BMX Rule Book, Stand 04/2014, Punkt 6.1.024; BDR, Wettkampfbestimmungen BMX, Stand 05/2013, Punkt 9.9 Absatz I.

142 UCI, Cycling Regulations, Part 6 BMX Rule Book, Stand 04/2014, Punkt 6.1.085, 6.1.086, 6.1.088, 6.1.089; BDR, Wettkampfbestimmungen BMX, Stand 05/2013, Punkt 11.9 Absatz VI, VII.

143 In UCI, Cycling Regulations, Part 6 BMX Rule Book, Stand 04/2014, Punkt 6.1.085 wird BMX-Sport daher auch als „contact sport" bezeichnet.

144 UCI, Cycling Regulations, Part 7 Trial Regulations, Stand 10/2013, Punkt 7.1.011, 7.1.014 – 7.1.016; BDR, Wettkampfbestimmungen Trialsport, Stand 03/2013, Punkt 2.1.1, 2.2.3.

145 UCI, Cycling Regulations, Part 7 Trial Regulations, Stand 10/2013, Punkt 7.1.084, 7.1.092; BDR, Wettkampfbestimmungen Trialsport, Stand 03/2013, Punkt 2.9.1.

146 UCI, Cycling Regulations, Part 7 Trial Regulations, Stand 10/2013, Punkt 7.1.030-7.1.041; BDR, Wettkampfbestimmungen Trialsport, Stand 03/2013, Punkt 2.4.2.

147 Der Ablauf des Massenstarts wurde mir vom zuständigen Vertreter beim BDR, Herrn Putzke-Schmidt, persönlich am 15.5.2013 mitgeteilt.

148 Für mögliche Wettbewerbe siehe International Unicycling Federation, Wettkampf Regelbuch, Stand 09/2013, Punkt 2 bis 10.

dem Reglement der Fahrradrennen entspricht. So ist generell eine vorsätzliche Behinderung der anderen Fahrer verboten und auf Einradbahnen muss rechts überholt werden.[149]

Diese Arbeit konzentriert sich jedoch auf den Zweiradsport, sodass im Weiteren nicht mehr gesondert auf den Einradsport eingegangen wird. Soweit die Regeln des Einradsports mit denen des Zweiradsports vergleichbar sind, können die folgenden Ausführungen jedoch auf den Unfall zwischen Einradfahrern übertragen werden.

IX. Zusammenfassung

Radsport kann in vielen Formen betrieben werden. Für den weiteren Gang der Untersuchung ist es daher hilfreich, Kategorien zu bilden. Eine Einteilung lässt sich zunächst danach vornehmen, ob eine größtmögliche Geschwindigkeit erzielt bzw. eine Strecke in einer möglichst kurzen Zeit zurückgelegt werden soll. Ist dies der Fall, kann man von Wettkämpfen mit Renncharakter sprechen, die noch weiter danach unterteilt werden können, ob es sich um Rennen mit Einzelstart oder Massenstart handelt.

Wettkämpfe ohne Renncharakter sind die Hallenradsportbewerbe (nicht zu verwechseln mit Wettkämpfen im Bahnradsport) und die Trialsport Wettkämpfe. Alle anderen Wettkämpfe weisen dagegen Renncharakter auf.

Innerhalb jeder Kategorie bestehen für die Radsportler spezifische Unfallrisiken und damit spezifische Haftungsrisiken. Im Rahmen dieser Arbeit können nicht alle Haftungsrisiken untersucht werden. Vielmehr sollen nur die bei Wettkämpfen mit Renncharakter auftretenden typischen Risiken beleuchtet werden.

B. Ausübung des Radsports

Unabhängig von der ausgeübten Disziplin des Radsports bietet sich eine weitere Kategorisierung danach an, ob es sich um eine Rennsituation handelt (also die Teilnahme an einen offiziell ausgeschriebenen Rennen) oder ob die Sportler gemeinsam trainieren.

I. Rennen

Bei Rennen kann zwischen Rennen für lizensierte Sportler (*Lizenzrennen*) und sogenannten Jedermann-Bewerben (*Jedermann-Rennen*) differenziert werden. Unter Lizenz versteht man einen Ausweis, mit dem der Sportler bestätigt, das Reglement und die Statuten zu beachten. Die Lizenz wird für Sportler mit Wohnsitz in Deutschland vom BDR ausgestellt.[150]

---

149 International Unicycling Federation, Wettkampf Regelbuch, Stand 09/2013, Punkt 2.10 und 2.13.

150 UCI, Cycling Regulations, Part 1 General Provisions, Stand 05.2014, Punkt 1.1.001; BDR, Sportordnung, Stand 04.2014, Punkt 5.1 Absatz I.

An *Lizenzrennen* dürfen nur Lizenznehmer teilnehmen. Lizenzinhaber wiederum dürfen nur an Rennen teilnehmen, die von der UCI oder einem angeschlossen Verband (das sind insbesondere die Spitzenverbände der nationalen Staaten) abgenommen worden sind.[151] Abhängig davon, ob es sich um Rennen des nationalen (BDR-Kalender) oder internationalen Kalenders (UCI-Kalender) handelt, müssen die Sportler sogar über ganz bestimmte Lizenzen verfügen.[152]

Jedermann-Rennen sind für Breitensportler konzipierte Rennen, an denen grundsätzlich jeder (auch Lizenzinhaber) starten kann.[153] *Hobby-Rennen* haben auch Breitensportcharakter, sollen die Fahrer aber schon an *Lizenzrennen* heran führen. Daher dürfen an ihnen Lizenzinhaber nicht starten.[154] *Jedermann-Rennen* gibt es allerdings nur in den Disziplinen Straßenrennsport, MTB-Sport, Querfeldeinsport und BMX Sport.[155]

Mit den Änderungen der Wettkampfbestimmungen Straßenrennsport vom April 2014 führt der BDR mit den „Jedermann-Veranstaltungen" eine weitere Kategorie von

---

151 UCI, Cycling Regulations, Part 1 General Provisions, Stand 05.2014, Punkt 1.1.002 und 1.2.019; BDR, Sportordnung, Stand 04.2014, Punkt 4.4.1 Absatz I und Punkt 4.4.2 Absatz I.

152 UCI, Cycling Regulations, Part 1 General Provisions, Stand 05.2014, Punkt 1.1.039; BDR, Sportordnung, Stand 04.2014, Punkt 4.4.2.

153 BDR, Wettkampfbestimmungen Straßenrennsport, Stand 04.2014, Punkt 12.1 Absatz I, II; BDR, Wettkampfbestimmungen Querfeldein-Rennsport, Stand 08/2014, Punkt 1.6 Absatz I, II; Die UCI verlangt auch bei Jedermann-Wettbewerben eine „cycling for all" Lizenz, vgl.: UCI, Cycling Regulations, Part 1 General Provisions, Stand 05.2014, Punkt 1.1.039.

154 BDR, Wettkampfbestimmungen Straßenrennsport, Stand 04.2014, Punkt 12.3 Absatz I, II; BDR, Wettkampfbestimmungen Querfeldein-Rennsport, Stand 08/2014, Punkt 1.7 Absatz I, II; BDR, Wettkampfbestimmungen BMX, Stand 05/2013, Anhang A Punkt A.4 (im BMX Sport werden diese Rennen Anfängerrennen genannt), BDR, Wettkampfbestimmungen Mountainbike (MTB), Stand 04/2014, Punkt 3.2.2 Absatz I, II (im MTB Sport sind die Rennen meistens in Lizenzrennen integriert, es gibt lediglich eine eigene Wertungsklasse für nicht lizensierte Sportler; diese Klasse wird als Funklasse bezeichnet).
Die UCI unterscheidet nicht zwischen Hobby- und Jedermannbewerben, sondern kennt nur das „cycling for all"; um an „cycling for all" Wettbewerben teilzunehmen, braucht man eine spezielle Lizenz, vgl.: UCI, Cycling Regulations, Part 1 General Provisions, Stand 05.2014, Punkt 1.1.039.

155 Dies ergibt sich daraus, dass die BDR, Sportordnung, Stand 04.2014, grundsätzlich verlangt, dass die Sportler lizensiert sind, in BDR, Wettkampfbestimmungen Straßenrennsport, Stand 04.2014, BDR, Wettkampfbestimmungen Querfeldein-Rennsport, Stand 08/2014, und BDR, Wettkampfbestimmungen Mountainbike (MTB), Stand 04/2014, jedoch Jedermann-Rennen ausnahmsweise erlaubt sind.
„[C]ycling for all" Wettbewerbe, vgl.: UCI, Cycling Regulations, Part 1 General Provisions, Stand 05.2014, Punkt 1.1.039, gibt es auch nur in ganz bestimmten Kategorien.

Radrennen ein.[156] Dabei handelt es sich um Rennen, an denen vor allem Breitensportler teilnehmen. Als Reglement soll nicht das Reglement des BDR gelten, sondern die Ausschreibung des Veranstalters.[157] Es ist jedoch davon auszugehen, dass insoweit kein signifikanter Unterschied besteht und die meisten Veranstalter wohl größtenteils auf das Reglement des BDR verweisen.

II. Training

Radtraining kann unterschiedlich organisiert sein. Radsportler können alleine oder in einer Gruppe trainieren. Trainiert der Sportler alleine, stellen sich – anders als beim Gruppentraining – keine sportrechtsspezifischen Haftungsprobleme.

Zu einem Gruppentraining kann es zunächst durch Verabredungen zwischen den Sportlern zum Training ohne Beteiligung einer weiteren oder übergeordneten Instanz kommen. Solche Zusammenschlüsse können auch noch spontan während des Trainings zustande kommen. Andererseits kann das Training auch durch eine übergeordnete Instanz organisiert sein. Als solche Instanzen kommen primär Sportvereine und Radteams in Betracht.

C. Gefahren im Radsport

Im Folgenden sollen die bei der Ausübung des Radsports drohenden Gefahren beschrieben werden. Im Mittelpunkt steht dabei die hier primär interessierende Gefahr, während des Radfahrens einen Unfall mit Beteiligung eines anderen Radsportlers zu erleiden. Nicht im Zentrum der Untersuchung stehen damit Unfälle, die Radsportler durch Kollisionen mit anderen Verkehrsteilnehmern (also Verkehrsunfälle ohne Bezug zur Sportausübung) oder durch Stürze ohne Fremdbeteiligung erleiden.

Ganz ausgeklammert werden können die verschiedenen anderen Gefahrenquellen für die Untersuchung des Risikos von haftungsrechtlich relevanten Unfällen im Radsport jedoch nicht, denn die wenigsten veröffentlichten Untersuchungen erfassen nur den Unfall zwischen Radsportlern. Vielmehr werden häufig auch Verkehrsunfälle bzw. Stürze ohne Fremdbeteiligung miteinbezogen, sodass nur in einem zweiten Schritt versucht werden kann, der jeweiligen Untersuchung die für die hier vorliegende Fragestellung interessanten Informationen zu entnehmen.

I. Veröffentlichte Untersuchungen zum Thema Unfall im Radsport

Es existieren derzeit keine breit angelegten Untersuchungen zum Thema Unfall im Radsport und es gibt auch keine Stelle, bei der solche Daten zentral erfasst würden.

156 Siehe BDR, Wettkampfbestimmungen Straßenrennsport, Stand 04.2014, Punkt 12.1.

157 BDR, Wettkampfbestimmungen Straßenrennsport, Stand 04.2014, Punkt 12.1 Absatz I.

Viele Daten, die im Zusammenhang mit Unfällen unter Beteiligung von Radfahrern erhoben worden sind, weisen keinen sportspezifischen Bezug auf.[158] Diese Daten und Untersuchungen beschreiben vielmehr lediglich Unfälle im Straßenverkehr, an denen Radfahrer beteiligt sind. Für die vorliegende Untersuchung sind aber nicht alle Verkehrsunfälle mit Beteiligung von Radsportlern von Interesse, sondern nur solche, an denen ausschließlich Radsportler beteiligt sind. Radsport wird wiederum immer dann ausgeübt, wenn der Zweck der Bewegung zumindest auch eine allgemeine körperliche Ertüchtigung oder ein Wettkampf bzw. Training ist. Es wird, negativ formuliert, dann kein Radsport ausgeübt, wenn das Fahrrad *nur* als Transportmittel benutzt wird.[159]

Die wohl größte Sammlung von Daten über Sportunfälle und über Radsportunfälle findet sich in der Sportunfalldatenbank der *Ruhr-Universität Bochum* und der *ARAG Sportversicherung*, dort waren im Oktober 2013 200.884 Sportunfälle registriert.[160]

In der Sportmedizin existieren Untersuchungen zu Unfällen im Radsport. Diese haben jedoch häufig den Nachteil, dass der Schwerpunkt der Untersuchung auf den Verletzungen und deren Therapie liegt, der Unfallhergang dagegen nur unzureichend beschrieben wird. Das erschwert die Möglichkeit, zu evaluieren, an wie vielen der Unfälle Fremdbeteiligung anderer Radsportler eine Rolle gespielt hat, was wiederum für die Abschätzung der Haftungsrisiken von Bedeutung wäre.

II. Die veröffentlichten Untersuchungen im Einzelnen

1. Disziplinen übergreifende Untersuchungen

a) Projekt Sicherheit im Sport

Im Rahmen des Projekts *Sicherheit im Sport*[161] wurden im Zeitraum von 2005 bis 2009 25653 Sportunfälle zwischen im Verein organisierten Sportlern analysiert. 0,9 Prozent dieser Unfälle, also ca. 231, waren Unfälle im Radsport.

---

158 Solche Daten werden insbesondere vom Statistischen Bundesamt und vom ADAC erhoben.

159 Die Abgrenzung ist nicht leicht. Bei der gewählten Abgrenzung handelt es sich um einen eigenen Versuch, da eine allgemein gültige Abgrenzung nicht existiert. Eine solche scheitert daran, dass sich bereits der Begriff „Sport“ kaum definieren lässt, siehe *Pfister, B.*, Einleitung, in: Fritzweiler, J.; Pfister, B.; Summerer, T., Praxishandbuch Sportrecht, 2. Aufl. 2007, S. 2.

160 *Henke, T./Luig, P./Schulz, D.*, Bundesgesundheitsblatt 2014, 628, 629.

161 Die Daten aus diesem Projekt wurden mir teilweise durch persönliche Auskunft von Herrn Christian Klein vom 2.10.2012 und 13.2.2013 zugänglich gemacht. Teile der Daten sind auch veröffentlicht. Vgl. zu den veröffentlichten Daten: *Gläser, H./ Henke, T.*, Sportunfälle - Häufigkeit, Kosten, Prävention, http://www.budoten.org/wp-content/uploads/2010/09/arag-sportunfaelle.pdf (Zuletzt geprüft am: 30.09.2014); *dies.*, Die Risikobewertung der verschiedenen Sportarten, in: Bergler, R., Irrationalität und Risiko, 2000.
Zuletzt wurden auch einige Daten im Bundesgesundheitsblatt veröffentlicht, siehe: *Henke, T./Luig, P./Schulz, D.*, Bundesgesundheitsblatt 2014, 628–637.

Seit 1990 wurden im Rahmen dieses Projekts 1660 Unfälle[162] zwischen Radsportlern erfasst und deren Ursachen dokumentiert. In 37,9 Prozent der Fälle war ein Fehlverhalten anderer Ursache, eigenes Fehlverhalten war in 31,2 Prozent der Fälle die Ursache. In 26,1 Prozent der Fälle wurde die Bodenbeschaffenheit und in 22,5 Prozent der Fälle wurden die äußeren Umstände verantwortlich gemacht. Mehrfachnennungen waren bei dieser Erhebung zulässig.

Bei 37 Prozent der Radsportunfälle war eine stationäre Behandlung im Krankenhaus notwendig, die im Regelfall elf Tage dauerte. Die am häufigsten verletzten Körperregionen waren der Kopf (21,8 Prozent)[163] und die Schulter (18,7 Prozent). Dabei ist jedoch zu beachten, dass leichtere Verletzungen unter Umständen gar nicht erst gemeldet wurden.

b) Auswertung von Unfalldossiers durch Kurt Biener[164]

Biener hat 254 Unfalldossiers der *Schweizerischen Unfallversicherungsanstalt* (SUVA) und der *Winterthur* Versicherung über Radunfälle ausgewertet. Unter diesen Unfalldossiers befinden sich 62 Dossiers der SUVA, die repräsentativ für 620 Unfälle stehen.[165]

Da es sich bei allen Unfällen um Unfälle von lizensierten Radsportlern handelt, und die Zahl der lizensierten Radsportler in der Schweiz bekannt ist, kann aus diesen Zahlen eine Unfallquote errechnet werden. Das Risiko, bei einem Radrennen zu verunfallen, liegt nach dieser Studie bei 7 Prozent, d.h. jeder 14.–15. Rennfahrer verunfallt einmal jährlich. Dabei ist zu beachten, dass sich in den Versicherungsdossiers nur die schweren Unfälle finden, bei Unfällen mit nur leichten Folgen wird regelmäßig die Versicherung gar nicht erst involviert. Insgesamt dürfte damit die Quote deutlich höher liegen.[166]

Als häufigste Unfallursache wird „Fahrweise“ benannt. Gemeint ist damit hauptsächlich die Fahrweise der Konkurrenten, die im Zielsprint, bei Massenstürzen oder durch Behinderung bzw. Touchieren des Gegners Unfälle verursachen. Weitere Unfallursachen sind vor allem gefährliche Straßen und Fahrraddefekte.[167]

Die häufigsten Verletzungen sind Schürfungen gefolgt von Prellungen und Frakturen bzw. Commotionen[168].[169]

---

162 Ein Vergleich mit den 25653 Unfällen im Zeitraum von 2005–2009 ist nach persönlicher Auskunft von einem der Verantwortlichen des Projekts nicht zulässig.

163 Es wurde nicht dokumentiert, ob ein Helm getragen wurde.

164 *Biener, K.*, Sportunfälle, 2. Aufl. 1992.

165 *Biener, K.*, Sportunfälle, 2. Aufl. 1992, S. 250 f.

166 *Biener, K.*, Sportunfälle, 2. Aufl. 1992, S. 251.

167 *Biener, K.*, Sportunfälle, 2. Aufl. 1992, S. 255.

168 Eine Commotio ist eine Funktionsstörung eines Organs, die durch eine äußere Einwirkung ausgelöst wurde. Ein Beispiel ist die commotio cerebri (Gehirnerschütterung).

169 *Biener, K.*, Sportunfälle, 2. Aufl. 1992, S. 256 f.

2. *Untersuchungen im Straßenradsport*

a) Verletzungen bei den Hamburger Cyclassics (aktuell Vattenfall Cyclassics)

Die *Hamburger Cyclassics* sind eine der größten Radsportveranstaltungen in Deutschland. Zur Veranstaltung gehört insbesondere ein Profistraßenrennen[170], das Teil des *UCI Worldtour* Kalenders ist, sowie ein Straßenrennen für Breitensportler, das als „Jedermann-Veranstaltung“[171] ausgetragen wird. Insgesamt starten 22.000 Hobbysportler und ca. 100 Profiradfahrer.[172]

Im Jahr 2007 nahmen 19.415 Menschen an dem Hamburger *Cyclassics* teil, 157 der Teilnehmer (0,8 Prozent) mussten durch den Rettungsdienst versorgt werden. Davon verletzten sich 63 Teilnehmer (0,3 Prozent der Gesamtteilnehmerzahl) so schwer, dass eine anschließende Behandlung im Krankenhaus notwendig war. Sieben Teilnehmer erlitten schwere oder sogar lebensbedrohliche Verletzungen. Von den Profis verletzte sich keiner.[173] Fast alle Notfälle waren traumatisch bedingt[174]; laut *Reifferscheid* waren nur zwei Verletzungen während der vier dokumentierten Jahre nicht traumatisch bedingt.[175]

Die Strecke ist für den normalen Straßenverkehr total gesperrt[176], sodass Unfälle mit anderen Verkehrsteilnehmern ausgeschlossen werden können. Die Unfallschwerpunkte lagen insbesondere an Fahrbahnverengungen und 90° Kurven. Am meisten Unfälle ereigneten sich allerdings auf der Zielgeraden, auf der es in Folge von seitlichen Berührungen zwischen den Teilnehmern während der Zielsprints häufig zu Stürzen und somit zu Verletzungen kam.[177]

---

170 Zu dieser Kategorie siehe oben: *Straßenrennen S. 34 f.* und *Rennen S. 49 ff.*

171 Zu diesem Begriff siehe oben: *Straßenrennen S. 34 f.* und *Rennen S. 49 ff.*

172 Siehe http://www.vattenfall-cyclassics.de/index.php/de/eventinfos (Zuletzt geprüft am: 30.09.2014).

173 *Reifferscheid, F.*, Anästhesiologie, Intensivmedizin, Notfallmedizin, Schmerztherapie 2010, 456, 460, siehe dort auch die Zahlen von 2006, 2008, 2009.

174 Eine Verletzung ist traumatisch bedingt, wenn sie durch äußere Gewalteinwirkung hervorgerufen wurde.

175 *Reifferscheid, F.*, Anästhesiologie, Intensivmedizin, Notfallmedizin, Schmerztherapie 2010, 456, 460.

176 Siehe http://www.vattenfall-cyclassics.de/index.php/de/eventinfos (Zuletzt geprüft am: 30.09.2014).

177 *Reifferscheid, F.*, Anästhesiologie, Intensivmedizin, Notfallmedizin, Schmerztherapie 2010, 456, 460 f.

b) *Unfälle während der Bike New York 1996 Tour (inzwischen TD Five Boro Bike Tour*[178]*)*[179]

Die *Bike New York Tour* wird jährlich am 1. Sonntag im Mai abgehalten. Mit ca. 3.000 Teilnehmern handelt es sich um die größte Radsportveranstaltung Amerikas. Die Straßen sind für den normalen Verkehr komplett gesperrt. Die Veranstaltung ist allerdings kein Rennen im eigentlichen Sinne, denn es gibt keine Zeitnahme und es wird kein Klassement erstellt.[180]

Emond u.a.[181] haben während der Ausgabe von 1996 die Verletzungen der 23.502 registrierten und ca. 4.500 nicht registrierten Teilnehmer untersucht.[182] Insgesamt wurden 136 Teilnehmer vom Rettungsdienst medizinisch behandelt, damit lag die Behandlungsrate bei 0,5 Prozent.[183] 38 Teilnehmer mussten ins Krankenhaus transportiert werden, wovon fünf stationär aufgenommen wurden.[184] Die häufigsten Verletzungen waren Schürfwunden und Prellungen (63 Teilnehmer), allerdings hatten auch 31 Teilnehmer schwerere Verletzungen. Bei 21 von diesen 31 Teilnehmern führte ein stumpfes Trauma zu einer Gehirnerschütterung. Zehn der 31 schwerer verletzten Teilnehmer erlitten einen Knochenbruch.[185]

Leider enthält die Studie nur wenige Angaben über den Unfallhergang.[186] Darüber hinaus sind in der Verletzungsstatistik auch Patienten enthalten, deren Behandlungsbedürftigkeit nicht traumatisch bedingt war, sondern durch andere Umstände

---

178 Siehe http://www.bikenewyork.org/ride/five-boro-bike-tour/ (Zuletzt geprüft am: 30.09.2014).

179 Eine ähnliche Studie haben Danneberg und Andrew veröffentlicht: *Dannenberg, A.L./Needle, S./Mullady, D./Kolodner, K.B.*, American Journal of Sports Medicine 1996, 747–753.

180 Vgl.: http://www.bikenewyork.org/ride/five-boro-bike-tour/ (Zuletzt geprüft am: 30.09.2014).

181 *Emond, S.D./Tayoun, P./Bedolla, J.P./Camargo Jr, C.A.*, Annals of Emergency Medicine 1999, 56–61.

182 *Emond, S.D./Tayoun, P./Bedolla, J.P./Camargo Jr, C.A.*, Annals of Emergency Medicine 1999, 56, 58.

183 *Emond, S.D./Tayoun, P./Bedolla, J.P./Camargo Jr, C.A.*, Annals of Emergency Medicine 1999, 56, 58.

184 *Emond, S.D./Tayoun, P./Bedolla, J.P./Camargo Jr, C.A.*, Annals of Emergency Medicine 1999, 56, 58.

185 *Emond, S.D./Tayoun, P./Bedolla, J.P./Camargo Jr, C.A.*, Annals of Emergency Medicine 1999, 56, 58 insbesondere Table 2.

186 Etwas aussagekräftiger ist hier *Dannenberg, A.L./Needle, S./Mullady, D./Kolodner, K.B.*, American Journal of Sports Medicine 1996, 747, 750, wonach die Kollision zwischen Radfahrern in Folge dichten Fahrens im Windschatten als eine Hauptursache insbesondere für ernstere Verletzungen ausgemacht wird. Die dieser Studie zugrunde liegende Radveranstaltung *Cycle Across Maryland* ist mit der New York Bike Tour vergleichbar.

ausgelöst wurde.[187] Die meisten der traumatisch bedingten Verletzungen ereigneten sich an den Bergab-Passagen der Strecke.[188] Die Autoren schildern das dafür typisches Unfallmuster so: Während oder unmittelbar nach einer Bergab-Passage wird von einem Fahrer stark gebremst, nachfolgende Radfahrer können dann nicht mehr rechtzeitig bremsen und es kommt zu einer Massenkarambolage.[189]

c) Umfrage unter Hochleistungsradsportlern durch de Bernardo u.a.[190]

De Bernardo u.a. haben über einen Zeitraum von vier Jahren alle Verletzungen von 51 Hochleistungsstraßenradsportlern aus einem Pro Tour Team und einem Continental Pro Team durch Befragung der Sportler erfasst.[191] Registriert wurden nur Verletzungen, die die Sportler zu einer Sportpause zwangen, nicht dagegen banale Verletzungen wie kleinere Hautabschürfungen.[192]

Die 51 Radfahrer erlitten im erfassten Zeitraum von vier Jahren insgesamt 50 traumatisch bedingte Verletzungen.[193] Jeder Radfahrer trainierte im Schnitt 28,4 h +/– 2,4 h pro Woche. Die 50 Verletzungen verteilten sich auf 35 der 51 Sportler. Bei 28 Verletzungen kam es zu Knochenbrüchen. 18 Verletzungen ereigneten sich im Training, 32 Verletzungen ereigneten sich während Wettkämpfen.[194] Insgesamt führte dies zu einer Verletzungsrate von 0,245 traumatischen Unfällen pro Sportler pro Jahr.[195]

Leider sind die Ursachen der traumatisch bedingten Verletzungen nicht beschrieben oder wurden schon nicht erfasst. Lediglich ein Unfallmuster beschreiben die Autoren als typisch: Während Straßenrennen kommt es häufig zu Massenstürzen

---

187 *Emond, S.D./Tayoun, P./Bedolla, J.P./Camargo Jr, C.A.*, Annals of Emergency Medicine 1999, 56, 58. Erfasst wurden nur die Anrufe an den Rettungsdienst. Diese können wegen traumatischen Verletzungen oder auch sonstigen medizinischen Notfällen notwendig werden. Vergleiche dazu Table 2, wo als Verletzung auch Schwindel (2 Patienten) und akutes Asthma (1 Patient) genannt werden.

188 *Emond, S.D./Tayoun, P./Bedolla, J.P./Camargo Jr, C.A.*, Annals of Emergency Medicine 1999, 56, 59.

189 *Emond, S.D./Tayoun, P./Bedolla, J.P./Camargo Jr, C.A.*, Annals of Emergency Medicine 1999, 56, 61.

190 *Bernardo, N. de/Barrios, C./Vera, P./Laíz, C./Hadala, M.*, Journal of Sports Sciences 2012, 1047–1053.

191 *Bernardo, N. de/Barrios, C./Vera, P./Laíz, C./Hadala, M.*, Journal of Sports Sciences 2012, 1047, 1048.

192 *Bernardo, N. de/Barrios, C./Vera, P./Laíz, C./Hadala, M.*, Journal of Sports Sciences 2012, 1047, 1048.

193 *Bernardo, N. de/Barrios, C./Vera, P./Laíz, C./Hadala, M.*, Journal of Sports Sciences 2012, 1047, 1049 Table I.

194 *Bernardo, N. de/Barrios, C./Vera, P./Laíz, C./Hadala, M.*, Journal of Sports Sciences 2012, 1047, 1049.

195 *Bernardo, N. de/Barrios, C./Vera, P./Laíz, C./Hadala, M.*, Journal of Sports Sciences 2012, 1047, 1050 Table VI.

aufgrund des geringen Abstandes zwischen den Fahrern. Dies war auch die Ursache von 64 Prozent der in dieser Studie registrierten Knochenbrüche.[196]

d) *Verletzungen von zwei Straßenprofiteams in den Jahren 1983 bis 1995 vorgestellt durch Barrios u.a.*[197]

Barrios u.a. haben alle Verletzungen von 65 professionellen Radfahrern aus zwei Profistraßenradteams in den Jahren 1983 bis 1995 dokumentiert.[198] In diesem Zeitraum wurden 33 Verletzungen registriert, wobei drei Verletzungen lebensbedrohlich waren und eine Verletzung zum Tod führte.[199]

Aus diesen Zahlen ergibt sich eine Verletzungsrate von 0,04 pro Sportler pro Jahr, wenn man den Umfang der Sportausübung der Profiradfahrer mit 1000 Stunden pro Jahr ansetzt. Dies sind allerdings nur Näherungswerte, die aufgrund der von Barrios u.a. gewonnen Daten selbst berechnet wurden.

Als Ursache geben die Autoren Stürze während des dichten Fahrens im Feld oder während Bergab-Passagen an. Die tödliche Verletzung erlitt ein Fahrer während des Trainings bei einem Unfall mit einem Auto.[200]

e) *Umfrage von Bohlmann 1979*

Bohlmann hat über 3700 Straßenrennfahrer nach deren Verletzungen befragt und die Ergebnisse veröffentlicht.[201]

Bohlmann hat dabei die Verletzungsarten festgehalten. Allerdings lassen sich keine Aussagen zur Verletzungshäufigkeit pro 1000 h Radsport oder pro Jahr treffen. Häufig kommen Abschürfungen vor, deutlich weniger häufig dagegen Frakturen und Kopfverletzungen.[202]

Sehr interessant ist jedoch, dass *Bohlmann* auch eine umfassende Untersuchung der Ursachen der traumatisch bedingten Unfälle liefert. So waren 26,1 Prozent der Unfälle durch Defekte des Rades bedingt, in 33,9 Prozent der Unfälle war eine Kollision mit anderen Radfahrern die Ursache.[203]

---

196 *Bernardo, N. de/Barrios, C./Vera, P./Laíz, C./Hadala, M.*, Journal of Sports Sciences 2012, 1047, 1051.

197 *Barrios, C./Sala, D./Terrados N./Valenti JR*, Sports Exercise and Injury 1997, 176–179.

198 *Barrios, C./Sala, D./Terrados N./Valenti JR*, Sports Exercise and Injury 1997, 176.

199 *Barrios, C./Sala, D./Terrados N./Valenti JR*, Sports Exercise and Injury 1997, 176, 177.

200 *Barrios, C./Sala, D./Terrados N./Valenti JR*, Sports Exercise and Injury 1997, 176, 177.

201 *Bohlmann, T. J.*, The Physician and Sportsmedicine 1981, 117–126.

202 *Bohlmann, T. J.*, The Physician and Sportsmedicine 1981, 117, 118 ff.

203 *Bohlmann, T. J.*, The Physician and Sportsmedicine 1981, 117, 122 f. und Table 5. Die Ursache für Kollisionen ist noch aufgeteilt in „Collision into cyclist", „Hit by ciclist" und „Chopped". Außerdem werden die Ursachen auch noch für die jeweiligen Altersklassen gesondert angegeben.

3. Untersuchungen im Mountainbikesport

a) Dokumentation der Mountainbike-Unfälle in Amerikanischen Krankenhäusern in den Jahren 1994–2007, vorgestellt durch Nelson u.a.

Die Autoren untersuchten alle Patienten von 100 Amerikanischen Notaufnahmen mit Verletzungen, die durch Mountainbikefahren hervorgerufen wurden. Diese 100 Notaufnahmen sind statisch repräsentativ für ganz Amerika ausgewählt.[204], wodurch die 4.624 Fälle in den Jahren 1994 bis 2007 stellvertretend für 217.433 Fälle in den gesamten USA stehen[205].

Hauptsächlich kam es zu Verletzungen der oberen Extremitäten inklusive Schulter und Schlüsselbein.[206] Leider ist die Ursachenforschung für die Fragestellung dieser Untersuchung zu ungenau bzw. unpassend: Die sechs Kategorien, in die die Ursachen eingeteilt wurden, enthalten zwar die Kategorien *Treffen* oder *Getroffen Werden* durch ein anderes Objekt. Allerdings wurde nicht weiter nach den Objekten unterschieden: erfasst wurden feste Objekte genauso wie motorisierte Fahrzeuge und andere Sportler.[207]

b) Unfälle beim Mammoth Mountain Bicycling Competition (inzwischen Mammoth Kamikaze Bike Games)

Kronisch, Pfeiffer, Chow und *Hummel* haben in den Jahren 1994–2001 die Verletzungen aller Patienten analysiert, die aufgrund einer Verletzung das *Mammoth Mountain MTB Rennen* abbrechen mussten.[208]

---

204 *Nelson, N.G./McKenzie, L.B.*, The American Journal of Sports Medicine 2011, 404, 405. Die Krankenhäuser waren Teil des NEISS Systems. Das NEISS System ist ein Projekt der US Consumer Product Safety Commission, das dazu dient, repräsentative Verletzungsdaten in den USA zu erheben.

205 *Nelson, N.G./McKenzie, L.B.*, The American Journal of Sports Medicine 2011, 404, 405.

206 *Nelson, N.G./McKenzie, L.B.*, The American Journal of Sports Medicine 2011, 404, 406.

207 *Nelson, N.G./McKenzie, L.B.*, The American Journal of Sports Medicine 2011, 404, 405.

208 *Kronisch, R.L./Pfeiffer, R.P./Chow, T.K./Hummel, C.B.*, Clinical Journal of Sport Medicine 2002, 158, 158 f. Diese Studie enthält bereits die früheren Veröffentlichungen *Kronisch, R.L./Chow, T.K./Simon, L.M./Wong, P.F.*, The American Journal of Sports Medicine 1996, 88–93 und *Kronisch, R.L./Pfeiffer, R.P./Chow, T.K.*, Medicine and Science in Sports and Exercise 1996, 1351–1355. Daher wird auf die beiden zuletzt genannten Veröffentlichungen nicht gesondert eingegangen. Auch auf die unter *Chow, T.K./Kronisch, R.L.*, Wilderness and Environmental Medicine 2002, 27–30 veröffentlichte Studie wird nicht gesondert eingegangen, da ein Großteil der Daten in der vorgestellten Studie enthalten ist; lediglich die Rennen in Vail und Mount Spokane sind zusätzlich enthalten, siehe *dies.* Wilderness and Environmental Medicine 2002, 27, 28.

Beim *Mammoth Mountain MTB Rennen* handelt es sich um eine mehrtägige Veranstaltung, bei der verschiedenste Wettbewerbe veranstaltet werden. Die Studie befasste sich mit den Wettbewerben im Cross Country[209], Downhill[210] und Dual Slalom[211], die allesamt Teil der Norba Championship Series waren. Die Norba Championship Series ist die höchste nationale Rennserie in den USA.[212]

In den acht Jahren nahmen insgesamt 20.769 Teilnehmer an den drei Wettkampfarten teil. Es verletzten sich insgesamt 93 Teilnehmer (0,45 Prozent). Die Verletzungsraten lagen im Cross Country bei 0,43 Prozent, im Downhill bei 0,44 Prozent und im Dual Slalom bei 0,57 Prozent.[213]

Nachdem es sich nur bei den Cross Country Rennen um Rennen mit Massenstart handelt, sind primär diese für die vorliegende Untersuchung der Haftung von Interesse, da nur hier eine Einwirkung von anderen Radfahrern möglich ist.[214] 38 von 48 registrierten Unfällen im Cross Country ereigneten sich auf einer Abfahrt. Dort ereigneten sich auch alle schweren Verletzungen, also insbesondere alle Knochenbrüche und Gehirnerschütterungen.[215]

Von den 93 Patienten (alle Disziplinen) gaben 32 einen Kontrollverlust über ihr Fahrrad als Ursache der Verletzung an. Neun Patienten nannten einen Traktionsverlust als Ursache, sieben Patienten waren infolge einer Kollision mit einem festen Objekt und 15 infolge eines mechanischen Defekts gestürzt. 13 Patienten verletzten sich aufgrund einer Kollision mit einem anderen Fahrer.[216]

Wie gerade erläutert, ist davon auszugehen, dass die 13 Kollisionsopfer sich alle in den Cross Country Rennen ereigneten, auch wenn dies aus der Veröffentlichung nicht direkt hervorgeht. Insgesamt wurden in den Cross Country Rennen 48 verletzte Teilnehmer registriert.[217] Damit sind vermutlich 27,0 Prozent der registrierten

---

209 Siehe oben: *Cross Country S. 37 f.*

210 Siehe oben: *Downhill S. 39.*

211 Siehe oben: *4-Cross S. 40.*

212 *Kronisch, R.L./Pfeiffer, R.P./Chow, T.K./Hummel, C.B.*, Clinical Journal of Sport Medicine 2002, 158.

213 *Kronisch, R.L./Pfeiffer, R.P./Chow, T.K./Hummel, C.B.*, Clinical Journal of Sport Medicine 2002, 158, 159 f. Die Autoren betrachten insbesondere auch die unterschiedlichen Verletzungsraten von Männern und Frauen. Auf diese Unterscheidung soll hier aber mangels Relevanz für die Haftung nicht eingegangen werden.

214 Eine Begegnung wäre theoretisch auch im Dual Slalom oder Downhill denkbar. Beim Dual Slalom könnte ein Fahrer seine Fahrbahn verlassen und auf die des Gegners gelangen. Beim Downhill könnte ein schneller Fahrer den vor ihn gestarteten Fahrer einholen. Solche Begegnungen kommen aber viel seltener vor als Begegnungen bei einem Massenstart Rennen.

215 *Kronisch, R.L./Pfeiffer, R.P./Chow, T.K./Hummel, C.B.*, Clinical Journal of Sport Medicine 2002, 158, 161.

216 *Kronisch, R.L./Pfeiffer, R.P./Chow, T.K./Hummel, C.B.*, Clinical Journal of Sport Medicine 2002, 158, 162 Table 6.

217 *Kronisch, R.L./Pfeiffer, R.P./Chow, T.K./Hummel, C.B.*, Clinical Journal of Sport Medicine 2002, 158, 160 Table 1.

Verletzungen in den Cross Country Rennen auf Kollisionen mit anderen Fahrern zurückzuführen.

Die Autoren gehen davon aus, – auch wenn diese Frage nach Ihrer Meinung noch nicht abschließend geklärt ist – dass die Verletzungsrate von Wettkampfmountainbikern höher ist als diejenige von Freizeitmountainbikern, die nicht an Rennen teilnehmen.[218]

c) *Umfrage unter Hochleistungs- und Amateursport-Mountainbikern durch Himmelreich u.a.*[219]

Himmelreich u.a. haben im Rahmen von Weltcuprennen und Breitensportevents Mountainbikesportler der Disziplinen Cross Country und Downhill über die von ihnen in den letzten vier Jahren erlittenen Verletzungen mittels standardisiertem Fragebogen befragt. Erfasst wurden sowohl traumatisch als auch durch Überbelastung hervorgerufene Verletzungen, die die Sportler zu einer Sportpause zwangen.[220]

In die Studie gingen die Antworten von 106 Weltcup- und 134 Breitensportlern ein.[221]

Für die vorliegende Arbeit sind nur die Verletzungsraten der Cross Country Sportler von Interesse, da es beim Downhill mangels Massenstart[222] im Regelfall zu keinen Interaktionen zwischen den Teilnehmern kommt, sodass sich die Frage der Haftung zwischen den Sportlern nicht stellt. Leider differenziert die Studie bei den Breitensportlern jedoch nicht zwischen Cross Country Sportlern und Downhillsportlern. Dementsprechend sind nur die Daten der Weltcup Cross Country Sportler von Interesse.

Die Weltcup Cross Country Sportler weisen nach dieser Studie eine Verletzungshäufigkeit von 0,39 pro 1.000 Stunden Sporttreiben auf. Dies kann bei Profisportlern ungefähr mit der Verletzungsrate pro Jahr gleichgesetzt werden. Dabei ereigneten sich die Verletzungen zu 40 Prozent im Wettkampf und zu 53,2 Prozent im Training.[223] Die häufigsten Verletzungen sind offene Wunden an Knie und Ellenbogen

---

218 *Kronisch, R.L./Pfeiffer, R.P./Chow, T.K./Hummel, C.B.*, Clinical Journal of Sport Medicine 2002, 158, 164.

219 *Himmelreich, H./Pralle H./Vogt L./Banzer W.*, Sportverletzung Sportschaden 2007, 180–184.

220 *Himmelreich, H./Pralle H./Vogt L./Banzer W.*, Sportverletzung Sportschaden 2007, 180, 181.

221 *Himmelreich, H./Pralle H./Vogt L./Banzer W.*, Sportverletzung Sportschaden 2007, 180, 181.

222 Siehe oben: *Downhill S. 39.*

223 *Himmelreich, H./Pralle H./Vogt L./Banzer W.*, Sportverletzung Sportschaden 2007, 180, 182; aus der Studie geht nicht hervor, wann sich die verbleibenden 6,8 Prozent der Verletzungen ereignen. Es ist leider nicht möglich, für das Training und den Wettkampf gesonderte Verletzungsraten aus der Studie abzuleiten, da nicht dokumentiert ist, wie sich die 1000 h Sport pro Jahr auf Wettkampf und Training verteilen.

sowie Rippen- oder Schlüsselbeinfrakturen.[224] Wie es zu den Verletzungen kam, geht aus der Studie leider nicht hervor.

d) Verletzungen der Schweizer MTB Nationalmannschaft und des Scott World Cup Teams vorgestellt durch Arnold[225]

Arnold berichtet über die Verletzungen der 45 Mitglieder der Schweizer MTB National Mannschaft und der zwölf Profimitglieder des Scott World Cup Teams in den Jahren 1993–2001.[226] Erfasst wurden 116 Verletzungen, die zu einer mindestens einwöchigen Trainingspause geführt haben.[227]

Eine Aussage über eine Verletzungsrate lässt sich damit nur bedingt treffen, da nicht klar ist, wie viele Fahrer aus dem Profiteam gleichzeitig Mitglied der Schweizerischen Nationalmannschaft sind. Es wird auch nicht zwischen Cross Country und Downhillfahrern unterschieden.[228] Als Hauptursache für Unfälle benennt *Arnold* Stürze während Abfahrten.[229]

e) Umfrage unter den Pro/Elite Kategorie Fahrern der Norba[230] *1992*

Pfeiffer und *Ronald* führten 1992 eine Umfrage unter allen 154 Pro/Elite Kategorie Mountainbikefahrern der Norba durch. Allerdings füllten nur 61 Fahrer den Fragebogen aus.[231]

Als Verletzung galt jede Gesundheitsbeeinträchtigung, die zumindest zu einer kurzen Sportunterbrechung und medizinischer Untersuchung oder Behandlung geführt hatte.[232] Insgesamt wurden 299 unfallbedingte Verletzungen gemeldet.[233]

---

224 *Himmelreich, H./Pralle H./Vogt L./Banzer W.*, Sportverletzung Sportschaden 2007, 180, 182.

225 *Arnold, M.P.*, Der Orthopäde 2005, 405–410. Diese Studie enthält bereits die Daten, die in *Arnold, M.P./Biedert, R./Friedrich N.F.*, Sportorthopädie - Sporttraumatologie 1999, 3–6 veröffentlicht wurden. Auf letztere Veröffentlichung wird daher nicht mehr gesondert eingegangen.

226 *Arnold, M.P.*, Der Orthopäde 2005, 405, 407.

227 *Arnold, M.P.*, Der Orthopäde 2005, 405, 407.

228 *Arnold, M.P.*, Der Orthopäde 2005, 405, 407.

229 *Arnold, M.P.*, Der Orthopäde 2005, 405, 408.

230 Die Norba ist der amerikanische Mountainbike Verband, vgl.: http://www.usacycling.org/mtb/ (Zuletzt geprüft am: 30.09.2014).

231 *Pfeiffer, R.P.*, Clinics in Sports Medicine 1994, 207, 211. Der Studie *Grooten W.J.A./Genberg S./Jonasson L./Debauere F.*, Journal of Sports Traumatology and Related Research 1999, 196–205 liegt ein ähnlicher Aufbau zugrunde: Befragt wurden Schwedische Elitemountainbiker. Allerdings liegt der Schwerpunkt der Studie auf den Überlastungsschäden, sodass auf die Studie im Weiteren nicht gesondert eingegangen wird.

232 *Pfeiffer, R.P.*, Clinics in Sports Medicine 1994, 207, 211.

233 *Pfeiffer, R.P.*, Clinics in Sports Medicine 1994, 207, 211.

Nach der Art des ausgeübten Mountainbikesports wird nicht unterschieden. Die Autoren geben an, dass die meisten Verletzungen von Stürzen oder Kollisionen mit Hindernissen herrühren. Warum es zu den Stürzen oder Kollisionen kam, kann der Veröffentlichung leider nicht entnommen werden.[234]

f) Befragung der Mitglieder des Los Angeles Bicycling Club und des San Diego Club[235]

Chow u.a. befragten 459 Mitglieder der oben genannten Clubs hinsichtlich deren Verletzungen in 1990. 268 Mitglieder antworteten,[236] wovon 225 angaben, eine Verletzung erlitten zu haben[237]. Allerdings arbeitete die Befragung mit einer sehr weiten Auslegung des Begriffs Verletzung: eine solche lag bereits bei irgendeiner Form von Schmerzen oder Unwohlsein vor.[238] Dementsprechend wurden auch 22 Prozent der Verletzungen gar nicht behandelt und bei weiteren 48 Prozent der Verletzungen war eine Behandlung durch den Fahrer selbst ausreichend.[239]

In der Studie wurde von 23 Kollisionen berichtet, wovon fünf Kollisionen zwischen Fahrradfahrern stattfanden.[240]

g) Umfrage unter Lesern der Zeitschrift „bike" durch Gaulrapp, Weber und Rosemeyer[241]

Gaulrapp, *Weber* und *Rosemeyer* befragten 5.000 Leser der Zeitschrift *„bike"* über ihre im Mountainbikesport erlittenen Verletzungen.[242] Von den 5.000 befragten Lesern antworteten 3873. Von diesen 3873 Teilnehmern berichteten 3.474 über 8.133 Verletzungen, nur 399 Teilnehmer hatten keine Verletzung erlitten.[243]

Die häufigsten Verletzungen waren Hautverletzungen und Prellungen, die insgesamt 75 Prozent der Verletzungen ausmachten.[244] Insgesamt berechneten die Autoren eine Verletzungsrate von 1,1 Verletzungen pro 1.000 Stunden Mountainbiken,

234 *Pfeiffer, R.P.*, Clinics in Sports Medicine 1994, 207, 215.
235 *Chow, T.K./Bracker Mark D./Patrick, K.*, Western Journal of Medicine 1993, 145–148.
236 *Chow, T.K./Bracker Mark D./Patrick, K.*, Western Journal of Medicine 1993, 145, 146.
237 *Chow, T.K./Bracker Mark D./Patrick, K.*, Western Journal of Medicine 1993, 145.
238 *Chow, T.K./Bracker Mark D./Patrick, K.*, Western Journal of Medicine 1993, 145.
239 *Chow, T.K./Bracker Mark D./Patrick, K.*, Western Journal of Medicine 1993, 145, 146.
240 *Chow, T.K./Bracker Mark D./Patrick, K.*, Western Journal of Medicine 1993, 145, 146.
241 *Gaulrapp, H./Weber A./Rosemeyer B.*, Knee Surgery Sports Taumatology Arthroscopy 2001, 48–53.
242 *Gaulrapp, H./Weber A./Rosemeyer B.*, Knee Surgery Sports Taumatology Arthroscopy 2001, 48.
243 *Gaulrapp, H./Weber A./Rosemeyer B.*, Knee Surgery Sports Taumatology Arthroscopy 2001, 48, 49.
244 *Gaulrapp, H./Weber A./Rosemeyer B.*, Knee Surgery Sports Taumatology Arthroscopy 2001, 48, 49.

bzw. 0,3 schwere und ernste Verletzungen pro 1.000 Stunden Mountainbiken.[245] Als Unfallursache wurde zu 44 Prozent rutschiger Untergrund, zu 34 Prozent Fehleinschätzungen des Fahrers und zu 33 Prozent überhöhte Geschwindigkeit angegeben. Eine Kollision wurde in 5 Prozent der Fälle als Ursache benannt.[246]

4. Zusammenfassung

Die Untersuchungen zeigen, dass Unfälle im Radsport häufig sind und oft zu Körperschäden führen. Allerdings ist es sehr schwierig, Vergleiche zwischen den Studien anzustellen. Die Probleme liegen darin, dass teilweise mit unterschiedlichen Definitionen von Verletzung gearbeitet wird, die teilnehmenden Sportler nicht immer die gleichen Merkmale und Leistungsfähigkeit aufweisen und die Untersuchungen sich auf verschiedene Formen des Radsports beziehen. Darüber hinaus geben die Studien teilweise gar keine Verletzungshäufigkeiten an oder die angegebenen Verletzungshäufigkeiten beziehen sich auf unterschiedliche Ausgangsgrößen, was eine Vergleichbarkeit erschwert.[247]

Möglich ist zunächst, die Behandlungsraten bei Radsportveranstaltungen zu vergleichen. Bei den *Hamburger Cyclassics*[248] lag die Behandlungssrate bei 0,8 Prozent, bei der *New York Bike Tour*[249] bei 0,5 Prozent der Teilnehmer und bei *Mammoth Mountain Bicycling Competition*[250] im hier interessierenden Cross Country Rennen bei 0,4 Prozent. Eine weitere Umfrage unter Teilnehmern von sechs Mountainbikerennen im Bereich Cross Country ergab eine deutlich nach oben abweichende Verletzungsrate von 5,4 Prozent, wobei auch leichte und sehr leichte Verletzungen erfasst wurden.[251] Festzuhalten bleibt, dass die Behandlungsrate im Regelfall unter

245 *Gaulrapp, H./Weber A./Rosemeyer B.*, Knee Surgery Sports Taumatology Arthroscopy 2001, 48, 50.

246 *Gaulrapp, H./Weber A./Rosemeyer B.*, Knee Surgery Sports Taumatology Arthroscopy 2001, 48, 50. Mehrfachnennungen waren zulässig.

247 Von den gleichen Probleme berichtet auch *Carmont, M.R.*, British Medical Bulletin 2008, 101, 107 und *Kronisch, R.L./Pfeiffer, R.P.*, Sports Medicine (Auckland, N.) 2002, 523, 526.

248 Siehe oben: *Verletzungen bei den Hamburger Cyclassics (aktuell Vattenfall Cyclassics) S. 54.*

249 Siehe oben: *Unfälle während der Bike New York 1996 Tour (inzwischen TD Five Boro Bike Tour) S. 55 f.*

250 Siehe oben: *Unfälle beim Mammoth Mountain Bicycling Competition (inzwischen Mammoth Kamikaze Bike Games) S. 58 ff.*

251 Bei den registrierten Rennen handelte es sich nicht nur um Crosscountry Rennen im engeren Sinne, sondern auch um 6 Stunden, 12 Stunden und 24 Stunden-Rennen auf eine Crosscountry Strecke, *Lareau, S.A./McGinnis, H.D.*, Wilderness & Environmental Medicine 2011, 222, 223.

1 Prozent beträgt, aber auch keine Veranstaltung ohne Behandlung von schweren Verletzungen ablief.[252]

Des Weiteren kann versucht werden, Verletzungsraten, soweit die Studien solche ausweisen, zu vergleichen. Demnach kommen Hochleistungsstraßenradsportler auf Verletzungsraten von 0,245[253] bzw. 0,04[254] Verletzungen pro Jahr und Hochleistungsmountainbiker im Cross Country auf 0,39[255] Verletzungen pro Jahr.[256] Freizeitorientierte Mountainbiker kommen je nach Studie auf 6,8[257], 3, 7[258], 1,1[259] bzw. 1,0[260], 1,1 (bzw. 0,3)[261] Verletzungen pro 1000 Stunden Mountainbiken bzw. 2,3[262] Verletzungen pro Jahr. Die Unterschiede sind insbesondere den unterschiedlichen Definitionen von Verletzung geschuldet.

Die häufigsten Verletzungen sind Hautabschürfungen, jedoch kommt es auch zu Frakturen und Kopfverletzungen. Unter den Frakturen ist das Schlüsselbein besonderes häufig betroffen. Ist der Kopf betroffen, so bleibt es meist bei einer

252 Zum Vergleich: Die Studie von *Lareau, S.A./McGinnis, H.D.*, Wilderness & Environmental Medicine 2011, 222–227, eine Umfrage unter Teilnehmern von sechs Mountainbikerennen im Bereich Cross Country, ergab eine *Verletzungs*rate von 5,4 Prozent. Die Abweichung im Gegensatz zu den *Behandlungs*raten ergibt sich dadurch, dass bei der Umfrage auch leichte und sehr leichte Verletzungen erfasst wurden. Leichte und sehr leichte Verletzungen werden aber in aller Regel nicht vom Rettungsdienst behandelt, sodass sie in den angegeben Behandlungsraten nicht enthalten sind.

253 Siehe oben: *Umfrage unter Hochleistungsradsportlern durch de Bernardo u.a. S. 56 f.*

254 Siehe oben: *Verletzungen von zwei Straßenprofiteams in den Jahren 1983 bis 1995 vorgestellt durch Barrios u.a. S. 57.*

255 Siehe oben: *Umfrage unter Hochleistungs- und Amateursport-Mountainbikern durch Himmelreich u.a. S. 60 f.*

256 Zahlen teilweise nur näherungsweise unter der Annahme von 1000 Stunden Sport pro Jahr berechnet.

257 Nachweise finden sich bei *Arnold, M.*, Mountainbiken, in: Engelhardt, M., Sportverletzungen - GOTS Manual, 2009., S. 644 und *Arnold, M.P.*, Der Orthopäde 2005, 405, 406 f.

258 *Carmont, M.R.*, British Medical Bulletin 2008, 101, 102.

259 *Gösele-Koppenburg, A./Jenoure, P./Farkas, G./Schwamborn, T./Lüscher, N.*, Sportorthopädie - Sportraumatologie 2008, 143, 144.

260 *Maimaris, C./Summers C.L./Browining C./Palmer C.R.*, British Medical Journal 1994, 1537, 3, der sich dabei auf 3 andere Veröffentlichungen bezieht, u.a. auch auf die auch in dieser Arbeit vorgestellte Studie (s.o. S. 60) von *Himmelreich, H./Pralle H./Vogt L./Banzer W.*, Sportverletzung Sportschaden 2007, 180–184; mwN. *Aleman, K.B./Meyers, M.C.*, Sports Medicine (Auckland, N.) 2010, 77, 80.

261 *Gaulrapp, H./Weber A./Rosemeyer B.*, Knee Surgery Sports Taumatology Arthroscopy 2001, 48, 50.

262 Nachweise finden sich bei *Arnold, M.*, Mountainbiken, in: Engelhardt, M., Sportverletzungen - GOTS Manual, 2009, S. 644 und *Arnold, M.P.*, Der Orthopäde 2005, 405, 406 f.

Gehirnerschütterung. Schädelfrakturen oder Gehirnblutungen sind dagegen sehr selten.[263]

Die vorliegenden Untersuchungen blenden den häufig entstehenden Sachschaden an der Ausrüstung der Radsportler völlig aus. Dies liegt an dem sportmedizinischen Hintergrund der Untersuchungen und wohl daran, dass Sachschäden im Gegensatz zu Körperschäden als weniger gravierend empfunden werden. Für die Frage der Haftung kommt es dagegen auch auf Sachschäden an.

5. Risikovergleich mit anderen Sportarten

Vergleicht man das Risiko des Radsports mit dem anderer Sportarten, so fällt auf, dass das Risiko, überhaupt eine Verletzung zu erleiden, niedriger ist als in den meisten anderen Sportarten. Andererseits sind Radsportverletzungen bei den tödlichen Sportverletzungen überrepräsentiert. Wiederum ist die Schwäche dieses Vergleichs zu berücksichtigen: Es werden unterschiedliche Studien mit unterschiedlichen Probanden, unterschiedlichen Definitionen von Verletzungen usw. verglichen.

Legt man die Zahlen des *Projekts Sicherheit im Sport* zugrunde, ergibt sich für die Ballsportarten eine Verletzungshäufigkeit von 1,0–1,2 Verletzungen pro 1.000 Stunden Sportausüben.[264] Andere Studien kommen auf Verletzungshäufigkeiten von 4–10 pro 1.000 Stunden, bei diesen wurden aber auch Bagatellverletzungen erfasst.[265] Die hier vorgestellten Studien kommen für den Radsport auf Verletzungsraten zwischen 0,04 und 6,8 pro 1.000 Stunden Sporttreiben.[266] Biener hingegen

---

263 *Biener, K.*, Sportunfälle, 2. Aufl. 1992, S. 256 f.; *Temme, C.*, Radsport, in: Engelhardt, M., Sportverletzungen - GOTS Manual, 2009, S. 398 f.; *Arnold, M.*, Mountainbiken, in: Engelhardt, M., Sportverletzungen - GOTS Manual, 2009, S. 644; *Schueller, G.*, Der Radiologe 2010, 460, 3 und 12 f.; *Aleman, K.B./Meyers, M.C.*, Sports Medicine (Auckland, N.) 2010, 77, 80 f.; *Gösele-Koppenburg, A./Jenoure, P./Farkas, G./Schwamborn, T./Lüscher, N.*, Sportorthopädie - Sporttraumatologie 2008, 143, 144 f.; *Carmont, M.R.*, British Medical Bulletin 2008, 101, 107; *Kronisch, R.L./Pfeiffer, R.P.*, Sports Medicine (Auckland, N.) 2002, 523, 530 ff.; *Pfeiffer, R.P./Kronisch, R.L.*, Sports Medicine (Auckland, N.) 1995, 311, 319 ff.; *Chow, T.K./Kronisch, R.L.*, Wilderness and Environmental Medicine 2002, 27, 29; *Nelson, N.G./McKenzie, L.B.*, The American Journal of Sports Medicine 2011, 404, 406, dass dort Hautabschürfungen unterrepräsentiert sind, verwundert nicht, schließlich machen bloße Hautabschürfungen in den seltensten Fällen eine Behandlung im Krankenhaus notwendig; *Aitken, S.A./Biant, L.C./Court-Brown, C.M.*, Emergency Medicine Journal 2011, 274, 276 Table 2; *Gaulrapp, H./Weber A./Rosemeyer B.*, Knee Surgery Sports Taumatology Arthroscopy 2001, 48, 49.

264 *Henke, T./Gläser, H.*, Die Risikobewertung der verschiedenen Sportarten, in: Bergler, R., Irrationalität und Risiko, 2000, S. 304.

265 Wird so behauptet von *Henke, T./Gläser, H.*, Die Risikobewertung der verschiedenen Sportarten, in: Bergler, R., Irrationalität und Risiko, 2000, S. 304.

266 Siehe oben *Zusammenfassung S. 63 ff.*, die deutlich nach oben abweichenden Zahlen werden dabei vernachlässigt.

geht von einer jährlichen Unfallquote von 7 Prozent im Radsport aus, dagegen von einer allgemeinen jährlichen Sportunfallquote von nur 2 Prozent.[267] Alles in allem ist das Verletzungsrisiko im Radsport wohl etwas niedriger, wobei der Vergleich aufgrund der nichteinheitlichen Studien sehr schwer fällt.

Betrachtet man allerdings das relative Risiko eines Unfalltodes während des Sportausübens, wendet sich das Blatt: Im Radsport ist das relative Letalitätsrisiko durch Unfall gegenüber dem durchschnittlichen Letalitätsrisiko durch Sportunfall um den Faktor 28,6 erhöht, das relative Letalitätsrisikorisiko durch Unfall beim Fußball liegt dagegen bei 0,4, ist also gegenüber dem durchschnittlichen Risiko um über die Hälfte reduziert.[268]

III. Typische Unfallmuster und deren Ursache

Für die vorliegende Untersuchung sind aber die Ursachen von Unfällen im Radsport deutlich wichtiger als die Häufigkeit. Die oben vorgestellten Studien haben gezeigt, dass Unfälle im Radsport in den meisten Fällen auf einem Kontrollverlust über das Rad aufgrund überhöhter Geschwindigkeit in Abfahrten oder Kurven, auf technischen Defekt oder auf Berührungen mit anderen Fahrern beruhen. Auch ohne eigentliche Berührung mit anderen Fahrern können oft schon Ausweichmanöver zu Stürzen führen, die notwendig waren, um nicht mit anderen Radsportlern zu kollidieren.

1. Unfall ohne Beteiligung eines anderen Radsportlers

Unfälle im Radsport, die ohne Beteiligung eines fremden Radsportlers ablaufen, sind meist Folge von zu hoher Geschwindigkeit oder einem Defekt wie zum Beispiel einem geplatzten Reifen.[269] Häufig kommen diese Unfälle auf Abfahrten vor,

267 *Biener, K.*, Sportunfälle, 2. Aufl. 1992, S. 19 und 251.

268 *Henke, T./Gläser, H.*, Die Risikobewertung der verschiedenen Sportarten, in: Bergler, R., Irrationalität und Risiko, 2000, S. 306; einen anderen Eindruck vermittelt zunächst die Studie *bfu - Beratungsstelle für Unfallverhütung*, Tödliche Sportunfälle in der Schweiz 2000–2012, http://www.bfu.ch/sites/assets/Shop/bfu_2.117.01_bfu-Grundlagen%20%E2%80%93%20T%C3%B6dliche%20Sportunf%C3%A4lle%20in%20der%20Schweiz,%202000%E2%80%932012.pdf (Zuletzt geprüft am: 09.10.2014), die für die Schweiz 28 Tote im Radrennsport im Vergleich zu 587 Toten beim Bergwandern und Bergsteigen in den Jahren 2000 – 2012 ausweist. Dies sind allerdings absolute Zahlen.

269 Siehe oben: *Pförringer, W./Ullmann, C.*, Radfahren, 1990, S. 56; *Schueller, G.*, Der Radiologe 2010, 460, 3; Speziell für Kinder und Jugendliche: *Aleman, K.B./Meyers, M.C.*, Sports Medicine (Auckland, N.) 2010, 77, 83; *Gösele-Koppenburg, A./Jenoure, P./Farkas, G./Schwamborn, T./Lüscher, N.*, Sportorthopädie - Sportraumatologie 2008, 143, 144; *Carmont, M.R.*, British Medical Bulletin 2008, 101, 107; *Kronisch, R.L./Pfeiffer, R.P.*, Sports Medicine (Auckland, N.) 2002, 523, 528 ff.; *Biener, K.*, Sportunfälle, 2. Aufl. 1992, S. 255.

allerdings nicht notwendigerweise. Insbesondere sind solche Zwischenfälle auch an starken Kurven, an künstlichen oder natürlichen Hindernissen möglich.[270] Es kann aber sogar auf der Ebene oder bergauf zu Stürzen wegen zu hoher Geschwindigkeit oder Defekts kommen.

Diese Unfälle sind allerdings für die vorliegende Arbeit nicht von Interesse. Eine Haftung zwischen Radsportlern setzt die Beteiligung eines anderen Radsportlers voraus. Stürzt der Fahrer aufgrund einer anderen Ursache, so kommt eine Haftung des Veranstalters, des Sportstättenbetreibers oder der Verantwortlichen für die Straße bzw. den Weg in Betracht; diese Haftung ist jedoch nicht Gegenstand dieser Arbeit. Auch einer möglichen Haftung des Fahrradherstellers oder des Radverkäufers kann an dieser Stelle nicht nachgegangen werden.[271]

2. Unfall mit Beteiligung eines anderen Radsportlers

Unfälle an denen mehrere Radsportler beteiligt sind, sind meistens Folge des sehr geringen Abstandes zwischen den Radfahrern. Der geringe Abstand führt dazu, dass die Radfahrer bei Fahrfehlern anderer Fahrer nicht mehr ausweichen können oder sich untereinander sogar berühren und abdrängen.[272] Besonders häufig ist das während des Zielsprints oder bei Fahrbahnverengungen der Fall.[273] Bei großen Fahrerfeldern, die insbesondere bei Straßenwettkämpfen, zu Beginn von Mountainbike Rennen oder bei manchen Bahnwettbewerben vorkommen, kommt es sogar häufig zu Massenstürzen.[274]

---

270 Das betrifft insbesondere den MTB Sport, bei dem solche Hindernisse erlaubt und sogar gewollt sind. Siehe oben: *Mountainbikesport S. 37 ff.* Aber auch Straßen weisen Hindernisse wie zum Beispiel Verkehrsinseln oder Schlaglöcher auf oder können verschmutzt und damit rutschiger sein. So auch ausdrücklich für Downhill und Freeride Mountainbiking *Gösele-Koppenburg, A./Jenoure, P./Farkas, G./ Schwamborn, T./Lüscher, N.*, Sportorthopädie - Sporttraumatologie 2008, 143, 144. MwN. auch *Kronisch, R.L./Pfeiffer, R.P.*, Sports Medicine (Auckland, N.) 2002, 523, 528; *Pfeiffer, R.P./Kronisch, R.L.*, Sports Medicine (Auckland, N.) 1995, 311, 322 f.

271 Eine umfassende Diskussion der Haftung des Veranstalters findet sich bei: *Heermann, P.W.*, Haftung im Sport, 2008, S. 152 ff.

272 *Pförringer, W./Ullmann, C.*, Radfahren, 1990, S. 56; *Grooten W.J.A./Genberg S./Jonasson L./Debauere F.*, Journal of Sports Traumatology and Related Research 1999, 196, 528; *Albert, E.*, International Review for the Sociology of Sport 1999, 157, 160; *Dannenberg, A.L./Needle, S./Mullady, D./Kolodner, K.B.*, American Journal of Sports Medicine 1996, 747, 750.

273 Siehe oben: *Verletzungen bei den Hamburger Cyclassics (aktuell Vattenfall Cyclassics) S. 54; Biener, K.*, Sportunfälle, 2. Aufl. 1992, S. 255.

274 Siehe oben: *Umfrage unter Hochleistungsradsportlern durch de Bernardo u.a. S. 56 f.*; *Temme, C.*, Radsport, in: Engelhardt, M., Sportverletzungen - GOTS Manual, 2009, S. 400 spricht sogar davon, dass bei einer Teilnehmerzahl von über 160 Startern Massenstürze unvermeidlich seien. Laut *Schmidt, A.*, Das große Buch vom Radsport, 2007, sind Stürze „an der Tagesordnung". Vgl. auch *Gösele-Koppenburg, A./Jenoure,*

Solche Unfälle sind bei Straßenrennen häufiger als bei Mountainbike Rennen mit Massenstart, was insofern nicht verwundert, als bei Straßenrennen der größte Teil des Rennens dicht beieinander im Feld gefahren wird, während dies bei Mountainbike Rennen deutlich seltener ist.[275]

a) Windschattenfahren – eine bewusste Entscheidung

Dass die Radsportler dicht aneinander fahren, ist keinesfalls Zufall. Die Radsportler wählen diesen sehr geringen Abstand von teilweise nur ein paar Zentimetern bewusst, um im Windschatten der anderen Fahrer Kraft zu sparen. Die Kraftersparnis im Windschatten ist abhängig von der Geschwindigkeit und den anderen Radsportlern, sie ist in jedem Fall aber enorm. Sie beträgt bis zu 40 Prozent.[276] Darüber hinaus stärkt das direkte Fahren am Hinterrad des Vordermannes auch das psychische Durchhaltevermögen.

Je nach Disziplin gibt es unterschiedliche Techniken, um das Windschattenfahren möglichst effektiv zu gestalten. Die einfachste Technik ist das Fahren in *Einerreihe.* Dabei wird mit circa 10 cm Abstand zwischen Vorderrad und Hinterrad des Vordermannes schräg versetzt um ein paar Zentimeter hintereinander gefahren. Der vorderste Fahrer lässt sich nach einer bestimmten Zeit ablösen, in dem er zur Seite ausschert, sich nach hinten fallen lässt und sich als Letzter wieder in die Reihe einsortiert.[277] Kommt der Wind von der Seite, wird die Einerreihe etwas modifiziert ausgeführt, um optimalen Windschatten zu gewähren. Es wird dann nicht mehr direkt hintereinander, sondern seitlich versetzt auf der windabgewandten Seite gefahren. Man spricht dann von einer *(Wind)Staffel.*[278]

Deutlich anspruchsvoller ist die Formation *Zweierreihe.* Die Funktionsweise gleicht der Einerreihe, allerdings wird immer mit dichtem Abstand zu zweit nebeneinander gefahren. Nach einer bestimmten Zeit schert der vordere linke Fahrer nach links aus und der vordere rechte Fahrer nach rechts, sodass die Reihe in dem

---

P./Farkas, G./Schwamborn, T./Lüscher, N., Sportorthopädie - Sporttraumatologie 2008, 143, 143 f.; *Arnold, M.P./Biedert, R./Friedrich N.F.,* Sportorthopädie - Sporttraumatologie 1999, 3, 5.

275 Siehe die Studien oben unter: *Die veröffentlichten Untersuchungen im Einzelnen S. 52 ff.*

276 *Laar, M.,* Besser Rennrad fahren, 2. Aufl. 2014, S. 79 f.; *Hanselmann, G.,* Radfahren - gewusst wie!, 1999, S. 57; *Schmidt, A.,* Das große Buch vom Radsport, 2007, S. 525; *Konopka, P.,* Richtig Rennrad fahren, 6. Aufl. 2006, S. 78; *Neumann, G.,* Deutsche Zeitschrift für Sportmedizin 2000, 169, 169 f.

277 *Hanselmann, G.,* Radfahren - gewusst wie!, 1999, S. 59 ff.; *Konopka, P.,* Richtig Rennrad fahren, 6. Aufl. 2006, S. 80.

278 *Hanselmann, G.,* Radfahren - gewusst wie!, 1999, S. 62; *Schmidt, A.,* Das große Buch vom Radsport, 2007, S. 530 f.; *Konopka, P.,* Richtig Rennrad fahren, 6. Aufl. 2006, S. 82 f.

zwischen den ausscherenden Radfahrern entstehenden Korridor hindurchfahren kann und die Führenden so abgelöst werden.[279]

Die schwierigste Variante des Windschattenfahrens ist der *belgische Kreisel.* In dieser Formation bilden die Radfahrer zwei Reihen, allerdings fahren die Sportler in der einen Reihe schneller als die Sportler in der anderen Reihe. Am vorderen Ende der schnelleren Reihe wird seitlich vor das vordere Ende der langsameren Reihe gewechselt. Der Fahrer am hinteren Ende der langsameren Reihe wechselt wieder an das hintere Ende der schnelleren Reihe. So entstehen zwei Reihen von Radfahrern, die durch das Wechseln am vorderen und hinteren Ende sowie dem unterschiedlichen Tempo rotieren.[280]

Bei Rennen mit großen Teilnehmerzahlen wird im Pulk gefahren. Sehr viele Fahrer fahren dicht beieinander, eine feste Ablösung gibt es nicht. Der Pulk nimmt ganz unterschiedliche Formen an. Ist das Tempo sehr hoch, ist er langgezogen, teilweise wie in einer Einerreihe. Ist das Tempo dagegen langsam, ähnelt der Pulk einer Kugel bzw. Traube. Der Pulk ist in sich ständig in Bewegung, denn die Fahrer versuchen nach vorne zu fahren, um ihre Position zu verbessern. Dabei gibt es keine festen Regeln: wo immer sich eine Lücke ergibt, darf diese zur Positionsverbesserung genutzt werden. Das Fahren im Pulk trägt daher das größte Gefahrenpotential in sich.[281]

b) Windschattenfahren im Wettkampf

Im Wettkampf spielt der Windschatten aufgrund der dadurch eingesparten Energie eine sehr wichtige Rolle. Die Renntaktik ist daher maßgeblich durch Energieeinsparen im Windschatten geprägt.[282]

Ausgehend von diesem Grundsatz ergeben sich aber aufgrund der jeweiligen Interessenlage im Rennen unterschiedliche Verhaltensweisen der Fahrer. In einer großen Gruppe versucht jeder Fahrer dadurch Kraft zu sparen, dass er möglichst viel im Windschatten und möglichst wenig „im Wind" fährt. Sind die Fahrer gleich stark und verfolgen sie alle das gleiche Ziel, zum Beispiel Einholen eines Ausreißers, wird so gefahren, dass die anderen Fahrer im Windschatten fahren können. In diesem Fall beteiligen sich alle Fahrer gleichmäßig an der Führungsarbeit.[283]

---

279 *Hanselmann, G.*, Radfahren - gewusst wie!, 1999, S. 62 f.; *Konopka, P.*, Richtig Rennrad fahren, 6. Aufl. 2006, S. 81.

280 *Laar, M.*, Besser Rennrad fahren, 2. Aufl. 2014, S. 84 f.; *Hanselmann, G.*, Radfahren - gewusst wie!, 1999, S. 62 f.; *Schmidt, A.*, Das große Buch vom Radsport, 2007, S. 532 f.; *Konopka, P.*, Richtig Rennrad fahren, 6. Aufl. 2006, S. 81 f.

281 *Weiss, C.*, Fahrtechnik Straßenrad, 2001, S. 93; *Schmidt, A.*, Das große Buch vom Radsport, 2007, S. 538.

282 *Schmidt, A.*, Das große Buch vom Radsport, 2007, S. 525 ff.; *Lindner, W.*, Erfolgreiches Radsporttraining, 1993, S. 217; *Konopka, P.*, Richtig Rennrad fahren, 6. Aufl. 2006, S. 79.

283 Sehr ausführlich zum Konflikt zwischen Kooperation und Wettkampf innerhalb von Radgruppen während Wettkämpfen *Albert, E.*, Sociology of Sport Journal 1991, 341–361.

Häufig sind aber manche Fahrer schwächer oder verfolgen andere Ziele. Teilweise wollen sie Kraft sparen oder der Ausreißer soll nicht eingeholt werden, da es sich um einen Mannschaftskollegen handelt. Diese Fahrer[284] übernehmen überhaupt keine Führungsarbeit, dementsprechend werden die anderen Fahrer versuchen, sie nicht im Windschatten fahren zu lassen. Mögliche Maßnahmen dazu sind: Diese Fahrer auf der Windkante fahren zu lassen[285] oder plötzliche Tempoverschärfungen insbesondere nach Kurven oder an Bergen einzubauen, um diese Fahrer abzuhängen.[286] Die Fahrer, die sich nicht in gleichem Maße an der Führungsarbeit beteiligen, erregen häufig die Gemüter der anderen Fahrer, weshalb es in manchen Fällen auch zu unerlaubten Methoden wie zum Beispiel Abdrängen kommen kann.[287]

c) Windschattenfahren im Training

Im Training wird im Regelfall im Windschatten gefahren, um Kraft zu sparen. Die Interessenlage ist gleich gerichtet: die Fahrer wechseln sich in der Führung gleichmäßig bzw. nach Stärke ab. Den hinteren Fahrern soll ein Fahren im Windschatten ermöglicht werden. Dadurch kommt die Gruppe insgesamt schneller voran.

Daneben ist natürlich auch denkbar, dass im Training ein Wettkampf oder eine bestimmte Wettkampftaktik zur Vorbereitung auf den eigentlichen Wettkampf simuliert wird. Die Interessenlage entspricht dann derjenigen im Wettkampf.

d) Windschattenfahren in Abhängigkeit der ausgeübten Disziplin

Im Wettkampf ist Windschattenfahren nicht in allen Disziplinen erlaubt. Insbesondere ist bei Rennen mit Einzelstart Windschattenfahren bei Einholen eines Gegners explizit verboten.[288] Im Training ist denkbar, dass die Gruppe intern das Fahren im Windschatten verbietet oder sich auf einen gewissen Mindestabstand einigt. Nach eigenen Erfahrungen ist dies aber eher die Ausnahme, sodass im Training in allen Disziplinen nach Möglichkeit der Windschatten genutzt wird.

---

284 Umgangssprachlich werden diese Fahrer „Hinterradlutscher" genannt, *Schmidt, A.*, Das große Buch vom Radsport, 2007, S. 535; *Albert, E.*, Sociology of Sport Journal 1991, 341, 353.

285 Man kann einen Fahrer nur bei Seitenwindverhältnissen auf der Windkante fahren lassen. Kommt der Wind von der Seite, ist die ideale Windschattenposition nicht mehr direkt hinter dem vorderen Fahrer, sondern seitlich versetzt hinter dem vorderen Fahrer auf der windabgewandten Seite. Diese seitlich versetzte Fahrweise kann der Vordermann jedoch relativ einfach verhindern, indem er am äußersten Rand der Fahrbahn fährt. Dann bleibt kein Platz mehr für das Fahren im windgeschützten Bereich und alle Fahrer müssen „im Wind" fahren.

286 *Schmidt, A.*, Das große Buch vom Radsport, 2007, S. 535.

287 Dies beschreibt insbesondere *Albert, E.*, Sociology of Sport Journal 1991, 341, 354 f. Ich selbst habe solche Manöver während meiner bisherigen Rennkarriere noch nicht selbst erlebt, aber davon gehört.

288 So dazu im Einzelnen oben: *Die Disziplinen des Radsports S. 33 ff.*

In manchen Disziplinen des Radsports ist das Windschattenfahren verbreiteter und üblicher. Generell ist dichtes Fahren im Straßenradsport und im Bahnradsport nicht wegzudenken, während es im Mountainbikesport und Querfeldeinsport eine eher untergeordnete Rolle spielt. Das liegt zunächst an der Geländebeschaffenheit. Zum Beispiel bietet eine breite Straße im Gegensatz zu einem schmalen Waldweg eher die Möglichkeit zum Fahren im dichten Pulk. Darüber hinaus ist im Straßenradsport und im Bahnradsport die erzielte Durchschnittsgeschwindigkeit höher, sodass die Krafteinsparung durch den Windschatten höher ist. So können auch Fahrer unterschiedlicher Leistungsstärke über einen längeren Wettkampfzeitraum zusammen bleiben, dementsprechend finden sich in diesen Rennen auch größere geschlossene Fahrerverbände.

3. Zusammenfassung

Insgesamt kann also festgehalten werden, dass Windschattenfahren im Radsport zu einer erheblichen Erhöhung des Sturzrisikos führt, es aber trotzdem üblich ist. Je höher das Durchschnittstempo und je besser ausgebaut die Wettkampfstrecke, desto wahrscheinlicher ist es, dass sich große Gruppen von Rennfahren bilden oder sogar alle Starter in einem großen Pulk die Vorteile des Windschattens nutzen.

Für die hier untersuchte Fragestellung der Haftung von Sportlern bei bewusstem Eingehen eines Risikos ist damit das Windschattenfahren von zentraler Bedeutung. Mit der Entscheidung im Windschatten zu fahren, geht der Radsportler, um Kraft zu sparen und damit einen Vorteil zu erlangen, bewusst ein Risiko ein.

2. Kapitel: Regeln zur Verhütung von Unfällen

A. Reglement

Im Reglement wird versucht, der Gefahr durch dichtes Fahren mit Hilfe von Schutzvorschriften zu begegnen. Diese sind teilweise unter *A. Die Disziplinen des Radsports*[289] bereits angeklungen, sollen an dieser Stelle jedoch unter dem speziellen Blickwinkels des Schutzes der Fahrer bei Veranstaltungen mit Renncharakter[290] zusammengefasst werden.

I. Rennen mit Massenstart

Bei Rennen mit Massenstart ist häufig eine Begrenzung der Teilnehmerzahl vorgesehen.[291]

Darüber hinaus ist die Fahrordnung speziell geregelt. Die Fahrer dürfen sich nicht gegenseitig durch Abdrängen, Abschieben, Abziehen[292] oder ähnliche Manöver behindern. Auch ein Wechsel der Fahrspur ist verboten, wenn dabei andere Radfahrer behindert werden. Eine Ausnahme besteht nur dann, wenn für das Manöver eine zwingende Notwendigkeit besteht.[293] Noch strenger ist das Reglement, wenn auf einer Strecke zufällig Rennfahrer verschiedener Klassen bzw. Kategorien zusammentreffen. In diesem Fall dürfen die eingeholten Fahrer sich den anderen Rennfahrern

---

289 Siehe oben S. 33 ff.

290 Siehe zu diesem Begriff oben: *IX. Zusammenfassung S. 49.*

291 Z.B. 200 bei Straßenrennen, vgl.: UCI, Cycling Regulations, Part 2 Road Races, Stand 08/2014, Punkt 2.2.002; BDR, Wettkampfbestimmungen Straßenrennsport, Stand 04.2014, Punkt 6.7.

292 Zu den Begriffen siehe oben: *Bahnradsport S. 41 ff.*

293 Vgl.: UCI, Cycling Regulations, Part 4 Mountain Bike Races, Stand 04/2014, Punkt 4.1.034; UCI, Cycling Regulations, Part 2 Road Races, Stand 08/2014, Punkt 2.3.012, 2.3.013, 2.3.036; BDR, Wettkampfbestimmungen Straßenrennsport, Stand 04.2014, Punkt 7.5 Absatz I und II; BDR, Wettkampfbestimmungen Mountainbike (MTB), Stand 04/2014, Punkt 2.1.4 Absatz III; BDR, Wettkampfbestimmungen Mountainbike (MTB), Stand 04/2014, Punkt 2.7.6. I, II, zur Sonderstellung des 4X, bei dem Berührungen erlaubt sind, siehe bereits oben 4-Cross, sowie BDR, Wettkampfbestimmungen Mountainbike (MTB), Stand 04/2014, Punkt 2.5.1; bei Bahnwettbewerben kommt es auf den Wettkampfmodus an, siehe dazu im Einzelnen oben *Bahnradsport S. 41 ff.*

nicht anschließen, d.h. sie dürfen nicht in deren Windschatten fahren[294], im Übrigen ist das Windschattenfahren aber erlaubt. Ein Verstoß gegen die Fahrordnung wird mit einer Sportsanktion in Form einer Verwarnung, Zeitstrafe, Disqualifikation oder einem Bußgeld geahndet.[295] Insgesamt kann Radsport also als Körperkontakt-freier Sport bezeichnet werden, lediglich im *4-Cross* ist Körperkontakt erlaubt.[296] Auf diesen Spezialfall soll aber im Weiteren nicht mehr eingegangen werden.

Verpflegen sich Rennfahrer während des Rennens, müssen sie insbesondere bei der Entsorgung der Verpflegungsverpackung sicherstellen, dass andere Rennfahrer nicht gefährdet werden.[297]

II. Rennen mit Einzelstart

Bei Rennen mit Einzelstart müssen die Fahrer, sollte es trotz Einzelstart zu einer Begegnung kommen, Abstand voneinander halten und dürfen nicht im Windschatten fahren.[298]

---

294 BDR, Wettkampfbestimmungen Straßenrennsport, Stand 04.2014, Punkt 7.5 Absatz VI. Zu einer solchen Situation kann es beispielsweise dadurch kommen, dass eine Kategorie später startet und abgehängte Fahrer der anderen Kategorie einholt. Ähnliches gilt für zurückgefallene Fahrer bei Rundstreckenrennen/Kriterien, siehe BDR, Wettkampfbestimmungen Straßenrennsport, Stand 04.2014, Punkt 11.2.3 Absatz IV.

295 UCI, Cycling Regulations, Part 2 Road Races, Stand 08/2014, Punkt 1.2.128; BDR, Wettkampfbestimmungen Straßenrennsport, Stand 04.2014, Anhang A Strafenkatalog; BDR, Wettkampfbestimmungen Mountainbike (MTB), Stand 04/2014, Punkt 2.7.6. II a.E., Anhang C 2.4.

296 UCI, Cycling Regulations, Part 4 Mountain Bike Races, Stand 04/2014, Punkt 4.4.001; BDR, Wettkampfbestimmungen Mountainbike (MTB), Stand 04/2014, Punkt 2.5.1, siehe auch oben 4-Cross S. 40.

297 UCI, Cycling Regulations, Part 2 Road Races, Stand 08/2014, Punkt 2.2.025; BDR, Wettkampfbestimmungen Straßenrennsport, Stand 04.2014, Punkt 7.6 Absatz IV.

298 UCI, Cycling Regulations, Part 2 Road Races, Stand 08/2014, Punkt 2.4.017, 2.4.018, BDR, Wettkampfbestimmungen Straßenrennsport, Stand 04.2014, Punkt 8.4 Absatz I und II, es ist ein seitlicher Abstand von 2m einzuhalten, nach einem Kilometer muss der überholte Fahrer einen Mindestabstand von 25m einhalten; für Mannschaftszeitfahren siehe UCI, Cycling Regulations, Part 2 Road Races, Stand 08/2014, Punkt 2.5.015, 2.5.016, 2.5.018, BDR, Wettkampfbestimmungen Straßenrennsport, Stand 04.2014, Punkt 9.4 Absatz I und II, innerhalb der Mannschaft muss kein Abstand eingehalten werden, vgl. Absatz III; für den Bahnradsport siehe im Einzelnen oben unter: *Bahnradsport S. 41 ff.*

III. Sturzhelm

Das Tragen eines Sturzhelmes vermindert erheblich das Risiko, schwere Kopfverletzungen zu erleiden.[299] Dementsprechend ist das Tragen eines Sturzhelmes für alle Wettkämpfe mit Renncharakter Pflicht.[300]

B. Ungeschriebene Regeln

Beim Fahren im Pulk, aber auch schon beim Windschattenfahren, an dem nur zwei Radsportler beteiligt sind, gelten einige „ungeschriebene" Regeln, die der Unfallverhütung dienen. Obwohl diese Regeln nicht Teil des UCI oder BDR Reglements sind, sind sie doch international unter Radsportlern anerkannt.

Zunächst wird verlangt, dass jeder Fahrer mit maximaler Aufmerksamkeit fährt, seine Fahrlinie möglichst einhält und abrupte Fahrmanöver wie starke Richtungsänderungen, starkes Bremsen oder Beschleunigen unterlässt.[301]

Darüber hinaus wird aber auch erwartet, dass in gewissen Situationen auf eine mögliche Gefahr durch Handzeichen hingewiesen wird. Falls die Gruppe anhalten muss, muss dies durch Heben einer Hand über Schulterhöhe angekündigt werden. Soll die Gruppe langsamer werden, wird dies durch Austrecken einer offenen Hand in Richtung Boden signalisiert. Abbiegen wird, wie im Straßenverkehr vorgeschrieben, durch Handzeichen angezeigt. Dafür muss mit ausgestrecktem Arm in die Richtung gezeigt werden, in die abgebogen werden soll. Darüber hinaus müssen

---

299 *Temme, C.*, Radsport, in: Engelhardt, M., Sportverletzungen - GOTS Manual, 2009, S. 400; *Arnold, M.*, Mountainbiken, in: Engelhardt, M., Sportverletzungen - GOTS Manual, 2009, S. 645; *Maimaris, C./Summers C.L./Browining C./Palmer C.R.*, British Medical Journal 1994, 1537, 1539 f.; *Aleman, K.B./Meyers, M.C.*, Sports Medicine (Auckland, N.) 2010, 77, 87; *Kronisch, R.L./Pfeiffer, R.P.*, Sports Medicine (Auckland, N.) 2002, 523, 531 f.; *Thompson, D.C./Patterson, M.Q.*, Sports Medicine (Auckland, N.) 1998, 213–219; *Finvers, K.A./Strother, R.T./Mohtadi, N.*, Clinical Journal of Sport Medicine 1996, 102–107; *Gaulrapp, H./Weber A./Rosemeyer B.*, Knee Surgery Sports Taumatology Arthroscopy 2001, 48, 52; *Biener, K.*, Sportunfälle, 2. Aufl. 1992, S. 260; bei modernen Studien dürfte sich das Problem stellen, dass ein Vergleich zwischen Helmträgen und Nicht-Helmträgern an der zu kleinen Zahl von Nicht-Helmträgern aufgrund der inzwischen großen Akzeptanz des Helmtragens scheitert, so zum Beispiel bei *Aitken, S.A./Biant, L.C./Court-Brown, C.M.*, Emergency Medicine Journal 2011, 274, 278.

300 UCI, Cycling Regulations, Part 1 General Provisions, Stand 05.2014, Punkt 1.3.031; BDR, Wettkampfbestimmungen Straßenrennsport, Stand 04.2014, Punkt 5.1 Absatz VI, Punkt 12.3.2. Absatz II; BDR, Wettkampfbestimmungen Querfeldein-Rennsport, Stand 08/2014, Punkt 1.2.6 Absatz II; BDR, Wettkampfbestimmungen Mountainbike (MTB), Stand 04/2014, Punkt 4.4 Absatz I; BDR, Wettkampfbestimmungen BMX, Stand 05/2013, Punkt 10.3; BDR, Wettkampfbestimmungen Bahnrennsport, Stand 04/2014, Punkt 5.3.1 Absatz I.

301 *Laar, M.*, Besser Rennrad fahren, 2. Aufl. 2014, S. 80, 82.

Hindernisse durch Zeigen mit dem ausgestreckten Arm angedeutet werden. Muss einem größeren Hindernis ausgewichen werden, so muss der Arm der Seite, auf der sich das Hindernis befindet, mehrmals hinter den Körper geschwenkt werden. Die Zeichen werden von den vorn Fahrenden ausgeführt und von den anderen Gruppenmitgliedern wiederholt.[302]

Allerdings ist eine Einschränkung vorzunehmen: Es ist nur notwendig, die entsprechenden Handzeichen zu geben, wenn dies ohne eigene Gefährdung möglich ist. Durch das Geben eines Handzeichens ist der Fahrer gezwungen, eine Hand vom Lenker zu nehmen. Dadurch wird er in seinen Reaktionsmöglichkeiten stark eingeschränkt, insbesondere kann er nur noch schlecht lenken und schlecht bremsen. Damit gefährdet er unter Umständen nicht nur sich selbst, sondern auch die restlichen Gruppenmitglieder. Es muss also abgewogen werden zwischen dem Plus an Sicherheit, das das Handzeichen für die Gruppe in der konkreten Situation beiträgt, und der Gefährdung, die es für den das Handzeichen gebenden Fahrer bedeutet. Nur wenn diese Abwägung deutlich zugunsten der Sicherheit der Gruppe ausfällt, verlangt das Reglement das Handzeichen. Die Interessen sind auch nicht notwendigerweise gegenläufig, da mit einer Gefährdung des das Handzeichen gebenden Fahrers zumeist aufgrund des Fehlens von Sicherheitsabständen in der Gruppe eine Gefährdung der Gruppe einhergeht.

C. Geltung der Radsportregeln abhängig von der jeweiligen Situation

Wie das Sportreglement unter den Radsportlern Geltung erlangen, muss situationsabhängig beurteilt werden. Darüber hinaus ist von größtem Interesse, ob die Gesamtheit der geschriebenen und ungeschriebenen Regeln Geltung erlangt oder nur Teile davon.

I. Wettkampf

Die Rechtslage bei Wettkämpfen ist seit dem sogenannten *Reiter-Urteil* des BGH[303] weitgehend geklärt. Grundsätzlich kann das Reglement auf drei Wegen Geltung erlangen: im Wege der Satzungslösung, der Lizensierungslösung und des Nennungsverfahrens.[304]

302 Siehe zum Ganzen inklusive Illustrationen der Handzeichen *Laar, M.*, Besser Rennrad fahren, 2. Aufl. 2014, S. 82 f.; *Hanselmann, G.*, Radfahren - gewusst wie!, 1999, S. 60 f.; etwas weniger illustrativ *Albert, E.*, International Review for the Sociology of Sport 1999, 157, 159 f.

303 *BGH,* Urteil v. 28.11.1994 (Az. II ZR 11/94), NJW 1995, 583–587; zustimmend: *OLG Hamm,* Urteil v. 16.12.2002 (Az. 8 U 31/02), OLG Report Hamm 2003, 100; *LG Stuttgart,* Urteil v. 2.4.2002 (Az. 17 O 611/00), SpuRt 2002, 245–250.

304 *BGH,* Urteil v. 28.11.1994 (Az. II ZR 11/94), NJW 1995, 583–587.

1. Satzungslösung

Bei der Satzungslösung erlangen die Regeln als von der Mitgliedersammlung des Spitzenverbandes beschlossene Satzung oder Ordnung[305] Geltung. Die Möglichkeit, den Sportbetrieb durch Satzungen zu regeln, wird den zumeist als Idealvereinen organisierten Sportverbänden im Rahmen der §§ 21 ff. BGB gewährt. Die §§ 21 ff. BGB gestalten für den Idealverein die gemäß Art 9 I GG geschützte Vereins- und Verbandautonomie aus.[306]

Im Fall des Radsports ist der Spitzenverband der BDR[307]. Der BDR ist als Idealverein gemäß § 21 BGB organisiert.[308] Mitglied im BDR sind die 17 Landesradsportverbände, die ebenfalls als Idealvereine organisiert sind. Mitglieder der 17 Landesverbände wiederum sind die aktuell 2.767 registrierten Radvereine.[309] Der Blick auf die pyramidenförmige Organisation des Radsports mit BDR, Landesverbänden, Radsportvereinen und Radsportlern zeigt, dass kein Radsportler direkt Mitglied des BDR ist. Vielmehr sind die in Radsportvereinen organisierten Radsportler nur mittelbar über den Verein und den Landesverband Mitglied im BDR.[310] Nicht in Vereinen organisierte Radsportler sind nicht einmal mittelbare Mitglieder des BDR. Diesen stehen aber trotzdem viele Wettkämpfe, genauer gesagt die sogenannten Jedermann-Rennen und vor allem die Jedermann-Veranstaltungen, offen.

Damit ist die entscheidende Schwäche der Satzungslösung bereits beschrieben. Eine von einem Verein erlassene Satzung oder Ordnung gilt zunächst nur gegenüber den Mitgliedern des Vereins.[311] Gegenüber Nichtmitgliedern würde das Reglement

---

305 Ordnungen stehen in der Hierarchie unter der Satzung. Die Möglichkeit Ordnungen zu erlassen, muss in der Satzung vorgesehen sein. Die Ordnungen dürfen nicht gegen die Satzung verstoßen. Vgl.: Palandt[73]/*Ellenberger*, § 25 BGB Rn. 6.

306 *Summerer, T.*, 2. Teil. Sport, Vereine und Verbände, in: Fritzweiler, J.; Pfister, B.; Summerer, T., Praxishandbuch Sportrecht, 2. Aufl. 2007, S. 104 f.; *Schimke, M./Eilers, G.*, Vereins- und Verbandsrecht, in: Nolte, M.; Horst, J., Handbuch Sportrecht, 2009, S. 91.

307 Im Rahmen von internationalen Wettkämpfen ist der Spitzenverband dagegen die UCI.

308 *BDR*, Der BDR - ein Dachverband mit Profil, http://www.rad-net.de/modules.php?name=html&f=bdr/verbands-portrait.htm&menuid=56 (Zuletzt geprüft am: 30.09.2014).

309 Siehe *BDR*, Die 17 Landesverbände im BDR, http://www.rad-net.de/modules.php?name=html&f=LV/index.htm&menuid=59&menuid=404 (Zuletzt geprüft am: 30.09.2014) und *ders.* rad-net Vereinssuche, http://www.rad-net.de/modules.php?name=Verein&menuid=43&menuid=403 (Zuletzt geprüft am: 03.10.2014).

310 Manche Landesverbände bieten einzelnen Radsportlern die Möglichkeit, direkt Mitglied ihres Verbandes zu werden. Eine Direktmitgliedschaft von Radsportlern im BDR selbst besteht dagegen nicht, siehe http://www.rad-net.de/modules.php?name=html&f=bdr/mitgliedschaft.htm&menuid=57 (Zuletzt geprüft am: 30.09.2014).

311 MüKo BGB[6]/*Reuter*, § 25 BGB Rn. 28.

daher keine Wirkung entfalten.[312] Im Radsport wäre das BDR Reglement also zunächst nur für die Landesverbände verbindlich. Dementsprechend müsste nach einem Weg gesucht werden, eine Vereinssatzung auch gegenüber nur mittelbaren Mitgliedern oder sogar Nichtmitgliedern anzuwenden.

Dem Reglement könnte gegenüber den nur mittelbaren Mitgliedern (Radvereine und Radsportler) über eine sogenannte Satzungskette (Satzung/Ordnung des BDR, dann Satzung/Ordnung des Landesverbandes und schließlich Satzung/Ordnung des Radvereins) Geltung verschafft werden.[313] Die Satzungskette bringt aber einige Schwierigkeiten mit sich. Zunächst müsste die Umsetzung fehlerfrei verlaufen, sonst wären nicht alle Radsportler dem gleichen Reglement unterworfen. In Anbetracht der 2.767 Vereine erscheint es eher unwahrscheinlich, dass die Umsetzung nicht doch im Einzelfall fehlerbehaftet ist. Darüber hinaus ist die Überwachung der Umsetzung sehr aufwändig, wenn nicht sogar unmöglich.[314] Verschärft wird die Problematik dadurch, dass dynamische Verweisungen (z.B.: Es gilt das aktuell gültige Reglement des BDR) überwiegend als unzulässig erachtet werden.[315] Die 2.767 Vereine müssten also bei jeder Änderung des Reglements durch den BDR ihre Satzungen/Ordnungen ändern.[316]

---

312 *Fenn, H.*, SpuRt 1997, 77, 78.

313 *Summerer, T.*, 2. Teil. Sport, Vereine und Verbände, in: Fritzweiler, J.; Pfister, B.; Summerer, T., Praxishandbuch Sportrecht, 2. Aufl. 2007, S. 154 und 169 f. Zweifelnd hinsichtlich der Frage, ob auf diese Weise auch Eingriffsbefugnisse transportiert werden können: *Pfister, B.*, Autonomie des Sports, sport-typisches Verhalten und staatliches Recht, in: Pfister, B.; Will, M.R., Festschrift für Werner Lorenz zum siebzigsten Geburtstag, 1991, S. 184.

314 Auf diesen beiden Bedenken weist auch *Fenn, H.*, SpuRt 1997, 77, 77 f. hin. *Schimke, M./Eilers, G.*, Vereins- und Verbandsrecht, in: Nolte, M.; Horst, J., Handbuch Sportrecht, 2009, S. 94 halten die Satzungslösung für unpraktikabel. Zweifelnd auch *Sievers, M.*, Die zivilrechtliche Haftung des Sportlers wegen Dopings, 1996, S. 31 f.

315 MwN.: Palandt[73]/*Ellenberger*, § 25 BGB Rn. 2 und *Summerer, T.*, 2. Teil. Sport, Vereine und Verbände, in: Fritzweiler, J.; Pfister, B.; Summerer, T., Praxishandbuch Sportrecht, 2. Aufl. 2007, S. 170. Ebenso *Buchberger, M.*, Die Überprüfbarkeit sportverbandsrechtlicher Entscheidungen durch die ordentliche Gerichtsbarkeit, 1999, S. 112. Ob dies überzeugend ist, kann an dieser Stelle nicht abschließend beurteilt werden. In Anbetracht des anzuerkennenden Interesses, das Satzungen/Ordnungen klar und aus sich heraus verständlich sind, erscheint das Verbot jedoch nachvollziehbar.

316 Eine statische Verweisung, also die Verweisung auf das Reglement eines bestimmten Datums, wäre dagegen zulässig, vgl.: Palandt[73]/*Ellenberger*, § 25 BGB Rn. 2 und *Summerer, T.*, 2. Teil. Sport, Vereine und Verbände, in: Fritzweiler, J.; Pfister, B.; Summerer, T., Praxishandbuch Sportrecht, 2. Aufl. 2007, S. 169. Allerdings wird das Problem dadurch nur unbedeutend entschärft. Die Vereine müssten trotzdem ihre Satzung/Ordnung mit jeder Änderung des Reglements auf Seiten des Spitzenverbandes ändern.

Insgesamt lässt sich sagen, dass dem BGH[317] insoweit zuzustimmen ist, als dass die Satzungslösung nicht genügt, um eine flächendeckende Geltung des Reglements sicherzustellen.

2. *Lizensierungsverfahren*

a) *Inhalt der Lizensierungsvereinbarung*

Durch die sogenannte „Lösung einer Lizenz" beim Verband erkennt der Sportler das Reglement an.[318] Im Gegenzug erhält er die Berechtigung, an den Rennen des Verbandes teilzunehmen.[319] Darüber hinaus verpflichtet sich der Sportler, an nicht vom Spitzenverband abgenommen Rennen nicht teilzunehmen.[320] Insgesamt unterwirft sich der Sportler durch die Lizensierung der Disziplinargewalt des Verbandes.

b) *Rechtliche Bewertung des Lizensierungsverfahrens*

Problematisch ist, ob das Lizensierungsverfahren zu einem Vertragsschluss gemäß §§ 145 ff. BGB führt. In diesem Fall läge eine vertragliche Vereinbarung vor, man könnte dann von einem Lizenzvertrag sprechen. Andererseits wäre es auch möglich, die Lizenzabrede als bloß unverbindliche Vereinbarung zu bewerten.

Die Abgrenzung zwischen Vertrag und unverbindlicher Vereinbarung[321] war lange Zeit umstritten, durchgesetzt hat sich inzwischen der subjektive Ansatz, nach dem der Wille der Parteien entscheidend ist.[322] Dieser ist durch Auslegung gemäß

---

317 *BGH*, Urteil v. 28.11.1994 (Az. II ZR 11/94), NJW 1995, 583, 585.

318 BDR, Sportordnung, Stand 04.2014, Punkt 5.1 Absatz I, III.

319 BDR, Sportordnung, Stand 04.2014, Punkt 5.1 Absatz IV; Punkt 4.4.2 Absatz I, natürlich vorausgesetzt sie erfüllen die u.U. bestehenden weiteren Zulassungsvoraussetzungen des jeweiligen Wettkampfes, siehe beispielsweise BDR, Sportordnung, Stand 04.2014, Punkt 4.4.4.

320 BDR, Sportordnung, Stand 04.2014, Punkt 4.4.1 Absatz II.

321 Statt von unverbindlicher Vereinbarung wird in diesem Zusammenhang häufig auch von „Gefälligkeit" gesprochen. Eine Gefälligkeit darf jedoch nicht mit einem „Gefälligkeitsvertrag" verwechselt werden. Siehe insgesamt zu den Begrifflichkeiten in diesem Zusammenhang Staudinger/*Olzen, D.*, Stand 2009, § 241 BGB Rn. 71.

322 Staudinger/*Olzen, D.*, Stand 2009, § 241 BGB Rn. 79–82.
Allgemein zur Abgrenzung von Vertrag und unverbindlichen Abreden siehe: *Scheerer-Buchmeier, H.*, Die Abgrenzung des Rechtsgeschäfts von der nicht rechtsgeschäftlichen Vereinbarung unter besonderer Berücksichtigung der Diskussion im 19. Jahrhundert, 1990; *Pallmann, H.-D.*, Rechtsfolgen aus Gefälligkeitsverhältnissen, 1971; *Flume, W.*, Allgemeiner Teil des Bürgerlichen Rechts II. Das Rechtsgeschäft, 3. Aufl. 1979, S. 81 ff.; *Gernhuber, J.*, Das Schuldverhältnis, in: Gernhuber, J., Handbuch des Schuldrechts, 2003, S. 122 ff.; *Larenz, K./Wolf, M.*, Allgemeiner Teil des bürgerlichen Rechts, 8. Aufl. 1997, S. 439 ff.; *Reuss, K.F.*, AcP 154 (1955), 485–526; Staudinger/*Olzen, D.*, Stand 2009, § 241 BGB Rn. 71–93.

§§ 133, 157 BGB[323] zu ermitteln, wobei aufgrund des objektiven Empfangshorizonts doch wieder objektive Kriterien eine gewisse Rolle spielen.[324]

Zutreffend ist die Ansicht, dass alle Bereiche der menschlichen Interaktion der Regelung durch Verträge zugänglich sind, also auch der Sport selbstverständlich nicht ausgenommen ist.[325] Dagegen ließe sich auch nicht die „Autonomie des Sports“[326] anführen. Diese beeinflusst nur das Maß der gerichtlichen Kontrolle einer Lizenzvereinbarung[327], nicht aber deren grundsätzliche Bewertung als Vertrag.

Nach herrschender Meinung gibt es gewisse Indizien, anhand derer beurteilt werden kann, ob es sich bei der in Rede stehenden Abrede um einen Vertrag handelt. Solche Indizien sind insbesondere Unentgeltlichkeit, Uneigennützigkeit sowie Art, Grund, Zweck der Leistung.[328] Dabei dürfen die Kriterien nicht schematisch angewandt werden, vielmehr erleichtern die Kriterien nur die Entscheidung im Einzelfall.[329] Von entscheidender Bedeutung ist insbesondere die Bedeutung der Leistung für die Parteien.[330]

---

323 Es ist allgemein anerkannt, dass durch Auslegung gemäß §§ 133, 157 BGB nicht nur die Willenserklärung beziehungsweise der Vertrag ausgelegt wird, sondern auch bereits ermittelt wird, ob überhaupt eine Willenserklärung vorliegt. Vgl. zum Beispiel: Palandt[73]/*Ellenberger, J.*, § 133 BGB Rn. 3, mit weiteren Nachweisen auch zur Rechtsprechung Staudinger/*Singer, R.*, Stand 2011, § 133 BGB Rn. 25.

324 Staudinger/*Olzen, D.*, Stand 2009, § 241 BGB Rn. 81.

325 Staudinger/*Olzen, D.*, Stand 2009, § 241 BGB Rn. 80, a.A. *Flume, W.*, Allgemeiner Teil des Bürgerlichen Rechts II. Das Rechtsgeschäft, 3. Aufl. 1979, S. 82 f., der ein Vermögensinteresse fordert.

326 Zu diesem Begriff siehe ausführlich: *Pfister, B.*, Einleitung, in: Fritzweiler, J.; Pfister, B.; Summerer, T., Praxishandbuch Sportrecht, 2. Aufl. 2007, S. 10 ff.; *Summerer, T.*, 2. Teil. Sport, Vereine und Verbände, in: Fritzweiler, J.; Pfister, B.; Summerer, T., Praxishandbuch Sportrecht, 2. Aufl. 2007, S. 102 ff.; *Pfister, B.*, Autonomie des Sports, sport-typisches Verhalten und staatliches Recht, in: Pfister, B.; Will, M.R., Festschrift für Werner Lorenz zum siebzigsten Geburtstag, 1991.

327 Siehe ausführlich zu diesem Punkt: *Summerer, T.*, 2. Teil. Sport, Vereine und Verbände, in: Fritzweiler, J.; Pfister, B.; Summerer, T., Praxishandbuch Sportrecht, 2. Aufl. 2007, S. 226 ff. und *Buchberger, M.*, Die Überprüfbarkeit sportverbandsrechtlicher Entscheidungen durch die ordentliche Gerichtsbarkeit, 1999, S. 128 ff. sowie *Pfister, B.*, SpuRt 1998, 221, 221 ff.

328 Die Kriterien stammen aus dem Grundsatzurteil des BGH zur Abgrenzung von vertraglichen Abreden zu bloßen unverbindlichen Vereinbarungen, vgl.: *BGH*, Urteil v. 22.6.1956 (Az. I ZR 198/54), NJW 1956, 1313. Eine Bewertung der Kriterien findet sich beispielsweise bei Staudinger/*Olzen, D.*, Stand 2009, § 241 BGB Rn. 83–86.

329 Das zeigt schon das Kriterium der Unentgeltlichkeit. Dieses Kriterium alleine kann die Entscheidung nicht absolut bestimmen, da das Gesetz selber u.a. in §§ 516, 598, 662 BGB unentgeltliche Verträge vorsieht. Darauf weist auch der BGH hin: *BGH*, Urteil v. 22.6.1956 (Az. I ZR 198/54), NJW 1956, 1313.

330 Staudinger/*Olzen, D.*, Stand 2009, § 241 BGB Rn. 83–85.

Die Ausstellung einer Lizenz erfolgt zwar unentgeltlich, sie ist für die Parteien aber von grundsätzlicher Bedeutung.[331] Ohne Lizenz kann der Sportler den Sport nicht ausüben. Dies wäre für Profisportler eine Katastrophe, sie könnten in diesem Fall ihre Lebensgrundlage nicht mehr erwirtschaften. Aber auch für viele Amateursportler und Freizeitsportler ist der Leistungsvergleich fester Bestandteil ihrer Sportausübung, den sie nicht aufgeben wollen. Andererseits kann der Verband durch die Lizensierung seiner Ordnungsfunktion nachkommen, indem er den Sportbetrieb organisiert. Dabei handelt der Verband keinesfalls uneigennützig, denn durch die Bindung der Sportler an seine Wettkämpfe sichert sich der Verband die Hoheit über die Organisation der Sportart. Mit anderen Worten trägt die Lizensierung dazu bei, dass der Verband seine Monopolstellung bezüglich der Organisation des Sports behält. Damit sind auch erhebliche wirtschaftliche Interessen des Verbandes betroffen.

Es bleibt also festzuhalten, dass die Lizensierung für die Sportler und den Verband von grundsätzlicher Bedeutung ist und auch wirtschaftliche Interessen berührt. Daher ist davon auszugehen, dass die Parteien bei der Lizensierungsvereinbarung mit Rechtsbindungswillen handeln. Dies bestätigt auch der Wortlaut der Lizenzvereinbarung: Der Sportler „verpflichtet" sich, das Reglement zu beachten.[332] Das Lizensierungsverfahren ist damit eine Form der rechtsgeschäftlichen Unterwerfung der Sportler unter das Reglement des Verbandes und nicht nur eine bloß unverbindliche Vereinbarung.[333]

Dass ein Teilnehmer bereits vor Vertragsschluss im Einzelfall bereit ist, sich über die Sportregel hinweg zu setzen, steht dem Vertragsschluss nicht entgegen. Selbst wenn ein Sportler sich dafür entscheidet, eine Sportregel zu missachten, so möchte er dennoch, dass die anderen Sportler an die Sportregel gebunden sind. Dieses Verhalten ist zwar widersprüchlich, die Widersprüchlichkeit ist allerdings erst im Rahmen der auf den Regelverstoß folgenden Sanktion von Bedeutung, nicht bereits auf der Stufe der Geltungserlangung. Bei einer solchen Erklärung eines Sportlers liegt ein für die Geltung unbeachtlicher geheimer Vorbehalt im Sinne von

---

331 Es kann offen bleiben, ob diese Pflichten als Leistung zu bewerten sind. Die genannten Kriterien können in jedem Fall als Indizien dienen, ihre Anwendbarkeit hängt nicht vom Vorliegen einer Leistung ab.

332 BDR, Sportordnung, Stand 04.2014, Punkt 5.1. Absatz I, IV.

333 Genauso *Fenn, H.*, SpuRt 1997, 77, 78; *Summerer, T.*, 2. Teil. Sport, Vereine und Verbände, in: Fritzweiler, J.; Pfister, B.; Summerer, T., Praxishandbuch Sportrecht, 2. Aufl. 2007, S. 170 f.; *Buchberger, M.*, Die Überprüfbarkeit sportverbandsrechtlicher Entscheidungen durch die ordentliche Gerichtsbarkeit, 1999, S. 113 f.; *Schimke, M./Eilers, G.*, Vereins- und Verbandsrecht, in: Nolte, M.; Horst, J., Handbuch Sportrecht, 2009, S. 96 ff.; *Vieweg, K.*, SpuRt 1995, 97, 98 f.; *Pfister, B.*, Autonomie des Sports, sport-typisches Verhalten und staatliches Recht, in: Pfister, B.; Will, M.R., Festschrift für Werner Lorenz zum siebzigsten Geburtstag, 1991, S. 184; a.A. wohl *Haas, U./Adolphsen, J.*, NJW 1995, 2146, 2147, allerdings beziehen sich deren Ausführungen nicht auf die hier beschriebene Wettkampfsituation.

§ 116 S. 1 BGB vor.[334] Keinesfalls weiß der Verband, dass der betreffende Sportler sich insgeheim selbst nicht an die Regeln halten will, sodass der geheime Vorbehalt nicht doch gemäß § 116 S. 2 BGB ausnahmsweise beachtlich ist. Würde der Verband[335] den Vorbehalt erkennen, würde er die Lizenz gar nicht erteilen, der Vertrag würde also gar nicht erst geschlossen.[336]

Allerdings erfasst auch die Lizensierungslösung bei weitem nicht alle Radsportler, sondern nur diejenigen, die über eine Lizenz verfügen. Dementsprechend erlangen die Sportregeln gegenüber den oben beschriebenen Jedermann-Sportlern wiederum keine Geltung.

3. Nennungsverfahren

Eine weitere Möglichkeit, die Geltung der Sportregeln unter den Wettkämpfern sicherzustellen, ist das sogenannte Nennungsverfahren. Wie beim Lizensierungsverfahren handelt es sich hierbei um eine rechtsgeschäftliche Unterwerfung unter die Sportregeln.[337] Der Veranstalter nimmt die Sportregeln in die Ausschreibung des Wettkampfes auf und mit der Meldung zum Wettkampf werden diese durch den Sportler akzeptiert. Auch bei dieser Vereinbarung handelt es sich, wie bei einer Lizenzvereinbarung, um einen Vertrag: Ein Rechtsbindungswille liegt hier ebenfalls vor. Die Parteien vereinbaren verbindlich, dass der Sportler am Wettkampf teilnehmen darf, wenn er das Reglement anerkennt. Dementsprechend ist für den Sportler die Nennungsvereinbarung ebenfalls von entscheidender Bedeutung für seine Wettkampfteilnahme und Sportausübung. Auch für den Verband ist die Vereinbarung von entscheidender Bedeutung, um die Geltung des Reglements sicherzustellen, insbesondere bei der Teilnahme von nicht lizensierten Sportlern.

Bei der Auslegung dieser Vereinbarung ist die Rechtsprechung überaus verbandsfreundlich; fehlt eine ausdrückliche Anerkennung des Reglements, wird davon ausgegangen, dass der Sportler mit der Nennung zu einem Wettkampf zumindest die üblichen Regeln konkludent anerkennt.[338] Diesem Befund ist zuzustimmen, er

---

334 So auch das OLG München im Fall „Krabbe", *OLG München,* Urteil v. 28.3.1996 (Az. U (K) 2424/95), SpuRt 1996, 133, 134.

335 Abzustellen ist auf die Kenntnis des Vertreters, § 166 I BGB.

336 BDR, Sportordnung, Stand 04.2014, Punkt 5.1 Absatz II.

337 *Fenn, H.,* SpuRt 1997, 77, 79; *Schimke, M./Eilers, G.*, Vereins- und Verbandsrecht, in: Nolte, M.; Horst, J., Handbuch Sportrecht, 2009, S. 94 ff.; *Vieweg, K.,* SpuRt 1995, 97, 98 f.; *Summerer, T.*, 2. Teil. Sport, Vereine und Verbände, in: Fritzweiler, J.; Pfister, B.; Summerer, T., Praxishandbuch Sportrecht, 2. Aufl. 2007, S. 154. A.A. auch hier *Haas, U./Adolphsen, J.,* NJW 1995, 2146, 2147, allerdings wiederum nur für die Trainingssituation.

338 *BGH,* Urteil v. 28.11.1994 (Az. II ZR 11/94), NJW 1995, 583, 586; *Summerer, T.*, 2. Teil. Sport, Vereine und Verbände, in: Fritzweiler, J.; Pfister, B.; Summerer, T., Praxishandbuch Sportrecht, 2. Aufl. 2007, S. 169 verlangt dagegen zumindest Anhaltspunkte und, S. 172, hält einen bloßen Hinweis nicht für ausreichend.

ist das überzeugende Ergebnis der Auslegung der durch den Sportler und Verband abgeschlossenen Vereinbarung gemäß §§ 133, 157 BGB. Wie der BGH zutreffend feststellt, ist für einen sportlichen Wettbewerb die Geltung gewisser Regeln notwendig.[339] Mit anderen Worten: Ohne die Sportregeln gäbe es auch keine geordnete Sportausübung, da die Sportregeln die jeweilige Sportart charakterisieren und für einen geordneten Ablauf sorgen.[340] Dementsprechend liegt die Geltung gewisser Regeln auch im Interesse aller, denn jeder Teilnehmer möchte an einem fairen und geordneten Wettbewerb teilnehmen.

Sollte sich ein Sportler insgeheim vorbehalten, sich selbst nicht an die Regeln zu halten, läge darin, wie beim Lizensierungsverfahren, ein unbeachtlicher geheimer Vorbehalt gemäß § 116 S. 1 BGB.

Beachtung verdient, dass der BGH insoweit von einer Übereinkunft zwischen Sportler und Spitzenverband und nicht etwa zwischen Sportler und Veranstalter ausgeht.[341] Dies überzeugt jedoch nur, wenn die Disziplinarbefugnis (durch die die Einhaltung des Sportreglements im Wettkampf sichergestellt wird) tatsächlich dem Spitzenverband und nicht dem Veranstalter zustehen soll. Dies ist eine Frage der Auslegung im Einzelfall. Zumindest für Wettkämpfe im Bereich des Spitzensports ist jedoch davon auszugehen, dass die Disziplinargewalt dem Spitzenverband und nicht dem Veranstalter obliegen soll. In diesem Fall kommt in Betracht, dass der Veranstalter den Verband bei der Unterwerfung gemäß § 164 I 1 BGB vertritt oder zumindest dessen Erklärung als Bote überbringt, sollte der Spitzenverband selbst nicht am Vertragsschluss beteiligt sein. Entsprechendes gilt für den Empfang der Willenserklärung des Radsportlers durch den Veranstalter: Dieser würde entweder als Passivvertreter, § 164 III BGB, des Spitzenverbandes auftreten oder als dessen Empfangsbote. Sollte der Veranstalter nicht ausdrücklich im Namen des Verbandes handeln, ergäbe sich dies gemäß § 164 I 2 BGB aus den Umständen.

Andererseits sind gerade im Hobbysport Wettkämpfe denkbar, bei denen die Disziplinarbefugnis dem Veranstalter zustehen soll.[342] Der BDR macht dies beispielsweise durch die neu eingefügte Regelung zu Jedermann Veranstaltungen in den Wettkampfbestimmungen für den Straßenradsport deutlich. Dort heißt es in Punkt 12.1 Absatz I: „Jedermann-Veranstaltungen sind Breitensport-Veranstaltungen. Für sie gilt ausschließlich die Ausschreibung des Veranstalters. Jedermann-Veranstaltungen unterliegen nicht der SpO bzw. den Wettkampfbestimmungen des BDR bis auf folgende Regelungen" [...][343].

339 *BGH,* Urteil v. 28.11.1994 (Az. II ZR 11/94), NJW 1995, 583.

340 *Pfister, B.*, Schutzzweck von Sportregeln – insbesondere zum Schadensersatzanspruch bei Vermögensschäden aufgrund Verletzung von Sportregeln, in: Gitter, W.; Heinze, M.; Schmitt, J., Festschrift für Wolfgang Gitter, 1995, S. 733 f.

341 *BGH,* Urteil v. 28.11.1994 (Az. II ZR 11/94), NJW 1995, 583, 586.

342 Zu Ausnahmen siehe auch unten: *Fn. 755.*

343 BDR, Wettkampfbestimmungen Straßenrennsport, Stand 04.2014, Punkt 12.1 Absatz I.

4. Folge eines Fehlers im Lizensierungs- oder Nennungsverfahren

Gesonderter Betrachtung bedarf das Problem eines Mangels im Lizensierungs- oder Nennungsverfahren. Auf den ersten Blick würde eine Nichtigkeit der Lizensierungs- und/oder Nennungsvereinbarung, die sich erst nach dem Wettkampf zeigt, zu dem Ergebnis führen, dass der Sportler am Wettkampf teilgenommen hätte, ohne dass für ihn das Reglement gegolten hätte.[344] Aus diesem Grund lehnen *Haas/Adolphsen* die Lösung über eine Vereinbarung zwischen Sportler und Spitzenverband ab und möchten dagegen zu einer Regelgeltung über den Weg einer drittbegünstigenden Satzung oder einem faktischen Vertragsschluss gelangen.[345]

Allerdings stellt sich das Problem nicht in dem von *Haas/Adolphsen* beschriebenen Umfang. Zunächst sind Mängel in der Einigung aufgrund der oben dargestellten verbandsfreundlichen Auslegung der Vereinbarung nur schwer denkbar. Darüber hinaus sind, zumindest für das hier relevante Reglement zur Verhütung von Unfällen, schwer Einwendungen denkbar, die zu einer ex tunc-Nichtigkeit der Vereinbarung führen könnten. Sollte ausnahmsweise eine Anfechtung in Betracht kommen, käme dieser in Ausnahme von § 142 I BGB nur ex nunc-Wirkung zu.[346] Konkret wäre in diesem Fall der Nennungs- oder Lizenzierungsvertrag mit ex nunc-Wirkung gemäß § 142 I BGB analog nichtig. Dementsprechend dürfte der Sportler an künftigen Wettkämpfen nicht ohne Neuabschluss eines entsprechenden Vertrages teilnehmen.[347]

Darüber hinaus wäre die Vereinbarung von Unfallverhütungsvorschriften nicht rechtlich nachteilhaft im Sinne von § 107 BGB, sodass eine Unwirksamkeit wegen Minderjährigkeit der Sportler nach § 108 BGB ebenfalls ausscheidet. Schwieriger zu beantworten ist die Frage, wie es sich mit der meist ebenfalls vereinbarten Unterwerfung unter die Sanktionsgewalt des Verbandes verhält. Allerdings kann die Unterwerfung unter die Sanktionsgewalt von den Unfallverhütungsvorschriften

---

344 Würde sich der Mangel vor dem Wettkampf zeigen, würde dem Sportler der Start verwehrt.

345 *Haas, U./Adolphsen, J.*, NJW 1995, 2146, 2147 f. Es ist allerdings nicht ganz klar, ob sich die Ausführungen nicht doch nur auf die Trainingssituation beziehen. Für eine umfassende Würdigung der Geltung der Sportregeln über eine drittbegünstigenden Satzung siehe unten: *Geltung durch Nutzung der „Einrichtung Sport" S. 92 ff.*

346 Die Anfechtung wirkt entgegen § 142 I BGB immer dann nur ex nunc, wenn die Rückabwicklung unmöglich wäre und keine zwingenden Allgemeinwohlinteressen entgegenstehen. Anerkannt ist dies bei Arbeitsverträgen und Gesellschaftsverträgen, vgl.: MüKo BGB[6]/*Busche*, § 142 BGB Rn. 17. Überzeugender als die Annahme einer gewohnheitsrechtlichen Rechtsfortbildung ist die Begründung durch teleologische Reduktion, vgl.: *Brox, H.*, Die Einschränkung der Irrtumsanfechtung, 1960, S. 214 ff.; *Brox, H./Walker, W.-D.*, Allgemeiner Teil des BGB, 36. Aufl. 2012, S. 225.

347 Das Problem dürfte sich insbesondere bei Lizensierungsverträgen auswirken, da diese typischerweise für mehrere zukünftige Wettkämpfe geschlossen werden. Allerdings ist auch bei der Nennungsvereinbarung zu nur einem Wettkampf denkbar, dass diese, nach erfolgreicher Anfechtung, wiederholt werden müsste.

(und dem restlichen Reglement) getrennt werden.[348] Dementsprechend bedarf die Frage, ob die Unterwerfung unter die Sanktionsgewalt für den Minderjährigen auch rechtlich nachteilig ist, an dieser Stelle keiner Beantwortung, da für die vorliegende Untersuchung nur die Unfallverhütungsvorschriften von Interesse sind.[349]

Problematisch ist im Fall der Trennung der Vereinbarung der Unfallverhütungsvorschriften von der Unterwerfung unter die Disziplinargewalt jedoch, ob nicht bei Unwirksamkeit der Unterwerfung unter die Disziplinargewalt auch die Vereinbarung der Unfallverhütungsvorschriften entsprechend der Vermutung des § 139 BGB nichtig ist. Auch bei dieser Problematik ist danach zu unterscheiden, ob sich die Unwirksamkeit vor dem Wettkampf oder nach dem Wettkampf zeigt. Sollte sich der Mangel vor dem Wettkampf zeigen, würde die Nichtigkeit der Unterwerfung unter die Disziplinargewalt sich auf die gesamte Nennungsvereinbarung entsprechend der Vermutung des § 139 BGB ausweiten, da der Verband nur den Wettkämpfern die Teilnahme erlauben will, gegenüber denen er das Reglement über die Disziplinarbefugnis durchsetzen kann. Anders liegt der Fall jedoch, sollte sich erst nach Wettkampfteilnahme zeigen, dass die Unterwerfungsvereinbarung nichtig war. In diesem Fall besteht ein Interesse des Verbandes daran, dass die Wettkampfteilnahme unter Bindung an das Reglement erfolgte, obwohl keine Sanktionsmöglichkeit bestand. Auch ein Interesse der Teilnehmer an der Geltung des Reglements ist in diesem Fall anzunehmen, da diese ebenfalls an einem organisierten und regelkonformen Wettkampf teilnehmen wollen.

5. Verhältnis der Verfahren

Nennungs- und Lizensierungsverfahren schließen sich keinesfalls aus, sondern können nebeneinander bestehen.[350] Ein (zusätzliches) Nennungsverfahren ist immer dann notwendig, wenn an dem Wettbewerb auch nicht lizensierte Sportler teilnehmen.[351] Das Gleiche gilt gegenüber der Satzungslösung. Auch diese kann neben Nennungs- und Lizensierungsverfahren angewandt werden.

Sollte es zu einer Divergenz zwischen den vereinbarten Regeln kommen, zum Beispiel wenn im Rahmen des Nennungsverfahrens andere Regeln vereinbart werden als im Lizensierungsverfahren, ist zunächst das später abgeschlossene Rechtsgeschäft (siehe § 311 I BGB) entscheidend. Dieses enthält dann – idR konkludent – einen Änderungsvertrag über die vorherige Vereinbarung. Etwas anderes gilt allerdings, wenn das vorherige Rechtsgeschäft auf ein aktuelleres Reglement

---

348 Siehe unten *Geltung durch Nutzung der „Einrichtung Sport“ S. 92* ff.

349 Im Rahmen des Anerkenntnisses von Anti-Doping Regelungen geht *Sievers, M.*, Die zivilrechtliche Haftung des Sportlers wegen Dopings, 1996, S. 34 f. von einer grundsätzlich vorliegenden Generaleinwilligung der gesetzlichen Vertreter aus. Ob man eine solche generell annehmen kann, kann an dieser Stelle nicht abschließend beurteilt werden, aufgrund des Minderjährigenschutzes sind aber Zweifel angebracht.

350 So auch *Fenn, H.*, SpuRt 1997, 77, 79.

351 *Fenn, H.*, SpuRt 1997, 77, 80.

verweist. In diesem Fall wäre die Parteivereinbarung dahingehend auszulegen, dass das aktuellere Reglement gelten solle. Auch hiervon ist wiederum eine Ausnahme zu machen. Es würde doch wieder das ältere Reglement gelten, wenn sonst für manche Teilnehmer am Wettkampf ein anderes Reglement gelten würde. Mit anderen Worten ist der Wille der Parteien, dass gegenüber allen Wettkämpfern das gleiche Reglement gilt, vorrangig gegenüber dem Willen, dass grundsätzlich das möglichst aktuelle Reglement gilt.

Dementsprechend kann verallgemeinernd gesagt werden, dass der Konsens im Nennungsverfahren die Lizensierungsvereinbarung für den Anwendungsbereich der Nennung modifiziert. Dies darf allerdings nicht überbewertet werden. Der Spitzenverband wird versuchen, möglichst erst gar keine Divergenz zwischen dem Inhalt der Lizensierungs- und Nennungsvereinbarung entstehen zu lassen. Konkret bedeutet das, dass der Verband möglichst nur Nennungsvereinbarungen mit dem Inhalt der aktuellen Lizenzvereinbarung schließen wird.

Probleme bereitet diese Lösung, wenn gleichzeitig noch eine wirksame satzungsrechtliche Regelgeltung beteiligt ist. Die Satzung lässt sich nicht durch Rechtsgeschäft zwischen Spitzenverband und Sportler ändern, sondern nur durch einen entsprechenden Beschluss der Mitgliederversammlung, § 33 I 1 BGB. Allerdings ändert auch diese Situation nichts am Willen des Spitzenverbandes und der Sportler, dass zunächst für alle Wettkampfteilnehmer das gleiche Reglement und möglichst das aktuelle Reglement gelten soll. Der Weg zur Begründung dieses Ergebnisses führt über die Auslegung der Satzung/Ordnung. Die Grundsätze zur Auslegung einer Vereinssatzung sind im Einzelnen umstritten und können hier nicht abschließend dargestellt werden. Er erscheint jedoch überzeugend, die Satzung aus sich heraus mit Blick auf den Vereinszweck auszulegen.[352] Der BDR-Satzung liegt der Wille zugrunde, einen organisierten Sportbetrieb sicherzustellen. Dieser setzt voraus, dass für alle Sportler das gleiche Reglement gelten soll. Das Problem wird sich allerdings aufgrund der Schwäche der Satzungslösung nicht häufig stellen.

6. *Erfasste Regeln*

Wie bereits dargestellt, wird bei der Auslegung einer Lizenz- bzw. Nennungsvereinbarung berücksichtigt, dass Sportregeln für die Sportausübung unabdingbar sind. Im Falle des Lösens eine Radsportlizenz beim BDR wird ausdrücklich die Satzung, die RuVo (steht für Rechts- und Verfahrensordnung des BDR), die Sportordnung, und die jeweiligen Wettkampf- bzw. Durchführungsbestimmungen sowie das Antidoping-Reglement der UCI, des BDR (BDR-ADC), der WADA (World Anti-Doping Agency) sowie der NADA (Nationale Anti Doping Agentur) anerkannt.[353] Bei den meisten Nennungsvereinbarungen wird es sich ähnlich verhalten. Zu Recht wird

352 Zur Auslegung von Vereinssatzungen mit Nachweisen für die hier angewandte herrschende Meinung MüKo BGB[6]/*Reuter*, § 25 BGB Rn. 23.

353 BDR, Sportordnung, Stand 04.2014, Punkt 5. 1 Absatz III.

von BGH und Literatur auch bei der rechtsgeschäftlichen Reglement-Unterwerfung gefordert, dass der Sportler in zumutbarer Weise vom Reglement Kenntnis erlangen kann.[354] Idealerweise sollte daher das Reglement vom Sportverband oder Veranstalter in schriftlicher Form zur Verfügung gestellt werden. Im Fall des BDR ist das Reglement auch über die Homepage abrufbar. Dies stellt eine Möglichkeit zumutbarer Kenntnisnahme dar. Lediglich bei Wettkämpfen, bei denen eine Nachmeldung am selben Tag möglich ist, muss der Veranstalter einen Abzug des Reglements jedem Teilnehmer bereitstellen oder zumindest für jeden zur Einsicht bereithalten.[355]

Damit ist das oben erörterte *geschriebene* Reglement zur Verhütung von Unfällen[356] meistens Teil der ausdrücklichen Vereinbarung. Aber selbst wenn ausnahmsweise keine ausdrückliche Vereinbarung über das Reglement zur Verhütung von Unfällen vorliegt, haben sich die Parteien bei Abschluss einer Lizenz- bzw. Nennungsvereinbarung konkludent über die Unfallverhütungsvorschrift geeinigt. Diese gehören zu den üblichen und für den Sportbetrieb notwendigen Regeln. Ohne diese Regeln kann der Sport nicht mit einem für alle Sportler vertretbaren Risiko ausgeübt werden. Der Sport würde ohne diese Schutzvorschriften sogar seinen Charakter verlieren. Man stelle sich zum Beispiel ein Radrennen vor, bei dem es erlaubt wäre, den Gegner abzudrängen oder festzuhalten. Dementsprechend wird allein durch die Nennung zum Wettkampf eine konkludente Einigung über die geschriebenen Unfallverhütungsvorschriften erzielt.

Nicht erfasst sind dagegen die oben beschriebenen *ungeschriebenen* Regeln[357], außer auch diese Regeln würden ausdrücklich vereinbart. Die ungeschriebenen Regeln sollen den Trainingsbetrieb effizienter und sicherer gestalten, im Wettkampf ist deren Einhaltung aber unüblich und kann nicht erwartet werden. Die ungeschriebenen Regeln werden also nicht konkludent durch die Wettkampfteilnahme vereinbart.

Aufgrund der den Sportverbänden grundsätzlich gewährten Autonomie findet eine gerichtliche Überprüfung des Reglements nur eingeschränkt hinsichtlich eines Verstoßes gegen Treu und Glauben, § 242 BGB, statt.[358] Ob eine Beurteilung anhand der §§ 305 ff. BGB[359], die der BGH ablehnt, sachgerechter wäre, braucht an dieser Stelle nicht beurteilt zu werden. Die Unfallverhütungsvorschriften verstoßen weder

354 *BGH*, Urteil v. 28.11.1994 (Az. II ZR 11/94), NJW 1995, 583, 586; *Haas, U./Prokop, C.*, SpuRt 1998, 15, 17.

355 Letzteres wird als ausreichend erachtet, siehe *Haas, U./Prokop, C.*, SpuRt 1998, 15, 17.

356 Siehe oben: *Reglement S. 73 ff.*

357 Siehe oben: *Ungeschriebene Regeln S. 75 f.*

358 *BGH*, Urteil v. 28.11.1994 (Az. II ZR 11/94), NJW 1995, 583, 585, allerdings noch mit einer Ablehnung der Beurteilung anhand des AGB – Gesetzes.

359 Dafür *Summerer, T.*, 2. Teil. Sport, Vereine und Verbände, in: Fritzweiler, J.; Pfister, B.; Summerer, T., Praxishandbuch Sportrecht, 2. Aufl. 2007, S. 171 und 226 f.; wird von *Vieweg, K.*, SpuRt 1995, 97, 99 f. als h.M. in der Literatur bezeichnet; dagegen jedoch *Pfister, B.*, Autonomie des Sports, sport-typisches Verhalten und staatliches Recht, in: Pfister, B.; Will, M.R., Festschrift für Werner Lorenz zum siebzigsten

gegen Treu und Glauben noch gegen eine etwaige AGB-rechtliche Inhalts- und Einbeziehungskontrolle.

II. Training

Im Training gibt es zwei Möglichkeiten, wie das Reglement und insbesondere die Regeln zur Verhütung von Unfällen Verbindlichkeit zwischen den Teilnehmern entfalten können.

1. Vereinbarung mit anderen Trainingsteilnehmern

a) Inhalt der Vereinbarung

Eine Möglichkeit ist, dass die Regeln zwischen den Teilnehmern explizit oder konkludent vereinbart werden. Dies wird zumeist mündlich erfolgen, es ist aber durchaus denkbar, dass es schriftlich[360] geschieht. Zum Beispiel ist es in manchen Radvereinen üblich, neuen Mitgliedern einen Auszug des Reglements zuzuschicken und die ungeschriebenen Regeln kurz zusammenzufassen. Nimmt das neue Vereinsmitglied dann an gemeinsamen Trainings teil, erklärt es sich mit den Regeln gegenüber den anderen Trainingsteilnehmern jedenfalls konkludent einverstanden. Genauso unproblematisch ist es, wenn sich die Trainingsteilnehmer vor Beginn oder während des Trainings auf bestimmte Verhaltensweisen und/oder das gesamte bzw. Teile des Reglements einigen. Denkbar sind Einigungen auf Trainingsfahren ohne Windschattenfahren oder Trainingsfahrten, bei denen nur die im Wettkampf geltenden Regeln zu beachten sind.

Schwieriger zu beantworten ist die Frage, über welche Regeln sich die Trainingsteilnehmer konkludent durch die Teilnahme am Training einigen. Dabei handelt es sich grundsätzlich um eine Auslegungsfrage. Willenserklärungen sind gemäß §§ 133, 157 BGB am Horizont des Erklärungsempfängers nach Treu und Glauben und unter Berücksichtigung der Verkehrssitte auszulegen[361]. Allerdings handelt es sich bei der Vereinbarung von Sportregeln nicht um eine durch Willenserklärungen geschlossene Vereinbarung.[362] Die Auslegungsgrundsätze sind jedoch für die vorliegende Fragestellung analog anzuwenden. Das BGB befasst sich nicht mit dem Zustandekommen von Vereinbarungen ohne Rechtsbindung, da solche für das Recht zumindest auf den ersten Blick ohne Bedeutung sind, sodass auch keine speziellen

---

Geburtstag, 1991, S. 185 und *Götz, A.*, Die deliktische Haftung für Sportverletzungen im Wettkampfsport, 2009, S. 104 f.

360 Damit ist nicht gemeint, dass das Schriftformerfordernis im Sinne von § 126 BGB eingehalten wird, sondern dass die Vereinbarung zumindest von einer Seite schriftlich dokumentiert wird.

361 Die Verknüpfung von § 133 BGB und § 157 BGB in dieser Weise ist ganz herrschende Meinung, mwN. z.B. Palandt[73]/*Ellenberger, J.*, § 133 BGB Rn. 9.

362 Siehe unten: *Rechtsnatur der Vereinbarung S. 91* und unten *Abschluss einer Vereinbarung mit Rechtsbindungswillen vor jedem Training S. 270.*

Auslegungsgrundsätze normiert wurden. Andererseits ist die Interessenlage vergleichbar. Sowohl bei vertraglichen als auch bei nicht vertraglichen Vereinbarungen soll der Inhalt mit Blick auf Verkehrsschutz und Parteiinteresse ermittelt werden. Insoweit besteht also kein Unterschied. Dementsprechend erfasst die Auslegung gemäß §§ 133,157 BGB nicht nur Verträge und Willenserklärungen, sondern in analoger Anwendung auch Willensübereinkünfte, die nicht zu einem Vertrag führen.[363]

Es ist also zu ermitteln, wie ein Trainingspartner es verstehen darf, dass der andere Trainingspartner am Training teilnimmt. Als Teilnehmer an einem Radtraining erwartet man, dass sich alle Teilnehmer an die Unfallverhütungsvorschriften halten. Man geht davon aus, dass die anderen Teilnehmer Handzeichen geben, konzentriert auf ihrer Fahrlinie fahren und die Gruppe nicht gefährden. Dies gilt umso mehr, als jedem Radsportler bewusst ist, dass dichtes Fahren in der Gruppe äußerst gefährlich ist. Nur die Einhaltung dieser Regeln durch alle Teilnehmer ermöglicht ein Gruppentraining mit vertretbarem Risiko. Als Kompensation dieser Gefahr bedarf es der Einigung auf das Einhalten gewisser Schutzvorschriften.

Festzuhalten bleibt damit, dass ein Trainingsteilnehmer durch die Teilnahme am Gruppentraining konkludent erklärt, alle oben beschriebenen *geschriebenen und ungeschriebenen* Unfallverhütungsvorschriften[364] einzuhalten. Einzige Ausnahme ist die Vorschrift, einen Helm zu tragen, da eine Nichtbeachtung dieser Vorschrift nur zu einer erhöhten Selbstgefährdung, nicht aber zu einer Gefährdung der Gruppe führt. Hervorzuheben ist jedoch, dass das ungeschriebene Reglement den Schutz der Fahrer intendiert und daher nur insoweit eine Handlung von den Teilnehmern verlangt, als dies ohne eigene Gefährdung möglich ist. Wer zum Beispiel eine Notbremsung durchführen muss, weil ein anderer Verkehrsteilnehmer unerwartet die Vorfahrt nicht beachtet, darf mit beiden Händen bremsen und braucht nicht das Anhalten anzuzeigen. Diese Ausnahme ist bereits Teil der Regeln, sodass sie nicht über eine Einschränkung der Trainingsabrede begründet werden muss.

Für die Einigung macht es keinen Unterschied, ob die Gruppe gemeinsam das Training beginnt oder manche Teilnehmer erst später zur Gruppe stoßen. Die Regeln werden auch bei einem Spontanzusammenschluss von zwei Teilnehmern vereinbart, die sich erst während des Trainings begegnen. Allerdings ist bei spontanen Zusammenschlüssen ein zumindest kurzer geistiger Kontakt zu fordern, aus dem sich ergibt, dass zumindest ein gewisser Teil der Strecke gemeinsam gemeistert werden soll. Eine solche kurze Absprache ist in Radfahrerkreisen in diesen Fällen auch durchaus üblich.

Insgesamt kann die Annahme einer Einigung zwischen den Trainingsteilnehmern auch nicht als Fiktion mit dem Argument abgetan werden, die Regeln seien gar nicht allen Radsportler bewusst. Zunächst ist von einem sehr großen Verbreitungsgrad

---

363 Zur analogen Anwendung des § 133 BGB auf geschäftsähnliche Handlungen siehe beispielsweise MüKo BGB[6]/*Busche*, § 133 BGB Rn. 48.

364 Siehe oben: *2. Kapitel: Regeln zur Verhütung von Unfällen S. 73 ff.*

der Regeln unter sportlichen Radfahrern auszugehen.[365] Darüber hinaus wacht eine Trainingsgruppe ständig über das Einhalten der Regeln, um sich selbst zu schützen. Typische Kommandos sind: „Bitte Anzeigen“, „Geradeaus Fahren“, „Fahrlinie!“, „Zeichen geben“, usw. Dementsprechend ist auch anfänglich unwissenden Trainingsteilnehmern innerhalb kurzer Fahrt klar, dass die oben beschriebenen Regeln eingehalten werden müssen.[366]

b) Fehlendes Bewusstsein über die Vereinbarung bei einem Trainingsteilnehmer

Sollte einem Radsportler ausnahmsweise nicht bewusst sein, dass er beim Gruppentraining gewisse Regeln einhalten muss, entsteht eine Situation, die mit dem Problem des fehlenden Erklärungsbewusstseins vergleichbar ist. Gibt jemand eine Willenserklärung mit Rechtsbindungswillen aber ohne Erklärungsbewusstsein ab[367], so ist nach herrschender Meinung die Erklärung gültig, außer der Erklärende handelte bei Abgabe der Erklärung nicht fahrlässig im Sinne von § 276 II BGB. Allerdings kann die Erklärung durch den Erklärenden analog § 142 I BGB angefochten werden.[368]

Diese Lösung kann auf die Situation der Trainingsteilnahme ohne das Bewusstsein der Regelgeltung übertragen werden. Die Regeln gelten in diesem Fall trotzdem. Der Irrtum wird in aller Regel auch gegen die im Verkehr erforderliche Sorgfalt verstoßen und damit gemäß § 276 II BGB fahrlässig sein. Denn es verstößt gegen die im Verkehr erforderliche Sorgfalt, an einem Gruppentraining teilzunehmen, an dem ständig gegen die StVO – dem eigentlich geltenden Sorgfaltsmaßstab[369] – verstoßen wird, ohne sich nach der Geltung irgendwelcher Regeln zur Verhütung von Unfällen zu erkundigen. Der Irrende glaubt also, dem gemeinsamen Training würden überhaupt keine Regeln zugrunde liegen. Dies wäre für eine gemeinsame Sportausübung absolut untypisch und es anzunehmen, wäre daher fahrlässig.

Noch überzeugender wird dieses Ergebnis, wenn man es auf eine andere Sportart überträgt. Angenommen jemand nimmt an einem spontanen Fußballspiel teil, so muss dem Teilnehmenden auch klar sein, dass gewisse Regeln gelten. Es wäre unüblich, wenn das Fußballspiel ohne Regeln – also zum Beispiel ohne Verbot des Handspiels – ausgetragen würde.

---

365 Dieser Befund kann leider nicht statistisch valide belegt werden, spiegelt aber meine persönlichen Erfahrungen aus jahrelangem Radsporttraining in verschiedensten Trainingsgruppen wieder.

366 Anders hingegen: *Götz, A.*, Die deliktische Haftung für Sportverletzungen im Wettkampfsport, 2009, S. 103 f., die eine Anerkennung oder Kenntnis der Regel im Einzelfall aufgrund des allgemeinen Konsenses bezüglich der Geltung von Unfallverhütungsvorschriften für verzichtbar hält.

367 Die Erklärung lässt also aus Empfängersicht auf einen Rechtsbindungswillen schließen. Der Erklärende möchte sich aber nicht rechtlich binden.

368 Siehe dazu z.B. MüKo BGB[6]/*Armbrüster, C.*, Vorbemerkung § 116 BGB Rn. 27; MüKo BGB[6]/*ders.*, § 119 BGB Rn. 93–101.

369 Zur StVO als Sorgfaltsmaßstab siehe unten: *Verschulden S. 161 f.*

Selbst wenn man ausnahmsweise einen unverschuldeten Irrtum annehmen würde, so wäre eine Erklärung, die in Analogie zu § 142 I BGB[370] die Bindung an Sportregeln rückwirkend beseitigen würde, dennoch nicht möglich. Die Teilnahme am Gruppentraining und damit auch die Vereinbarung sich an die Regeln zu halten, kann nicht mehr rückgängig gemacht werden. Die Erklärung, sich an die damalige Unterwerfung nicht mehr gebunden zu fühlen, hätte also, vergleichbar mit der obigen Situation der Anfechtung einer Unterwerfungsvereinbarung[371], nur Wirkung für die Zukunft. Dies kann auch nicht dadurch umgangen werden, dass man die Erklärung nur auf die Regelvereinbarung bezieht und die Teilnahme am Training davon unberührt lässt, da die Regelvereinbarung im Gegensatz zur Trainingsteilnahme leichter rückgängig gemacht werden könne. Die Regelvereinbarung und das regelkonforme Training bilden insoweit eine Einheit. Der Grund hierfür ist, dass das Training tatsächlich nach den Regeln ablief und der Irrende daran auch nach den Regeln teilgenommen hat. Hätte der Irrende die Regeln nicht eingehalten, wäre er von der Trainingsgruppe über die Regeln aufgeklärt worden oder vom Training ausgeschlossen worden. Dementsprechend ist es unmöglich, die Regelbindung von der regelkonformen Trainingsteilnahme zu trennen. Sollte der Betroffene sich bei zukünftigen Trainings nicht mehr an die Regeln halten wollen, wird ihn die Trainingsgruppe nicht an weiteren Gruppentrainings teilnehmen lassen.

c) Rechtsnatur der Vereinbarung

Äußerst schwer zu beantworten ist die Frage, wie die getroffene Vereinbarung rechtlich zu bewerten ist. Dabei kommt grundsätzlich das ganze Spektrum zwischen vertraglicher Vereinbarung und bloßem sozialen Kontakt in Betracht. Diese Frage kann hier allerdings noch offen bleiben, die Klärung erfolgt unten im Zusammenhang mit der Untersuchung der vertraglichen Haftung bei Trainingsunfällen.[372]

2. Geltung über den Verein

Grundsätzlich ist denkbar, dass ein Radverein für das Training eine dem Spitzenverband im Wettkampf vergleichbare Stellung einnimmt. Dementsprechend könnte ein Verein für die von ihm organisierten Trainings gewissen Sportregeln über seine Satzung bzw. separat rechtsgeschäftlich im Rahmen einer Lizenz- oder Teilnahmevereinbarung Geltung verschaffen. Die Situation unterscheidet sich insoweit nicht von der oben beschrieben Wettkampfsituation. Generell dürfte dies aber die Ausnahme

---

370 Eine direkte Anwendung scheitert daran, dass es sich bei der Vereinbarung nicht um eine vertragliche Abrede handelt. Zur Rechtsnatur der Verabredung siehe unten: *Schuldverhältnis zwischen den Trainingsteilnehmern aufgrund des Zusammenschlusses zum Trainieren alleine S. 267 ff.*

371 Siehe oben: *Fn. 346.*

372 Siehe unten: *Schuldverhältnis zwischen den Trainingsteilnehmern aufgrund des Zusammenschlusses zum Trainieren alleine S. 267 ff.*

sein. Darüber hinaus kann sich die Regelgeltung nur auf Vereinsmitglieder bzw. Vertragspartner beim Vereinstraining beziehen.

3. Geltung über den Spitzenverband

Außerdem ist im Einzelfall genau zu untersuchen, ob ein Radsportler, der eine Lizenz- und/oder Nennungsvereinbarung mit dem Spitzenverband zum Zwecke der Wettkampfteilnahme geschlossen hat, nicht auch im Training an die Unfallverhütungsregeln gebunden ist. Dazu ist die Lizenz- bzw. Nennungsvereinbarung auszulegen. Das oben erläuterte *geschriebene* Reglement[373] zur Verhütung von Unfällen, das von den Radsportlern in Lizensierungs- und/oder Nennungsvereinbarungen anerkannt wird, bezieht sich aber nur auf den Wettkampf. Das ergeben sowohl Wortlaut und Systematik als auch Sinn und Zweck des Reglements. Dementsprechend besteht keine Bindung an die Unfallverhütungsvorschriften über den Spitzenverband im Rahmen des Trainings.[374]

Anders wäre unter Umständen hinsichtlich der Dopingvorschriften zu entscheiden, deren Einhaltung auch im Training notwendig ist, um einen fairen Wettkampf zu gewährleisten.[375]

4. Geltung durch Nutzung der „Einrichtung Sport"

Eine Möglichkeit mit sehr breitem Anwendungsbereich haben, soweit ersichtlich, erstmals *Haas/Adolphsen* mit dem Konstrukt der Regelgeltung durch die Teilnahme an der „Einrichtung Sport" in die Diskussion gebracht.[376] Die Autoren gehen davon aus, dass die Verbände mit ihrem Regelwerk ein „Produkt" herstellen, das dann von den Sportausübenden genutzt wird.[377] Hinter diesem Konstrukt steckt die Idee, dass Sportausübung die Geltung gewisser Sportregeln voraussetzt. Um eine lückenlose Anwendung der Sportregeln auf alle Sporttreibenden zu gewährleisten, schlagen die Autoren vor, die Sportregeln als Satzung zu Gunsten Dritter für alle Sportler anzuwenden, die Sport leistungsorientiert betreiben. Begründet wird dies damit,

373 Siehe oben: *Reglement S. 73 ff.*

374 Anders *Götz, A.*, Die deliktische Haftung für Sportverletzungen im Wettkampfsport, 2009, S. 101, die allgemein eine Geltung der im Rahmen der Lizensierung anerkannten Regeln außerhalb des Wettkampfes annimmt, einer Nennungsvereinbarung aber grundsätzlich nur Verbindlichkeit für den konkreten Wettkampf zuspricht.

375 So das das *OLG München* im Fall „Krabbe", *OLG München,* Urteil v. 28.3.1996 (Az. U (K) 2424/95), SpuRt 1996, 133–138. Die Auslegung, dass die Dopingvorschriften auch im Training zu beachten sind, wird maßgeblich auf den „Fairplay" Gedanken gestützt.

376 *Haas, U./Adolphsen, J.*, NJW 1995, 2146, 2147 f.

377 *Haas, U./Adolphsen, J.*, NJW 1995, 2146, 2147.

dass die föderative Sportstruktur (Spitzenverband, Landesverband, Sportverein, Sportler) nicht das Ziel habe, die Geltung von Sportregeln zu verhindern.[378]

Dieses Konstrukt wird aber überwiegend zu Recht abgelehnt.[379] Zunächst stellt sich die Frage, ob die Sportregeln tatsächlich ausschließlich drittbegünstigend sind. Zweifel bestehen insbesondere hinsichtlich der Bindung an die Sanktionsvorschriften. *Haas/Adolphsen* halten die Sanktionsvorschriften nicht für belastend, denn sie würden mit dem restlichen Reglement eine Einheit bilden und seien bloße Einschränkungen des im Übrigen zugewandten Rechts. Dem kann allerdings nicht gefolgt werden. Eine Sanktion bedeutet für den Betroffenen einen rechtlichen Nachteil. Bei Sanktionen in Form von Geldstrafen[380] ist dies augenscheinlich. Aber auch bei anderen Sanktionen wie Spielausschlüssen oder Sperren ist ein rechtlicher Nachteil gegeben, da das Verhältnis zwischen Sportler und Verband auch rechtlicher Natur ist. Dies zeigt schon der Vertragscharakter von Lizensierungs- und Nennungsvereinbarung.[381] Dieser rechtliche Nachteil kann auch nicht durch den Vorteil, den Sport nach den Regeln des Spitzenverbandes ausüben zu dürfen, kompensiert werden. Vielmehr müssen beide Aspekte getrennt voneinander beurteilt werden. Dies ist möglich, da die beiden Regelkomplexe – auch wenn die Begründung des BGH im Reiter-Urteil eine andere Sicht nahe legt[382] – nicht untrennbar miteinander verknüpft sind. Das Sportreglement kann auch ohne Sanktionsvorschrift bestehen. Die Einhaltung der Regeln mag unter einer mangelnden Sanktionsmöglichkeit leiden, dass die Regeln in diesem Fall aber gar nicht eingehalten werden, ist nicht zutreffend. Gerade im Sport werden Regeln auch ohne Sanktion oder Überwachungsmöglichkeit aus Sportsgeist und/oder aufgrund des fair-play-Gedankens akzeptiert und respektiert.

Es kann also festgehalten werden, dass die Sanktionsvorschriften vom restlichen Reglement sinnvoll abgespalten werden können. Dementsprechend können zumindest die Sanktionsvorschriften als belastende Regeln keine Geltung erlangen.

Aber auch das übrige Reglement erlangt keine Geltung als drittbegünstigende Satzung. Eine Abgrenzung zwischen leistungsorientiert und freizeitorientiert betriebenem Sport ist praktisch unmöglich.[383] Wenn nun *Haas/Adolphsen* die Abgrenzung

378 *Haas, U./Adolphsen, J.*, NJW 1995, 2146, 2148.

379 *Summerer, T.*, 2. Teil. Sport, Vereine und Verbände, in: Fritzweiler, J.; Pfister, B.; Summerer, T., Praxishandbuch Sportrecht, 2. Aufl. 2007, S. 172; *Buchberger, M.*, Die Überprüfbarkeit sportverbandsrechtlicher Entscheidungen durch die ordentliche Gerichtsbarkeit, 1999, S. 114; ohne weitere Begründung offen gelassen wurde die Frage von *OLG München*, Urteil v. 28.3.1996 (Az. U (K) 2424/95), SpuRt 1996, 133, 135.

380 Begriff ist nicht im Sinne von § 40 StGB gemeint. Gemeint ist die Zahlungspflicht an den Verband nach einem geahndeten Regelverstoß.

381 Siehe oben: *Lizensierungsverfahren S 79 ff.* und *Nennungsverfahren S. 82 f.*

382 *BGH*, Urteil v. 28.11.1994 (Az. II ZR 11/94), NJW 1995, 583, 384.

383 Ebenso *Buchberger, M.*, Die Überprüfbarkeit sportverbandsrechtlicher Entscheidungen durch die ordentliche Gerichtsbarkeit, 1999, S. 114.

vom Vorliegen einer Lizenz beim Spitzenverband abhängig machen, löst dies das Problem aus mehreren Gründen nicht. Zunächst wäre es dann sachgerechter, die Lizenzvereinbarung selbst als Maßstab für die Regelgeltung anzuwenden. Außerdem kann es so in einer Trainingsgruppe zu einer gespalten Regelgeltung kommen, wenn Lizenznehmer und Nicht-Lizenznehmer zusammen trainieren. Des Weiteren betreiben auch nicht lizensierte Sportler den Sport unter Umständen leistungsmäßig.

Darüber hinaus ist zu berücksichtigen, dass *Haas/Adolphsen* insbesondere die Anti-Doping Bestimmungen im Auge haben und ihre Ausführungen auf die hier in Frage stehenden Regeln zu Verhütung von Unfällen unter Umständen gar nicht übertragen würden. Gerade bei den Anti-Doping Bestimmungen besteht das Bedürfnis, dass diese auch außerhalb des Wettkampfes gelten, um einen fairen Wettkampf sicherzustellen. Die Einnahme von Dopingmitteln wirkt häufig noch nach. Ein Training, bei dem Unfallverhütungsvorschriften nicht beachtet werden, gefährdet zwar die Teilnehmer, vermag aber einen späteren Wettkampf nicht unfair zu beeinflussen. Eine Geltung der Unfallverhütungsvorschriften im Training ist damit im Gegensatz zu einer Geltung der Anti-Doping Bestimmungen für einen (späteren) fairen Wettkampf verzichtbar.

III. Zusammenfassung

Sowohl im Rennen als auch im Training gelten im Radsport gewisse Sportregeln, die insbesondere auch eine sichere Sportausübung gewährleisten sollen. Die Radsportler einigen sich auf diese Regeln im Wettkampf durch eine rechtsgeschäftliche Vereinbarung mit dem Spitzenverband. Im Training einigen sich die Radsportler untereinander auf die Geltung der Schutzvorschriften. Im Training müssen gegenüber dem Wettkampf weitreichendere Unfallverhütungsregeln eingehalten werden. Eine Geltung der Unfallverhütungsregeln im Training im Wege einer drittbegünstigenden Satzung und die Teilnahme an der Einrichtung Sport ist dagegen abzulehnen.

D. StVO

Die StVO und das StVG regeln den Verkehr auf öffentlichen Straßen. Die auf dem StVG beruhende StVO, § 6 I StVG sowie Präambel der StVO, soll dabei Ordnung und Sicherheit im Straßenverkehr sicherstellen.[384] Der Geltungsbereich der StVO erfasst – sofern eine Norm nicht ausnahmsweise einen kleineren Adressatenkreis hat – alle Verkehrsteilnehmer im öffentlichen Verkehrsraum, § 1 StVO. Unter öffentlichen Verkehrsraum wird der Raum verstanden, der durch den Berechtigen ausdrücklich oder stillschweigend zur allgemeinen Verkehrsbenutzung frei gegeben worden ist. Entscheidend ist die tatsächliche Verfügbarkeit für den Verkehr,

---

384 *Janker, H.* in: Burmann, Michael/Jahnke, Jürgen/Heß, Rainer u. a., Straßenverkehrsrecht, 23. Aufl. 2014, Vor StVO Rn. 3.

die anhand der äußeren Umstände beurteilt wird.[385] Verkehrsteilnehmer ist jeder, der sich verkehrserheblich verhält, also körperlich und unmittelbar auf den Verkehr einwirkt.[386] Dementsprechend gilt für Radsportler im öffentlichen Verkehrsraum grundsätzlich die StVO.[387] Da nicht nur asphaltierte Straßen, sondern auch Forst- und Waldwege zum öffentlichen Verkehrsraum zu zählen sind, sind auch Mountainbiker abseits von befestigten Wegen von der StVO erfasst.[388]

I. Darstellung der Vorgaben der StVO ohne Berücksichtigung der durch die soziale Akzeptanz der Sportausübung möglicherweise eingeschränkte Geltung der StVO

Zunächst muss eine wichtige Einschränkung für die nachfolgende Darstellung der Vorgaben der StVO für das Verhalten von Radsportlern im Straßenverkehr gemacht werden. Die Darstellung konzentriert sich auf die grundsätzlichen Anforderungen der StVO für Radsportler, wobei zunächst außer Betracht bleiben soll, dass die Sportausübung gesellschaftlich akzeptiert ist und von den Radsportlern freiwillig ausgeübt wird. Es soll so insbesondere der Unterschied zwischen dem grundsätzlich im (Straßen-)Verkehr vorgeschriebenen Verhalten und dem nach dem Sportreglement vorgeschrieben Verhalten gezeigt werden.

Haftungsrechtlich ist aufgrund der sozialen Akzeptanz des Sports eine mildere Betrachtung von Sportunfällen angezeigt.[389] Auch die StVO wird diesem Umstand Rechnung tragen müssen, dies braucht jedoch an dieser Stelle nicht umfassend geklärt werden, da die Arbeit die Haftung zwischen Sportlern untersucht und nicht die öffentlich-rechtliche Frage der Geltung der StVO im Radsport.[390] Mit anderen Worten liegt der Fokus der Arbeit auf der Frage der zivilrechtlichen Haftung der Radsportler aufgrund des Nichteinhaltens des gebotenen Sicherheitsabstandes und nicht auf der Frage, ob Radsportler gemäß § 24 StVG in Verbindung mit § 49 I Nr. 4 StVO, § 4 StVO mit einem Bußgeld aufgrund des Nichteinhalten eines Sicherheitsabstandes belegt werden können.

---

385 MwN. *König, P.* in: Hentschel, Peter/König, Peter/Dauer, Peter, Straßenverkehrsrecht, 42. Aufl. 2013, § 1 StVO Rn. 14.

386 MwN. *König, P.* in: Hentschel, Peter/König, Peter/Dauer, Peter, Straßenverkehrsrecht, 42. Aufl. 2013, § 1 StVO Rn. 17.

387 *Buschbell, H.*, NJW 2011, 3605, 3606.

388 *Jahnel, D.*, SpuRt 1995, 193, 194.

389 Siehe dazu unten, insbesondere: *Eigener Vorschlag zur angemessenen Berücksichtigung der sportspezifischen Interessenlage am Beispiel des Radsports S. 172 ff.*

390 Dennoch spielt die Geltung der StVO für die vorliegende Arbeit und insbesondere für die Frage der Haftung gemäß § 823 II 1 BGB in Verbindung mit Vorschriften der StVO eine Rolle. Siehe dazu unten: *§ 823 II 1 BGB in Verbindung mit StVO Regeln S. 260 ff.* und *Haftung gemäß § 823 II 1 BGB in Verbindung mit Vorschriften der StVO S. 288 ff.*

II. Kein Verbot des Radsports im öffentlichen Verkehrsraum

Vorab stellt sich jedoch die Frage, ob Radsport auf Fahrbahnen, Seitenstreifen und Radwegen nicht generell gemäß § 31 I 1 StVO verboten ist, da § 31 I 1 StVO Sport und Spiel auf eben diesen öffentlichen Straßen untersagt. Die Auslegung anhand des Wortlautes spricht klar dafür, dass Radsport auf öffentlichen Wegen und Straßen verboten ist. Der Telos der Vorschrift spricht jedoch dagegen. Gemäß § 31 I 1 StVO sollen Sport und Spiel, die keinen Bezug zu Verkehrsvorgängen aufweisen und den Verkehr stören, von den öffentlichen Verkehrsflächen auf Spielplätze und Sportplätze verwiesen werden, um die Sicherheit und Leichtigkeit des Verkehrs nicht zu gefährden. Dementsprechend wird beispielsweise zu Recht das Fußballspielen als auf öffentlichen Straßen gemäß § 31 I 1 StVO verbotenes Spiel oder verbotene Sportausübung gewertet.[391] Die Teilnehmer bewegen sich nicht, wie im Straßenverkehr üblich, von einem zum anderen Ort fort, sondern bewegen sich stationär auf einem kleinen Spielfeld. Durch die stationäre Benutzung des Verkehrsraumes werden nicht beteiligte Verkehrsteilnehmer beim Passieren dieses Ortes stark behindert. Andererseits soll Sport, der der üblichen Verkehrsteilnahme gleicht und diese daher weder stärker behindert noch stärker beeinflusst als jegliche andere Verkehrsteilnahme, nicht verboten sein. Bei einer solchen Sportausübung ist der Unterschied zu einer „normalen“ Verkehrsteilnahme regelmäßig gar nicht erkennbar.

Beim klassischen Radsporttraining werden üblicherweise große Distanzen mit dem Rad zur Stärkung der Ausdauer und Schnelligkeit zurückgelegt. Die Verkehrsbeeinträchtigung gleicht dabei derjenigen, die von einem normalen Radfahrer ausgeht. Dies gilt auch für Gruppentrainings; die Beeinträchtigung gleicht dann der einer normalen Radfahrergruppe. Dass Radfahrer sich auch in Gruppen fortbewegen dürfen, zeigt schon die Erlaubnis, einen Verband bilden zu dürfen, § 27 I 2 StVO. Dementsprechend ist klassisches Radsporttraining im öffentlichen Verkehrsraum nicht gemäß § 31 I 1 StVO verboten.

Anders liegt dies jedoch bei Radsporttraining, bei dem spezielle Trainingsformen ohne Fortbewegung im Straßenverkehr angewandt werden. Zum Beispiel wird bei Geschicklichkeitstrainings häufig eine kurze Strecke mit Hindernissen versehen und diese Strecke wird dann immer wieder befahren. Auch Radpolo, Radball und MTB Trial Trainings werden in der Regel der Fortbewegung im Straßenverkehr nicht gleichen, sondern diese eher behindern. Daher sind solche Trainings in der Regel gemäß § 31 I 1 StVO auf der Fahrbahn verboten.

III. Vorgaben der StVO für Radfahrer

Zunächst gilt die Generalklausel des § 1 StVO auch für trainierende Radsportler. In aller Regel wird das Radsporttraining auf öffentlichen Wegen und Plätzen

391 *Janker, H.* in: Burmann, Michael/Jahnke, Jürgen/Heß, Rainer u. a., Straßenverkehrsrecht, 23. Aufl. 2014, § 31 StVO Rn. 1; *König, P.* in: Hentschel, Peter/König, Peter/Dauer, Peter, Straßenverkehrsrecht, 42. Aufl. 2013, § 31 StVO Rn. 6.

durchgeführt.[392] Beim Training selbst bewegen sich die Radsportler körperlich und unmittelbar im Straßenverkehr, sodass sie nicht nur Sportler, sondern auch Verkehrsteilnehmer sind. Gemäß § 1 I StVO müssen Fahrradfahrer im Straßenverkehr vorsichtig und rücksichtsvoll fahren; § 1 II StVO verlangt, dass Fahrradfahrer sich untereinander nicht schädigen, gefährden oder verletzen.

1. § 2 StVO – Straßenbenutzung durch Fahrzeuge, sowie § 27 StVO – Verbände

Wesentlich konkreter sind bereits die Vorgaben von § 2 StVO. Fahrradfahrer müssen rechts und grundsätzlich hintereinander fahren, § 2 I, II, IV 1, StVO. Wenn entsprechende Zeichen dies gebieten, müssen Radfahrer den Radweg benutzen, § 2 IV 2 StVO.[393] Nebeneinander dürfen Radfahrer nur fahren, wenn der sonstige Verkehr nicht behindert wird, § 2 IV 1 a.E. StVO. Lediglich bei Schichtwechsel in großen Betrieben ist ein Nebeneinanderfahren ausnahmsweise zulässig.[394] Ein Behindern ist nur bei Verkehrsstille ausgeschlossen und liegt bereits vor, wenn das Überholen, Begegnen oder Ausweichen für den restlichen Verkehr erschwert ist. Überholen anderer Radfahrer ist deshalb aber nicht verboten.[395]

Außerdem darf nebeneinander gefahren werden, wenn die Fahrradfahrer einen geschlossenen Verband bilden, § 27 I 3 StVO. Dafür müssen sich aber mindestens 16 Radfahrer zusammenschließen, § 27 I 2 StVO. Die Regelung des § 27 I 2 StVO erlaubt das Fahren auf der Fahrbahn und hebt damit den Radwegbenutzungszwang, § 2 IV 2 StVO, als lex specialis auf.[396] Im Verband muss trotzdem der vorgeschriebene Sicherheitsabstand eingehalten werden; er sollte allerdings, um den Eindruck der Geschlossenheit nicht zu zerstören, nicht stark überschritten werden.[397] Allerdings soll auch dem geschlossenen Verband zumutbar sein, in Einerreihe zu fahren, wenn

392 Ausnahmsweise kann das Training auch auf Radrennbahnen oder Geschicklichkeitsparcours stattfinden. Diese Bahnen sind aber regelmäßig für den öffentlichen Verkehr gesperrt, sodass es sich bei diesen Bahnen nicht um öffentlichen Verkehrsraum handelt.

393 Zu den Einschränkungen hierzu und speziell zu der Frage, ob der Radwegbenutzungszwang auch für Rennräder gilt *Scheidler, A.*, SVR 2010, 368, 370 ff.

394 *König, P.* in: Hentschel, Peter/König, Peter/Dauer, Peter, Straßenverkehrsrecht, 42. Aufl. 2013, § 2 StVO Rn. 70.

395 *Heß, R.* in: Burmann, Michael/Jahnke, Jürgen/Heß, Rainer u. a., Straßenverkehrsrecht, 23. Aufl. 2014, § 2 StVO Rn. 55; Zur Behinderung siehe auch: *BayObLG*, Urteil v. 11.5.1955 (Az. RReg. 1 St. 236/55), NJW 1955, 1767.

396 *Janker, H.* in: Burmann, Michael/Jahnke, Jürgen/Heß, Rainer u. a., Straßenverkehrsrecht, 23. Aufl. 2014, § 27 StVO Rn. 6.

397 *Janker, H.* in: Burmann, Michael/Jahnke, Jürgen/Heß, Rainer u. a., Straßenverkehrsrecht, 23. Aufl. 2014, § 27 StVO Rn. 2; *König, P.* in: Hentschel, Peter/König, Peter/Dauer, Peter, Straßenverkehrsrecht, 42. Aufl. 2013, § 27 StVO Rn. 5.

sonst der Verkehr behindert würde.[398] Dies ist allerdings abzulehnen. § 27 I 3 StVO gestattet das Nebeneinanderfahren ausdrücklich ohne Vorbehalt, für eine Einschränkung bleibt daher kein Raum.[399] Außerdem dient die Bildung eines Verbandes in Zweierreihe auch der Verkehrssicherheit, da sonst eine viel zu lange Einerreihe entstünde, die vom motorisierten Verkehrs nicht mehr unter Einhaltung des gebotenen Seitenabstandes überholt werden könnte. 16 Radfahrer wären hintereinander gereiht ohne Sicherheitsabstand bereits 32 m lang; rechnet man einen Sicherheitsabstand von 10 m hinzu[400], betrüge die Länge der Kolonne 182m (!).

Insgesamt ist das rigorose gesetzliche Verbot des Nebeneinanderfahrens, falls die Verbandsstärke nicht erreicht wird, abzulehnen. In vielen Städten ist bereits ein so hohes Fahrradverkehrsaufkommen zu beobachten, dass sich bei strengem Hintereinanderfahren mit entsprechendem Abstand keine Lücken mehr für Kfz ergäben, um zwischen den Überholvorgängen einzuscheren. Im Übrigen ist äußerst zweifelhaft, ob durch das Gebot des Hintereinanderfahrens nicht die körperliche Unversehrtheit der Radfahrer für einen etwas schneller fließenden Kfz Verkehr riskiert wird. In den allermeisten Fällen genügt die Fahrbahnspurbreite nicht, um als Kfz Fahrer einen Fahrradfahrer mit dem vorgeschriebenen Seitenabstand zu überholen. Es ist dementsprechend für den Kfz Fahrer in den allermeisten Fällen nötig, auch bei nur einzeln fahrenden Radfahrern zum Überholen die Gegenspur zu benutzen. Allerdings wird dies häufig, insbesondere bei Gegenverkehr, nicht getan. Anstatt zu bremsen und zu warten, bis die Gegenspur frei ist, wird der einzelne Radfahrer unter Unterschreitung des gebotenen Seitenabstandes überholt. Dies ist eine (für den Radfahrer) äußerst gefährliche Fahrweise, die letztlich erst durch einen äußerst rechts fahrenden Radfahrer ermöglicht wird. Teilweise werden auch mehrere hintereinander fahrende Fahrradfahrer in dieser Weise überholt. Wer viel mit dem Rad unterwegs ist, weiß daher, dass es ein großer Fehler ist, soweit rechts zu fahren, dass für ein Kfz trotz Gegenverkehr Raum zum Überholen bleibt. Anders formuliert: Als Radfahrer ist es sinnvoll so zu fahren, dass man als echter Verkehrsteilnehmer wahrgenommen wird und nicht nur als Hindernis am rechten Straßenrand, an dem mit geringen Seitenabstand trotz Gegenverkehr vorbei gefahren werden kann. Es ist sehr bedauerlich, dass der Gesetzgeber eine Regelung und Rechtsprechung nicht reformiert, die das Interesse des motorisierten Verkehrs an Geschwindigkeit höher bewertet als das Interesse der Radfahrer an einer ungefährdeten Verkehrsteilnahme.[401]

---

398 *König, P.* in: Hentschel, Peter/König, Peter/Dauer, Peter, Straßenverkehrsrecht, 42. Aufl. 2013, § 2 StVO Rn. 70.

399 Genauso und mwN. *Scheidler, A.*, SVR 2010, 368, 369.

400 Zum Sicherheitsabstand unter Radfahrern siehe unten: *§ 3 StVO – Geschwindigkeit, § 4 StVO – Abstand S. 99 ff.*

401 Im Ergebnis genauso: *Kettler, D.*, Recht für Radfahrer, 1998, S. 19 f.

2. *§ 5 StVO – Überholen*

Das Überholen ist speziell geregelt. Radsportler, wie auch alle anderen Verkehrsteilnehmer, dürfen nur links überholen und dies auch nur dann, wenn eine Gefährdung des Gegenverkehrs ausgeschlossen ist, § 5 I, II 1 StVO. Ein entsprechender Seitenabstand zu den anderen Radfahrern muss eingehalten werden, § 5 IV 2 StVO. Der nötige Abstand kann indes nicht eindeutig in Metern bemessen werden, notwendig ist immer eine Betrachtung im Einzelfall. Bei Überholen eines Radfahrers durch einen Kfz-Fahrer wird überzeugenderweise aufgrund des Wortlautes von § 5 IV 2 StVO und der Gefährdung für den Radfahrer in der Regel ein Seitenabstand von 1,5 m–2 m verlangt.[402] Allgemein spricht man sich zu Recht gegen die Übertragung dieser Grundsätze auf den Überholvorgang zwischen zwei Radfahrern aus.[403] Zwar differenziert der Wortlaut der Vorschrift nicht, die Gefährdungslage ist aber in diesem Fall doch eine andere. Der starke Tempoüberschuss und Windstoß durch ein überholendes Kfz ist für Fahrradfahrer deutlich beunruhigender, als der Überholvorgang durch einen anderen Fahrradfahrer. Andererseits können herannahende Fahrradfahrer vor dem Überholvorgang mangels Wind- und Motorgeräusch nur schlecht gehört werden, was das Risiko von Schreckreaktionen erhöht. Insgesamt wird man daher nach Ankündigung des Überholvorganges, zum Beispiel durch Rufen oder Klingeln, einen Seitenabstand von 1m fordern müssen. Lassen die Gegebenheiten, zum Beispiel ein zu schmaler Radweg, ein Überholen mit 1m Seitenabstand nicht zu, so kann nach Verständigung der Radfahrer auch mit geringerem Seitenabstand überholt werden.[404] Erfolgt der Überholvorgang ohne Ankündigung, sodass die Möglichkeit einer Schreckreaktion des Überholten besteht, sind 1,5 m Überholabstand angemessen.

3. *§ 3 StVO – Geschwindigkeit, § 4 StVO – Abstand*

Radfahrer müssen so viel Abstand zum vorausfahrenden Radfahrer halten, dass es auch bei einer plötzlichen Bremsung der Vordermannes nicht zu einer Kollision kommt, § 4 I 1 StVO. Ein starkes Bremsen ohne zwingenden Grund ist ebenfalls verboten, § 4 I 2 StVO. Für Kfz wird überwiegend die Grundregel als richtig erachtet, dass der nötige Abstand in Metern der Hälfte der auf dem Tachometer in Kilometern pro Stunde angezeigten Geschwindigkeit betragen muss. Alternativ wird teilweise

---

402 Auch mwN. zur Rechtsprechung *König, P.* in: Hentschel, Peter/König, Peter/Dauer, Peter, Straßenverkehrsrecht, 42. Aufl. 2013, § 5 StVO Rn. 55; *Heß, R.* in: Burmann, Michael/Jahnke, Jürgen/Heß, Rainer u. a., Straßenverkehrsrecht, 23. Aufl. 2014, § 5 StVO Rn. 14.

403 *König, P.* in: Hentschel, Peter/König, Peter/Dauer, Peter, Straßenverkehrsrecht, 42. Aufl. 2013, § 5 StVO Rn. 55.

404 Zutreffend daher *OLG Frankfurt,* Urteil v. 29.11.1989 (Az. 17 U 129/88), NZV 1990, 188.

der Abstand mit der 1,5 Sekunden-Regel (Abstand größer gleich der Weg, der in 1,5 Sekunden durchfahren wird) berechnet.[405]

Diese Regeln können aber nicht auf Radfahrer untereinander übertragen werden. Die Regeln folgen der Annahme, dass mit dem errechneten Abstand ein Auffahrunfall verhindert werden kann.[406] Maßgeblich ist dabei der Anhalteweg, der von der gefahrenen Geschwindigkeit, der Reaktionszeit und der erreichten Bremsbeschleunigung abhängt. Eine für Radfahrer gültige Regel kann hier nicht erarbeitet werden. Festzustellen ist allerdings, dass die Geschwindigkeit im Vergleich zum motorisierten Verkehr niedriger ist, die Reaktionszeit gleich bleibt und die erreichte Bremsbeschleunigung aufgrund der meist einfacheren Bremsen betragsmäßig niedriger ist. Insgesamt wirkt sich die Bremsbeschleunigung auf den Anhalteweg, der aus Reaktionsweg und Bremsweg besteht, weniger stark aus als die gefahrene Geschwindigkeit. Dies liegt zum einen daran, dass die Bremsbeschleunigung im Gegensatz zur Geschwindigkeit nur beim Bremsweg und nicht auch beim Reaktionsweg eine Rolle spielt. Zum anderen geht die Geschwindigkeit bei der Formel zur Berechnung des Anhalteweges[407] quadratisch und nicht nur linear ein. Daher ist der benötigte Anhalteweg im Radverkehr tendenziell niedriger als im motorisierten Verkehr, sodass 1/3 der gefahrenen Geschwindigkeit in Kilometer pro Stunde in Metern als Sicherheitsabstand ausreichen sollte. Radfahrer müssen also bei 30 Kilometer pro Stunde einen Abstand von 10 m einhalten.

Möglicherweise ist aber die Vorschrift des § 4 I 1 StVO für Radsportler anders auszulegen, da der Abstand nur in der Regel so groß sein muss, dass ein Auffahrunfall auch bei plötzlichem Bremsen verhindert werden kann. Generell wird ein geringer Sicherheitsabstand im dichten Stadtverkehr, insbesondere beim Anfahren nach Ampeln, und bei geringeren Geschwindigkeiten als ausreichend erachtet. Der kleinere Abstand muss aber durch konzentriertere Fahrweise ausgeglichen werden.[408] Diese Grundsätze können auf den Radsport übertragen werden. Im Radsport wird mit erhöhter Aufmerksamkeit gefahren und plötzliche Bremsungen sind möglichst zu unterlassen, sodass die Gefahr eines Auffahrunfalles deutlich sinkt. Damit sind aber die Radsportler nicht überhaupt vom Halten eines Sicherheitsabstandes befreit;

---

405 *Burmann, M.* in: Burmann, Michael/Jahnke, Jürgen/Heß, Rainer u. a., Straßenverkehrsrecht, 23. Aufl. 2014, § 4 StVO Rn. 3 ff.; *König, P.* in: Hentschel, Peter/König, Peter/Dauer, Peter, Straßenverkehrsrecht, 42. Aufl. 2013, § 4 StVO Rn. 7.

406 *Burmann, M.* in: Burmann, Michael/Jahnke, Jürgen/Heß, Rainer u. a., Straßenverkehrsrecht, 23. Aufl. 2014, § 4 StVO Rn. 1.

407 Diese lautet $s=v*t+v^2/2a$; s steht dabei für den Anhalteweg; v für die Ausgangsgeschwindigkeit; a für die erreichte Bremsbeschleunigung.

408 Siehe die Begründung abgedruckt bei *König, P.* in: Hentschel, Peter/König, Peter/Dauer, Peter, Straßenverkehrsrecht, 42. Aufl. 2013, § 4 StVO Rn. 2; weitere Nachweise finden sich bei *König, P.* in: Hentschel, Peter/König, Peter/Dauer, Peter, Straßenverkehrsrecht, 42. Aufl. 2013, § 4 StVO Rn. 9 ff. und *Burmann, M.* in: Burmann, Michael/Jahnke, Jürgen/Heß, Rainer u. a., Straßenverkehrsrecht, 23. Aufl. 2014, § 4 StVO Rn. 12 f.

dieser darf nur geringer sein. Als noch angemessen ist ein Sicherheitsabstand zu beurteilen, der die Hälfte des normal notwendigen Sicherheitsabstandes beträgt.[409] Daher genügt es, wenn Radsportler während des Trainings einen Abstand zum Vordermann von 1/6 der gefahrenen Geschwindigkeit in Kilometer pro Stunde in Metern einhalten.

Ein Radfahrer darf nur so schnell fahren, dass er sein Rad ständig beherrscht, § 3 I 1 StVO, innerhalb der übersehbaren Strecke anhalten kann, § 3 I 4 StVO und die Geschwindigkeit den Gegebenheiten angepasst ist, § 3 I 2 StVO.

4. § 9 StVO – Abbiegen

Radfahrer müssen das Abbiegen ankündigen, § 9 I 1 StVO. Der Anzeigepflicht müssen Radfahrer mangels Richtungsanzeiger durch Handzeichen nachkommen.[410]

IV. Genehmigungspflicht für Radrennen

Radrennen sind Veranstaltungen, die aufgrund ihrer großen Teilnehmerzahl (zumeist mindestens 100, teilweise über 1000 Teilnehmer[411]) die Straße mehr als üblich in Anspruch nehmen, § 29 II 2 StVO. Im Übrigen führt auch die Fahrweise und das Verhalten der Radfahrer in einem Radrennen zur Einschränkung der Benutzbarkeit der Straße für andere Verkehrsteilnehmer, § 29 II 2 StVO, da die Rennteilnehmer typischerweise stark auf das Rennen konzentriert sind und gegenüber den anderen Verkehrsteilnehmern nicht mehr die nötige Sorgfalt aufbringen. Radrennen bedürfen daher gemäß § 29 II 1 StVO der Erlaubnis.[412] Vom Verbot des Rennens mit Kraftfahrzeugen, § 29 I StVO, sind Radrennen dagegen nicht erfasst. Wenn ein Radrennen oder eine ähnliche Radveranstaltung erlaubt wird, sollen möglichst nur Straßen mit geringerer Verkehrsbehinderung genutzt werden. Darüber hinaus ist die Strecke möglichst für den sonstigen Verkehr zu sperren.[413]

Grundsätzlich gilt trotz Streckensperrung die StVO für die Rennteilnehmer. Es gelten insbesondere die gerade vorgestellten Vorschriften §§ 1, 2, 3, 4, 5, 9, 27 StVO.

---

409 So auch für den Kfz Verkehr innerorts *König, P.* in: Hentschel, Peter/König, Peter/Dauer, Peter, Straßenverkehrsrecht, 42. Aufl. 2013, § 4 StVO Rn. 9 ff. und *Burmann, M.* in: Burmann, Michael/Jahnke, Jürgen/Heß, Rainer u. a., Straßenverkehrsrecht, 23. Aufl. 2014, § 4 StVO Rn. 12 f.

410 MwN. *König, P.* in: Hentschel, Peter/König, Peter/Dauer, Peter, Straßenverkehrsrecht, 42. Aufl. 2013, § 9 StVO Rn. 19; *Burmann, M.* in: Burmann, Michael/Jahnke, Jürgen/Heß, Rainer u. a., Straßenverkehrsrecht, 23. Aufl. 2014, § 9 StVO Rn. 12.

411 Siehe zum Beispiel die oben unter *Die veröffentlichten Untersuchungen im Einzelnen S. 52 ff.* vorgestellten Rennen.

412 Siehe die VWV zu § 29 StVO, abgedruckt bei *König, P.* in: Hentschel, Peter/König, Peter/Dauer, Peter, Straßenverkehrsrecht, 42. Aufl. 2013, § 29 StVO Rn. 9.

413 Siehe die VWV zu § 29 StVO, abgedruckt bei *König, P.* in: Hentschel, Peter/König, Peter/Dauer, Peter, Straßenverkehrsrecht, 42. Aufl. 2013, § 29 StVO Rn. 61 und 63.

Allerdings ist bei der Auslegung der Vorschriften der Umstand zu berücksichtigen, dass die Rennfahrer an einem erlaubten Radrennen teilnehmen. Die Vorschriften der StVO sind in diesem Fall im Lichte von § 29 II 1 StVO auszulegen.[414] § 29 II 1 StVO ermöglicht gerade die Ausrichtung von Radrennen auf Straßen, damit geht aber gleichzeitig die Notwendigkeit einher, die anderen Vorschriften entsprechend der genehmigten Veranstaltung auszulegen. Dementsprechend kann bei der Auslegung der übrigen StVO Vorgaben der für Radrennen typische – der StVO im Übrigen aber fremde – Wettkampfcharakter berücksichtigt werden. Hilfreich ist dafür insbesondere das oben beschriebene geschriebene Reglement des BDR[415] zum Austragen von Radrennen. Dieses trägt dem Wettkampfcharakter der Veranstaltung und dem Sicherheitsinteresse der Teilnehmer (sowie aller anderen Beteiligten) gleichermaßen Rechnung. Im Übrigen fehlt häufig das die jeweilige StVO Vorschrift tragende Schutzinteresse der Verkehrsteilnehmer, wenn die Rennstrecke komplett abgesperrt ist, da auf einer abgesperrten Rennstrecke typischerweise nicht mit weiterem Verkehr zu rechnen ist.

V. Vergleich mit dem Radsportreglement und dem im Radsport üblichen Fahrverhalten

Das nach der StVO vorgeschriebene Fahrverhalten für Radfahrer weicht von dem tatsächlichen Fahrverhalten ab, das durch das Radsportreglement, die ungeschriebenen Regeln und dem Bedürfnis nach einem möglichst kraftsparenden Fahrstil geprägt ist. Schließen sich mehrere Radfahrer zu einem Training oder Rennen zusammen, wird mit einem möglichst geringen Abstand nach vorne, hinten und zur Seite gefahren. Dies erfolgt, um den Windschatten des Vordermannes zu nutzen und so schneller und gleichzeitig kräftesparender voranzukommen. Die Gefährdung durch diesen geringeren Abstand soll durch die Vorgaben des Reglements und durch die ungeschriebenen Regeln, die sich die Radfahrer selbst auferlegen, kompensiert werden. Insbesondere das Windschattenfahren selbst ist aber nach dem Reglement zulässig, solange es nicht ausnahmsweise aufgrund des Wettkampfformates verboten ist.

Die StVO verlangt dagegen grundsätzlich einen ausreichenden Sicherheitsabstand nach vorne, hinten und zur Seite.

Andererseits ist das Radsportreglement, zumindest das ungeschriebene, teilweise strenger als die von der StVO vorgegebene Fahrordnung. Gerade die ungeschriebenen Regeln bezüglich des Anzeigeverhaltens gehen über die nach der StVO gebotene

414 Ähnlich *OLG Hamm*, Urteil v. 10.02.1999 (Az. 13 U 124/98), zitiert nach Juris, nach dem Teilnehmer an einem Triathlonwettkampf nicht die örtliche Höchstgeschwindigkeit von 30 Kilometern pro Stunde einhalten müssen. Siehe auch unten: *§ 823 II 1 BGB in Verbindung mit StVO Regeln S. 260 ff.*

415 Siehe oben: *Reglement S. 73 ff.*

Anzeigepflicht hinaus. Das Tragen eines Sturzhelmes ist nach StVO für Radfahrer keine Pflicht[416], nach BDR Reglement jedoch schon.

Gleichzeitig finden sich aber auch Parallelen zwischen den beiden Regelungskomplexen. Abziehen, Abdrängen und Behindern widerspricht sowohl dem BDR Reglement als auch der in § 1 II StVO normierten Pflicht zur Rücksichtnahme.

416 Ein Helmpflicht besteht nur für Krafträder, § 21 a II 1 StVO.

Zusammenfassung des 1. Teils

Radsport kann in verschiedenen Disziplinen betrieben werden. Typisch sind Radrennen, bei denen nach einem Massenstart derjenige gewinnt, der als Erster die Ziellinie überquert.[417] Die vorgestellten Untersuchungen haben gezeigt, dass Radsport gefährlich ist und insbesondere auch das Risiko besteht, sich schwer zu verletzen oder gar zu sterben.[418]

Die Unfallmuster ähneln einander und haben meist die gleiche Ursache: Es werden große Geschwindigkeiten erreicht, gleichzeitig wird aber kein Abstand zueinander eingehalten. Der geringe Abstand dient der Ausnutzung des Windschattens des Vordermannes. Das Windschattenfahren prägt das sportliche Radfahren in hohem Maße und ermöglicht, in einer Gruppe von Radfahrern Kraft zu sparen. Dementsprechend sind Radsportrennen von taktischen Überlegungen zum möglichst effektiven Nutzen des Windschattens sowohl von Mannschaftskollegen als auch von Konkurrenten geprägt.

Zur Verhütung von Unfällen bestehen zwei Regelkomplexe. Zum einen die allgemein gültige StVO, die grundsätzlich für jeden Verkehrsvorgang im öffentlichen Verkehrsraum gilt und damit grundsätzlich auch für das klassischerweise als Verkehrsvorgang stattfindende Radsporttraining.[419]

Zum anderen soll auch das Radsportreglement Unfälle vermeiden. Beim Radsportreglement kann zwischen dem vom BDR erlassenen Reglement und den ungeschriebenen Regeln, die sich die Radfahrer selbst auferlegen, differenziert werden. Die ungeschriebenen Regeln haben sich über Jahre entwickelt. Inzwischen sind sie einheitlich und können in der Fachliteratur nachgelesen werden. Das Radsportreglement verlangt auf verschiedenen Wegen zwischen den Radsportlern Geltung. In Wettkampfsituationen erfolgt zumeist eine rechtsgeschäftliche Anerkennung des Reglements über den Spitzenverband. In Trainingssituationen wird das Reglement durch eine Abrede zwischen den Trainingsteilnehmern vereinbart. Abhängig von der jeweiligen Situation – Wettkampf oder Training – erlangen verschiedene Teile des Radsportreglements Geltung. Im Wettkampf gilt das geschriebene Reglement der Radverbände. Im Training gilt je nach Vereinbarung zwischen den Trainingsteilnehmern zumeist das geschriebene und ungeschriebene Radsportreglement.[420]

---

417 Siehe oben: *Die Disziplinen des Radsports S. 33 ff.* und *Ausübung des Radsports S. 49 ff.*

418 Siehe oben: *Gefahren im Radsport S. 51 ff.*

419 Zur StVO siehe oben: *StVO S. 94 ff.*

420 Zum Reglement siehe oben: *Reglement, Ungeschriebene Regeln, Geltung der Radsportregeln abhängig von der jeweiligen Situation S. 73 ff.*

2. Teil: Haftung bei Unfällen im Radsport während eines Wettkampfes

Im folgenden Teil soll die Haftung eines Radsportlers bei Beteiligung an einem Unfall im Wettkampf erörtert werden. Die Wettkampfsituation ist durch eine Anerkennung des geschriebenen Radsportreglements gegenüber dem Spitzenverband in Form eines Lizensierungs- und/oder Nennungsvertrages charakterisiert.[421] Die Untersuchung erfolgt beispielhaft anhand zweier für den Radsport während eines Wettkampfes mit Renncharakter typischer Unfallmuster[422]:

Bei *Unfallmuster Nummer eins* fahren zwei Radfahrer dicht hintereinander, um im Windschatten des jeweils anderen Kraft zu sparen. In Folge des geringen Abstandes zwischen den Beteiligten kommt es zu einer Kollision, die zu einem Sturz beider Fahrer führt. Beide Beteiligten erleiden Schürfwunden und Prellungen. An den Rädern und der Kleidung der Radsportler entsteht ein Sachschaden.

Bei *Unfallmuster Nummer zwei* befinden sich zwei Radfahrer im Zielsprint. Der Vorausfahrende wechselt mehrmals die Fahrspur, um den hinter ihm sprintenden Rennfahrern weniger Windschatten zu bieten und das Überholen zu erschweren. Beim zweiten Spurwechsel berühren sich das Hinterrad des Vorausfahrenden und das Vorderrad eines Hinterherfahrenden. Aufgrund dieser Berührung stürzt der Hintermann und erleidet ebenfalls Verletzungen sowie einen Sachschaden an seinem Fahrrad. Die gerade beschriebenen Unfälle dienen dabei als Beispiele und Ausgangspunkt, sollen aber die Untersuchung nicht begrenzen. Insbesondere ist auch die Frage von Interesse, ob auch reine Vermögensschäden zu ersetzen sind.

In Betracht kommt sowohl eine Haftung gemäß § 280 I BGB als auch gemäß § 823 I, II 1 BGB. Die Haftung gemäß § 280 I BGB verlangt einerseits im Gegensatz zur deliktischen Haftung eine Sonderverbindung zwischen den Beteiligten, ist andererseits für den Geschädigten aber günstiger.[423] Im Gegensatz zu § 823 I BGB muss kein

421 Siehe oben: *Wettkampf S. 76 ff.*

422 Siehe oben: *Gefahren im Radsport S. 51 ff.*

423 Siehe dazu auch *Picker, E.*, JZ 1987, 1041.

absolutes Recht oder Rechtsgut[424] verletzt sein, sodass § 280 I BGB vor allem auch den Ersatz von reinen Vermögensschäden ermöglicht, die im Deliktsrecht nur gemäß § 826 BGB oder bei einer Schutzgesetzverletzung iVm § 823 II BGB ersatzfähig sind. Darüber hinaus muss der Geschädigte bei der deliktischen Haftung ein Verschulden des Schädigers beweisen, bei § 280 I BGB dagegen wird das Vertretenmüssen des Schädigers gemäß § 280 I 2 BGB vermutet. Diesem bleibt allerdings die Möglichkeit, die Vermutung zu widerlegen.[425]

424 In der weiteren Darstellung ist mit absolut geschützten Rechtsgütern auch das absolut geschützte Recht des Eigentums gemeint.

425 Die erschwerte Ersatzfähigkeit reiner Vermögensschäden und die Vermutung des Vertretenmüssens durch den Schädiger sind zwei der drei Schwächen des Deliktsrechts. Auf die dritte Schwäche, die Möglichkeit der Entlastung gemäß § 831 I 2 BGB, braucht in diesem Zusammenhang nicht eingegangen zu werden.

3. Kapitel: Haftung der Sportler gemäß § 280 I BGB bei Unfällen im Wettkampf

Ein Problem stellt zunächst die Frage dar, ob zwischen den Radsportlern überhaupt ein Schuldverhältnis besteht, das Schutzpflichten zwischen den Rennteilnehmern begründet, bei deren Verletzung eine Haftung gemäß § 280 I BGB in Betracht kommt.

In den in der Literatur und Rechtsprechung diskutierten Fällen der Haftung der Sportler nach einem Unfall fristet die Frage der Haftung gemäß § 280 I BGB ein Schattendasein.[426] *Dies ist wohl dem Umstand geschuldet, dass bei Sportunfällen schwer Konstellationen denkbar sind, in denen keine absoluten Rechtsgüter verletzt werden. Dementsprechend kommt es selten auf den Ersatz von primären Vermögensschäden an. Gleichwohl bedarf es, schon aufgrund der Beweislastumkehr hinsichtlich des Vertretenmüssens, einer solchen Untersuchung.*

Eine für § 280 I BGB genügende Bindung zwischen den Radsportlern könnte in der Wettkampfsituation grundsätzlich auf drei Wegen entstehen. Zunächst ist in Erwägung zu ziehen, ob nicht die bloße Rennteilnahme zu einer Sonderverbindung mit Schutzpflichten führt. Darüber hinaus könnte die oben beschriebene vertragliche Bindung zwischen den Sportlern und dem Spitzenverband[427] Schutzwirkung zwischen den Sportlern entfalten und so als Haftungsgrundlage dienen. Zuletzt ist der Spezialfall zu untersuchen, ob Schutzpflichten zwischen den Mitgliedern eines Radteams entstehen.

A. Haftung gemäß § 280 I BGB basierend auf einem Schuldverhältnis zwischen den Rennfahrern aufgrund der Rennteilnahme

Es wäre grundsätzlich denkbar, dass zwischen den Rennfahrern aufgrund der gemeinsamen Rennteilnahme ein Schuldverhältnis besteht, bei dessen Verletzung gemäß § 280 I BGB Schadensersatz zu leisten wäre. Insbesondere in Bezug auf Dopingfälle wird ein solches Schuldverhältnis immer wieder diskutiert.[428]

---

426 Vgl. beispielhaft die Untersuchungen von *Krähe, C.*, Die zivilrechtlichen Schadenersatzansprüche von Amateur- und Berufssportlern für Verletzungen beim Fußballspiel: aktuelle Fragen des Sportrechts als Anwendungsfälle moderner Grundsätze des Haftungsrechts, 1981; *Götz, A.*, Die deliktische Haftung für Sportverletzungen im Wettkampfsport, 2009; *Petev, V.*, VersR 1976, 320–323; *Zimmermann*, VersR 1980, 497–502; *Fleischer, H.*, VersR 1999, 785–792.

427 Siehe oben *Wettkampf S. 76 ff.*

428 Für eine Sonderverbindung *Pfister, B.*, Rechtsverhältnisse zwischen den Teilnehmern sportlicher Wettbewerbe, in: Lorenz, W.; Rauscher, T.; Mansel, H.-P., Festschrift für

Es ist nicht überraschend, dass ein solches Verhältnis hauptsächlich im Falle der Haftung gegenüber Konkurrenten nach einem Dopingvergehen, nicht aber nach einem Verstoß gegen das sonstige Reglement ins Spiel gebracht wird. Der dopende Sportler verletzt regelmäßig kein absolutes Rechtsgut oder absolut geschütztes Recht seines Konkurrenten, sodass ein deliktsrechtlicher Ausgleich früher nur über § 826 BGB und die zusätzliche Hürde der Sittenwidrigkeit in Betracht kam.[429] Ob das Problem inzwischen durch die Einführung des § 6a AMG[430] „Verbote von Arzneimitteln zu Dopingzwecken im Sport, Hinweispflichten", der als Schutzgesetz gemäß § 823 II BGB fungieren könnte, entscheidend entschärft ist, kann an dieser Stelle nicht abschließend beurteilt werden.[431]

Es bestehen allerdings erhebliche Zweifel, ob ein dopender Sportler seinen Konkurrenten etwaige reine Vermögensschäden gemäß §§ 823 II, 6a AMG ersetzen müsste, da § 6a I, IIa AMG nur das in den Verkehr Bringen, das Verschreiben, das Anwenden bei anderen sowie den Besitz in nicht geringer Menge unter Strafe stellt und dementsprechend das eigentliche „Dopen" nicht unter Strafe steht. Außerdem ist zweifelhaft, ob § 6a I, IIa AMG überhaupt das Vermögen der anderen Sportler schützen will. Ob insgesamt eine Haftung des Dopenden angemessen ist, ist daher in der Literatur streitig[432]*. Die Rechtsprechung hatte, soweit ersichtlich, noch nicht über einen solchen Anspruch zu entscheiden.*

Werner Lorenz zum 80. Geburtstag, 2001, S. 257. Auch in diesem Fall gegen ein Schuldverhältnis zwischen den Wettkämpfern: *Schröder, R./Bedau, M.*, NJW 1999, 3361, 3362 f.; *Sievers, M.*, Die zivilrechtliche Haftung des Sportlers wegen Dopings, 1996, S. 176 f.; *Friedrich, W. J.*, SpuRt 1995, 8, 10.

429 Zu einem ebenfalls möglicherweise bestehenden Schadensersatzanspruch nach § 9 UWG: *Bergermann, M.*, Doping und Zivilrecht, 2002, S. 220–225, allerdings noch zur Rechtslage vor der UWG Reform vom 3.7.2004.

430 Zur Geschichte und zum Hintergrund des § 6a AMG siehe *Deutsch, E.*, VersR 2008, 145, 144 f.

431 Zweifelhaft ist auch, ob sich der dopende Sportler gemäß § 263 StGB strafbar macht, sodass ein Anspruch gemäß §§ 823 II BGB iVm § 263 StGB in Betracht käme. Zur Betrugsstrafbarkeit des dopenden Sportlers siehe *Schattmann, M.*, Betrug des Leistungssportlers im Wettkampf, 2008, S. 13–101; *Otto, H.*, SpuRt 1994, 10, 15 (ablehnend); *Gutheil, U.*, Doping, 1996, S. 169–175 (ablehnend); *Schild, W.*, Doping in strafrechtlicher Hinsicht, in: Schild, W., Rechtliche Fragen des Dopings, 1986, S. 17–31 (ablehnend); *Glocker, M.*, Die strafrechtliche Bedeutung von Doping, 2009, S. 147–154.
In letzter Zeit ist weiter Bewegung in die Dopingdiskussion gekommen, insbesondere wird diskutiert, das Doping selbst unter Strafe zu stellen. Vergleiche dazu: *Prokop, C.*, SpuRt 2014, 18–19.

432 *Schröder, R./Bedau, M.*, NJW 1999, 3361, 3364.; dagegen *Haas, U./Martens, D.-R.*, Sportrecht, 2. Aufl. 2011, S. 184 f.; *Pfister, B.*, Schutzzweck von Sportregeln – insbesondere zum Schadensersatzanspruch bei Vermögensschäden aufgrund Verletzung von Sportregeln, in: Gitter, W.; Heinze, M.; Schmitt, J., Festschrift für Wolfgang Gitter, 1995, S. 737 f.; differenzierend *Sievers, M.*, Die zivilrechtliche Haftung des

I. Schuldverhältnis zwischen den Teilnehmern aufgrund vertraglicher Vereinbarung zwischen den Teilnehmern

Es wäre denkbar, dass die Rennfahrer durch ihre Rennteilnahme bzw. die Meldung zu einem Wettkampf untereinander gemäß §§ 145 ff. BGB vertraglich ein Schuldverhältnis begründen, bei dessen Verletzung gemäß § 280 I BGB Schadensersatz zu leisten wäre.

1. Möglicher Inhalt einer solchen Vereinbarung

Der Inhalt einer Vereinbarung zwischen den Rennteilnehmern wäre durch Auslegung zu ermitteln. Die Vereinbarung könnte darauf gerichtet sein, ein faires Rennen untereinander auszutragen.

Genauer betrachtet enthält die Übereinkunft zwei Komponenten: Zunächst soll überhaupt ein Wettkampf im Sinne eines sportlichen Kräftemessens ausgetragen werden, wozu jeder Sportler durch seine Teilnahme und die Wahrung seiner Interessen im Wettkampf beitragen soll. Darüber hinaus soll der Wettkampf aber auch fair, also unter Einhaltung des einschlägigen Reglements und des Fairplay Grundsatzes, ausgetragen werden. Anhand dieser Komponenten kann der Vertrag rechtlich charakterisiert werden.[433]

a) Charakterisierung der Verpflichtung zum gemeinsamen Austragen eines Wettkampfes

Die vertragliche Verpflichtung zur Wettkampfteilnahme könnte zunächst auf einen Austauschvertrag hindeuten. Konkret würden die Sportler untereinander ihre Wettkampfteilnahme austauschen. Damit ist allerdings nur ein Teil der Vereinbarung erfasst. Entscheidend ist auch, dass durch den Austausch ein eigenes Produkt geschaffen wird, nämlich der Wettkampf selbst, der darüber hinaus noch allen Teilnehmern zugutekommt. Ohne die einzelnen Rennteilnahmen käme es nicht zu einem Rennen, das Rennen setzt sich geradezu aus den einzelnen Rennteilnahmen zusammen. Dementsprechend wäre ein solcher Vertrag als gesellschaftsrechtlicher Zusammenschluss zu qualifizieren.

Für einen gesellschaftsrechtlichen Zusammenschluss ist es typisch, dass die Gesellschafter einen überindividuellen Zweck durch eigene Beiträge fördern.[434] So liegt es auch in diesem Fall. Die Teilnahme an Wettkampf wäre der vom Sportler zu erbringende Beitrag. Zusammen würden diese Beiträge das Rennen als gemeinsamen

---

Sportlers wegen Dopings, 1996, S. 142–197; dafür *Bergermann, M.*, Doping und Zivilrecht, 2002, S. 220–226.

433 Zum ebenfalls möglichen Inhalt der Beschränkung der deliktischen Haftung zwischen den Teilnehmern siehe unten: *Rechtsgeschäftlicher Haftungsausschluss zwischen Radsportlern S. 178 ff.*

434 Siehe beispielsweise MüKo BGB⁶/*Ulmer, P.*, § 705 BGB Rn. 142.

Zweck entstehen lassen. Am deutlichsten wäre dies im Profisport. Die Profisportler lassen durch ihre Teilnahme das Produkt „ausgetragener Wettkampf" entstehen, von dessen Vermarktung alle Teilnehmer profitieren.[435]

Daher wäre denkbar, dass die Rennteilnehmer durch ihre gemeinsame Wettkampfteilnahme eine Gesellschaft bürgerlichen Rechts gemäß § 705 BGB gründen.[436] Eine Gesellschaft bürgerlichen Rechts kann grundsätzlich jeden erlaubten Zweck verfolgen, solange dieser nicht der Betrieb eines Handelsgewerbes ist.[437] Damit wäre die Gesellschaft bürgerlichen Rechts die richtige Gesellschaftsform für einen möglicherweise bestehenden Zusammenschluss der Wettkämpfer.

b) Charakterisierung der Pflicht, den Wettkampf entsprechend dem Reglements und dem Fairplay Grundsatz auszutragen

Die Pflicht, das Reglement einzuhalten, wäre dann eine Treuepflicht zwischen den Gesellschaftern. Im Gesellschaftsrecht wird häufig von Treuepflichten gesprochen, ordnet man diese in die Terminologie des allgemeinen Schuldrechts[438] ein, so handelt es sich um Nebenpflichten.[439]

c) Nur die Regelkonformität soll Gegenstand der vertraglichen Verpflichtung sein

Alternativ könnte die vertragliche Übereinkunft auf die Regelanerkennung beschränkt sein. In diesem Fall läge ein atypischer Vertrag vor. Ein gemeinsamer übergeordneter Zweck würde nicht verfolgt. Das Schuldverhältnis würde dann keine Hauptleistungspflichten enthalten, sondern nur Nebenpflichten.[440]

---

435 *Pfister, B.*, Rechtsverhältnisse zwischen den Teilnehmern sportlicher Wettbewerbe, in: Lorenz, W.; Rauscher, T.; Mansel, H.-P., Festschrift für Werner Lorenz zum 80. Geburtstag, 2001, S. 256.

436 Zum Bestehen einer Gesellschaft bürgerlichen Rechts zwischen Sportlern siehe unten: *Die Teammitglieder gründen eine Gesellschaft bürgerlichen Rechts, um gemeinsam an Rennen teilzunehmen S. 145 ff.* und *Die Rennfahrer bilden ein Team aufgrund einfacher loser Absprache S. 147* ff. sowie die Untersuchungen von *Galli, B.*, Haftungsprobleme bei alpinen Tourengemeinschaften, 1995; *Beulke, S.*, Die Haftung des Bergführers bei beruflicher und privater Ausübung des Bergsports, 1994, S. 150 ff.

437 MüKo BGB[6]/*Ulmer, P.*, § 705 BGB Rn. 144; Staudinger/*Habermeier, S.*, Stand 2003, § 705 BGB Rn. 18; BeckOk BGB/*Schöne, T.*, Stand 08.2014, § 705 BGB Rn. 63.

438 Siehe hierzu unten: *Abgrenzung Leistungs- und Nebenpflichten S. 125 f.*

439 *Riesenhuber, K.*, Die Rechtsbeziehungen zwischen Nebenparteien, 1997, S. 34.

440 An der Anerkennung solcher Schuldverhältnisse kann vor dem Hintergrund der Privatautonomie, § 311 II BGB und dem Wortlaut des § 241 II BGB keine Zweifel bestehen, vgl. Palandt[73]/*Grüneberg, C.*, Einleitung vor § 241 BGB Rn. 4.

In diesem Fall läge eine Gelegenheitsgesellschaft vor, bei der keine Hauptpflichten, sondern nur Schutzpflichten bestehen.[441]

2. Möglichkeit des Abschlusses einer solchen Vereinbarung

Problematisch ist aber, ob die Rennfahrer sich untereinander gemäß §§ 145 ff. BGB zumindest auf eine der beiden Komponenten (erstens: Austragen eines Wettkampfes, zweitens: regelkonformes Verhalten) vertraglich einigen. Eine ausdrückliche persönliche Einigung der Rennfahrer untereinander ist unzweifelhaft nicht gegeben. Starterfelder mit mehreren 1.000 Startern sind keine Seltenheit, sodass eine persönliche Willensübereinkunft der Fahrer daran scheitert, dass es dem einzelnen Rennfahrer unmöglich ist, sich selbst mit allen restlichen Fahrern zu einigen.

Selbst wenn man in der bloßen Teilnahme am Rennen solche Erklärungen gegenüber dem grundsätzlich zumindest bestimmbaren Kreis der Rennteilnehmer erblicken würde[442], so würde es dennoch am Zugang[443] bei allen anderen Rennteilnehmern fehlen. Dies folgt daraus, dass die Rennteilnehmer als Folge der großen Starterfelder nicht überblicken können, wer alles am Rennen teilnimmt. Der Zugang wäre auch nicht nach § 151 S. 1 BGB entbehrlich.[444] Es kann nicht angenommen werden, dass der Zugang nach der Verkehrssitte[445] nicht erforderlich wäre oder dass die Sportler auf den Zugang verzichten[446], schließlich wäre es ihnen in diesem Fall unmöglich zu beurteilen, mit wem sie eine solche Vereinbarung abgeschlossen hätten. Grundsätzlich würde dafür zwar auch genügen, dass der Personenkreis wie hier mit den Teilnehmern des Rennens zumindest bestimmbar wäre, je unbestimmter jedoch der

441 Siehe zur Gelegenheitsgesellschaft unten: *Gefälligkeitsverhältnis mit Schutzpflichten als Zwischenstufe zwischen Gesellschaftsvertrag und rechtlich unverbindlicher Absprache S. 150 f.*

442 Vergleiche hierzu die anerkannte, aber sogar noch weitergehende Möglichkeit des Angebots ad incertas Personas zum Beispiel in Palandt[73]/*Ellenberger, J.*, § 145 BGB Rn. 7; MüKo BGB[6]/*Busche, J.*, § 145 BGB Rn. 7.

443 Dabei würde es sich um den gesetzlich nicht geregelten Zugang unter Anwesenden handeln. Dass ein solcher nötig ist, ist unbestritten. Vgl.: Palandt[73]/*Ellenberger, J.*, § 130 BGB Rn. 13 f.; MüKo BGB[6]/*Einsele, D.*, § 130 BGB Rn. 27 f.; BeckOk BGB/*Wendtland, H.*, Stand 08.2014, § 130 BGB Rn. 26.

444 § 151 S. 1 BGB verlangt nach überwiegender Meinung – entgegen dem missverständlichen Wortlaut – zu Recht eine nach außen erkennbare Betätigung des Annahmewillens, vgl. etwa: Palandt[73]/*Ellenberger, J.*, § 151 BGB Rn. 2; Staudinger/*Bork, R.*, Stand 2010, § 151 BGB Rn. 1 und 14; mit Nachweisen für die Gegenansicht MüKo BGB[6]/*Kramer, E.*, § 151 BGB Rn. 50.

445 Ob eine solche Verkehrssitte besteht, muss im Einzelfall geklärt werden. Eine allgemeine Regel, wann eine solche Verkehrssitte besteht, ist nicht existent, vgl.: Staudinger/*Bork, R.*, Stand 2010, § 151 BGB Rn. 6–9.

446 Beim Verzicht handelt sich um eine geschäftsähnliche Handlung, die allerdings nicht vorschnell angenommen werden sollte, um Unsicherheiten zu vermeiden, vgl.: Staudinger/*Bork, R.*, Stand 2010, § 151 BGB Rn. 10 f.

Personenkreis, desto höhere Anforderungen sind an den Verzicht des Zugangs zu stellen. Es widerspricht gerade der Grundkonzeption des Vertrages, eine vertragliche Bindung nicht nur mit einer bestimmten Person oder einem bestimmten Personenkreis, sondern mit einer nur bestimmbaren Vielzahl von Personen einzugehen. Nachdem der Verzicht hier nicht ausdrücklich erklärt wird, könnte man allerhöchstens noch in der Rennteilnahme einen konkludenten Verzicht erblicken. Aber selbst dafür bestehen keine Anhaltspunkte, insbesondere auch in Hinblick auf die im nächsten Absatz geschilderte Interessenlage der Teilnehmer[447].

In Betracht kommt allerdings eine Einigung über den Veranstalter bzw. Spitzenverband im Rahmen der Anmeldung der Sportler zum Wettkampf. Dabei müsste es sich um eine selbstständige Einigung handeln, die von der Einigung im Rahmen der Meldung zum Wettkampf zu trennen ist.[448] Der Grund dafür ist, dass der Vertrag, der durch die Meldung zum Wettkampf geschlossen wird, ein Vertrag zwischen Spitzenverband und Sportler ist, es aber dadurch gerade nicht zu einer vertraglichen Verbindung zwischen den Wettkämpfern selbst kommt.[449] Dementsprechend müsste eine Einigung zwischen den Sportlern und dem Veranstalter oder Spitzenverband als Passiv-, § 164 III, I BGB, und als Aktivvertreter, § 164 I BGB, beziehungsweise mit dem Veranstalter/Spitzenverband als Bote, geschlossen werden.[450]

Bei dieser Lösung könnte im Gegensatz zum Verzicht auf das Zugangserfordernis gemäß § 151 S. 1 BGB sichergestellt werden, dass alle Teilnehmenden die Vereinbarung abgeschlossen haben. Der Verband könnte Sportler, die eine solche Vereinbarung ausdrücklich ablehnen, nicht zum Wettkampf zulassen.

Damit ist grundsätzlich ein Weg für die Einigung aufgezeigt. Ob eine solche aber tatsächlich vorliegt, ist damit noch nicht beantwortet.

3. *Tatsächlicher Abschluss einer solchen Vereinbarung*

Die Wettkämpfer müssten durch ihre Teilnahme am Rennen den Spitzenverband bzw. den Veranstalter konkludent bevollmächtigen, für sie eine entsprechende Vereinbarung mit den anderen Teilnehmern zu schließen. Ausdrücklich findet sich eine solche Bevollmächtigung weder in Nennungs- noch in Lizensierungsvereinbarungen.

---

447 Siehe nächster Absatz: *Tatsächlicher Abschluss einer solchen Vereinbarung S. 114 ff.*

448 Zum Meldungsvertrag siehe oben: *Nennungsverfahren S. 82 f.*

449 Es ist allerdings denkbar, dass der Meldungsvertrag drittschützenden Charakter hat. Siehe dazu unten: *Schutzpflichten aufgrund drittschützenden Charakters des Regelanerkennungsvertrages S. 124 ff.*

450 Grundsätzlich könnte der Verband auch als Bote agieren. Dies ist jedoch nicht besonders überzeugend, da der Inhalt der Erklärung einfacher vom Verband vorgegeben werden kann. Die Sportler machen sich über den Inhalt der Erklärung weniger Gedanken und müssten sich ja auch auf einen gemeinsamen Inhalt einigen. Dies verdeutlicht ein Vergleich zu den Sportregeln: Diese werden auch vom Verband bestimmt und nicht vorher von den Sportlern im Einzelnen ausgehandelt. Letzteres dürfte praktisch undurchführbar sein.

Die Bevollmächtigung wird auch nicht konkludent mit der bloßen Teilnahme am Wettkampf bzw. der Meldung zu einem Wettkampf abgegeben.[451] Dafür gibt es keine Anhaltspunkte, sodass eine solche Auslegung die Bevollmächtigung letztlich fingieren würde. Dies gilt umso mehr, als dass eine Bevollmächtigung des Spitzenverbandes auch nicht interessengerecht wäre.

Zunächst können sich die Wettkämpfer ihre Konkurrenten nicht aussuchen[452], sodass es zu einer vertraglichen Bindung mit Unbekannten käme. Dies widerspricht aber gerade dem Grundprinzip der vorherigen Individualisierung des Vertragspartners und kann nur bei Vorliegen gewichtiger Anhaltspunkte für eine solche Bindung angenommen werden. Bei dem hier untersuchten Fall geht es sogar um einen gesellschaftsrechtlichen oder zumindest gesellschaftsrechtsähnlichen Zusammenschluss, bei dem die Verbindung zwischen den Vertragspartnern noch stärker wäre, sodass der vorherigen Individualisierung seiner Vertragspartner eine noch größere Bedeutung zukommt als bei einfachen Austauschverträgen.

Im Übrigen besteht auch kein Interesse der Sportler an einer vertraglich fixierten Teilnahmeverpflichtung. Die Teilnahme am Wettkampf soll grundsätzlich freiwillig sein. Auch aus diesem Grund ist ein Gesellschaftsvertrag zwischen den Wettkämpfern abzulehnen.[453]

Aber selbst für einen Vertrag ohne eine Gesellschafterpflicht zur Wettkampfteilnahme, der nur zur Einhaltung des Reglements als Nebenpflicht verpflichten würde[454], bestehen nicht genügend Anhaltpunkte. Es besteht auch keine ausreichende

---

451 Ähnlich: *Pfister, B.*, Rechtsverhältnisse zwischen den Teilnehmern sportlicher Wettbewerbe, in: Lorenz, W.; Rauscher, T.; Mansel, H.-P., Festschrift für Werner Lorenz zum 80. Geburtstag, 2001, S. 247 f.

452 Darauf weisen auch *Schröder, R./Bedau, M.*, NJW 1999, 3361, 3363; *Pfister, B.*, Rechtsverhältnisse zwischen den Teilnehmern sportlicher Wettbewerbe, in: Lorenz, W.; Rauscher, T.; Mansel, H.-P., Festschrift für Werner Lorenz zum 80. Geburtstag, 2001, S. 247 f. hin.

453 Genauso *Pfister, B.*, Rechtsverhältnisse zwischen den Teilnehmern sportlicher Wettbewerbe, in: Lorenz, W.; Rauscher, T.; Mansel, H.-P., Festschrift für Werner Lorenz zum 80. Geburtstag, 2001, S. 248; gegen eine vertragliche Verbindung: *Fritzweiler, J.*, Haftung bei Sportunfällen, 1978, S. 12–15 und 18 ff. Für eine ausführliche Auseinandersetzung mit der häufig ins Spiel gebrachten GbR zwischen Sportlern siehe auch unten: *Die Teammitglieder gründen eine Gesellschaft bürgerlichen Rechts, um gemeinsam an Rennen teilzunehmen S. 145 ff.* und *Die Rennfahrer bilden ein Team aufgrund einfacher loser Absprache S. 147 ff.*
Ausnahmen hiervon sind natürlich denkbar. Dann müsste dies aber ausdrücklich vereinbart werden. In Betracht kommt in diesen Fällen insbesondere auch die Vereinbarung einer Vertragsstrafe.

454 Mangels Verfolgung eines gemeinsamen übergeordneten Zwecks läge in diesem Fall keine Gesellschaft bürgerlichen Rechts vor sondern nur eine Gefälligkeitsgesellschaft. Siehe zu diesem Begriff unten: *Gefälligkeitsverhältnis mit Schutzpflichten als Zwischenstufe zwischen Gesellschaftsvertrag und rechtlich unverbindlicher Absprache S. 150 f.*

Interessensübereinkunft der Sportler für die Annahme eines solchen Vertragsschlusses. Die Sportler möchten einen Wettkampf gegeneinander austragen, der zwar organisiert sein soll, nicht aber mit individuellen rechtlichen Regelungen überfrachtet sein soll. Das Interesse der Sportler an einem fair und organisiert ausgetragenen Wettkampf ist bereits durch den (Anerkennungs-) Vertrag mit dem Spitzenverband[455] befriedigt.[456] Die tatsächliche Einhaltung des Reglements ist dabei durch die Unterwerfung der Sportler unter die Disziplinargewalt des Spitzenverbandes sichergestellt.[457] Anders formuliert genügt die Unterwerfung unter das Reglement und die Disziplinargewalt des Spitzenverbandes auch aus Sicht der Sportler, um die Einhaltung des Reglements sicherzustellen. Eine weitere zusätzliche vertragliche Verankerung der Regelgeltung zwischen den Radsportlern ist nicht notwendig.

Dementsprechend ist auch bei Wettkämpfen mit nur wenigen Sportlern, bei denen ein Vertragsschluss zwischen den Sportlern leichter zu konstruieren wäre, ein solcher gerade abzulehnen. Auch in diesen Fällen wird die Erstellung des Produktes Wettkampf und die Geltung des Reglements durch die Bindung an den Spitzenverband sichergestellt.

Anders zu beurteilen wäre unter Umständen der Fall, dass einige Sportler untereinander, d.h. ohne Beteiligung eines Spitzenverbandes, vereinbaren, gemeinsam einen Wettkampf auszutragen.[458] *Im Radsport dürfte dies nicht vorkommen, da für ein Rennen relativ viele Sportler benötigt werden, was eine solche Vereinbarung erschweren würde. Leichter wäre ein solcher Wettkampf zum Beispiel beim Boxen oder im Fußball. Allerdings ist zu beachten, dass die Spitzenverbände generell ein Interesse daran haben, dass solche Wettkämpfe nicht stattfinden, um sich selbst keine Vermarktungschancen entgehen zu lassen.*[459] *Inwieweit die Spitzenverbände solche Wettkämpfe tatsächlich rechtlich verhindern können, kann an dieser Stelle nicht beantwortet werden.*

---

455 Siehe dazu oben: *Wettkampf, S. 76 ff.*

456 So auch *Schröder, R./Bedau, M.*, NJW 1999, 3361, 3363; *Sievers, M.*, Die zivilrechtliche Haftung des Sportlers wegen Dopings, 1996, S. 176 f.

457 Genauso *Schröder, R./Bedau, M.*, NJW 1999, 3361, 3362 f.; zum Inhalt der Unterwerfungsvereinbarung siehe oben: *Erfasste Regeln, S. 86 ff.*

458 Siehe hierzu *Füllgraf, L.*, VersR 1983, 705, 706, der von einer Sonderbeziehung zwischen den Vereinen eines Freundschaftsspiels bei Bestehen besonderer wirtschaftlicher Interessen ausgeht.

459 Insoweit ist *Pfister, B.*, Rechtsverhältnisse zwischen den Teilnehmern sportlicher Wettbewerbe, in: Lorenz, W.; Rauscher, T.; Mansel, H.-P., Festschrift für Werner Lorenz zum 80. Geburtstag, 2001, S. 255 zu widersprechen, der kein eigenes Interesse der Spitzenverbände anerkennt, sondern diese als Verkörperung der Sportlerinteressen versteht. Diese Vorstellung dürfte aber zumindest in heutiger Zeit überholt sein, da die Sportverbände den Sportbetrieb inzwischen auch finanziell nutzen.

4. *Ergebnis*

Ein Vertragsschluss zwischen den Sportlern wäre über den Spitzenverband beziehungsweise den Veranstalter als Stellvertreter grundsätzlich möglich. Allerdings wird ein solcher Vertrag im Regelfall nicht ausdrücklich geschlossen. Dass die Wettkämpfer eine solche Einigung konkludent erzielen, ist ebenfalls abzulehnen, da eine solche Einigung nicht interessengerecht wäre. Die rechtlichen Beziehungen zwischen den Sportlern sind bereits aufgrund der Regelung des Wettkampfbetriebes im Verhältnis zwischen Spitzenverband und Sportler ausreichend geregelt.

II. Andere Sonderverbindung zwischen den Wettkämpfern

Das Gesetz stellt in § 311 II Nr. 3 BGB klar, dass ein Schuldverhältnis mit Pflichten nach § 241 II BGB, bei dessen Verletzung gemäß § 280 I BGB Schadensersatz zu leisten wäre, auch durch einen „ähnlichen geschäftlichen Kontakt" entstehen kann. Möglicherweise besteht zwischen den Teilnehmern an einem Radrennen aufgrund deren tatsächlicher Nähe zueinander ein ähnlicher geschäftlicher Kontakt im Sinne von § 311 II Nr. 3 BGB.

1. *§ 311 II Nr. 3 BGB im Verhältnis zu den bisherigen Lehren über eine haftungsrechtlich relevante Sonderverbindung bei nicht rechtsgeschäftlichen Kontakten*

Mit der *culpa in contrahendo* wurde bereits früh ein Rechtsinstitut geschaffen, das schon vor dem eigentlichen Vertragsschluss relative Schutzpflichten zwischen den Parteien entstehen lässt.[460] Schon immer deutlich kontroverser war dagegen die Frage, ob relative Schutzpflichten nicht auch als Folge eines gesetzlichen Schuldverhältnisses[461] in Fällen bestehen, in denen eine vertragliche Bindung nicht intendiert war. Die Annahme eines gesetzlichen Schuldverhältnisses stellt insoweit eine Fortentwicklung der in den 1930er Jahren noch häufig anzutreffenden Annahme eines faktischen Vertragsverhältnisses dar.[462]

---

460 Zur Geschichte der *culpa in contrahendo* siehe MüKo BGB[6]/*Emmerich, V.*, § 311 BGB Rn. 55–58; Staudinger/*Feldmann, C./Löwisch, M.*, Stand 2012, § 311 BGB Rn. 96.

461 Bei den verschiedenen Ansätzen zur Begründung relativer Schutzpflichten wurde nicht immer scharf zwischen deren Entstehen aufgrund Gesetzes oder aufgrund Rechtsgeschäfts unterschieden. Siehe dazu mit vielen weiteren Nachweisen *Krebber, S.*, VersR 2004, 150, 152. Als Beispiel der nicht ganz genauen Unterscheidung kann *Canaris, C.-W.*, Die Vertrauenshaftung im Lichte der Rechtsprechung des Bundesgerichtshofs, in: Canaris, C.-W., 50 Jahre Bundesgerichtshof, 2000, S. 173 f. dienen, der von einem „gesetzlichen [...] Satz des objektiven Rechts beruhend auf einem Schuldverhältnis" spricht.

462 *Hoffmann, H. J.*, AcP 167 (1967), 394, 308 ff.; MüKo BGB[6]/*Emmerich, V.*, § 311 BGB Rn. 57. Zur Einordnung als gesetzliches Schuldverhältnis siehe *BGH*, Urteil v. 20.06.1952 (Az. V ZR 34/51), BGHZ 6, 330, 333; Staudinger/*Feldmann, C./Löwisch, M.*,

Insbesondere die Lehre vom sozialen Kontakt erkennt relative Schutzpflichten auch ohne rechtsgeschäftlichen Kontakt an.[463] Diese Lehre lässt für das Entstehen von relativen Schutzpflichten jeden sozialen Kontakt ausreichen, der zu einer erhöhten Einwirkungsmöglichkeit auf die Rechte und Rechtsgüter des anderen Teils führt.[464] Allerdings führt fast jegliche menschliche Interaktion zu einem solch engeren Kontakt, sodass die Notwendigkeit einer Begrenzung auf bestimmte soziale Kontakte erkannt wurde.[465] Als Rechtfertigung für die Annahme einer solchen Haftungsgrundlage wurde Verschiedenes vorgetragen: Zumeist wurde darauf hingewiesen, dass die alleinige Anwendung der §§ 823 ff. BGB nicht befriedige.[466] Ausgehend von diesen Grundsätzen könnte man auch im Sport ein gesetzliches Schuldverhältnis zwischen den Sportlern annehmen.[467]

Inzwischen ist das Problem des Entstehens relativer Schutzpflichten außerhalb von Vertragsverhältnissen bei § 311 II BGB angesiedelt beziehungsweise § 311 II BGB muss zumindest in die Argumentation einbezogen werden. Mit § 311 II Nr. 3 BGB wurde eine Generalklausel über relative Schutzpflichten außerhalb von Vertragsverhältnissen oder gesetzlicher Normierung geschaffen.[468]

Stand 2012, § 311 BGB Rn. 96; zur Lehre des faktischen Vertragsverhältnisses siehe grundlegend *Haupt, G.*, Über faktische Vertragsverhältnisse, 1943, der versuchte, über die Figur des faktischen Vertrages Vertragsrecht losgelöst von einem Vertragsschluss anzuwenden. Er begründete seine Ansicht damit, dass in vielen Fällen das Vertragsrecht nur über die Fiktion eines Vertragsschlusses angewandt wird. Als Beispiel nennt er insbesondere die heute anerkannte Fallgruppe der culpa in contrahendo aber auch zum Beispiel Fälle der öffentlichen Daseinsvorsorge, bei denen aufgrund des Kontrahierungszwanges nach seiner Ansicht nicht von einem Vertragsschluss gesprochen werden kann.

463 Zur Lehre vom sozialen Kontakt siehe grundlegend *Dölle, H.*, ZStW 1943, 67–102 und *Thiele, W.*, JZ 1967, 649, 652 f.; zur Kritik siehe zum Beispiel *Picker, E.*, JZ 1987, 1041, 1045; *Krebber, S.*, VersR 2004, 150, 152 f. Etwas abgewandelt bei *Flume, W.*, Allgemeiner Teil des Bürgerlichen Rechts II. Das Rechtsgeschäft, 3. Aufl. 1979, S. 84 ff., der bei Bestehen einer Garantenpflicht Schutzpflichten nach § 241 II BGB annimmt.

464 *Dölle, H.*, ZStW 1943, 67, 84.

465 *Krebs, P.*, Sonderverbindung und außerdeliktische Schutzpflichten, 2000, S. 174 ff.

466 MwN.: *Hoffmann, H. J.*, AcP 167 (1967), 394–409 und *Krebber, S.*, VersR 2004, 150–157.

467 So zum Beispiel *Pfister, B.*, Schutzzweck von Sportregeln – insbesondere zum Schadensersatzanspruch bei Vermögensschäden aufgrund Verletzung von Sportregeln, in: Gitter, W.; Heinze, M.; Schmitt, J., Festschrift für Wolfgang Gitter, 1995, S. 732.

468 *Canaris, C.-W.*, JZ 2001, 499, 520, der allerdings ebenfalls für eine Beschränkung auf rechtsgeschäftliche Kontakte eintritt. Für einen abschließenden Charakter von § 311 II Nr. 3 BGB plädiert *Krebber, S.*, VersR 2004, 150, 156 f.

2. Auslegung des Begriffs „Ähnlicher geschäftlicher Kontakt" in § 311 II Nr. 3 BGB

Um sich dem Begriff des ähnlichen geschäftlichen Kontakts in § 311 II Nr. 3 BGB zu nähern, bietet sich zunächst eine systematische und grammatische Auslegung an. Durch das Wort „ähnlich" wird auf die beiden anderen Alternativen des § 311 II BGB Bezug genommen. So verlangt Nr. 1 „Aufnahme von Vertragsverhandlungen" und Nr. 2 verlangt die „Anbahnung eines Vertrages". Der ähnliche geschäftliche Kontakt soll also ein Kontakt sein, der in einen gewissen Zusammenhang mit einer zwischen den Parteien entstehenden vertraglichen Bindung steht. Das deutet daraufhin, dass ein Kontakt mit rechtsgeschäftlichem Charakter gemeint ist.

Der Gesetzgeber sah die Alternativen des § 311 II BGB zueinander in einem Stufenverhältnis: Vor den Vertragsverhandlungen, Nr. 1, erfolgt zumeist die Anbahnung des Vertrages, Nr. 2, vor der Anbahnung eines Vertrages wiederum kann bereits ein ähnlicher geschäftlicher Kontakt gegeben sein.[469] Allerdings ist dieses Stufensystem nicht überzeugend. Die Unterscheidung zwischen Vertragsverhandlungen und Anbahnung eines Vertrages vermag gerade noch zu überzeugen, bestünde doch bei bloßer Nennung der Vertragsverhandlungen das Risiko, dass in Fällen, bei denen der Kunde bisher nur das Ladengeschäft betreten hat[470], das Vorliegen von Vertragsverhandlungen verneint würde. Man könnte zwar auch in diesen Fällen unter Umständen bereits Vertragsverhandlungen annehmen, allerdings ist es überzeugender, für Vertragsverhandlungen einen geistigen Kontakt zwischen den Parteien zu fordern.[471] Daher war es sinnvoll, die Anbahnung eines Vertrages als Alternative zu Vertragsverhandlungen aufzunehmen. Andererseits hätte die Alternative „Anbahnung eines Vertrages" auch die Alternative „Vertragsverhandlungen" erfasst.[472] Die Nennung beider Begriffe dient aber zumindest der Klarstellung des Anwendungsbereiches.

Dagegen kann zur Anbahnung eines Vertrages nur sehr schwer eine Vorstufe gefunden werden. Vielmehr ist bereits der Begriff Anbahnung eines Vertrages so

---

469 Gesetzentwurf der Abgeordneten Alfred Hartenbach, Hermann Bachmaier, Bernhard Brinkmann (Hildesheim), u.a., Entwurf eines Gesetzes zur Modernisierung des Schuldrechts vom 14.5.2001, BT-Drs. 14/6040, S. 163.

470 Grundlegend für diese Fälle war der Linoleumrollenfall des *RG*, Urteil v. 07.12.1911 (Az. VI 240/11), RGZ 78, 239 ff.; die Fallkonstellation wurde inzwischen mehrfach durch den BGH bestätigt, siehe zum Beispiel den „Gemüseblattfall" vgl. *BGH*, Urteil v. 28.1.1976 (Az. VIII ZR 264/74), BGHZ 66, 51–59.

471 Zumeist begnügt man sich damit, auf den Wortsinn des Wortes Verhandlungen abzustellen, vgl. MüKo BGB[6]/*Emmerich, V.*, § 311 BGB Rn. 46; Staudinger/*Feldmann, C./Löwisch, M.*, Stand 2012, § 311 BGB Rn. 103; anders dagegen Schulze-Dörner BGB[8]/*Schulze, R.*, § 311 BGB Rn. 15, der auch einseitige Maßnahmen genügen lassen will.

472 MüKo BGB[6]/*Emmerich, V.*, § 311 BGB Rn. 44.

weit gefasst, dass jegliches Näheverhältnis darunter zu subsumieren wäre, in dessen Rahmen ein Vertrag geschlossen werden soll.[473]

Die Frage, ob ein ähnlicher geschäftlicher Kontakt im Sinne von § 311 II Nr. 3 BGB nicht auch schon bei Verhältnissen mit bloß rechtsgeschäftsähnlichen oder sogar nur sozialem Charakter angenommen werden kann, wird daher auch sehr kontrovers diskutiert.[474] Zunächst ist festzuhalten, dass einer solchen Auslegung weder der Wortlaut noch die Systematik zwingend entgegenstünden. Die oben beschriebene Auslegung als Vorstufe zur Vertragsanbahnung ist nicht zwingend. Das Wort „ähnlich" kann auch als „vergleichbar (aber nicht gleich)" dergestalt verstanden werden, als dass bereits irgendein Näheverhältnis genügt. Mehr Schwierigkeiten bereitet dagegen das Wort „geschäftlich[e]". Allerdings ist mit „geschäftlich" nicht notwendig „rechtsgeschäftlich" gemeint, sodass auch ein sozialer Kontakt vom Wortlaut noch umfasst sein könnte.[475]

3. *Zwischenergebnis und Folgerungen für den ähnlichen geschäftlichen Kontakt in § 311 II Nr. 3 BGB*

Als Zwischenergebnis kann festgehalten werden, dass eine Anerkennung von relativen Schutzpflichten auch bei Verbindungen ohne rechtsgeschäftlichen Charakter nicht zwingend ausgeschlossen ist. Dafür müsste allerdings erheblicher Begründungsaufwand betrieben werden, der insbesondere die relativ neue Generalklausel § 311 II Nr. 3 BGB einbezieht.

Mit § 311 II Nr. 1 und Nr. 2 BGB wurde das seit langem bestehende Institut der culpa in contrahendo normiert. Die Alternativen sind so konkret, dass sich eine weitere Begründung erübrigt, warum in diesen Fällen relative Schutzpflichten bestehen. Der Gesetzgeber hat sich insoweit die bereits bestehenden Begründungsansätze, insbesondere den Grundsatz enttäuschten Vertrauens, zu eigen gemacht.[476]

Anders verhält es sich allerdings mit § 311 II Nr. 3 BGB. Dieser stellt eine Generalklausel dar und ist dementsprechend weit formuliert. Damit verdeutlicht der Gesetzgeber, dass auch in Zukunft die Entwicklung relativer Schutzpflichten

---

473 So zu Recht: MüKo BGB[6]/*Emmerich, V.*, § 311 BGB Rn. 49; BeckOk BGB/*Gehrlein/Sutschet*, Stand 08.2014, § 311 BGB Rn. 46 und 49; anders dagegen *Canaris, C.-W.*, JZ 2001, 499, 520, der eine Generalklausel für notwendig hält, um eine „Weiterentwicklung offen [zu] halten" und damit „Vertragsanbahnung" wohl als noch nicht ausreichend weit gefasst ansieht.

474 Siehe zum Beispiel Staudinger/*Feldmann, C./Löwisch, M.*, Stand 2012, § 311 BGB Rn. 108; Schulze-Dörner BGB[8]/*Schulze, R.*, § 311 BGB Rn. 17; Schulze-Dörner BGB[8]/*ders.* Vorbemerkung zu §§ 241 – 853 BGB Rn. 27.

475 Anders: *Canaris, C.-W.*, JZ 2001, 499, 520; Palandt[73]/*Grüneberg, C.*, § 311 BGB Rn. 24.

476 Vgl.: Palandt[73]/*Grüneberg, C.*, § 311 BGB Rn. 11; BeckOk BGB/*Gehrlein/Sutschet*, Stand 08.2014, § 311 BGB Rn. 37; Staudinger/*Feldmann, C./Löwisch, M.*, Stand 2012, § 311 BGB Rn. 96–99; MüKo BGB[6]/*Emmerich, V.*, § 311 BGB Rn. 35–38.

außerhalb von bestehenden Schuldverhältnissen möglich sein soll.[477] Eine Rechtfertigung solcher Schutzpflichten beinhaltet der § 311 II Nr. 3 BGB dagegen nicht.[478] Vielmehr muss auch weiterhin in diesen Fällen das Bestehen der Schutzpflichten dogmatisch und wertungsmäßig begründet werden. Erst dann erkennt sie das Gesetz gemäß § 311 II Nr. 3 BGB an. Gelingt allerdings diese Rechtfertigung, spricht nichts dagegen, diese Verhältnisse unter § 311 II Nr. 3 BGB zu subsumieren. Mit anderen Worten ist § 311 II Nr. 3 BGB entsprechend seiner Stellung als Generalklausel weit auszulegen, darf allerdings nicht selbst als Rechtfertigung von relativen Schutzpflichten missverstanden werden. Das Verhältnis fällt daher erst unter § 311 II Nr. 3 BGB, wenn auf den bereits bekannten Wegen begründet werden kann, dass es relative Schutzpflichten zwischen den Beteiligten entstehen lässt.

4. Kontakt zwischen den Rennteilnehmern als ähnlicher geschäftlicher Kontakt im Sinne von § 311 II Nr. 3 BGB

Der Kontakt zwischen den Rennteilnehmer könnte ein „ähnliche[r] geschäftliche[r] Kontakt[e]“ im Sinne von § 311 II Nr. 3 BGB sein. Dafür wäre allerdings – wie gerade gezeigt – notwendig, dass sich das Bestehen relativer Schutzpflichten aufgrund des Näheverhältnisses rechtfertigen ließe.

Im Fall einer rechtsgeschäftlichen Vereinbarung rechtfertigen sich die relativen Schutzpflichten aus dem Schuldverhältnis selbst, §§ 311 I, 241 II BGB. Die Willensübereinkunft der Parteien rechtfertigt es, zusätzlich zur deliktischen Haftung auch das vertragliche Haftungsregime anzuwenden. Dies lässt sich auf Verhältnisse übertragen, bei denen es noch nicht zum einem Vertragsschluss kam oder auch gar nicht kommen soll.[479] Materiell steht dabei nicht die Willensübereinkunft im Vordergrund, sondern die möglicherweise entstehende und zumindest einseitig gewollte vertragliche Bindung rechtfertigt auf normativem Wege das Entstehen der Schutzpflichten.[480]

---

477 Gesetzentwurf der Abgeordneten Alfred Hartenbach, Hermann Bachmaier, Bernhard Brinkmann (Hildesheim), u.a., Entwurf eines Gesetzes zur Modernisierung des Schuldrechts vom 14.5.2001, BT-Drs. 14/6040, S. 162 f.; *Canaris, C.-W.*, JZ 2001, 499, 520.

478 Anders wohl *Krebber, S.*, VersR 2004, 150, 156 f., der in § 311 II, III BGB (insbesondere ohne Differenzierung nach den Alternativen des Absatzes II) die nach seiner Ansicht vorher nicht vorliegende Rechtfertigung von relativen Schutzpflichten erblickt.

479 *Krebs, P.*, Sonderverbindung und außerdeliktische Schutzpflichten, 2000, S. 170–174; *Krebber, S.*, VersR 2004, 150, 151; 155; mit vielen weiteren Nachweisen auch *Picker, E.*, JZ 1987, 1041, 1043 f.; dieser Begründungsansatz ist deutlich unpopulärer. Siehe insgesamt zum Streitstand: Staudinger/*Olzen, D.*, Stand 2009, § 241 BGB Rn. 383–390.

480 *Krebs, P.*, Sonderverbindung und außerdeliktische Schutzpflichten, 2000, S. 170.

Der andere Begründungsansatz löst sich stärker von der willentlichen Begründung von Schutzpflichten und leitet diese aus Treu und Glauben ab. Maßgeblich ist, dass in bestimmten Fällen ein berechtigtes Vertrauen auf den Schutz der eigenen Rechtsgüter besteht.[481] Wird dieses Vertrauen enttäuscht, ist eine Haftung nach vertraglichen Grundsätzen berechtigt, da zwischen den Parteien ein einheitliches gesetzliches Schuldverhältnis besteht.[482]

Der Gesetzgeber hat zu diesem Streit der Rechtfertigung der relativen Schutzpflichten trotz Schaffung des § 241 II BGB im Rahmen der Schuldrechtsreform keine Stellung bezogen.[483] *§ 241 II BGB begründet die möglichen Schutzpflichten nicht, sondern besagt nur, dass diese aus einem Schuldverhältnis folgen können.*[484]

Beide Begründungsansätze zeigen aber, dass relative Schutzpflichten außerhalb einer schuldrechtlichen Verbindung nur rechtfertigbar sind, wenn das Verhältnis der Parteien sich schon stark einem Vertragsverhältnis angenähert hat.[485] Bewegt sich der Kontakt außerhalb der rechtsgeschäftlichen Sphäre, ist weder ein Wille der Parteien an einem gesteigerten Rechtsgüterschutz noch ein berechtigtes Vertrauen auf einen solchen gesteigerten Schutz erkennbar. Insbesondere genügt nicht, dass ein Näheverhältnis zu einer stärkeren Preisgabe der Rechtsgüter führt, da eine solche Preisgabe im täglichen Leben häufig vorkommt. Als Beispiel kann insbesondere die Teilnahme am Straßenverkehr genannt werden. Nur wenn sich beide Seiten im Interesse einer Vermögensdisposition zwischen ihnen aufeinander zu bewegen oder eine solche Vermögensdisposition zumindest für möglich halten, ist u.U. ein Wille hin zur Begründung von relativen Schutzpflichten erkennbar, beziehungsweise kann

---

481 *Canaris, C.-W.*, Die Vertrauenshaftung im deutschen Privatrecht, 1971, S. 539 ff.; *ders.* Die Vertrauenshaftung im Lichte der Rechtsprechung des Bundesgerichtshofs, in: Canaris, C.-W., 50 Jahre Bundesgerichtshof, 2000, S. 172 ff.; *Thiele, W.*, JZ 1967, 649, 650 ff.; *BGH*, Urteil v. 22.2.1973 (Az. VII ZR 119/71), NJW 1973, 752, 753; *BGH*, Urteil v. 12.12.1980 (Az. V ZR 168/78), NJW 1981, 1035, 1036; *Krebs, P.*, Sonderverbindung und außerdeliktische Schutzpflichten, 2000, S. 634 ff.

482 Die Lehre des einheitlichen gesetzlichen Schuldverhältnisses geht vor allem auf Canaris zurück, vgl.: *Canaris, C.-W.*, JZ 1965, 475, 478 ff.

483 Gesetzentwurf der Abgeordneten Alfred Hartenbach, Hermann Bachmaier, Bernhard Brinkmann (Hildesheim), u.a., Entwurf eines Gesetzes zur Modernisierung des Schuldrechts vom 14.5.2001, BT-Drs. 14/6040, S. 126.

484 Staudinger/*Olzen, D.*, Stand 2009, § 241 BGB Rn. 387; MüKo BGB[6]/*Bachmann, G./Roth, H.*, § 241 BGB Rn. 109.

485 Daher wird auch überwiegend für eine Begrenzung des § 311 II Nr. 3 BGB auf den rechtsgeschäftlichen Verkehr plädiert, vgl.: Palandt[73]/*Grüneberg, C.*, § 311 BGB Rn. 24; *Canaris, C.-W.*, JZ 2001, 499, 520. Dies entspricht auch dem Willen des Gesetzgebers, der in den Materialien von „potenziellen Vertragspartner“ spricht, vgl. Gesetzentwurf der Abgeordneten Alfred Hartenbach, Hermann Bachmaier, Bernhard Brinkmann (Hildesheim), u.a., Entwurf eines Gesetzes zur Modernisierung des Schuldrechts vom 14.5.2001, BT-Drs. 14/6040, S. 163.

von einem berechtigten Vertrauen auf einen verstärkten Schutz der Rechte und Rechtsgüter des anderen Teils ausgegangen werden.

Dies stellt keinen Widerspruch zu der These dar, dass auch Schuldverhältnisse ohne Hauptleistungspflichten und nur mit Schutzpflichten bestehen können.[486] *In diesem Fall ist das Begründen von Schutzpflichten die Vermögensdisposition. Dies muss dann aber das zwischen den Parteien so vereinbart werden, wobei natürlich auch eine konkludente Willensübereinkunft genügt. Für die letztere müssen eindeutige Anhaltspunkte gegeben sein.*

Dementsprechend bringt das Verhältnis zwischen den Radsportlern während eines Wettkampfes keine relativen Schutzpflichten zwischen den Beteiligten mit sich.[487] Zwar führt die Rennteilnahme zu einer erhöhten Einwirkungsmöglichkeit auf die Rechtsgüter des jeweils anderen. Aber diese erfolgt, um einen sportlichen Wettkampf austragen zu können, nicht dagegen, um im Rahmen eines Rechtsgeschäfts mit den anderen Wettkämpfern die Vermögenszuordnung zu beeinflussen. Die umfassende rechtsgeschäftliche Regelung des Sportbetriebes im Verhältnis zwischen den Sportlern und dem Spitzenverband[488] ermöglicht es den Sportlern untereinander, sich nur auf sportlicher Ebene zu begegnen. Zwischen den Sportlern bestehen keine Vermögensinteressen, Vermögensinteressen bestehen vielmehr nur im Verhältnis zum Verband. Aus dem Kontakt der Wettkämpfer kann daher nicht auf einen Willen zur Begründung relativer Schutzpflichten geschlossen werden und auch ein berechtigtes Vertrauen auf relative Schutzpflichten ist für diesen Fall nicht anzuerkennen.

Mithin genügt der Kontakt zwischen den Wettkämpfern nicht zur Begründung relativer Schutzpflichten und kann daher nicht als „ähnlicher geschäftlicher Kontakt“ im Sinne von § 311 II Nr. 3 BGB bezeichnet werden.

5. Zusammenfassung

§ 311 II Nr. 3 BGB macht deutlich, dass relative Schutzpflichten auch außerhalb von Schuldverhältnissen bestehen können. Dafür ist dann aber eine Begründung im Einzelfall notwendig. § 311 II Nr. 3 BGB ist nicht selbst Rechtfertigung von relativen Schutzpflichten, ermöglicht aber die bereits vorgetragenen Begründungsansätze in Form privatautonomer Begründung[489] von Schutzpflichten oder deren Ableitung

---

486 Siehe oben *Fn. 440.*

487 Im Ergebnis genauso *Sievers, M.*, Die zivilrechtliche Haftung des Sportlers wegen Dopings, 1996, S. 178 ff.; Anders wohl *Grunsky, W.*, Haftungsrechtliche Probleme der Sportregeln, 1979, S. 35 ff., der zu einem schuldrechtsähnlichen Verhältnis zwischen den ein Fußballspiel austragenden Vereinen kommt, um § 278 BGB anwenden zu können. Ebenfalls für eine Sonderverbindung *Pfister, B.*, Rechtsverhältnisse zwischen den Teilnehmern sportlicher Wettbewerbe, in: Lorenz, W.; Rauscher, T.; Mansel, H.-P., Festschrift für Werner Lorenz zum 80. Geburtstag, 2001, S. 256.

488 Siehe dazu oben: *Wettkampf S. 76 ff.*

489 *Krebs, P.*, Sonderverbindung und außerdeliktische Schutzpflichten, 2000, S. 170–174; *Krebber, S.*, VersR 2004, 150, 151; 155; mit vielen weiteren Nachweisen auch *Picker, E.*, JZ 1987, 1041, 1043 f.

aus Treu und Glauben aufgrund enttäuschten Vertrauens[490] weiterhin zu nutzen. Bei beiden Begründungsansätzen ist jedoch eine gewisse Nähe des Verhältnisses der Parteien zum rechtsgeschäftlichen Handeln notwendig. Lässt sich nach diesen Begründungsansätzen das Vorliegen relativer Schutzpflichten rechtfertigen, so ist ein ähnlicher geschäftlicher Kontakt im Sinne von § 311 II Nr. 3 BGB gegeben. Es besteht dann keine Notwendigkeit, § 311 II Nr. 3 BGB analog anzuwenden.

Für den Kontakt zwischen den Rennteilnehmern gelingt eine Begründung von relativen Schutzpflichten nach keinem der genannten Ansätze, sodass das Verhältnis der Rennfahrer untereinander nicht als „ähnlicher geschäftlicher Kontakt" im Sinne von § 311 II Nr. 3 BGB einzuordnen ist.

III. Schutzpflichten aufgrund drittschützenden Charakters des Regelanerkennungsvertrages

Weiterhin könnten durch die vertragliche Bindung zwischen den Teilnehmern und dem Spitzenverband im Wege der Lizensierungs- und/oder Nennungslösung[491] relative Schutzpflichten zwischen den Teilnehmern entstehen, wenn der Regelanerkennungsvertrag drittschützenden Charakter aufweist. In diesem Fall käme ein Anspruch des Konkurrenten aus § 280 I BGB in Verbindung mit den Grundsätzen des Vertrages mit Schutzwirkung für Dritte in Betracht.

Ob es sich bei dem Vertrag um einen Lizensierungsvertrag oder einen Nennungsvertrag handelt, ist dabei mangels inhaltlicher Unterschiede hinsichtlich der in beiden Verträgen enthaltenen Regelanerkennungsabrede unerheblich. Bei beiden Verträgen verpflichten sich die Sportler, das geschriebene Reglement[492] einzuhalten. Deshalb wird im Weiteren nicht mehr zwischen den Vertragstypen unterschieden und als Oberbegriff der Begriff Regelanerkennungsvertrag verwendet.

1. Mögliche Pflichtverletzung

Bevor der Schutzcharakter des Vertrages mit dem Spitzenverband untersucht wird, ist es zweckmäßig, sich der möglichen Pflichtverletzung des Fahrers zu widmen. Im Rahmen des Regelanerkennungsvertrages verpflichtet sich der Radfahrer gegenüber dem Spitzenverband, das geschriebene Reglement einzuhalten. Bei einer Nichtbeachtung des Reglements kann der Spitzenverband Sanktionsmaßnahmen ergreifen.[493]

490 *Canaris, C.-W.*, Die Vertrauenshaftung im deutschen Privatrecht, 1971, S. 539 ff.; *ders.* Die Vertrauenshaftung im deutschen Privatrecht, 1971, S. 172 ff.; *Thiele, W.*, JZ 1967, 649, 650 ff.; *BGH*, Urteil v. 22.2.1973 (Az. VII ZR 119/71), NJW 1973, 752, 753; *BGH*, Urteil v. 12.12.1980 (Az. V ZR 168/78), NJW 1981, 1035, 1036.

491 Siehe oben: *Geltung der Radsportregeln abhängig von der jeweiligen Situation S. 76 ff.*

492 Zu diesem Begriff siehe oben: *Reglement* S. *73 ff.*

493 Siehe oben: *Erfasste Regeln S. 86 ff.*

Was nach dem geschriebenen Reglement konkret erlaubt ist, wurde oben bereits ausführlich dargestellt.[494] An dieser Stelle soll zur Verdeutlichung die Situation bei einem Rennen mit Massenstart herangezogen werden, in der nach dem Reglement ein dichtes Fahren im Pulk unter Unterschreitung der nach der StVO eigentlich vorgeschriebenen Mindestabstände erlaubt ist. Nicht erlaubt sind dagegen Manöver wie Abziehen oder Abschieben[495] sowie vorsätzliche Behinderungen – mithin Fahrmanöver, bei denen es zu Berührungen zwischen den Fahrern kommt. Ebenfalls verboten ist ein Wechsel der Fahrspur im Zielsprint.[496]

Kommt es also zu einer Kollision zweier Fahrer aufgrund des geringen Abstandes des Hintermannes (Unfallmuster eins[497]), liegt keine Pflichtverletzung vor. Das dichte Fahren ist ausdrücklich erlaubt und der Unfall als Folge dieses Verhaltens nicht gesondert verboten.

Anders liegt es hingegen beim Sturz des Hintermannes aufgrund des Spurwechsels des Vordermannes im Zielsprint (Unfallmuster zwei[498]). Das Wechseln der Spur im Zielsprint ist vom Reglement ausdrücklich untersagt und stellt damit eine Pflichtverletzung des Vorausfahrenden dar.

Schwieriger zu beantworten ist die Frage, ob der Sprintende durch das Verletzen des Reglements eine Leistungspflicht oder eine Nebenpflicht in Form einer Schutzpflicht nach § 241 II BGB verletzt.

Die Abgrenzung erfolgt hier nur zur Klarstellung. Nach herrschender Ansicht kommen die Grundsätze des Vertrages mit Schutzwirkung für Dritte auch dann in Betracht, wenn der Schuldner nicht eine Nebenpflicht, sondern eine Leistungspflicht verletzt.[499] Ob dies sachgerecht ist, braucht an dieser Stelle jedoch nur weiter diskutiert werden, wenn es sich bei der Einhaltung des Reglements um eine Leistungspflicht handeln würde.

a) Abgrenzung Leistungs- und Nebenpflichten

Die Unterscheidung zwischen Leistungspflichten und Nebenpflichten wird überwiegend danach getroffen, ob den Pflichten ein Erfüllungsanspruch gegenübersteht. Bei Leistungspflichten besteht ein Erfüllungsanspruch, bei Nebenpflichten jedoch nicht. Nebenpflichten sind daher nur durch den Schadensersatzanspruches gemäß § 280 I BGB im Fall ihrer Verletzung abgesichert.[500] Noch etwas genauer erscheint

---

494 In diesem Zusammenhang sind die Regeln zur Verhütung von Unfällen von Interesse, siehe oben. *2. Kapitel: Regeln zur* Verhütung von Unfällen *S. 73 ff.*

495 Für eine Erklärung der Handlungen siehe oben: *S. 43.*

496 Siehe oben: *Rennen mit Massenstart S. 73 f.*

497 Siehe oben *S. 107.*

498 Siehe oben *S. 107.*

499 *Looschelders, D.*, Schuldrecht, Allgemeiner Teil, 10. Aufl. 2012, Rn. 212 f.; mwN. insbesondere zur Rechtsprechung: Palandt[73]/*Grüneberg, C.*, § 328 BGB Rn. 15.

500 Zur Abgrenzung siehe MüKo BGB[6]/*Kramer, E.*, § 241 BGB Rn. 51 ff. Über die Terminologie besteht im Einzelnen Streit. Teilweise wird zum Beispiel statt von Nebenpflichten und Nebenleistungspflichten von selbstständigen und unselbstständigen

der Ansatz, die Abgrenzung anhand der Zielsetzung der Pflicht vorzunehmen. Danach haben Leistungspflichten das Ziel, eine bestehende Vermögenslage zu verändern, Nebenpflichten sollen dagegen eine bestehende Vermögenslage schützen.[501]

b) Pflicht, im Zielsprint die Fahrspur nicht zu wechseln

Bei der Pflicht, im Zielsprint die Fahrspur nicht zu wechseln, handelt es sich um eine Nebenpflicht in Form einer Schutzpflicht. Ganz allgemein ist die Pflicht der Fahrer, das Reglement einzuhalten, als Nebenpflicht zu charakterisieren.[502] Dem Verband steht kein Anspruch auf Erfüllung zu, vielmehr zeigt bereits die Existenz der Disziplinarbefugnis durch den Verband, dass die Verletzung des Reglements nachträglich primär durch eine Verbandsmaßnahme sanktioniert werden soll.

Die Pflicht dient auch nicht dazu, die Vermögenslage zwischen Verband und Sportler zu verändern, sondern möchte die bestehende Vermögenslage schützen. Die Vermögenslage des Verbandes wird durch einen geordneten Wettkampf geschützt. Dieser lässt sich einerseits besser vermarkten und andererseits ist dem Verband, der ursprünglich als Vereinigung die Interessen der Sportler kollektiv wahrnehmen sollte[503], allgemein an einem möglichst geordneten Sportbetrieb gelegen. Teile des Reglements stellen damit eine Nebenpflicht in Form einer Schutzpflicht nach § 241 II BGB dar. Dies gilt gerade für die unfallverhütenden Vorschriften, da diese nicht nur für einen fairen Wettkampf sorgen, sondern auch Schäden an Rechten und Rechtsgüter der Konkurrenten verhindern sollen.

Im Übrigen bestehen Zweifel, ob die Pflicht, das Reglement einzuhalten, überhaupt als Leistungspflicht qualifiziert werden könnte. Dafür müsste die Einhaltung des Reglements eine Leistung sein.[504] Unter Leistung wird die bewusste und zweckgerichtete Mehrung fremden Vermögens verstanden.[505] Die Verpflichtung, sich dem Reglement unterzuordnen, vermehrt aber nicht das Vermögen des Verbandes, sondern dient nur der Aufrechterhaltung einer gewissen Ordnung im Wettkampfbetrieb.

Nebenpflichten gesprochen, vgl.: BeckOk BGB/*Sutschet, H.*, Stand 08.2014, § 241 BGB Rn. 43. *Gernhuber, J.*, Das Schuldverhältnis, in: Gernhuber, J., Handbuch des Schuldrechts, 2003, S. 22 spricht davon, dass ein allgemein anerkannter Begriff fehlt. Einen Überblick bietet Staudinger/*Olzen, D.*, Stand 2009, § 241 BGB Rn. 141–161.

501 Zu dieser Abgrenzung siehe Staudinger/*Olzen, D.*, Stand 2009, § 241 BGB Rn. 160 f.

502 Ebenso für die Pflicht, nicht gegen die Dopingbestimmungen zu verstoßen: *Deutsch, E.*, VersR 2008, 145, 149.

503 *Pfister, B.*, Rechtsverhältnisse zwischen den Teilnehmern sportlicher Wettbewerbe, in: Lorenz, W.; Rauscher, T.; Mansel, H.-P., Festschrift für Werner Lorenz zum 80. Geburtstag, 2001, S. 255.

504 Zur Notwendigkeit, dass Leistungspflichten zu einer Leistung nach dem finalen Leistungsbegriff verpflichten siehe *Gernhuber, J.*, Das Schuldverhältnis, in: Gernhuber, J., Handbuch des Schuldrechts, 2003, S. 16.

505 Zum Leistungsbegriff siehe zum Beispiel Palandt[73]/*Sprau, H.*, § 812 BGB Rn. 14–18.

Im Gegensatz dazu stellt die Pflicht des Verbandes, die jeweiligen Sportler bei Erfüllung der notwendigen Voraussetzungen zum Wettkampf zuzulassen, eine Hauptleistungspflicht dar. Die Verschaffung einer Startmöglichkeit an einem Wettkampf stellt eine Leistung an den Sportler dar, da erst die Zulassung durch den Verband diesem die Teilnahme am Wettkampf ermöglicht.

c) Vergleich der Pflichtverletzung mit der möglichen deliktischen Haftung

Die Diskussion der Pflichtverletzung für den hier geprüften Anspruch aus § 280 I BGB in Verbindung mit den Grundsätzen des Vertrages mit Schutzwirkung für Dritte hat damit schon eine nicht zu unterschätzende Einschränkung des Anspruchs zu Tage gefördert: Als Pflichtverletzung kommt nur regelwidriges Verhalten der Sportler in Betracht. Regelkonformes Verhalten ist dagegen, auch wenn es zu Schäden bei den anderen Sportlern führt, nicht pflichtwidrig.

Bei der weiter unten geprüften deliktischen Verantwortung des schädigenden Sportlers wird dagegen die Frage, ob bei regelkonformen Verhalten ein Anspruch aus § 823 I BGB besteht, ein Hauptproblem darstellen.[506] Dies ist leicht verständlich, wenn man sich vor Augen hält, dass auch ein regelkonformes Verhalten im Sport deutlich gefährlicher und schadensträchtiger ist, als das Verhalten, das im normalen Verkehr noch akzeptiert würde. Beim Radsport ist beispielsweise ein Fahren ohne Sicherheitsabstände regelkonform, die StVO, die für Verkehrsvorgänge das Maß der erlaubten Gefährdung definiert, verlangt dagegen das Einhalten von Sicherheitsabständen.

2. Schutzcharakter des Lizensierungs- und Anerkennungsvertrages

a) Grundlage des Vertrages mit Schutzwirkung für Dritte

Als Grundlage des Vertrages mit Schutzwirkung für Dritte wird § 328 BGB analog[507] oder § 311 III 1 BGB[508] vorgeschlagen.[509] Teilweise wird die Schutzwirkung auch dem Vertrag selbst entnommen, entweder im Wege einer ergänzenden Vertragsauslegung[510] oder im Wege einer Rechtsfortbildung[511], die ihre Stütze in § 242 BGB findet[512]. Den Begründungen liegen zwei Tendenzen zu Grunde: Entweder wird als

---

506 Siehe dazu unten: *4. Kapitel: Haftung gemäß § 823 I BGB bei Unfällen im Wettkampf S. 159 ff.*

507 *Kilian, M.*, NZV 2004, 489, 494.

508 Staudinger/*Schwarze, R.*, Stand 2014, § 280 BGB Rn. B 19.

509 Teilweise wird sogar vorgeschlagen, § 311 II Nr. 3 BGB als Grundlage heranzuziehen, vgl.: MüKo BGB[6]/*Emmerich, V.*, § 311 BGB Rn. 74.

510 Dafür Staudinger/*Jagmann, R.*, Stand 2009, § 328 BGB Rn. 94.

511 Dafür *Looschelders, D.*, Schuldrecht, Allgemeiner Teil, 10. Aufl. 2012, Rn. 202; die Rechtsfortbildung wird teilweise als Gewohnheitsrecht anerkannt, vgl.: Staudinger/*Jagmann, R.*, Stand 2009, § 328 BGB Rn. 91.

512 Insgesamt zur Rechtsgrundlage des Vertrages mit Schutzwirkung für Dritte siehe MüKo BGB[6]/*Gottwald, P.*, § 328 BGB Rn. 110–112; mit vielen weiteren Nachweisen zu den einzelnen Ansätzen: Staudinger/*Jagmann, R.*, Stand 2009, § 328 BGB

Grundlage für die Schutzwirkung der Vertrag selbst herangezogen oder es wird eine eigenständige gesetzliche Haftung durch die Begründung eines gesetzlichen Schuldverhältnisses angenommen.[513]

Trotz des Streits bezüglich der Rechtsgrundlage besteht aber hinsichtlich der grundlegenden Anerkennung des Instituts des Vertrages mit Schutzwirkung für Dritte Einigkeit.[514] Bei der vorliegenden Arbeit soll die Frage der Rechtsgrundlage nur insoweit eine Rolle spielen, als sie sich auf die Untersuchung des drittschützenden Charakters der Vereinbarung zwischen Sportler und Spitzenverband auswirkt.

b) Verhältnis einer möglichen Schutzwirkung der Vereinbarung zwischen den Rennteilnehmern zum Bestehen einer Verbindung zwischen den Rennfahrern gemäß § 311 II Nr. 3 BGB

Ebenfalls Beachtung verdient die Frage, ob neben einer möglichen Verbindung zwischen den Teilnehmern gemäß § 311 II Nr. 3 BGB[515] überhaupt noch Raum bleibt für einen Anspruch in Verbindung mit dem möglicherweise drittschützenden Vertrag zwischen Teilnehmer und Spitzenverband.[516] Richtigerweise können beide Institute nebeneinander als Haftungsgrundlage dienen, solange jeweils andere Anknüpfungspunkte zur Sonderverbindung führen. Dies dürfte der Regelfall sein, da es beim Vertrag mit Schutzwirkung für Dritte um die Übertragung bereits bestehender Schutzpflichten geht, bei § 311 II Nr. 3 BGB dagegen um die Neubegründung von Schutzpflichten. Soll dagegen derselbe Umstand sowohl Grundlage des Vertrages mit Schutzwirkung für Dritte als auch des Kontaktes im Sinne von § 311 II Nr. 3 BGB sein, ist der Vertrag mit Schutzwirkung für Dritte als spezielleres Institut vorzugswürdig.[517] Dies erscheint sachgerecht, da durch die Ausweitung des Vertrages bereits ein belastungsfähiger Anknüpfungspunkt besteht.

Bei der Teilnahme an einem Radrennen kommen zwei Umstände für eine Sonderverbindung in Betracht. Einerseits die sternförmige vertragliche Bindung der Teilnehmer an den Spitzenverband und andererseits das auf der tatsächlichen Rennteilnahme beruhende Näheverhältnis zwischen den Startern[518]. Dementsprechend kommen beide Institute nebeneinander als Haftungsgrundlage in Betracht.

Rn. 90–95; *Gernhuber, J.*, Das Schuldverhältnis, in: Gernhuber, J., Handbuch des Schuldrechts, 2003, S. 518 ff.

513 MüKo BGB⁶/*Gottwald, P.*, § 328 BGB Rn. 110.

514 Staudinger/*Jagmann, R.*, Stand 2009, § 328 BGB Rn. 95.

515 Siehe oben: *Andere Sonderverbindung zwischen den Wettkämpfern S. 117 ff.*

516 Zur Abgrenzung dieser beiden Institute siehe MüKo BGB⁶/*Gottwald, P.*, § 328 BGB Rn. 114.

517 MüKo BGB⁶/*Gottwald, P.*, § 328 BGB Rn. 114 möchte dagegen danach entscheiden, welches Institut der Interessenlage der Parteien besser entspricht.

518 Zu letzterem siehe oben: *Andere Sonderverbindung zwischen den Wettkämpfern S. 117 ff.*

c) *Einbeziehung des Konkurrenten in den Schutzbereich des Regelanerkennungsvertrages*

Damit der verletzte Sportler in den Schutzbereich des Vertrages zwischen dem schädigenden Sportler und dem Spitzenverband einbezogen ist, müsste diesem Vertrag im Verhältnis zu den anderen Sportlern drittschützender Charakter zukommen. Über die Voraussetzungen des Drittschutzes besteht im Wesentlichen Einigkeit: Verlangt wird, dass eine gewisse Leistungs- und Gläubigernähe besteht sowie dass der erweiterte Personenkreis für den Schuldner erkennbar und der Dritte schutzbedürftig ist.[519] Die Voraussetzungen sind nur einzuhalten, wenn der Drittschutz nicht ausdrücklich vereinbart wurde.[520] Ausdrücklich drittschützend ist der Regelanerkennungsvertrag jedoch nicht.

01) Leistungsnähe des verletzten Konkurrenten

Der einzubeziehende Dritte muss mit der Hauptleistung in gleicher Weise in Kontakt kommen wie der Gläubiger, der Kontakt darf gerade nicht nur zufälliger Natur sein.[521] Es ist vorzugswürdig, von Vertragsnähe statt Leistungsnähe zu sprechen, da es Fälle gibt, in denen zwar ein Vertrag, aber keine Hauptleistungspflichten bestehen.[522] Besteht keine Hauptleistungspflicht, muss auf die Nähe zur Schutzpflicht abgestellt werden. Ob dies generell die überzeugendere Lösung ist[523], braucht an dieser Stelle nicht abschließend beurteilt werden.

Der verletzte Sportler müsste mit der Pflicht zu regelkonformen Verhalten genauso in Berührung kommen wie der Spitzenverband. Durch die Pflicht zur Regelanerkennung erhält der Radsport seine typische Prägung und das Rennen verläuft in geordneten Bahnen. Mit dieser Folge „geordnetes Rennen“ kommen die Konkurrenten des Schädigers in gleicher Weise in Kontakt wie der Spitzenverband. Abhängig vom jeweiligen Teil des Reglements ist der Kontakt des verletzten Sportlers zum regelkonformen Verhalten der anderen u.U. sogar stärker ausgeprägt als der des Verbandes. Gerade bei den unfallverhütenden Vorschriften ist deren Einhaltung für die Rennfahrer von vitalem Interesse, schließlich geht es um deren körperliche Unversehrtheit. Eine für

519 Zu den Voraussetzungen der Schutzwirkung eines Vertrages für Dritte siehe zum Beispiel: MüKo BGB[6]/*Gottwald, P.*, § 328 BGB Rn. 117–128a; Staudinger/*Jagmann, R.*, Stand 2009, § 328 BGB Rn. 96–106; Palandt[73]/*Grüneberg, C.*, § 328 BGB Rn. 16–18.

520 Staudinger/*Jagmann, R.*, Stand 2009, § 328 BGB Rn. 96.

521 MüKo BGB[6]/*Gottwald, P.*, § 328 BGB Rn. 120; Staudinger/*Jagmann, R.*, Stand 2009, § 328 BGB Rn. 98.

522 MüKo BGB[6]/*Gottwald, P.*, § 328 BGB Rn. 120 spricht daher auch von Vertragsnähe. Die Anerkennung von Schuldverhältnissen ohne Hauptleistungspflichten ist heute überwiegend anerkannt, vgl.: Palandt[73]/*Grüneberg, C.*, Einleitung vor § 241 BGB Rn. 4.

523 Dafür *Schwab, M.*, JuS 2002, 872, 873.

den Drittschutz notwendige Vertragsnähe der Konkurrenten im Rahmen eines Regelanerkennungsvertrages kann daher angenommen werden.[524]

Gegen dieses Ergebnis könnte jedoch eingewandt werden, die Grundsätze des Vertrages mit Schutzwirkung für Dritte dienten nicht dazu, „supravertragliche Gemeinschaftsverhältnisse von Schuldnern desselben Gläubigers mit gesellschaftsähnlichen Treuepflichten zu schaffen“[525]. Dem Einwand ist zuzugeben, dass auch bei Strukturen wie der hier vorliegenden nicht vorschnell auf eine Sonderverbindung zwischen den Schuldnern geschlossen werden darf, entfernt man sich doch damit von der grundsätzlichen Relativität der Schuldverhältnisse. Entscheidend ist in diesen Fällen daher, ob die Schuldner ihre Leistung nur nebeneinander erbringen oder ob sie auch von der Leistung des anderen profitieren. Erbringen die Schuldner die Leistung nur nebeneinander, kommen sie gerade nicht bestimmungsgemäß mit der Leistung des anderen in Kontakt und eine Schutzwirkung wäre daher abzulehnen. Dies wird bei Arbeitsverhältnissen überwiegend anzunehmen sein.[526] Für die Rennteilnehmer ist die Interessenlage jedoch eine andere: ihre Pflicht zu regelkonformen Verhalten dient den anderen Teilnehmern und dem Verband zu gleichen Teilen. Darüber hinaus ist der Sportverband sogar bis zu einem gewissen Grad eine Verkörperung der gemeinsamen Interessen der Rennfahrer.[527] In diesen Fällen liegt ein bestimmungsgemäßer Kontakt mit der Leistung vor. Die oben genannte These vermag daher jedenfalls in dieser Allgemeinheit nicht zu überzeugen.

02) *Nähe des verletzten Sportlers zum Spitzenverband – Gläubigernähe*

Der Spitzenverband müsste ein berechtigtes Interesse an der Einbeziehung von Konkurrenten des Sportlers in den Schutzbereich des Regelanerkennungsvertrages haben.

Die früher von der Rechtsprechung geforderte notwendige Verantwortlichkeit des Gläubigers für das „Wohl und Wehe“ des Dritten[528] ist inzwischen nicht mehr notwendig. Die Rechtsprechung verlangt mittlerweile im Wege der ergänzenden Vertragsauslegung nur, dass der Gläubiger ein besonderes Interesse an der Einbeziehung hat und dies mit dem Schuldverhältnis und den Parteiinteressen zu vereinbaren ist.[529]

---

524 Ebenso für den Fall des Dopings *Schröder, R./Bedau, M.*, NJW 1999, 3361, 3363.

525 Staudinger/*Jagmann, R.*, Stand 2009, § 328 BGB Rn. 99.

526 Siehe unten: *Rechtliche Würdigung mit Blick auf § 280 BGB S. 139 ff.*

527 Zur Verkörperung der Sportlerinteressen durch den Verband siehe *Pfister, B.*, Rechtsverhältnisse zwischen den Teilnehmern sportlicher Wettbewerbe, in: Lorenz, W.; Rauscher, T.; Mansel, H.-P., Festschrift für Werner Lorenz zum 80. Geburtstag, 2001, S. 255. Beachte allerdings den oben bereits genannten Einwand, dass die Verbände mit der fortgeschritten Kommerzialisierung des Sports auch im erhöhten Maße eigene Interessen vertreten.

528 *BGH,* Urteil v. 26.11.1968 (Az. VI ZR 212/66), BGHZ 51, 91, 96.

529 *BGH,* Urteil v. 26.6.2001 (Az. X ZR 231/99), NJW 2001, 3115, 3116.

An dieser Stelle wird deutlich, dass die Einbeziehung des Dritten in den Schutzbereich eines Vertrages letztlich davon abhängt, wie weit man den Schutzbereich des Vertrages nach Treu und Glauben ziehen möchte. Dies gilt sowohl, wenn man die Grundsätze des Vertrages mit Schutzwirkung für Dritte direkt als eine ein gesetzliches Schuldverhältnis begründende besondere Ausformung des Grundsatzes von Treu und Glauben zwischen den Beteiligten begreift, als auch, wenn die Grundsätze der Drittwirkung über eine ergänzende Vertragsauslegung begründet werden.[530] Schließlich sind bei der Ermittlung des hypothetischen Parteiwillens im Rahmen der ergänzenden Vertragsauslegung auch die Grundsätze von Treu und Glauben zu berücksichtigen.[531]

Allerdings ist mit der Feststellung, dass sich die notwendige Gläubigernähe nach den Grundsätzen von Treu und Glauben im Einzelfall bestimmt, noch kein wirklich aussagekräftiger Maßstab über die Einbeziehung gefunden. Dementsprechend wird zur Konkretisierung vorgeschlagen, der Umfang bemesse sich nach dem Vertragszweck sowie dem Verhältnis des Dritten zum Leistungsgegenstand.[532] Dabei ist das Abstellen auf das Verhältnis des Dritten zum Leistungsgegenstand wenig überzeugend, da dies schon eine Frage der Leistungsnähe ist. Stark zurückgedrängt wurde das Kriterium des Interesses des Gläubigers an der Einbeziehung des Dritten. Nach heutiger Ansicht soll eine Einbeziehung auch bei gegenläufigen Interessen möglich sein.[533] Allerdings ist es überzeugend, eine ausreichende Gläubigernähe zumindest dann anzunehmen, wenn den Gläubiger selbst Schutzpflichten aus einem (anderen) Vertrag oder einem Gefälligkeitsverhältnis gegenüber dem Dritten treffen.[534] Insgesamt sollte dabei auch hier nicht vergessen werden, dass man sich mit der Annahme von Schutzwirkungen für Dritte von der grundsätzlichen Konzeption des Gesetzes entfernt, dass Schuldverhältnissen keine Drittwirkung zukommt. Im Übrigen bleibt dem Geschädigten bei Verneinung von Drittschutz immer noch der Schutz durch das Deliktsrecht, sodass dieser keinesfalls vollkommen schutzlos stünde.

Beim Regelanerkennungsvertrag ist ein Interesse des Spitzenverbandes zu erkennen, dass die Konkurrenten in den Schutzbereich des Vertrages einbezogen sein sollen. Es ist sogar eine der Aufgaben des Verbandes, die beteiligten Sportler vor Gefahren durch nicht regelkonformes und damit unerlaubt gefährliches Verhalten zu beschützen. Dies kann wiederum mit der Funktion des Verbandes als Verkörperung der gemeinsamen Interessen der Sportler begründet werden.[535] Gleichzeitig

---

530 Zur dogmatischen Begründung siehe oben: *Grundlage des Vertrages mit Schutzwirkung für Dritte S. 127 f.*

531 Palandt[73]/*Ellenberger, J.*, § 157 BGB Rn. 7.

532 MüKo BGB[6]/*Gottwald, P.*, § 328 BGB Rn. 180.

533 MüKo BGB[6]/*Gottwald, P.*, § 328 BGB Rn. 182, insbesondere mit vielen Nachweisen zur Rechtsprechung in Fn. 661.

534 Staudinger/*Jagmann, R.*, Stand 2009, § 328 BGB Rn. 100.

535 Vgl.: *Pfister, B.*, Rechtsverhältnisse zwischen den Teilnehmern sportlicher Wettbewerbe, in: Lorenz, W.; Rauscher, T.; Mansel, H.-P., Festschrift für Werner Lorenz zum 80. Geburtstag, 2001, S. 255.

hat der Verband kein gesondertes Interesse daran, den regelbrechenden Sportler vor Inanspruchnahme durch den geschädigten Sportler zu schützen. Seiner Schutzpflicht kommt der Verband insbesondere durch das Verhängen von Sportsanktionen im Falle des regelwidrigen Verhaltens von Sportlern nach.

Allerdings besteht mit dieser Sanktionsmöglichkeit durch den Verband im Rahmen seiner Disziplinarbefugnis, der sich die Sportler durch den Regelanerkennungsvertrag unterwerfen, bereits eine vertragsinterne Möglichkeit der Bestrafung von Regelübertretungen. Dies könnte dafür sprechen, dass eine zusätzliche Haftung bei Regelverstößen nicht den Verbandsinteressen entsprechen könnte. Andererseits soll die Sanktion durch den Verband nicht abschließend die Rechtslage zwischen den Beteiligten klären. Ihre Aufgabe ist vor allem die Korrektur des sportlichen Ergebnisses und die Sicherstellung eines geordneten Wettkampfes vor Ort durch eine schnell erfolgende Sanktion, nicht dagegen, die materiell-rechtliche Lage zwischen den Beteiligten abschließend zu ordnen. Die Sportsanktion steht damit auch aus Sicht des Sportverbandes neben einem möglichweise bestehenden Schadensersatzanspruch.

03) Auswirkung der „Teilnahme auf eigene Gefahr“-Klausel auf die Gläubigernähe

Des Weiteren ist problematisch, wie sich der in der Sportordnung[536] und in manchen Ausschreibungen enthaltene Passus der „Teilnahme auf eigene Gefahr“ auf die Gläubigernähe auswirkt. Dabei ist der Haftungsausschluss der Sportordnung etwas offener formuliert als die Haftungsausschlüsse in den Nennungen zu den größten deutschen Jedermannrennen. Die Ausschreibung der *Vattenfall Cyclassics* in Hamburg und des *Sport Scheck MTB Festival Tegernseer Tal* in Rottach Egern sprechen von einer „Teilnahme auf eigenes Risiko“ und formulieren dann weiter, dass der Veranstalter nicht in Haftung genommen wird und von Ansprüchen Dritter freigestellt wird.[537] Die Sportordnung formuliert: „Die Teilnahme an Wettbewerben erfolgt immer auf eigene Rechnung und Gefahr einschließlich der Haftung bei Unfall- und Haftpflichtschäden Dritten gegenüber.“[538]

536 BDR, Sportordnung, Stand 04.2014, Punkt 4.4.1 Absatz II.

537 Siehe § 9 der Ausschreibung der *Vattenfall Cyclassics*, dem größten Jedermannstraßenrennen Deutschlands, abrufbar unter http://www.vattenfall-cyclassics.de/images/stories/jedermann/2014/Anmeldung/PDF/VC14_Ausschreibung.pdf (Zuletzt geprüft am: 30.09.2014).
Genauso die für den Start beim *Sport Scheck MTB Festival Tegernseer Tal*, dem größten Mountainbike Marathon Deutschlands, abzugebende Erklärung zum Haftungsausschluss, abrufbar unter http://www.mtb-festival.de/files/2008/09/haftungsausschlussmtbfestival2014.pdf (Zuletzt geprüft am: 30.09.2014).
Die beiden Klauseln sind unten unter: *Ausdrückliche Abrede S. 179 ff.* im Originaltext abgedruckt.

538 BDR, Sportordnung, Stand 04.2014, Punkt 4.4.1 Absatz II.

Die Klauseln sollen insbesondere den Spitzenverband, wenn dieser selbst als Veranstalter auftritt, beziehungsweise den lokalen Veranstalter von seiner möglichen Veranstalterhaftung gegenüber den Sportlern sowie der Veranstalterhaftung gegenüber Dritten aufgrund von Sportlern bei Dritten verursachten Schäden befreien.[539],[540] Damit soll also der Veranstalter von seinen eigenen Fürsorgepflichten gegenüber den Teilnehmern befreit werden.

Dass der Verband die im Rahmen der Veranstalterhaftung bestehenden Fürsorgepflichten ausschließen möchte, spricht jedoch nicht dagegen, gleichzeitig anzunehmen, der Verband habe ein Interesse an der Einbeziehung des geschädigten Sportlers in den Schutzbereich des Regelanerkennungsvertrages mit dem schädigenden Sportler. Der Ausschluss der Veranstalterhaftung soll nur den Veranstalter vor einer eigenen Haftung schützen, um die Veranstaltung von Radrennen zu ermöglichen, ohne dass der Veranstalter für die leider unvermeidbaren Rennunfälle[541] über das rechtlich unvermeidbare Maß hinaus haften muss. Dagegen ist der Spitzenverband nicht daran interessiert, dass Sportler ihre Konkurrenten regelwidrig schädigen können, ohne dafür zivilrechtlich zu haften. Zunächst belastet die Haftung des Konkurrenten nicht das Vermögen des Spitzenverbandes. Im Übrigen besteht sogar ein Schutzinteresse des Verbandes gegenüber den Geschädigten. Dies zeigt gerade der Umstand, dass der Spitzenverband ein solches Verhalten für sanktionsbedürftig hält und auf das Verhalten unter Umständen sogar mit einer Sportsanktion reagiert. Insgesamt ist davon auszugehen, dass der Spitzenverband den geschädigten Sportler vor Vermögensschäden durch regelwidriges Verhalten schützen will. So wird nicht nur die Regelkonformität gestärkt, sondern auch die gesellschaftliche Akzeptanz der Sportart erhöht. Daher ist eine ausreichende Gläubigernähe anzunehmen.

Es kommt daher nicht darauf an, ob mit der Klausel der „Teilnahme auf eigene Gefahr" die Veranstalterhaftung des Spitzenverbandes im Verhältnis zum Teilnehmer wirksam ausgeschlossen ist. Denn selbst wenn der Ausschluss wirksam sein sollte, stünde dies dem Interesse des Verbandes an dem Schutz der Sportler gegenüber regelwidriger Schädigung durch Konkurrenten nicht entgegen.

Es ist auch nicht davon auszugehen, dass mit der Klausel der „Teilnahme auf eigene Gefahr" über den Veranstalter ein Haftungsausschluss zwischen den Teilnehmern für

---

539 Dies wurde mir durch persönliche Mitteilung von Herrn *Putzke-Schmidt* als Vertreter des BDR vom 16.7.2014 bestätigt.

540 Es bestehen erhebliche Zweifel an der Wirksamkeit dieser Klausel, obwohl der Maßstab zur Kontrolle des Reglements umstritten ist. Teilweise wird eine Kontrolle des Reglements, und damit auch der Teilnahme auf eigene Gefahr Abrede, anhand der §§ 305 ff. BGB vorgeschlagen, die Rechtsprechung wendet dagegen ausschließlich § 242 BGB an. Siehe dazu oben: *Erfasste Regeln S. 86 f.* sowie die Nachweise in *Fn. 358* und *359*. Der Frage braucht an dieser Stelle jedoch nicht weiter nachgegangen werden.

541 Siehe dazu oben: *Gefahren im Radsport S. 51 ff.*

Schäden infolge regelwidrigen Verhaltens vereinbart werden soll.[542] *Wäre dies der Fall, käme der Regelanerkennungsvertrag nicht als Vertrag mit Schutzwirkung für die Sportler als Dritte in Betracht, da dann ein ausreichendes Interesse des Spitzenverbandes gegen eine Erweiterung der Schutzwirkung gegenüber regelwidrigem Verhalten erkennbar wäre.*

Andererseits ist es für die Schutzwirkung des Regelanerkennungsvertrages ohne Bedeutung, ob der Regelanerkennungsvertrag gleichzeitig einen Haftungsausschluss für Schäden infolge von regelkonformen Verhalten vorsieht. Es wäre aus Sicht des Spitzenverbandes nicht widersprüchlich, den geschädigten Sportler durch die erweiternde Erstreckung der Schutzpflichten vor regelwidrigem Verhalten verstärkt schützen zu wollen, andererseits aber den schädigenden Sportler vor einer möglichen Haftung infolge regelkonformen Verhaltens schützen zu wollen. In diesem Fall wäre nur die Geltung des Reglements über das Haftungsrecht verstärkt.

04) Zwischenergebnis

Mithin besteht zwischen den Konkurrenten einerseits und dem Spitzenverband andererseits ein ausreichend starkes Näheverhältnis, um eine entsprechende Gläubigernähe des geschädigten Sportlers zum Verband annehmen zu können.[543]

05) Erkennbarkeit des erweiterten Schutzkreises

Damit der Schuldner sich nicht einem unkalkulierbarem Haftungsrisiko durch eine Vervielfachung der potentiellen Haftungsgegner ausgesetzt sieht, kommt eine Einbeziehung in den Schutzbereich nur in Betracht, wenn der geschützte Personenkreis dem Schuldner objektiv erkennbar ist.[544]

Für den Rennfahrer ist erkennbar, dass von seiner Einhaltung des Reglements nicht nur der Spitzenverband, sondern auch seine Konkurrenten betroffen sind. Trotzdem könnte die große Zahl der Konkurrenten gegen eine Einbeziehung sprechen. Andererseits wird überwiegend nicht gefordert, dass dem Schuldner Zahl und Namen seiner potentiellen Haftungsgegner bekannt sind.[545] Allein die große Zahl führt auch nicht direkt zu einem uferlos gesteigerten Haftungsrisiko, da die Rennfahrer stets nur Kontakt zu ihren unmittelbaren Konkurrenten haben. Starten zum Beispiel bei einem Rennen 10.000 Teilnehmer, so besteht ein Kontakt nur zu den Rennfahrern, die sich im unmittelbaren Umfeld bewegen, mit denen also zum

542 Siehe dazu unten: *Bestehen einer vertraglich vereinbarten Haftungsmilderung S. 178 ff.*

543 Ebenso für den Fall des Dopings *Deutsch, E.,* VersR 2008, 145, 149; *Schröder, R./ Bedau, M.,* NJW 1999, 3361, 3364.

544 MwN.: MüKo BGB⁶/*Gottwald, P.*, § 328 BGB Rn. 126; Staudinger/*Jagmann, R.*, Stand 2009, § 328 BGB Rn. 105.

545 MwN.: MüKo BGB⁶/*Gottwald, P.*, § 328 BGB Rn. 126; Staudinger/*Jagmann, R.*, Stand 2009, § 328 BGB Rn. 105.

Beispiel in einer Gruppe das Rennen bestritten wird. Dementsprechend ist der erweiterte Schutzkreis den Rennfahrern ausreichend erkennbar.

Dies steht nicht im Widerspruch zu der oben herausgearbeiteten Erkenntnis, dass für die Rennfahrer ihre Konkurrenten nicht auswählbar sind und eine direkte schuldrechtliche Verbindung nicht in Betracht kommt[546]*. Die Personen im erweiterten Schutzkreis müssen dem Rennfahrer gerade weder namentlich noch hinsichtlich ihrer Zahl bekannt sein. Da die relativen Schutzpflichten über die Brücke des gemeinsamen Vertragspartners Spitzenverband vermittelt werden, ist der Maßstab insoweit milder.*

06) Schutzbedürftigkeit der Sportler

Generell wird zur Einbeziehung in die Schutzwirkung eines Vertrages für den Dritten gefordert, dass dieser schutzbedürftig ist. Eine Schutzbedürftigkeit wird abgelehnt, wenn dem Dritten bereits ein vertraglicher Schadensersatzanspruch zusteht.[547]

Wie oben bereits dargelegt, kommt ein vertraglicher Schadensersatzanspruch des Konkurrenten gegen den sich nicht regelkonform verhaltenden Fahrer nicht in Betracht.[548] Dementsprechend ist der geschädigte Sportler schutzbedürftig.

Die Schutzbedürftigkeit ist auch nicht abzulehnen, weil die Rennfahrer sich durch die Rennteilnahme bewusst einem erhöhten Risiko aussetzen. Die Radsportler nehmen allerhöchstens die erhöhte Gefährdung durch die gegenüber der StVO großzügigere Fahrordnung des Reglements[549] in Kauf, nicht jedoch eine Gefährdung durch regelwidriges Verhalten, um die es hier ausschließlich geht.

07) Zwischenergebnis

Damit ist festzuhalten, dass dem Regelanerkennungsvertrag zwischen Sportler und Spitzenverband für die Konkurrenten Drittschutz zukommt.[550] Der

---

546 Siehe *oben: Kontakt zwischen den Rennteilnehmern als ähnlicher geschäftlicher Kontakt im Sinne von § 311 II Nr. 3 BGB S. 121 ff.* und *Schuldverhältnis zwischen den Teilnehmern aufgrund vertraglicher Vereinbarung zwischen den Teilnehmern S. 111 ff.*

547 MwN.: MüKo BGB[6]/*Gottwald, P.*, § 328 BGB Rn. 127; Staudinger/*Jagmann, R.*, Stand 2009, § 328 BGB Rn. 106.

548 Siehe oben: *Zusammenfassung S. 123 f.* und *Schuldverhältnis zwischen den Teilnehmern aufgrund vertraglicher Vereinbarung zwischen den Teilnehmern S. 111 ff.*

549 Siehe dazu oben: *Vergleich mit dem Radsportreglement und dem im Radsport üblichen Fahrverhalten S. 102 f.*

550 Im Ergebnis genauso für den Fall des Dopings, allerdings ohne tiefer gehende Begründung *Bergermann, M.*, Doping und Zivilrecht, 2002, S. 225 f. Dagegen *Sievers, M.*, Die zivilrechtliche Haftung des Sportlers wegen Dopings, 1996, S. 153–158; *Krähe, C.*, Die zivilrechtlichen Schadenersatzansprüche von Amateur- und Berufssportlern für Verletzungen beim Fußballspiel: aktuelle Fragen des Sportrechts als Anwendungsfälle moderner Grundsätze des Haftungsrechts, 1981, S. 315 ff.; *Fritzweiler, J.*, Haftung bei Sportunfällen, 1978, S. 19 ff.

Regelanerkennungsvertag kann somit als Haftungsgrundlage im Falle eines Unfalls zwischen den Radsportlern dienen.

3. Zusammenfassung und Ausblick

Bei einer entsprechenden Pflichtverletzung eines Konkurrenten kommt ein Ersatzanspruch des geschädigten Sportlers gemäß § 280 I BGB in Verbindung mit den Grundsätzen des Vertrages mit Schutzwirkung für Dritte und dem Regelanerkennungsvertrag mit dem Spitzenverband in Betracht.

Allerdings verlangt dieser Anspruch als Pflichtverletzung ein nicht regelkonformes Verhalten des Schädigers. Ein bloßer Verstoß gegen die Vorschriften der StVO genügt dafür nicht. Damit ist das Problem der Haftung des sich regelkonform verhaltenden Sportlers[551] an dieser Stelle nicht relevant, es geht nur um die Haftung bei Verstößen gegen das Sportreglement.

Mit diesem Ansatz ist ein wichtiger Weg der Haftung von Sportlern für nicht regelkonformes Verhalten aufgezeigt, der bisher in der Literatur und Rechtsprechung nur wenig beachtet wurde. Gleichzeitig ist mit dieser Lösung gerade auch eine entscheidende Möglichkeit zur Bekämpfung des Dopings aufgezeigt: Da im Regelanerkennungsvertrag zumeist die Anti-Dopingbestimmungen vereinbart werden[552], kommt nach hier vorgestellter Lösung ein Anspruch des sportlich unterlegenen Sportlers gegenüber dem dopenden Sportler gemäß § 280 I BGB in Verbindung mit dem Regelanerkennungsvertrag zwischen dem dopenden Sportler und dem Spitzenverband als Vertrag mit Schutzwirkung für Dritte in Betracht. Das entgangene Preisgeld könnte als unmittelbarer Schaden und möglicherweise entgangene Werbeeinnahmen als mittelbare Schäden geltend gemacht werden.

IV. Spezialfall: Die am Unfall beteiligten Wettkämpfer sind Mitglied eines Teams

Einen Spezialfall stellt die Konstellation dar, dass die Unfallbeteiligten als Mitglieder eines Teams an Rennen teilnehmen. Die Mitgliedschaft in einem Radteam ist im Profisport der Regelfall, aber auch im Amateursport ist die Situation häufig anzutreffen. Wenn mehrere Teammitglieder an einem Rennen teilnehmen, wird in aller Regel dennoch das Einzelergebnis eines Fahrers im Vordergrund stehen, da eine Teamwertung nicht bei allen Rennen besteht und sollte sie bestehen, sie meistens von geringerer sportlicher und finanzieller Bedeutung ist als die Einzelresultate. Das unterscheidet den Radsport von klassischen Teamsportarten wie zum Beispiel

---

551 Siehe dazu unten: *Rechtslage ohne Berücksichtigung der sportspezifischen Besonderheit der Situation S. 159 ff.*

552 Siehe insbesondere die Lizensierungsvereinbarung zwischen Sportler und BDR. Siehe dazu BDR, Sportordnung, Stand 04.2014, Punkt 5. 1 Absatz III und oben: *Erfasste Regeln S. 86 ff.*

Fußball. Eine Ausnahme bilden insoweit die reinen Teamwettkämpfe wie zum Beispiel das Mannschaftszeitfahren[553] und verschiedene Wettkämpfe auf der Bahn[554].

Das Entscheidende ist aber, dass die Fahrer, obwohl nur für das Einzelresultat eines Fahrers gekämpft wird, dieses Ziel als überindividuelles Ziel begreifen. Das Einzelresultat des Spitzenfahrers kann dieser häufig nur durch Unterstützung seines Teams erreichen. Dieser Umstand ist den helfenden Fahrern bewusst, sodass diese ihre eigene Leistung auch an diesem Ziel messen. Die Unterstützung erfolgt dabei beispielsweise durch Hilfe bei Materialdefekten oder das Gewähren von Windschatten. Häufig besteht in Radmannschaften eine strenge Hierarchie, sodass schwächere Fahrer der Mannschaft sich in den Dienst der stärkeren oder des stärksten Fahrer stellen (müssen). Diese im Fachjargon „Domestiken" genannten Fahrer werden im Profibereich teilweise speziell für Hilfsdienste eingestellt und zu Rennen gemeldet.

Bei der Untersuchung der Haftung nach einem Unfall zwischen Fahrern des gleichen Teams sind zwei Konstellationen zu unterscheiden: Zunächst besteht die Möglichkeit, dass das Team auf einer ausdrücklichen vertraglichen Vereinbarung beruht. Die andere Möglichkeit ist, dass sich die Teammitglieder ohne ausdrückliche vertragliche Vereinbarung lose zu einem Team zusammengeschlossen haben. Im letzteren Fall wird insbesondere zu prüfen sein, ob dem Zusammenschluss gleichwohl rechtsgeschäftlicher Charakter zukommt.

1. *Team beruht auf ausdrücklicher vertraglicher Vereinbarung*

Vor allem im Profibereich beruhen Radteams häufig auf einer ausdrücklichen vertraglichen Regelung und weisen zumeist eine eigene Rechtspersönlichkeit auf. Die zwei größten deutschen Straßenprofiteams, das *Team Netapp Endura* und das *Team Abus Nutrixxion,* sind beispielsweise als GmbH organisiert. Das Team NetApp Endura firmiert unter dem Namen *Ralf Denk Pro Cycling GmbH,*[555] das Team Abus Nutrixxion unter dem Namen *CCS Germany GmbH.*[556]

Im Folgenden werden drei verschiedene Konstellationen untersucht: Zunächst besteht die Möglichkeit, dass die Rennfahrer durch einen Arbeits- oder Dienstvertrag an das Team gebunden sind. Des Weiteren könnte das Team als eingetragener Verein organisiert sein und die Rennteilnehmer sind Mitglieder des Vereins. Zuletzt ist noch der Fall zu untersuchen, dass die Rennfahrer sich lose als Team verabreden.

553 Siehe dazu oben: *Mannschaftszeitfahren S. 36.*

554 Siehe dazu oben: *Bahnradsport S. 41 ff.*

555 Mitgeteilt durch die Pressereferentin vom Team NetApp Endura Frau *Sandra Schmitz* in einem persönlichen Gespräch am 17.07.2013.

556 Nachzulesen auf der Homepage des Teams, abrufbar unter http://www.nutrixxion.de/impressum (Zuletzt geprüft am: 30.09.2014).

a) *Die Teammitglieder sind im Rahmen eines Arbeits- oder sonstigen Dienstvertrages mit dem Team verbunden*

01) Situationsbeschreibung

Insbesondere Profiradfahrer, aber auch sehr gute Amateursportler, nehmen nicht nur freiwillig an Rennen teil, sondern sind häufig vertraglich dazu verpflichtet. Die Verpflichtung ergibt sich aus einer vertraglichen Regelung mit ihrem Team, die als Gegenleistung zumeist eine finanzielle Entlohnung vorsieht.[557] Wie das Team selbst organsiert ist, spielt dabei für die vorliegende Untersuchung der Schutzpflichten aufgrund des Sportleistungsvertrages zwischen dem Team und den Sportlern keine Rolle.

Das Team ist an einer Rennteilnahme seiner Fahrer interessiert, um öffentlich besser wahrgenommen zu werden. Die stärkere öffentliche Wahrnehmung ist dabei Folge des Zuschauerinteresses an Radrennen und des damit verbundenen medialen Interesses. Ist ein Team in der öffentlichen Wahrnehmung stärker präsent, erhöht es seine Möglichkeit, sich seinerseits durch Sponsorengelder zu finanzieren.

Die Entlohnung der Fahrer ist nicht notwendigerweise auf einzelne Rennen bezogen, sondern auf eine gewisse Tätigkeit über einen bestimmten Zeitraum. So verpflichtet sich beispielsweise ein professioneller Rennfahrer in einen bestimmten Zeitraum, seine Leistungsfähigkeit durch Training zu erhalten bzw. zu steigern und an den Rennen teilzunehmen, die ihm die Teamleitung zuweist.[558] Diese Leistung kann als Sportleistung bezeichnet werden.[559] Geschuldet ist die Tätigkeit an sich und kein bestimmter sportlicher Erfolg, sodass es sich bei den Verträgen um Dienstverträge, § 611 BGB, und nicht um Werkverträge, § 631 BGB, handelt.[560]

Profiradfahrer sind in dieser Situation mit Arbeitnehmern oder sonstigen Dienstverpflichteten zu vergleichen. Ob der Profiradfahrer im Einzelfall Arbeitnehmer oder sonstiger Dienstverpflichteter ist, bestimmt sich nach der sozialen Abhängigkeit und

---

557 Solche Verträge können als Sportleistungsverträge bezeichnet werden, vgl.: *Fritzweiler, J.*, 3. Teil. Sport, Arbeit und Wirtschaft, in: Fritzweiler, J.; Pfister, B.; Summerer, T., Praxishandbuch Sportrecht, 2. Aufl. 2007, S. 243–285. Sportliche Tätigkeit kann als Arbeit im rechtlichen Sinne eingeordnet werden und ist von der Berufsfreiheit nach Art. 12 GG umfasst, mwN.: *ders.* 3. Teil. Sport, Arbeit und Wirtschaft, in: Fritzweiler, J.; Pfister, B.; Summerer, T., Praxishandbuch Sportrecht, 2. Aufl. 2007, S. 240.

558 Zum Inhalt der Verpflichtung der Sportler allgemein siehe *Fritzweiler, J.*, 3. Teil. Sport, Arbeit und Wirtschaft, in: Fritzweiler, J.; Pfister, B.; Summerer, T., Praxishandbuch Sportrecht, 2. Aufl. 2007, S. 253 ff.

559 *Fritzweiler, J.*, 3. Teil. Sport, Arbeit und Wirtschaft, in: Fritzweiler, J.; Pfister, B.; Summerer, T., Praxishandbuch Sportrecht, 2. Aufl. 2007, S. 249.

560 *Fritzweiler, J.*, 3. Teil. Sport, Arbeit und Wirtschaft, in: Fritzweiler, J.; Pfister, B.; Summerer, T., Praxishandbuch Sportrecht, 2. Aufl. 2007, S. 249.

kann nicht pauschal beantwortet werden.[561] Überwiegend wird jedoch bei Profiradfahrern eine Eingliederung in den Betrieb des Teams vorliegen, sodass ähnlich den Lizenzfußballspielern[562] eine Arbeitnehmereigenschaft anzuerkennen ist.[563]

02) Rechtliche Würdigung mit Blick auf § 280 BGB

Kommt es zu einem Unfall zwischen den Radsportlern, stellt sich dennoch die Frage, ob zwischen ihnen nicht ein Schuldverhältnis besteht, bei dessen Verletzung gemäß § 280 I BGB Schadensersatz zu leisten ist. Damit ist das häufig auftretende Problem aufgeworfen, dass ein Arbeitnehmer einen anderen Arbeitnehmer schädigt.

Zwischen Arbeitnehmern eines Betriebes besteht kein direktes Schuldverhältnis, ein solches besteht durch den Arbeitsvertrag nur zum Arbeitgeber. Eine Sonderverbindung zwischen den Arbeitnehmern[564] wird dagegen, genauso wie ein Drittschutz des Arbeitsverhältnisses zugunsten des verletzten Arbeitnehmers[565], zu Recht überwiegend abgelehnt. Auch für den Fall, dass Sportausübung als Arbeitsleistung geschuldet ist, besteht keine sportspezifische Besonderheit, sodass eine ausführliche Erörterung an dieser Stelle entbehrlich ist. Hingewiesen sei allerdings auf den Haftungsausschluss gemäß § 105 I 1 SGB VII, nach dem bei Körperschäden und Vorliegen gewisser weiterer Voraussetzungen nicht der Schädiger haftet, sondern die Unfallversicherung leisten muss.[566] Darüber hinaus findet das Haftungsprivileg gemäß § 106 III Fall 3 SGB VII auch dann Anwendung, wenn die Arbeitnehmer zwar nicht dem gleichen Betrieb angehören, aber auf einer gemeinsamen Betriebsstätte

---

561 Zu dieser Frage siehe *Fritzweiler, J.*, 3. Teil. Sport, Arbeit und Wirtschaft, in: Fritzweiler, J.; Pfister, B.; Summerer, T., Praxishandbuch Sportrecht, 2. Aufl. 2007, S. 249 f.

562 Grundlegend zu dieser Frage: *BAG*, Urteil v. 17.1.1979 (Az. 5 AZR 498/77), NJW 1980, 470–472.

563 Für die Annahme eines Dienstvertrages im Radsport dagegen *Fritzweiler, J.*, 3. Teil. Sport, Arbeit und Wirtschaft, in: Fritzweiler, J.; Pfister, B.; Summerer, T., Praxishandbuch Sportrecht, 2. Aufl. 2007, S. 250; allerdings unter der Annahme, dass Radsport ein Einzelsport ist. Dies trifft für den hier diskutierten Fall gerade nicht zu.

564 Siehe *Riesenhuber, K.*, JZ 1999, 711, 711 ff.

565 Ablehnend MüKo BGB[6]/*Gottwald, P.*, § 328 BGB Rn. 208; Palandt[73]/*Grüneberg, C.*, § 328 BGB Rn. 21 und Staudinger/*Jagmann, R.*, Stand 2009, § 328 BGB Rn. 131 und 99, der die Ablehnung mit dem bloß zufälligen Kontakt zwischen den Arbeitnehmern und deren mangelnder Schutzbedürftigkeit aufgrund der Haftung des Arbeitgebers aufgrund von § 278 BGB begründet. Für eine Schutzwirkung des Arbeitsverhältnisses dagegen *Riesenhuber, K.*, JZ 1999, 711, 713 ff.; *ders.* Die Rechtsbeziehungen zwischen Nebenparteien, 1997, S. 178 ff. Ablehnend für den Fall des Profifußballs *Krähe, C.*, Die zivilrechtlichen Schadenersatzansprüche von Amateur- und Berufssportlern für Verletzungen beim Fußballspiel: aktuelle Fragen des Sportrechts als Anwendungsfälle moderner Grundsätze des Haftungsrechts, 1981, S. 311 ff.

566 Siehe *Leube, K.*, VersR 2008, 880, 881.

tätig sind. Dies kann für die im Wettkampf gegeneinander antretenden Profisportler, insbesondere auch Radrennfahrer, angenommen werden.[567]

Wenn die Teammitglieder gemeinsam an einem Rennen teilnehmen, besteht dagegen auch zwischen ihnen grundsätzlich eine Sonderverbindung aufgrund des drittschützenden Regelanerkennungsvertrages.[568] Zu beachten ist allerdings, dass die Grundsätze des Vertrages mit Schutzwirkung für Dritte dann nicht heranzuziehen sind, wenn dem Geschädigten bereits ein anderer gleichwertiger Anspruch zusteht.[569] Im Fall der teaminternen Schädigung kommt ein Anspruch des Geschädigten gegen den Arbeitgeber gemäß § 280 I iVm § 278 S. 1 BGB in Betracht.[570] In diesem Fall entfiele die Schutzbedürftigkeit[571] des geschädigten Radfahrers im Rahmen des Regelanerkennungsvertrages, sodass diesem dann kein drittschützender Charakter zukäme. Im Übrigen wäre auch dieser Anspruch von § 105 I 1 SGB VII erfasst. Außerdem kommt für den Fall, dass ein Radsportler, der als Arbeitnehmer für seinen Arbeitgeber an Radrennen teilnimmt und dabei seine Kollegen oder auch Dritte schädigt, ein Freistellungsanspruch gegen seinen Arbeitgeber in Betracht. Dieser folgt aus den Grundsätzen des innerbetrieblichen Schadensausgleichs.[572]

Dass der Regelanerkennungsvertrag Drittschutz gewährt, das Arbeitsverhältnis dagegen nicht, stellt keinen Widerspruch dar. Zwar ähneln sich beide Verhältnisse aufgrund ihres sternförmigen Aufbaus, der aus der vertraglichen Verbindung der Arbeitnehmer bzw. Rennfahrer zum Arbeitgeber bzw. Spitzenverband resultiert, andererseits sind die zugrunde

---

567 *Leube, K.*, VersR 2008, 880, 881 f.

568 Siehe oben: *Schutzpflichten aufgrund drittschützenden Charakters des Regelanerkennungsvertrages S. 124 ff.* Anders dagegen *Sievers, M.*, Die zivilrechtliche Haftung des Sportlers wegen Dopings, 1996, S. 157, der aufgrund der Schutzbedürftigkeit des schädigenden Arbeitnehmers einen Drittschutz des Regelanerkennungsvertrages verneint. Dies ist jedoch nicht überzeugend, da auch der geschädigte Arbeitnehmer schutzbedürftig ist. Die veränderte Schutzbedürftigkeit der Parteien aufgrund der Arbeitsverhältnisse ist daher auf beiden Seiten zu berücksichtigen und kann daher nicht als Argument nutzbar gemacht werden.

569 Das ist allgemeine Meinung, mwN.: Palandt[73]/*Grüneberg, C.*, § 328 BGB Rn. 18. Siehe dazu auch oben *Schutzbedürftigkeit der Sportler S. 135.*

570 Eine Einstandspflicht wird allerdings nur dann anzunehmen sein, wenn es sich um weisungsbezogene oder mit Schutzpflichten beauftragte Arbeitnehmer handelt, am deutlichsten und mwN.: Palandt[73]/*Grüneberg, C.*, § 278 BGB Rn. 16; Staudinger/*Caspers, G.*, Stand 2014, § 278 BGB Rn. 73, siehe aber auch BeckOk BGB/*Lorenz, W.*, Stand 03.2011, § 278 BGB Rn. 32; MüKo BGB[6]/*Grundmann, S.*, § 278 BGB Rn. 30. Bei Fahrern mit herausgehobener Stellung kommt eine Weisungsbefugnis in Betracht. Von einer allgemeinen Übertragung von Schutzpflichten kann dagegen nicht ausgegangen werden.

571 Zu dieser Voraussetzung des Drittschutzes des Regelanerkennungsvertrages siehe oben: *Schutzbedürftigkeit der Sportler S. 135.*

572 Siehe hierzu überblicksmäßig Palandt[73]/*Weidenkaff, W.*, § 611 BGB Rn. 153–155 und 159.

liegenden Interessenlagen nicht vergleichbar. Der Regelanerkennungsvertrag schafft die Grundlage zum gemeinsamen Bestreiten von Rennen, er hat damit primär die Aufgabe, den Rennablauf zu organisieren und beeinflusst somit in hohem Maße das Verhältnis der Rennfahrer zueinander. Dies ist nur konsequent, da der Spitzenverband die gesammelten Rennfahrer-Interessen vertreten soll. Der Arbeitsvertrag hingegen soll vor allem das Verhältnis zwischen Arbeitnehmer und Arbeitgeber regeln. Die Organisation des Verhältnisses der Arbeitnehmer untereinander ist nicht dessen Aufgabe. Die Ursache dafür ist nicht zuletzt, dass der Arbeitgeber seine eigenen Interessen vertritt. Auch die Arbeitnehmer verfolgen nur eigene Interessen und keine überindividuellen Interessen. Der Zweck des Arbeitsverhältnisses ist, den Austausch von Arbeit und Lohn zu regeln.[573] *Dementsprechend wirkt sich der Arbeitsvertrag nicht auf das Verhältnis zwischen den Arbeitnehmern aus. Dieser Unterschied erklärt, warum trotz beiderseitiger sternförmiger Organisation der eine Vertrag Drittschutz gewährt und der andere Vertrag nicht.*[574] *Will man den Unterschied konkret im Prüfungsaufbau der Schutzwirkung festmachen, so fehlt es den Arbeitnehmern an der Leistungsnähe.*[575] *Diese kommen nicht in gleichem Maße wie der Arbeitgeber mit der Leistung in Kontakt.*

b) *Die Teammitglieder starten für ein als eingetragener Verein organisiertes Team*

01) *Situationsbeschreibung*

Eine ebenfalls häufig anzutreffende Situation ist, dass Radfahrer für ein Team starten, das als eingetragener Verein, § 21 BGB, organisiert ist. Der Unterschied zur gerade genannten Situation besteht darin, dass die Radfahrer Mitglieder des Vereins sind, zu diesem aber nicht durch einen Arbeits- oder Dienstvertrag verbunden sind. Diese Situation ist für den engagierten Hobby- und Amateursport typisch.

02) *Rechtliche Analyse mit Blick auf § 280 I BGB*

Die Frage, ob die gemeinsame Mitgliedschaft in einem Verein zur Begründung von Schutzpflichten ausreicht, bei deren Verletzung gemäß § 280 I BGB Schadensersatz zu leisten wäre, wird unterschiedlich beantwortet: Teilweise wird zwischen den Mitgliedern eines Vereines eine Treuepflicht anerkannt, teilweise wird eine Treuepflicht nur zwischen den Mitgliedern und dem Verein anerkannt, nicht dagegen

---

573 *Riesenhuber, K.*, Die Rechtsbeziehungen zwischen Nebenparteien, 1997, S. 36.

574 An dieser Stelle bestätigt sich damit für Arbeitsverhältnisse die These Jagmanns, die Grundsätze des Vertrages mit Schutzwirkung für Dritte diene nicht dazu „supravertragliche Gemeinschaftsverhältnisse von Schuldnern desselben Gläubigers mit gesellschaftsähnlichen Treuepflichten zu schaffen". Vgl.: Staudinger/*Jagmann, R.*, Stand 2009, § 328 BGB Rn. 99. Zur Auseinandersetzung mit dieser These siehe oben: *Leistungsnähe des verletzten Konkurrenten S. 129 f.*

575 Anders hingegen *Riesenhuber, K.*, Die Rechtsbeziehungen zwischen Nebenparteien, 1997, S. 178, der eine Leistungsnähe annimmt. Dieser nimmt allerdings auch entgegen der ganz herrschenden Meinung einen Drittschutz des Arbeitsverhältnisses an. Vgl.: *Fn. 565.*

zwischen den Mitgliedern selbst.[576] Der Streit beruht auf der seit langem bestehenden Meinungsverschiedenheit, inwieweit an dem ursprünglichen Dualismus zwischen Personengesellschaften und Körperschaften festgehalten werden soll.[577] Je stärker man sich von diesem Dualismus entfernt, desto eher kommt auch bei körperschaftlichen Verbänden wie dem eingetragenen Verein eine Treuepflicht zwischen den Mitgliedern in Betracht.

Dieses Problem kann an dieser Stelle nicht abschließend gelöst werden. Entscheidend ist für die vorliegende Untersuchung nur, ob in einem Sportverein zwischen den Mitgliedern eine relative Schutzpflicht zur Einhaltung des Sportreglements besteht, bei deren Verletzung gemäß § 280 I BGB Schadensersatz geleistet werden muss. Dafür müsste zunächst überhaupt eine Pflicht bestehen, das Reglement einzuhalten. Dafür muss der Verein in der Satzung bzw. einer Ordnung (mit oder ohne Satzungsrang[578]) bestimmen, dass die Mitglieder[579] sich bei gemeinsamen vereinsbezogenen Tätigkeiten an das Reglement halten müssen.[580] Ist eine solche Pflicht dagegen nicht vereinsintern ausdrücklich verankert, kann diese nicht aus der bloßen Mitgliedschaft in einem Verein angenommen werden. Dies gilt insbesondere vor dem Hintergrund des satzungsrechtlichen Bestimmtheitsgebots, nach dem die Vereinsregeln klar und verständlich sein müssen.[581] Dieses grundsätzliche Erfordernis zum Schutz der Vereinsmitglieder darf nicht dadurch umgangen werden, indem bereits allein durch die Mitgliedschaft eine stark konkretisierte Treuepflicht anerkannt wird.

Aber selbst im Fall der satzungsrechtlichen Verankerung des Reglements stellt sich die Frage, ob diese Pflicht tatsächlich eine für § 280 I BGB ausreichende Treuepflicht zwischen den Mitgliedern begründet. Alternativ könnte es sich nur um eine Treupflicht gegenüber dem Verein handeln. Zwischen den Mitgliedern könnte die Pflicht unter Umständen nur vereinsintern wirken, d.h. auf eine Verletzung könnte

576 Für eine Treuepflicht zwischen den Vereinsmitgliedern: *Reichert, B.*, Handbuch Vereins- und Verbandsrecht, 12. Aufl. 2010, Rn. 990; BeckOk BGB/*Schöpflin, M.*, Stand 02.2014, § 38 BGB Rn. 5, 27; *Sievers, M.*, Die zivilrechtliche Haftung des Sportlers wegen Dopings, 1996, S. 143–149; *Lutter*, AcP 180 (1980), 84, 126–127; offen gelassen *Schmidt, K.*, JZ 1991, 157, 161; gegen eine Treuepflicht zwischen Mitgliedern eines Vereins: *BGH*, Urteil v. 12.03.1990 (Az. II ZR 179/89), NJW 1990, 2877, 2879; MüKo BGB⁶/*Reuter, D.*, § 38 BGB Rn. 44–46; für eine Treuepflicht zwischen GmbH Gesellschaftern siehe mwN. *BGH*, Urteil v. 5.6.1975 (Az. II ZR 23/74), NJW 1976, 191; für eine Treuepflicht zwischen Aktionären siehe *BGH*, Urteil v. 01.02.1988 (Az. II ZR 75/87) 1988, 1579, 1581 und *BGH*, Urteil v. 20,3.1995 (Az. II ZR 205/94), NJW 1995, 1739–1750.

577 Siehe dazu ausführlich MüKo BGB⁶/*Reuter, D.*, § 38 BGB Rn. 1–7.

578 Zum Unterschied siehe *Reichert, B.*, Handbuch Vereins- und Verbandsrecht, 12. Aufl. 2010, S. 84–95.

579 Dagegen kann ein Verein Nicht-Mitglieder nicht im Wege der Satzung binden, Siehe oben: *Satzungslösung S. 77 ff.* und *Reichert, B.*, Handbuch Vereins- und Verbandsrecht, 12. Aufl. 2010, S. 95 ff. und 148 f.

580 Siehe dazu auch oben am *Anfang von Geltung über den Verein S. 91.*

581 *Reichert, B.*, Handbuch Vereins- und Verbandsrecht, 12. Aufl. 2010, Rn. 432.

eine Sanktion des Vereins folgen, jedoch würde die Pflicht nicht genügen, um das für § 280 I BGB notwendige Schuldverhältnis zu begründen.

Die Verbindung zwischen den Vereinsmitgliedern ist nicht eng genug, um zwischen ihnen Treuepflichten annehmen zu können. Die Verbindung durch die Mitgliedschaft ist deutlich lockerer, als die Verbindung zwischen den Gesellschaftern einer Personengesellschaft. Der von Reuter[582] vorgebrachte Einwand, bei einem Verband mit überindividuellem Zweck möchte das Mitglied nicht die Interessen von zufälligen anderen Mitgliedern fördern, sondern nur die übergeordneten Interessen des Verbandes, verdeutlicht diese schwächere Verbundenheit der Vereinsmitglieder untereinander.

Die Rechtsprechung nimmt zwar zwischen den Gesellschaftern einer GmbH beziehungsweise den Aktionären einer Aktiengesellschaft relative Schutzpflichten an[583], insoweit besteht jedoch ein entscheidender Unterschied zur Mitgliedschaft im nichtwirtschaftlichen Verein. Die Mitgliedschaft in diesen beruht in den allermeisten Fällen eben gerade nicht auf wirtschaftlichen Gründen. Im nichtwirtschaftlichen Verkehr ist bei der Annahme von relativen Schutzpflichten aber größere Zurückhaltung geboten, als bei Kontakten, die primär die Vermögenszuordnung beeinflussen sollen. Dies folgt aus dem Umstand, dass relative Schutzpflichten gerade das Vermögen schützen sollen und auf einen solchen Schutz daher eher in einem Umfeld vertraut werden darf, bei dem es um die Zuordnung von Vermögenspositionen geht.[584]

Im Übrigen würde durch die Annahme von relativen Schutzpflichten zwischen den Mitgliedern eines nichtwirtschaftlichen Vereines das deutsche Vereinsleben wohl nicht unerheblich gefährdet. Die Mitgliedschaft in nicht wirtschaftlichen Vereinen erfolgt zumeist aus nicht monetären Gründen. Sollen mit der Mitgliedschaft nun relative Schutzpflichten gegenüber allen anderen Vereinsmitgliedern entstehen, bringt dies ein nicht unerhebliches zusätzliches Haftungsrisiko für das Vereinsmitglied mit sich, dem kein direkter wirtschaftlicher Vorteil gegenübersteht.

03) Zusammenfassung

Damit kommt grundsätzlich in Betracht, dass ein Verein das Reglement für seine Mitglieder als verbindlich erklärt. Im Falle des Verstoßes gegen die Regelung besteht jedoch kein Anspruch des geschädigten Mitglieds nach § 280 I BGB gegen das schädigende Mitglied, da die Pflicht nicht als Grundlage für ein Schuldverhältnis nach § 280 I BGB ausreicht. Als Folge des Verstoßes bleibt es daher bei einer möglichen Sanktion des Vereines. Möglich erscheint auch eine Haftung gemäß § 280 I BGB gegen den Verein, der jedoch an dieser Stelle nicht weiter nachgegangen werden braucht.

---

582 MüKo BGB[6]/*Reuter, D.*, § 38 BGB Rn. 6.

583 Sieh gerade *Fn. 576.*

584 Siehe zu diesem Gedanken oben: *Andere Sonderverbindung zwischen den Wettkämpfern S. 117 ff.*

04) Vergleich zur Mitgliedschaft im selben Spitzenverband

Zuletzt bietet sich in diesem Zusammenhang noch eine vergleichende Klärung der Frage an, ob nicht durch die gemeinsame mittelbare Mitgliedschaft im selben Spitzenverband relative Schutzpflichten zwischen den Rennteilnehmern entstehen.

Der BDR als Spitzenverband des Radsports in Deutschland ist als Verein gemäß § 21 BGB organisiert. Die Sportler sind nicht direkt Mitglied des Spitzenverbandes, sondern nur über drei Brücken: Mitglieder des Spitzenverbandes sind die Spitzenverbände der Länder, Mitglieder dieser Landesspitzenverbände wiederum sind die Radvereine. Dementsprechend sind die Mitglieder der Radsportvereine über die Brücken Mitgliedschaft im Radsportverein, Mitgliedschaft des Radvereins im Landesspitzenverband und Mitgliedschaft des Landesspitzenverbandes im BDR mittelbare Mitglieder des BDR.[585] *Die mittelbare Mitgliedschaft in der UCI entsteht durch die weitere Brücke Mitgliedschaft des nationalen Spitzenverbandes in der UCI.*

Wie oben bereits ausgeführt, kann aufgrund der mittelbaren Mitgliedschaft alleine keine Geltung des Reglements angenommen werden, die sogenannte Satzungslösung verlangt vielmehr für die Geltung des Reglements eine lückenlose Satzungskette zwischen Spitzenverband und Sportverein.[586] Aber selbst wenn eine solche Satzungskette ausnahmsweise besteht, ist die Verbindung zwischen den mittelbaren Mitgliedern des Spitzenverbandes noch entfernter als die Verbindung zwischen Mitgliedern desselben Sportvereins, zwischen denen auch schon keine relativen Schutzpflichten angenommen werden können.[587] Daher führt die gemeinsame mittelbare Mitgliedschaft im selben Spitzenverband nicht zu relativen Schutzpflichten zwischen den Sportlern.

Man könnte sagen, dass sich hier eine weitere Schwäche der Satzungslösung[588] *zeigt: Im Gegensatz zur Lizensierungs- und/oder Nennungslösung, bei denen der Regelanerkennungsvertrag Drittwirkung entfaltet*[589]*, führt die Satzungslösung nicht zu relativen Schutzpflichten der Rennteilnehmer.*

Dieses Ergebnis überzeugt auch wertungsmäßig, da der Regelanerkennungsvertrag zu einer engeren Verbindung der Wettkämpfer führt und diese an dessen Entstehung auch aktiver mitwirken. Der Regelanerkennungsvertrag bezieht sich nur auf einen bestimmt umrissenen Lebenssachverhalt, zumeist ein oder mehrere Rennen und für das Zustandekommen ist jeweils eine rechtsgeschäftliche Handlung des Wettkämpfers nötig, die auch gerade auf die entsprechende Rechtsfolge „Regelanerkennung" zielt. Die mittelbare Mitgliedschaft im

585 Siehe zur Organisation des Radsports in Deutschland bereits oben: *Satzungslösung S. 77 ff.*, sowie die Nachweise in *Fn. 308, 309 und 310.*

586 Siehe oben: *Satzungslösung S. 77 ff.*

587 Siehe gerade: *Rechtliche Analyse mit Blick auf § 280 I BGB S. 141 ff.*

588 Siehe dazu bereits oben: *Satzungslösung S. 77 ff.*

589 Siehe dazu oben: *Schutzpflichten aufgrund drittschützenden Charakters des Regelanerkennungsvertrages S. 124 ff.*

Spitzenverein entsteht für das Mitglied dagegen letztlich durch dessen Mitgliedsantrag beim Sportverein und dessen Mitgliedschaft im Spitzenverband. Im Gegensatz zum Abschluss des Regelanerkennungsvertrages intendiert das Mitglied mit dem Mitgliedsantrag aber häufig vor allem, Teil des Vereinslebens zu werden, was eine viel abstraktere Mitwirkung darstellt.

c) Die Teammitglieder gründen eine Gesellschaft bürgerlichen Rechts, um gemeinsam an Rennen teilzunehmen

01) Situationsbeschreibung

Grundsätzlich ist denkbar, dass einige[590] Rennfahrer ausdrücklich[591] eine Gesellschaft bürgerlichen Rechts im Sinne von §§ 705 ff. BGB gründen, deren Gesellschaftszweck die gemeinsame Teilnahme an Rennen ist. Die Gründung erfolgt dabei durch einen Vertragsschluss zwischen den Rennfahrern.[592] Der Gesellschaftsbeitrag läge in der Erbringung der Sportleistung in Form von Wettkampfteilnahme und Training. Damit würde die erfolgreiche Teilnahme des Teams an Rennen als überindividueller Zweck gefördert. Häufig dürfte ein solcher ausdrücklicher Vertragsschluss allerdings nicht vorkommen.

Die Mitglieder könnten weiterhin im Rahmen des Gesellschaftsvertrages ausdrücklich vereinbaren, dass zwischen ihnen das Radsportreglement gelten soll. In diesem Fall hätten die Gesellschafter ausdrücklich eine Schutzpflicht vereinbart.[593] Schwieriger zu beantworten ist dagegen die Frage, inwieweit eine solche Geltung des Reglements ohne ausdrückliche Vereinbarung auch im Wege der ergänzenden Vertragsauslegung, §§ 133, 157 BGB[594], angenommen werden kann. Dies wäre der

---

590 Es müssen mindestens zwei sein, siehe Palandt[73]/*Sprau, H.*, § 705 BGB Rn. 1.

591 Zur Frage der konkludenten Gründung einer solchen Gesellschaft siehe gleich: *Die Rennfahrer bilden ein Team aufgrund einfacher loser Absprache S. 147 ff.*

592 Allgemein zur Gründung einer Gesellschaft siehe Palandt[73]/*Sprau, H.*, § 705 BGB Rn. 10; BeckOk BGB/*Schöne, T.*, Stand 08.2014, § 705 BGB Rn. 19 f.; Staudinger/*Habermeier, S.*, Stand 2003, § 705 BGB Rn. 1–9; MüKo BGB[6]/*Ulmer, P.*, § 705 BGB Rn. 1–15.

593 Zur Einordnung der Pflicht das Reglement zu beachten als Schutzpflicht und nicht als Leistungspflicht siehe oben: *Mögliche Pflichtverletzung S. 124 ff.*

594 Bei Bestehen eines Gesellschaftsvertrages erscheint es überzeugender, die Grundlage für Schutzpflichten in dem Gesellschaftsvertrag zu erblicken, als die Schutzpflichten ähnlich dem Fall, dass kein Schuldverhältnis besteht, einem einheitlichen gesetzlichen Schuldverhältnis zu entnehmen. Die dogmatische Grundlage von Schutzpflichten ist allerdings umstritten, zumeist wird auf eine Festlegung verzichtet, vgl.: MüKo BGB[6]/*Bachmann, G./Roth, H.*, § 241 BGB Rn. 104; *Looschelders, D.*, Schuldrecht, Allgemeiner Teil, 10. Aufl. 2012, Rn. 21. Einen Überblick über den Streitstand bietet Staudinger/*Olzen, D.*, Stand 2009, § 241 BGB Rn. 383 ff. Zur Auslegung eines Gesellschaftsvertrages siehe Palandt[73]/*Sprau, H.*, § 705 BGB Rn. 14; BeckOk BGB/*Schöne, T.*, Stand 08.2014, § 705 BGB Rn. 70 ff.; Staudinger/*Habermeier, S.*, Stand 2003, § 705 BGB Rn. 13; MüKo BGB[6]/*Ulmer, P.*, § 705 BGB Rn. 171–176.

Fall, wenn sie den Parteiinteressen entspräche und die Parteien eine solche Vereinbarung planwidrig nicht getroffen hätten.[595]

Dies wird in den meisten Fällen zu bejahen sein. Die Teammitglieder werden im Regelfall ein Interesse daran haben, dass innerhalb des Teams das Reglement eingehalten wird. Mit der erhöhten rechtlichen Bindung zueinander durch den Gesellschaftsvertrag bringen die Gesellschafter auch zum Ausdruck, dass sie ihre Rechtsbeziehungen eigenständig regeln wollen und dass dafür der zwischen ihnen und allen anderen Rennteilnehmern bestehende Regelanerkennungsvertrag nicht genügen soll.[596]

Damit kommt auch in diesem Fall des Bestehens von relativen Schutzpflichten als Pflichtverletzung nur regelwidriges Verhalten in Betracht. Regelkonformes Verhalten stellt dagegen schon keine Pflichtverletzung dar.

Dementsprechend ist zwischen den Gesellschaftern eine solche Schutzpflicht anzuerkennen. Allerdings ist stets eine genaue Auslegung im Einzelfall notwendig. Es ist nicht ausgeschlossen, dass die Interessen im Einzelfall doch von der gerade beschriebenen Lage abweichen, sodass eine solche Schutzpflicht nicht besteht.

Dieses Ergebnis zeigt, dass die Verbindung zwischen Gesellschaftern einer Gesellschaft bürgerlichen Rechts hinsichtlich der Anerkennung von Schutzpflichten enger ist als die Verbindung zwischen Mitgliedern im Verein. Zwischen den Gesellschaftern kann eine Pflicht zu regelkonformen Verhalten bei gemeinsamen Starts an Rennen im Wege der ergänzenden Vertragsauslegung angenommen werden. Aufgrund der Mitgliedschaft im gleichen Verein entstehen dagegen keine Schutzpflichten zwischen den Vereinsmitgliedern.

02) Rechtliche Analyse mit Blick auf § 280 I BGB

Haben die Rennfahrer sich vertraglich auf das Bestehen eine Gesellschaft bürgerlichen Rechts geeinigt, kommt bei Verletzung einer Pflicht aus dem Gesellschaftsvertrag und Vorliegen der weiteren Voraussetzungen eine Schadensersatzpflicht aus § 280 I BGB in Betracht.[597] Dementsprechend kommt auch ein Anspruch auf Schadensersatz wegen nicht regelkonformen Verhaltens eines Mitglieds bei einem gemeinsamen Rennen in Betracht. Dem schädigenden Gesellschafter käme dabei § 708 BGB zugute.

---

595 Zur ergänzenden Vertragsauslegung siehe MüKo BGB[6]/*Busche, J.*, § 157 BGB Rn. 26–58; Staudinger/*Roth, H.*, Stand 2010, § 157 BGB Rn. 11–45; Palandt[73]/*Ellenberger, J.*, § 157 BGB Rn. 2–10.

596 Zum Regelanerkennungsvertrag siehe oben *Lizensierungsverfahren S. 79 ff.* und *Nennungsverfahren S. 82 f.*

597 *BeckOk BGB/Schöne, T.*, Stand *08.2014, § 705 BGB Rn. 107.; MüKo BGB*[6]*/Ulmer, P., § 705 BGB Rn. 242, 198.*

Auf einen möglicherweise ebenfalls bestehenden Anspruch gegen die Gesellschaft soll an dieser Stelle nicht weiter eingegangen werden.[598]

2. Die Rennfahrer bilden ein Team aufgrund einfacher loser Absprache

Die Rennfahrer könnten untereinander vereinbaren, gemeinsam an Rennen[599] teilzunehmen und sich während des Rennens zu unterstützen. Im Gegensatz zum obigen Fall der ausdrücklichen Gründung einer Gesellschaft bürgerlichen Rechts zu diesem Zweck liegt aber kein ausdrücklicher Vertragsschluss vor. Die Rennteilnehmer machen sich vielmehr keine Gedanken über den Charakter der Vereinbarung.

In diesem Fall stellt sich die Frage, ob die Vereinbarung überhaupt rechtsverbindlichen Charakter hat und damit eine vertragliche Vereinbarung vorliegt. Als Folgefrage wäre dann zu klären, um was für einen Vertrag es sich handelt. In Betracht käme insbesondere der Abschluss eines Gesellschaftsvertrages zur Gründung einer Gesellschaft bürgerlichen Rechts gemäß §§ 705 ff. BGB.

a) Gesellschaft bürgerlichen Rechts als passende Rechtsform

Die Gesellschaft bürgerlichen Rechts im Sinne der §§ 705 ff. BGB wäre die passende Rechtsform. Die Gesellschaft bürgerlichen Rechts ist charakterisiert durch einen gemeinsam verfolgten Gesellschaftszweck. Dieser läge hier in der gemeinsamen Rennteilnahme, bei der die Fahrer sich gegenseitig durch Hilfsdienste unterstützen. Durch die gegenseitigen Hilfsdienste soll ein besseres Teamresultat erreicht werden. Als besseres Teamresultat wird im Radsport dabei auch ein herausragendes Einzelresultat verstanden, das durch Teamarbeit zustande kam. Damit wird ein überindividueller Zweck verfolgt, der gerade Voraussetzung für das Vorliegen einer Gesellschaft bürgerlichen Rechts ist.[600]

b) Möglichkeit der formfreien Gründung einer Gesellschaft bürgerlichen Rechts

Grundsätzlich kann eine Gesellschaft bürgerlichen Rechts gemäß der §§ 705 ff. BGB formfrei gegründet werden.[601]

598 Entscheidend wäre hierfür die Zurechnung der schädigenden Handlung an die Gesellschaft, vgl.: MüKo BGB[6]/*Ulmer, P.*, § 705 BGB Rn. 198.

599 Denkbar ist sowohl die Verabredung für ein Rennen als auch die Verabredung, auf unbestimmte Zeit an einer unbestimmte Anzahl von Rennen teilzunehmen. Für den gemeinsamen Zweck genügt auch ein sachlich oder zeitlich begrenzter Zweck, siehe MüKo BGB[6]/*Ulmer, P.*, § 705 BGB Rn. 26.

600 Zu dieser Voraussetzung siehe Staudinger/*Habermeier, S.*, Stand 2003, § 705 BGB Rn. 17; BeckOk BGB/*Schöne, T.*, Stand 08.2014, § 705 BGB Rn. 9.

601 Auch § 518 I 1 BGB steht der Gründung hier nicht entgegen, da keine unentgeltliche Zuwendung des Gesellschaftsanteils vorliegt. Die Sportler erbringen vielmehr ihren Beitrag, um auch selbst von den Sportleistungen der anderen Sportler bzw. der Gesellschaft zu profitieren. Zur Anwendung von § 518 I 1 BGB

c) *Rechtliche Konsequenzen des Bestehens einer Gesellschaft bürgerlichen Rechts*

Im Falle der Gründung einer Gesellschaft bürgerlichen Rechts hätten sich die Sportler verpflichtet, das gemeinsame Ziel Wettkampfteilnahme durch Erbringung ihrer sportlichen Tätigkeit zu fördern, § 705 BGB. Diese Pflicht könnte von den anderen Gesellschaftern bzw. der Gesellschaft eingeklagt werden. Mangels vertraglicher Regelungen wären alle Sportler gleichermaßen zur Geschäftsführung befugt, § 709 BGB. Dazu würde zum Beispiel die Festlegung der gemeinsamen Renntaktik gehören. Gemäß § 708 BGB hätten die Gesellschafter im Innenverhältnis[602] nur für die eigenübliche Sorgfalt einzustehen. Die Gesellschaft würde sich gemäß § 726 BGB nach dem Rennen oder der Rennsaison auflösen, wenn die Vereinbarung (unter Umständen in ergänzender Auslegung) ergeben würde, dass die Gesellschaft nur für eine bestimmte Zeit bestehen soll. Im Übrigen bestünde die Möglichkeit der Kündigung durch die Gesellschafter im Rahmen des § 723 BGB.

Von entscheidender Bedeutung wäre, dass wie im Fall der ausdrücklichen Gründung einer Gesellschaft bürgerlichen Rechts Treuepflichten zwischen den Gesellschaftern entstehen würden.[603] Die Treuepflichten bestünden auch hier, vorbehaltlich einer ausdrücklichen anders lautenden Normierung, in der Einhaltung des geschriebenen Reglements.

d) *Kriterien für die Rechtsverbindlichkeit der Absprache*

Allerdings ist höchst fraglich, ob die Sportler, wenn sie sich zur gemeinsamen Wettkampfteilnahme verabreden oder gemeinsam an einem Wettkampf teilnehmen, tatsächlich rechtlich binden wollen. Als Vertragsschluss käme sowohl die Verabredung als auch die eigentliche Erbringung der Gesellschafterbeiträge in Frage. Wenn man die Erbringung der Beiträge als Anknüpfungspunkt wählt, läge ein konkludenter Vertragsschluss vor.[604] Allerdings ist es praktisch nicht vorstellbar, dass die Gesellschafterbeiträge erbracht werden, ohne dass über die Einzelheiten eine zumindest lose Absprache getroffen wird. Eine gemeinsame Rennteilnahme setzt voraus, dass besprochen wird, wer welche Aufgaben im Rennen übernimmt. Gibt es keine solche Vereinbarung, nimmt jeder Radsportler als Einzelsportler am Rennen teil. Mit anderen Worten wäre ohne eine vorherige Verabredung völlig unklar, worin überhaupt

---

auf den Gesellschaftsvertrag siehe ausführlich MüKo BGB[6]/*Ulmer, P.*, § 705 BGB Rn. 42 ff.; BeckOk BGB/*Schöne, T.*, Stand 08.2014, § 705 BGB Rn. 49.

602 Zur Begrenzung von § 705 BGB auf das Innenverhältnis siehe MüKo BGB[6]/*Schäfer, C.*, § 708 BGB Rn. 1; Staudinger/*Habermeier, S.*, Stand 2003, § 708 BGB Rn. 1; BeckOk BGB/*Schöne, T.*, § 708 BGB Rn. 1.

603 Siehe oben: *Die Teammitglieder gründen eine Gesellschaft bürgerlichen Rechts, um gemeinsam an Rennen teilzunehmen S. 145 ff.*

604 Zum konkludenten Abschluss eines Gesellschaftsvertrages zur Gründung einer Gesellschaft bürgerlichen Rechts siehe Staudinger/*Habermeier, S.*, Stand 2003, § 705 BGB Rn. 4; MüKo BGB[6]/*Ulmer, P.*, § 705 BGB Rn. 25 ff.

die Gesellschafterbeiträge liegen sollen. Daher ist bei der Frage des Bestehens einer Gesellschaft bürgerlichen Rechts bei der gemeinsamen Rennteilnahme primär an die Abrede der Teammitglieder anzuknüpfen.

Zur Abgrenzung, ob die Vereinbarung rechtlich bindender Natur sein soll oder ob lediglich ein rein freiwilliger Zusammenschluss vorliegt, wird überwiegend auf ein wirtschaftliches Interesse der Beteiligten abgestellt.[605] Genauer ist es hingegen, wie bei der Abgrenzung zwischen Auftrag, § 662 BGB, und bloßer Gefälligkeit, auf das Vorliegen eines Rechtsbindungswillens abzustellen, für dessen Vorliegen das wirtschaftliche Interesse jedoch ein Indiz ist.[606] Weitere Indizien sind insbesondere Unentgeltlichkeit, Uneigennützigkeit sowie Art, Grund, Zweck und Bedeutung der Leistung.[607]

Die Abgrenzung zwischen vertraglicher Vereinbarung und einer bloßen sozialen Verständigung anhand des Rechtsbindungswillens ist heute ganz herrschende Meinung.[608] Dieser subjektive Ansatz überzeugt, da damit der Wille der Parteien zum entscheidenden Abgrenzungskriterium erhoben wird. Dass für die Auslegung doch wieder objektive Kriterien eine Rolle spielen, steht der grundsätzlichen Subjektivität des Ansatzes nicht entgegen. Es spielt auch keine Rolle, welchen Bereich der menschlichen Interaktion die Vereinbarung erfasst, da alle Bereiche der menschlichen Interaktion der Regelung durch Verträge zugänglich sind, also auch der Sport selbstverständlich nicht ausgenommen ist.[609]

---

605 MüKo BGB[6]/*Ulmer, P.*, § 705 BGB Rn. 26; Staudinger/*Habermeier, S.*, Stand 2003, § 705 BGB Rn. 4.

606 MüKo BGB[6]/*Ulmer, P.*, § 705 BGB Rn. 26. Zur Abgrenzung zwischen vertraglicher Vereinbarung und unverbindlicher Abrede anhand des Rechtsbindungswillens siehe insbesondere oben: *Rechtliche Bewertung des Lizensierungsverfahrens S. 79 ff.*

607 Staudinger/*Olzen, D.*, Stand 2009, § 241 BGB Rn. 83–85; *BGH,* Urteil v. 22.6.1956 (Az. I ZR 198/54), NJW 1956, 1313–1314, bestätigt durch *BGH,* Urteil v. 2.7.1968 (Az. VI ZR 135/67), NJW 1968, 1874–1875. Dass es sehr schwer ist, eine aussagekräftige Abgrenzung zu entwickeln, zeigt die Arbeit von *Pallmann, H.-D.*, Rechtsfolgen aus Gefälligkeitsverhältnissen, 1971, der trotz umfassender Beleuchtung aller Aspekte, die Abgrenzung anhand des Rechtsfolgewillens anhand von Indizien im Einzelfall vorschlägt, S. 89.

608 MwN.: *Gernhuber, J.*, Das Schuldverhältnis, in: Gernhuber, J., Handbuch des Schuldrechts, 2003, S. 124 f.; *Larenz, K./Wolf, M.*, Allgemeiner Teil des bürgerlichen Rechts, 8. Aufl. 1997, S. 440; dies wird als subjektiver Ansatz bezeichnet, vgl. Staudinger/*Olzen, D.*, Stand 2009, § 241 BGB Rn. 79–82.
Scheerer-Buchmeier, H., Die Abgrenzung des Rechtsgeschäfts von der nicht rechtsgeschäftlichen Vereinbarung unter besonderer Berücksichtigung der Diskussion im 19. Jahrhundert, 1990, bietet. einen Überblick über die hierzu ergangene Rechtsprechung auf S. 114–140 und eine ausführliche Zusammenfassung der Literatur auf S. 140–181.
Zur Abgrenzung Vertrag und Gefälligkeit siehe auch oben: *Rechtliche Bewertung des Lizensierungsverfahrens S. 79 ff.*

609 Staudinger/*Olzen, D.*, Stand 2009, § 241 BGB Rn. 80 a.A. *Krähe, C.*, Die zivilrechtlichen Schadenersatzansprüche von Amateur- und Berufssportlern für

e) *Gefälligkeitsverhältnis mit Schutzpflichten als Zwischenstufe zwischen Gesellschaftsvertrag und rechtlich unverbindlicher Absprache*

Zwischen einem rechtlich verbindlichen Gesellschaftsvertrag und einer rechtlich unverbindlichen Absprache ist noch ein gesellschaftsrechtliches Gefälligkeitsverhältnis als Zwischenstufe anerkannt. Dieses Gefälligkeitsverhältnis begründet keine Hauptleistungspflichten, insbesondere also keine Beitragspflichten der Gesellschafter, dagegen aber Schutzpflichten zwischen den Gesellschaftern.[610] Die Abgrenzung soll wiederum anhand des Willens der Beteiligten erfolgen, der u.U. anhand objektiver Merkmale wie Art, Grund und Zweck der relevanten Handlung sowie deren wirtschaftlicher und rechtlicher Bedeutung bestimmt werden soll.[611]

Aufgrund der Privatautonomie sowie des Wortlautes des § 241 II BGB bestehen keine Bedenken gegen die Anerkennung eines Gefälligkeitsverhältnisses, das nur Schutzpflichten zum Gegenstand hat, solange eine dahingehende Willensübereinkunft erkennbar ist.[612] Problematischer ist die Anerkennung eines solchen Gefälligkeitsverhältnisse mit Verzicht auf eine dahingehende Willensübereinkunft. In diesem Fall ist wieder das Problem der Begründung von Schutzpflichten aufgeworfen, das bereits oben bei der Untersuchung von relativen Schutzpflichten zwischen den Rennteilnehmern eine Rolle gespielt hat.[613] Dort war allerdings die Bindung an ein gemeinsames Ziel schwächer, da es um das gemeinsame Austragen eines Rennens gegeneinander ging, hier geht es jedoch um die gemeinsame Teilnahme an einem Rennen und das Verbünden gegen mögliche Konkurrenten.

Wie oben bereits dargelegt wurde, kommen für die Rechtfertigung von relativen Schutzpflichten grundsätzlich zwei Anknüpfungspunkte in Betracht. Entweder stellt man auf ein normativ berechtigtes Vertrauen ab und begründet damit die Schutzpflicht im Rahmen eines einheitlichen gesetzlichen Schuldverhältnisses[614] oder man leitet die relativen Schutzpflichten im Wege der ergänzenden Auslegung der Willensübereinkunft der Betroffenen her[615]. Lässt sich die Schutzpflicht zumindest

---

Verletzungen beim Fußballspiel: aktuelle Fragen des Sportrechts als Anwendungsfälle moderner Grundsätze des Haftungsrechts, 1981, S. 307 f. und wohl auch *Flume, W.*, Allgemeiner Teil des Bürgerlichen Rechts II. Das Rechtsgeschäft, 3. Aufl. 1979, S. 82 f., der ein Vermögensinteresse fordert. Eine überzeugende Kritik der Ansicht von Flume findet sich beispielsweise bei *Pallmann, H.-D.*, Rechtsfolgen aus Gefälligkeitsverhältnissen, 1971, S. 31 f.

610 Staudinger/*Habermeier, S.*, Stand 2003, § 705 BGB Rn. 3; MüKo BGB[6]/*Ulmer, P.*, § 705 BGB Rn. 17–19.

611 MüKo BGB[6]/*Ulmer, P.*, § 705 BGB Rn. 18, die Kriterien entstammen der Grundsatzentscheidung des *BGH*, Urteil v. 22.6.1956 (Az. I ZR 198/54), NJW 1956, 1313–1314, bestätigt durch *BGH*, Urteil v. 2.7.1968 (Az. VI ZR 135/67), NJW 1968, 1874–1875.

612 So bereits *Kallmeyer, H.*, Die Gefälligkeitsverhältnisse: eine rechtsdogmatische Untersuchung, 1968, S. 85 ff.

613 Siehe oben *Andere Sonderverbindung zwischen den Wettkämpfern S. 117 ff.*

614 Nachweise siehe oben: *Fn. 481.*

615 Nachweise siehe oben: *Fn. 479.*

auf einem dieser Wege rechtfertigen, ist das Verhältnis unter § 311 II Nr. 3 BGB zu subsumieren.[616]

f) Das Verhältnis zwischen Radsportlern

Vereinbaren Radsportler gemeinsam an Rennen teilzunehmen und diesen Zweck jeweils durch Erbringung von Sportleistungen zu fördern, so kann nicht generell entschieden werden, welche Bedeutung dieser Willensübereinkunft zukommt. Die Abgrenzung hat anhand des Einzelfalls nach dem Interesse der Beteiligten zu erfolgen. Das Interesse ist dabei durch Auslegung, §§ 133, 157 BGB, zu ermitteln.

01) Gründung einer Gesellschaft bürgerlichen Rechts

In aller Regel wird das Interesse der Beteiligten nicht darauf gerichtet sein, die Pflicht zur Erbringung der Sportleistung rechtsverbindlich zu vereinbaren. Vielmehr wird es sich zumeist um eine unverbindliche Absprache handeln, deren Verletzung sanktionslos bleiben soll.

> *Dies ändert sich auch nicht, wenn während des Rennens tatsächlich Unterstützung geleistet wird, da dann diese Unterstützung in aller Regel nicht darauf schließen lässt, dass der Unterstützende auch in Zukunft weiter diese Dienste erbringen will. Vielmehr ist davon auszugehen, dass die Unterstützung nur einmalig und ohne rechtliche Verpflichtung zu weiterer Unterstützung erbracht werden sollte.*

Im Amateursport erfolgt die Sportausübung nicht aus monetären Gründen[617], sondern aus nicht wirtschaftlichen Gründen wie: Freude an der Bewegung, Förderung der eigenen Gesundheit, Abwechslung vom Alltag, Geselligkeit oder ähnlichen Motiven. Sollten doch wirtschaftliche Gründe im Vordergrund stehen, so liegt zumeist ein Fall vor, bei dem die Rechtsbeziehungen ausdrücklich vertraglich geregelt sind und sich daher keine Abgrenzungsschwierigkeiten stellen.[618] Typisch für diese Fälle ist eine genaue vertragliche Fixierung der Pflichten und eine finanzielle Entlohnung der Fahrer.[619] Auch anders zu beurteilen ist der Fall, wenn die Beteiligten in Hinblick auf den gemeinsamen Entschluss nicht völlig zu vernachlässigende Vermögensdispositionen

---

616 Zur diesem Verständnis von § 311 II Nr. 3 BGB als Generalklausel, die jedoch selbst keine relativen Schutzpflichten begründen kann, siehe oben: *Auslegung des Begriffs „Ähnlicher geschäftlicher Kontakt" in § 311 II Nr. 3 BGB S. 119 f.*

617 Genauso *Sievers, M.*, Die zivilrechtliche Haftung des Sportlers wegen Dopings, 1996, S. 151, allerdings ohne auf die Frage einzugehen, ob dennoch Treuepflichten zwischen den Sportlern bestehen könnten.

618 Siehe zum Beispiel die beschriebene Struktur des Teams Net App Endura oder des Teams Abus Nutrixxion als GmbH, siehe oben: *Team beruht auf ausdrücklicher vertraglicher Vereinbarung S. 137 ff.*

619 Zu diesen Fällen siehe oben: *Team beruht auf ausdrücklicher vertraglicher Vereinbarung S. 137 ff.*

treffen.[620] Zu denken ist im Radsport zum Beispiel an den Erwerb von Trikots, Rädern oder sogar Kraftfahrzeugen beziehungsweise die Verpflichtung von Hilfskräften wie zum Beispiel Physiotherapeuten.[621]

Damit kann festgehalten werden, dass dem Zusammenschluss in aller Regel keine wirtschaftliche Bedeutung beigemessen wird und eine solche dem Zusammenschluss auch nicht tatsächlich zukommt. Es kann nicht auf einen Abschluss der Vereinbarung durch die Beteiligten mit Rechtsbindungswillen geschlossen werden, sodass der lose Zusammenschluss gemeinsam Rennen zu bestreiten, nicht als Gesellschaftsvertrag zur Gründung einer Gesellschaft bürgerlichen Rechts ausgelegt werden kann.[622]

02) Relative Schutzpflichten aufgrund einer Gefälligkeitsgemeinschaft zwischen den Beteiligten

Mit der Ablehnung von rechtsverbindlichen Beitragspflichten ist zwar entschieden, dass zwischen den Beteiligten keine Gesellschaft bürgerlichen Rechts entsteht, allerdings könnten dennoch zwischen den Beteiligten relative Schutzpflichten bestehen.

Diese könnten zunächst durch eine Willensübereinkunft der Beteiligten hinsichtlich der Etablierung solcher Pflichten entstehen.[623] Problematisch ist allerdings, welche Anforderungen an eine solche Einigung zu stellen sind. Sicherlich ausreichend wäre es, wenn sich die Beteiligten mit entsprechendem Rechtsbindungswillen und Geschäftswillen hinsichtlich der Begründung von Schutzpflichten einigen. Dies wird allerdings der Willensübereinkunft gemeinsam Rennen zu bestreiten, in aller Regel nicht zu entnehmen sein, da diese Einigung aus den gerade vorgetragenen Argumenten ohne Rechtsbindungswillen geschlossen wird.

Auch der Begründungsansatz über normatives Vertrauen[624] vermag weder für den tatsächlichen Austausch der Sportleistungen noch für die Verabredung dazu

---

620 Diese wurde bisher zum Beispiel angenommen bei Fernreisen unter Kostenteilung, vgl.: *OLG Saarbrücken,* Urteil v. 20.12.1984 (Az. 8 U 145/83), NJW 1985, 811.

621 Steht hingegen nur das gemeinsame Halten der Gegenstände im Vordergrund, und der gemeinsame Zweck Rennteilnahme soll keine Rolle spielen, wäre an eine Bruchteilsgemeinschaft gemäß §§ 741 BGB zu denken. Zu Abgrenzung siehe Palandt[73]/*Sprau, H.*, § 741 BGB Rn. 1; MüKo BGB[6]/*Schmidt, K.*, § 741 BGB Rn. 4 f.

622 So auch *Fritzweiler, J.*, Haftung bei Sportunfällen, 1978, S. 16 f. und *Sievers, M.*, Die zivilrechtliche Haftung des Sportlers wegen Dopings, 1996, S. 152, letzterer nennt als Gegenbeispiel das gemeinsame Bestreiten einer Doppelkonkurrenz bei einem Tennis Grand-Slam-Turnier. Dagegen jedoch *Galli, B.*, Haftungsprobleme bei alpinen Tourengemeinschaften, 1995, der zwischen Bergsteigern in den meisten Fällen eine GbR annimmt. Anderer Ansicht für Bergsportler ist *Beulke, S.*, Die Haftung des Bergführers bei beruflicher und privater Ausübung des Bergsports, 1994, S. 146 ff.

623 Siehe zu diesem Begründungsansatz oben: *Kontakt zwischen den Rennteilnehmern als ähnlicher geschäftlicher Kontakt im Sinne von § 311 II Nr. 3 BGB S. 121 ff.*

624 Siehe auch zu dieser Begründung oben: *Kontakt zwischen den Rennteilnehmern als ähnlicher geschäftlicher Kontakt im Sinne von § 311 II Nr. 3 BGB S. 121 ff.*

relative Schutzpflichten zwischen den Radsportlern begründen. Obwohl mit der gemeinsamen Rennteilnahme den anderen eine erhöhte Einwirkungsmöglichkeit auf die eigenen Rechtsgüter ermöglicht wird, geht damit kein nach Treu und Glauben anzuerkennendes Vertrauen einher, diese Rechtsgüter seien gegenüber dem anderen besonders geschützt. Ein berechtigtes Vertrauen auf einen solchen Schutz besteht nur dann, wenn die Preisgabe in Hinblick auf die Begründung einer rechtsgeschäftlichen Beziehung zwischen den Parteien erfolgt.[625] Die Sportler zielen mit der gemeinsamen Rennteilnahme gerade nicht auf eine Veränderung ihrer Vermögens- oder Rechtslage, sondern möchten nur ihre sportlichen Möglichkeiten verändern. Die Absprache und die gemeinsame Teilnahme erfolgt daher aus sportinternen Gründen und nicht um eine rechtsgeschäftliche Beziehung zu begründen. Es wäre nicht sachgerecht, dieser sportlichen Kooperation durch die Annahme von relativen Schutzpflichten auch eine rechtliche Ebene beizumessen.

g) Zusammenfassung

Verabreden sich Rennfahrer zur gemeinsamen Rennteilnahme, ohne dieser Vereinbarung ausdrücklich Rechtsverbindlichkeit zukommen zu lassen, so besteht zwischen den Fahrern regelmäßig kein Gesellschaftsvertrag mangels Rechtsbindungswillen. Zumeist liegt auch kein rechtlich relevantes Interesse der Beteiligten an der Begründung von relativen Schutzpflichten vor, sodass auch in diesem Wege keine für § 280 I BGB relevante Sonderverbindung entsteht. Auch ein einheitliches gesetzliches Schuldverhältnis entsteht zwischen den Parteien durch die gemeinsame Rennteilnahme als Team nicht, da kein rechtlich anzuerkennendes Vertrauen auf das Bestehen relativer Schutzpflichten besteht. Die Verabredung und die Erbringung der Sportleistungen haben damit insoweit nur sportliche Bedeutung.

V. Zwischenergebnis

An dieser Stelle lassen sich bereits wichtige Zwischenergebnisse festhalten.

1. Überblick über das Bestehen relativer Schutzpflichten zwischen Radsportlern im Wettkampf

In der Regel bestehen zwischen den Rennteilnehmern relative Schutzpflichten, bei deren Verletzung gemäß § 280 I BGB gehaftet werden muss. Diese folgen aus dem zwischen den Rennteilnehmern und dem Spitzenverband (beziehungsweise unter Umständen mit dem Veranstalter des Rennens) geschlossenen Regelanerkennungsvertrag, der in der Nennungsvereinbarung und/oder der Lizensierungsvereinbarung enthalten ist, da der Regelanerkennungsvertrag nach den Grundsätzen des Vertrages

625 Siehe dazu oben: *Kontakt zwischen den Rennteilnehmern als ähnlicher geschäftlicher Kontakt im Sinne von § 311 II Nr. 3 BGB S. 121 ff.*

mit Schutzwirkung für Dritte Schutzwirkung gegenüber dem geschädigten Radsportler entfaltet.

Eine weitere Möglichkeit des Entstehens von relativen Schutzpflichten zwischen den Wettkämpfern ist, dass diese sich zu einer Gesellschaft bürgerlichen Rechts zusammenschließen, um gemeinsam an Rennen teilzunehmen. In diesem Fall entfaltet der Regelanerkennungsvertrag zwischen den Gesellschaftern mangels Schutzbedürftigkeit der Betroffenen keine Schutzwirkung.

Dagegen führt die gemeinsame Mitgliedschaft im selben Sportverein nicht zu relativen Schutzpflichten zwischen den Vereinsmitgliedern. Dementsprechend führt die gemeinsame mittelbare Mitgliedschaft im Spitzenverband erst-recht nicht zu relativen Schutzpflichten zwischen den Rennfahrern.

Auch aus dem gemeinsamen Näheverhältnis, das aus der gemeinsamen Rennteilnahme folgt, ergeben sich mangels rechtsgeschäftlichen Charakters dieses Verhältnisses keine relativen Schutzpflichten.

Aus einer möglichen arbeits- oder sonst dienstvertraglichen Verbindung der Radsportler mit dem gleichen Team folgen ebenfalls keine relativen Schutzpflichten zwischen den Radsportlern. Hier ergeben sich keine sportspezifischen Besonderheiten und es kann auf die allgemeinen Lehren und Grundsätze aus dem Arbeitsrecht zur Haftung bei Schädigung eines anderen Arbeitnehmers zurückgegriffen werden.

2. *Mögliche Pflichtverletzungen der Radsportler im Wettkampf*

Sowohl bei einer Haftung aufgrund des drittschützenden Regelanerkennungsvertrages als auch bei einer Haftung aufgrund einer gesellschaftsrechtlichen Verbundenheit zwischen den Rennteilnehmern kommt als Pflichtverletzung nur regelwidriges Verhalten in Betracht. Regelkonformes Verhalten stellt dagegen in beiden Fällen keine Pflichtverletzung dar.

Im Falle des Regelanerkennungsvertrages ist dies zwischen den Parteien ausdrücklich so vereinbart. Im Fall eines Gesellschaftsvertrages zwischen den Sportlern ist dies entweder ebenfalls Folge einer ausdrücklichen Regelung oder ergibt sich aus einer ergänzenden Vertragsauslegung.

Dabei ist dieses Ergebnis nicht selbstverständlich. Im Falle der ergänzenden Vertragsauslegung könnte man auch überlegen, bei den Schutzpflichten einen strengeren Maßstab als das Sportreglement anzulegen. Beim Radsport käme dafür beispielsweise die StVO in Betracht. Dies wäre aber nicht überzeugend, da der hypothetische Parteiwille der sportspezifischen Gefährdungslage ausreichend Rechnung tragen möchte. Damit zeigt sich bereits an dieser Stelle der große Einfluss des Sportreglements.

VI. Vertretenmüssen des Konkurrenten

1. *Milder Maßstab bei Bestimmung der Fahrlässigkeit*

Der Schädiger müsste die Pflichtverletzung und damit seine Regelübertretung auch zu vertreten haben, § 280 I 2 BGB. Dafür ist vorliegend Vorsatz oder Fahrlässigkeit notwendig, nachdem eine strengere Haftung nicht bestimmt ist, § 276 I 1 BGB.

Bei der Beurteilung des Verschuldens ist die besondere Interessenlage im Sport zu berücksichtigen. Dies wird im Rahmen der deliktischen Haftung ausführlich dargestellt. Insbesondere ist nicht jede Regelübertretung als fahrlässiges Verhalten im Sinne von § 276 II BGB zu bewerten, da bei der Festlegung des Sorgfaltsmaßstabs die Gefährlichkeit der Handlung, die Eigenart der Sportart, die Situation der Regelübertretung sowie die Fähigkeiten der Sportler eine große Rolle spielen. Insgesamt sind milde und keine strengen Anforderungen an ein sorgfaltsgemäßes Verhalten zu stellen.[626]

2. *Beweislast*

Gemäß § 280 I 2 BGB wird das Vertretenmüssen des Schädigers vermutet, diesem bleibt allerdings die Möglichkeit, sich zu exkulpieren.[627] Für den schädigenden Sportler bedeutet dies einen Nachteil gegenüber der deliktischen Haftung, bei der das Verschulden vom Geschädigten bewiesen werden muss.[628] In der Praxis der Sporthaftung ist die Bedeutung der Beweislast nicht zu unterschätzen: In der Rechtsprechung finden sich viele Beispiele, bei denen die Klage des geschädigten Sportlers mangels Beweises des nicht regelkonformen Verhaltens abgewiesen wurde.[629]

Allerdings ist bei genauerer Betrachtung der Nachteil nicht so groß, wie es auf den ersten Anschein wirkt. Für die Haftung nach § 280 I BGB ist grundsätzlich eine Pflichtverletzung notwendig, vorliegend der Verstoß gegen eine zwischen den Teilnehmern bestehende Schutzpflicht. Voraussetzung für den Verstoß gegen die Schutzpflicht ist wiederum, dass der Schädiger sich regelwidrig verhält. Diese Pflichtverletzung ist genau wie das Vorliegen eines Schadens vom Geschädigten zu beweisen.[630] Daher wird nach § 280 I 2 BGB lediglich vermutet, dass der Geschädigte das regelwidrige Verhalten auch zu vertreten hat. Dem Geschädigten obliegt insoweit also die Beweislast bezüglich

626 Siehe unten: *Regelverstöße und deren Verhältnis zur im Verkehr erforderlichen Sorgfalt S. 205 ff.*

627 Palandt[73]/*Grüneberg, C.*, § 280 BGB Rn. 40; MüKo BGB[6]/*Ernst, W.*, § 280 BGB Rn. 31 und 139; Staudinger/*Schwarze, R.*, Stand 2014, § 280 BGB Rn. D,4; *Looschelders, D.*, Schuldrecht, Allgemeiner Teil, 10. Aufl. 2012, Rn. 558.

628 Siehe dazu ausführlich unten: *Beweisprobleme S. 235 ff.*

629 *BGH*, Urteil v. 27.10.2009 (Az. VI ZR 296/08), NJW 2010, 537–539; *BGH*, Urteil v. 5.11.1974 (Az. VI ZR 100/73), NJW 1975, 109–112; *OLG Köln*, Urteil v. 23.1.2002 (Az. 17 U 29/01), zitiert nach Juris; *OLG Hamburg*, Urteil v. 18.12.2000 (Az. 8 U 116/00), zitiert nach Juris; *OLG Hamm*, Urteil v. 9.1.1997 (Az. 27 U 155/96), zitiert nach Juris; *OLG Düsseldorf*, Urteil v. 14.11.1991 (Az. 10 U 80/91), zitiert nach Juris; *OLG Düsseldorf*, Urteil v. 3.7.1990 (Az. 4 U 200/89), VersR 1992, 247.

630 Palandt[73]/*Grüneberg, C.*, § 280 BGB Rn. 35; MüKo BGB[6]/*Ernst, W.*, § 280 BGB Rn. 30a; *Schild, W.*, Doping in strafrechtlicher Hinsicht, in: Schild, W., Rechtliche Fragen des Dopings, 1986, F1 und F26.

des Vorliegens der besonderen Umstände, die ein Verschulden trotz Regelverstoßes ausschließen.[631]

VII. Mitverschulden

In gewissen Konstellationen kommt ein Mitverschulden des Geschädigten in Betracht. Für eine ausführliche Darstellung dieser Problematik sei ebenfalls nach unten in die Prüfung des § 823 I BGB verwiesen.[632]

VIII. Schaden

Bei der Voraussetzung, dass dem verletzten Sportler ein Schaden entstanden sein müsste, bestehen keine sportspezifischen Besonderheiten, sodass sich eine Erörterung an dieser Stelle erübrigt.

IX. Einwilligung

Gerade bei Kampfsportarten kommt eine Einwilligung des Geschädigten in die Rechtsgutverletzung in Betracht.[633] Diese ist für den vorliegenden vertraglichen Anspruch nur dann relevant, wenn sie auch Verletzungen in Folge regelwidrigem Verhalten erfasst.[634] Dies wird in der Regel nicht der Fall sein, da die Einwilligung eng ausgelegt werden muss, um nicht in den Bereich der Fiktion zu geraten. Sollte allerdings ausnahmsweise eine solche Einwilligung vorliegen, würde diese auch den vertraglichen Anspruch ausschließen.

X. Rechtsgeschäftlicher Haftungsausschluss zwischen den Rennfahrern

Zwischen den Rennteilnehmern besteht auch kein vertraglicher Haftungsausschluss für regelwidriges Verhalten. Noch näher läge ein vertraglicher Haftungsausschluss für regelkonformes Verhalten, jedoch besteht auch ein solcher nicht – weder aufgrund Vereinbarung zwischen den Teilnehmern noch aufgrund Vereinbarung zwischen den Teilnehmern und dem Spitzenverband.[635] Dementsprechend besteht erst recht kein vertraglicher Haftungsausschluss für regelwidriges Verhalten.

---

631 Siehe zu diesen unten: *Regelverstöße und deren Verhältnis zur im Verkehr erforderlichen Sorgfalt S. 205 ff.*

632 Siehe unten: *Die Bedeutung des Mitverschuldens gemäß § 254 BGB bei Sporthaftungsfällen, insbesondere auch zur Bedeutung des Handelns auf eigene Gefahr S. 217 ff.*

633 Siehe dazu ausführlich unten: *Vorrang einer rechtsgeschäftlichen Lösung S. 222 ff.*

634 Siehe gerade: *Mögliche Pflichtverletzungen der Radsportler im Wettkampf S. 154.*

635 Siehe dazu unten: *Bestehen einer vertraglich vereinbarten Haftungsmilderung S. 178 ff.*

B. Zusammenfassung

Insgesamt kann festgehalten werden, dass eine Haftung zwischen Radrennfahrern nach einem Rennunfall gemäß § 280 I BGB in Betracht kommt.

I. Sonderverbindung zwischen den Wettkämpfern

Zwischen den Wettkämpfern besteht in der Regel kein direktes Schuldverhältnis, bei dessen Verletzung gemäß § 280 I BGB Schadensersatz zu leisten wäre. Durch die Rennteilnahme entsteht weder ein vertragliches Schuldverhältnis noch ein ähnlicher geschäftlicher Kontakt gemäß § 311 II Nr. 3 BGB. Vielmehr ist das Verhältnis zwischen den Rennteilnehmern rechtlich durch den Regelanerkennungsvertrag mit dem Spitzenverband geprägt. Dem Regelanerkennungsvertrag kommt allerdings drittschützender Charakter zu, sodass auf diesem Wege zwischen den Rennteilnehmern doch relative Schutzpflichten bestehen. Dementsprechend kommt eine Haftung des Sportlers gegenüber seinem geschädigten Konkurrenten gemäß § 280 I BGB iVm den Grundsätzen des Vertrages mit Schutzwirkung für Dritte in Betracht. Diese Schutzwirkung kann gerade auch für die Dopingbekämpfung von entscheidender Bedeutung sein, da sie den Ersatz von primären Vermögensschäden der geschädigten Sportler ermöglicht. Im Fall des Dopings werden den geschädigten Sportlern häufig nur reine Vermögensschäden entstehen, die sie mithilfe des § 823 I BGB nicht ersetzt bekommen.

Sind die Unfallbeteiligten Mitglieder eines Teams, bestehen zwischen den Beteiligten relative Schutzpflichten nur bei ausdrücklicher Gründung einer Gesellschaft bürgerlichen Rechts, über eine gemeinsame Mitgliedschaft im selben Sportverein entstehen dagegen keine relativen Schutzpflichten. Sind die Sportler nur dadurch verbunden, dass sie für den gleichen Arbeitgeber ihre Sportleistungen erbringen, bestehen zwischen ihnen ebenfalls keine relativen Schutzpflichten. Verabreden sich Sportler lose zur gemeinsamen Rennteilnahme, führt diese Verabredung in aller Regel weder zur Gründung einer Gesellschaft bürgerlichen Rechts noch kann aus der Verabredung oder der tatsächlichen Leistungserbringung ein Gefälligkeitsverhältnis mit relativen Schutzpflichten abgeleitet werden.

II. Das Entstehen von relativen Schutzpflichten im Sport

Die Untersuchung zeigt damit auf, wann zwischen Radsportlern aufgrund der Rennteilnahme relative Schutzpflichten entstehen. Die Ergebnisse sind allerdings nicht auf den Sport beschränkt.

Zunächst bedürfen relative Schutzpflichten einer Begründung. Eine solche läge unproblematisch vor, wenn die Parteien sich rechtsgeschäftlich auf das Bestehen von relativen Schutzpflichten einigen würden. Dies dürfte allerdings die Ausnahme sein.

Darüber hinaus haben trotz § 311 II Nr. 3 BGB die bisher vorgetragenen Begründungen für relative Schutzpflichten weiterhin ihre Berechtigung. § 311 II Nr. 3 BGB darf nicht selbst als Begründung missverstanden werden, vielmehr wurde mit § 311 II Nr. 3 BGB eine Generalklausel geschaffen, die bei Vorliegen der Voraussetzungen der bekannten Begründungsansätze relative Schutzpflichten auch gesetzlich anerkennt. Damit ist auch die zukünftige Entwicklung relativer Schutzpflichten in weiteren neuen Konstellationen rechtlich anerkannt. Neue Begründungsansätze sind damit grundsätzlich denkbar, im Rahmen der Begegnung von Sportlern im Wettkampf wurde allerdings kein neuer Begründungsansatz gefunden.

Bisher gibt es im Wesentlichen zwei Begründungsansätze für das Entstehen relativer Schutzpflichten ohne das Bestehen eines Schuldverhältnisses. Teilweise wird auch in diesem Fall hauptsächlich auf die Willensübereinkunft in Hinblick auf das zukünftige vertragliche Schuldverhältnis abgestellt, das gerade zwischen den Beteiligten entsteht oder entstehen könnte. Die andere Ansicht löst sich stärker von der möglichen zukünftigen Willensübereinkunft der Beteiligten und leitet relative Schutzpflichten direkt aus Treu und Glauben ab. Die Vertreter dieser Ansicht nehmen ein gesetzliches Schuldverhältnis mit relativen Schutzpflichten an, wenn nach Treu und Glauben ein berechtigtes Vertrauen eines Beteiligten auf einen gesteigerten Schutz seiner Rechte und Rechtsgüter besteht.

Die Grundsätze des Vertrages mit Schutzwirkung für Dritte eignen sich zur Prüfung, ob zwischen Parteien, die mit einer dritten Partei sternförmig vertraglich verbunden sind, relative Schutzpflichten entstehen. Dies ist deutlich genauer, als bei Vorliegen einer solchen sternförmigen vertraglichen Bindung generell Schutzpflichten abzulehnen oder zu bejahen. Die Untersuchung hat gezeigt, dass trotz struktureller Gemeinsamkeiten zwischen dem Verhältnis der Arbeitnehmer und dem Verhältnis der Rennteilnehmer zueinander das Ergebnis unterschiedlich ausfallen kann. Die strukturelle Gemeinsamkeit besteht in der sternförmigen vertraglichen Bindung der Sportler beziehungsweise Arbeitnehmer an einen zentralen Vertragspartner. Der Unterschied liegt jedoch darin, dass der Arbeitsvertrag nicht die Verhältnisse der Arbeitnehmer zueinander regeln will, sondern den Austausch von Lohn und Arbeit im Verhältnis zum Arbeitgeber. Dagegen zielt der Regelanerkennungsvertrag auch darauf, das Verhältnis der Sportler zueinander im Wettkampf zu regeln.

III. Bestehen einer Gesellschaft zwischen Wettkampfteilnehmern

Es konnte gezeigt werden, dass Sportler häufig einen gemeinsamen Zweck verfolgen. Das liegt an der engen Verknüpfung von Sport und Wettkampf sowie dem Umstand, dass der Wettkampf stets mehrere Teilnehmer voraussetzt und daher als gemeinsamer Zweck verstanden werden kann.

Dennoch ist bei der Annahme von gesellschaftsrechtlichen Bindungen zwischen den Sportlern Zurückhaltung geboten. Dies gilt auch für den Fall der Gründung einer Gefälligkeitsgesellschaft, die nur relative Schutzpflichten zur Folge hätte. In den meisten Fällen wird es an einem Willen zur Gründung einer Gesellschaft fehlen und auch für eine Gefälligkeitsgesellschaft, die bloß relative Schutzpflichten zur Folge hätte, fehlt es zumeist am Interesse der Sportler an der Begründung solcher Schutzpflichten. Es besteht auch kein normativ berechtigtes Vertrauen der Sportler auf solche Schutzpflichten aufgrund der gemeinsamen Wettkampfteilnahme.

4. Kapitel: Haftung gemäß § 823 I BGB bei Unfällen im Wettkampf

A. Vorüberlegung

Im Folgenden wird eine mögliche Haftung zwischen den Rennfahrern gemäß § 823 I BGB untersucht. Als Ausgangspunkt der Überlegungen sollen wieder die bereits genannten zwei typischen Unfallmuster während eines Radrennens mit Massenstart dienen. Bei *Unfallmuster eins*[636] kommt es zur Berührung und Sturz der Fahrer aufgrund des geringen Abstandes des Hinterherfahrenden. Bei *Unfallmuster zwei*[637] kommt es zum Sturz des hinterherfahrenden Sportlers, da der vor ihm fahrende Rennteilnehmer während des Zielsprints mehrmals die Fahrlinie wechselt und sich deshalb das Vorderrad des Hinterherfahrenden und das Hinterrad des Vorausfahrenden berühren.

I. Rechtslage ohne Berücksichtigung der sportspezifischen Besonderheit der Situation

Um den Blick für die sportspezifischen Besonderheiten des Falles zu schärfen, soll zunächst die Haftung bei beiden Unfällen so untersucht werden, als ob es sich um normale Verkehrsunfälle handeln würde und nicht um Unfälle während eines Radrennens.

1. Unfallmuster eins: Sturz aufgrund des zu geringen Abstandes zwischen den Fahrern

Bei Unfallmuster eins muss der hintere Fahrer gemäß § 823 I BGB haften, da er nicht den notwendigen Sicherheitsabstand eingehalten hat.

a) Rechtsgutverletzung[638] durch aktives Tun

Als verletzte Rechte kommen je nach Unfall das Leben, der Körper, die Gesundheit und das Eigentum in Betracht. Dabei stellen sich keine Probleme.

Das haftungsbegründende Verhalten des Hinterherfahrenden liegt in dem Fahren mit zu geringem Abstand nach vorne bzw. zur Seite. Dies ist als Handlung im

---

636 Siehe oben: *S. 107.*

637 Siehe oben: *S. 107.*

638 Im Folgenden ist mit Rechtsgut auch das absolut geschützte Recht Eigentum gemeint. Auf eine sprachliche Unterscheidung wird zum Zwecke der Übersichtlichkeit verzichtet.

Rechtssinne, also als ein der Bewusstseinskontrolle und Willenslenkung unterliegendes und damit beherrschbares Verhalten, zu qualifizieren.[639] Es handelt sich um aktives Tun und nicht um pflichtwidriges Unterlassen, da gerade in der Tätigkeit selbst der Kern des vorwerfbaren Verhaltens zu erblicken ist. Es wäre nicht überzeugend, das Nichteinhalten des gebotenen Abstandes als pflichtwidriges Unterlassen zu qualifizieren, da mit dem Unterschreiten des gebotenen Sicherheitsabstandes die Rechte und Rechtsgüter des anderen Verkehrsteilnehmers aktiv gefährdet werden und nicht etwa eine bestehende Gefahrenlage nicht beseitigt wird.[640] Auch wenn man auf den sozialen Sinngehalt des Handelns als Abgrenzungskriterium abstellen wollte[641], ergäbe sich keine andere Wertung. Der vorwerfbare Teil des Verhaltens liegt in der Fortbewegung mit zu geringem Sicherheitsabstand beziehungsweise bereits in der Verringerung des Sicherheitsabstandes unter den erlaubten Abstand.

b) Kausalität zwischen Fahren mit geringen Sicherheitsabstand und Rechtsgutverletzung

Zwischen dem Fahren mit zu geringem Sicherheitsabstand und der Rechtsgutverletzung besteht in aller Regel der notwendige kausale Zusammenhang. Das dichte Fahren führt zu Kollisionen und damit in manchen Fällen zu Rechtsgutverletzungen. Streng naturwissenschaftlich betrachtet besteht an der Kausalität kein Zweifel, aber auch die zur Einschränkung des Zusammenhanges vertreten Ansätze der Adäquanz[642] und des Schutzzwecks der Norm[643] kommen zu keinem anderen Ergebnis. Es liegt nicht außerhalb jeder Wahrscheinlichkeit, dass ein Unterschreiten des gebotenen Sicherheitsabstandes im Straßenverkehr zu Kollisionen und damit zu Rechtsgutverletzungen führen kann. Genauso wenig sind solche Konstellationen vom Schutzzweck der Norm ausgeschlossen. § 823 I BGB soll zusammen mit den den Sorgfaltsmaßstab bestimmenden Normen der StVO vor Schäden an absoluten Rechten und Rechtsgütern im Rahmen von Verkehrsunfällen schützen.[644]

---

639 Zum Handlungsbegriff siehe BeckOk BGB/*Spindler, G.*, Stand 11.2013, § 823 BGB Rn. 5; Staudinger/*Hager, J.*, Stand 2009, § 823 BGB Rn. H 1; MüKo BGB[6]/ *Wagner, G.*, § 823 BGB Rn. 305; *BGH*, Urteil v. 12.2.1963 (Az. VI ZR 70/62), NJW 1963, 952–954; *BGH*, Urteil v. 01.07.1986 (Az. VI ZR 294/85), NJW 1987, 121.

640 Für diese Art der Abgrenzung zwischen aktivem Tun und pflichtwidrigem Unterlassen Staudinger/*Hager, J.*, Stand 2009, § 823 BGB Rn. H 6; *Deutsch, E.*, Allgemeines Haftungsrecht, 2. Aufl. 1996, S. 74.

641 MwN. für diese Abgrenzung Staudinger/*Hager, J.*, Stand 2009, § 823 BGB Rn. H 6.

642 Für eine ausführliche Darstellung der Theorie mit weiteren Nachweisen siehe Staudinger/*Schiemann, G.*, Stand 2005, § 249 BGB Rn. 12–26; MüKo BGB[6]/*Oetker, H.*, § 249 BGB Rn. 104–114.

643 Siehe hierzu mit weiteren Nachweisen Staudinger/*Schiemann, G.*, Stand 2005, § 249 BGB Rn. 27 ff.; MüKo BGB[6]/*Oetker, H.*, § 249 BGB Rn. 115–121.

644 Für die Ausrichtung der Schutzzwecklehre im Falle des § 823 I BGB an der einschlägigen deliktischen Sorgfaltspflicht siehe MüKo BGB[6]/ *Wagner, G.*, § 823 BGB Rn. 311.

c) *Rechtswidrigkeit*

Folgt man der aktuell herrschenden Meinung, wäre das Verhalten des Hinterherfahrenden als unmittelbare Schädigungshandlung mangels Eingreifens eines Rechtfertigungsgrundes rechtswidrig. Als unmittelbar wird nach der Definition von *Larenz* ein Eingriff bezeichnet, wenn der Eingriff „noch als Bestandteil der Handlung anzusehen“[645] ist.[646]

Die aktuell herrschende Ansicht ist ein Kompromiss aus Elementen der Lehre vom Handlungs- und Erfolgsunrecht: bei unmittelbaren Verletzungen soll bereits die eingetretene Rechtsgutverletzung die Rechtswidrigkeit indizieren; bei mittelbaren Verletzungen hingegen bedarf es eines Verstoßes gegen eine objektive Verkehrspflicht.[647] Eine kritische Würdigung der vorgebrachten Lösungsvorschläge zur Rechtswidrigkeit soll erst im Rahmen der eigentlichen Untersuchung mit Berücksichtigung der sportspezifischen Besonderheit erfolgen.[648]

d) *Verschulden*

Dem Hinterherfahrenden müsste Fahrlässigkeit oder Vorsatz zur Last fallen. Vorsatz wird im Regelfall nicht gegeben sein, womit sich die Prüfung auf die Fahrlässigkeit konzentriert. Das Nichteinhalten des notwendigen Sicherheitsabstandes ist aber in aller Regel fahrlässig.

Gemäß § 276 II BGB handelt fahrlässig, wer die im Verkehr erforderliche Sorgfalt außer Acht lässt. Ganz überwiegend wird die Fahrlässigkeit objektiv festgelegt.[649] Für die Teilnahme am Straßenverkehr wird die im Verkehr erforderliche Sorgfalt hauptsächlich durch die StVO bestimmt.[650] Wie bereits gezeigt, müssen Radfahrer gemäß § 4 I 1 StVO einen Sicherheitsabstand in Höhe von 1/3 der gefahrenen Geschwindigkeit in Kilometer pro Stunde in Metern einhalten.[651] Konkret wäre also bei Tempo 30 Kilometer pro Stunde ein Abstand von 10 m zum Vordermann nötig. Beim Überholen wäre ein Seitenabstand von 1,5 m einzuhalten, der allerdings unter Umständen

---

645 *Larenz, K.*, Rechtswidrigkeit und Handlungsbegriff im Zivilrecht, in: Caemmerer, E. von, Vom deutschen zum europäischen Recht, Festschrift für Hans Dölle, S. 193.

646 MwN. auch zu anderen Differenzierungen siehe MüKo BGB[6]/*Wagner, G.*, § 823 BGB Rn. 7.

647 MwN.: MüKo BGB[6]/*Wagner, G.*, § 823 BGB Rn. 7; Staudinger/*Hager, J.*, Stand 2009, § 823 BGB Rn. H 16; BeckOk BGB/*Spindler, G.*, Stand 11.2013, § 823 BGB Rn. 10.

648 Siehe dazu unten: *Eigener Vorschlag zur angemessenen Berücksichtigung der sportspezifischen Interessenlage am Beispiel des Radsport S. 172 ff.*

649 MüKo BGB[6]/*Wagner, G.*, § 823 BGB Rn. 36; BeckOk BGB/*Spindler, G.*, Stand 11.2013, § 823 BGB Rn. 21; MüKo BGB[6]/*Grundmann, S.*, § 276 BGB Rn. 55 f.; *BGH,* Urteil v. 13.2.2001 (Az. VI ZR 34/00), NJW 2001, 1786, 1787; *BGH,* Urteil v. 21.05.1996 (Az. VI ZR 161/95), NJW-RR 1996, 981.

650 MüKo BGB[6]/*Wagner, G.*, § 823 BGB Rn. 536; *Burmann, M.* in: Burmann, Michael/ Jahnke, Jürgen/Heß, Rainer u. a., Straßenverkehrsrecht, 23. Aufl. 2014, Einführung Rn. 130.

651 Siehe oben *§ 3 StVO – Geschwindigkeit, § 4 StVO – Abstand S. 99 ff.*

im Einzelfall geringer ausfallen dürfte, wenn zum Beispiel nicht ausreichend Platz zur Verfügung steht und die Fahrer sich dahingehend verständigt haben.[652]

Dementsprechend handelt in Unfallmuster eins der Hinterherfahrende fahrlässig, da er nicht den gebotenen Sicherheitsabstand einhält.

e) Mitverschulden

01) Allgemeines

Ereignet sich das Unfallmuster eins im Straßenverkehr, ist im Regelfall kein Mitverschulden des Vordermannes gemäß § 254 I BGB gegeben, da dieser auf ein normgerechtes Verhalten des anderen Radfahrers vertrauen darf.[653]

02) Pflicht zum Tragen eines Helmes

Möglicherweise liegt im Nichttragen eines Helmes ein Mitverschulden gemäß § 254 I BGB, wenn es zu einer Kopfverletzung kommt. Die Rechtsprechung zur Lösung dieses Problems ist nicht einheitlich. Teilweise wird eine Helmpflicht abgelehnt[654] oder nur in besonderen Situationen wie zum Beispiel „sportliches Radfahren“[655] oder „radfahrende Kinder“[656] angenommen.

In letzter Zeit hat ein Urteil des *OLG Schleswig-Holstein* Aufsehen erregt, in dem ein Mitverschulden des Radfahrers bei Nichttragen eines Helmes selbst im alltäglichen Straßenverkehr ohne spezielle Gefährdungslage angenommen wurde.[657] Im Schrifttum wird die Frage unterschiedlich beantwortet.[658] Allerdings hat der BGH

---

652 Siehe oben *§ 5 StVO – Überholen S. 99.*

653 Dies ist ein den Sorgfaltsmaßstab im Straßenverkehr bestimmender Grundsatz vgl.: BeckOk BGB/*Spindler, G.*, Stand 11.2013, § 823 BGB Rn. 443; MüKo BGB[6]/*Grundmann, S.*, § 276 BGB Rn. 139; siehe zum Beispiel auch *BGH,* Urteil v. 11.1.2005 (Az. VI ZR 352/03), NJW 2005, 1351, 1352.

654 *BGH,* Urteil v. 30.5.1969 (Az. VI ZR 201/68), NJW 1969, 1898, 1899; *OLG Hamm,* Urteil v. 26.9.2000 (Az. 27 U 93/0087), NZV 2001, 86; *OLG Nürnberg,* Urteil v. 23.10.1990 (Az. 3 U 2574/90), NJW-RR 1991, 546, 546 f., trotz Benutzung eines Rennrades; *OLG Karlsruhe,* Urteil v. 24.01.1990 (Az. 1 U 94/89), NZV 1995, 25, 26; *OLG Düsseldorf,* Urteil v. 18.06.2007 (Az. I-1 U 278/06), NZV 2007, 614, 616; *OLG Hamm,* Urteil v. 9.11.2001 (Az. 9 U 252/98), NZV 2002, 129, 131.

655 *OLG Saarbrücken,* Urteil v. 09.10.2007 (Az. 4 U 80/07), NJW-RR 2008, 266, 268; *LG München II,* Urteil v. 09.08.2012 (Az. 8 O 345/12), FD-StrVR 2013, 344722; *OLG Düsseldorf,* Urteil v. 12.02.2007 (Az. I-1 U 182/06), NZV 2007, 619, 621 f.; *OLG München,* Urteil v. 3.3.2011 (Az. 24 U 384/10), zitiert nach Juris; offen gelassen *BGH,* Urteil v. 4.11.2008 (Az. VI ZR 171/07), NZV 2009, 177, 177 f.

656 *LG Krefeld,* Urteil v. 22.12.2005 (Az. 3 O 179/05), NZV 2006, 205, allerdings aufgehoben durch *OLG Düsseldorf,* Urteil v. 14.08.2006 (Az. I-1 U 9/06), NZV, 38, 39.

657 *OLG Schleswig-Holstein,* Urteil v. 05.06.2013 (Az. 7 U 11/12), zitiert nach Juris.

658 Befürwortend Staudinger/*Schiemann, G.*, Stand 2005, § 254 BGB Rn. 51; ablehnend BeckOk BGB/*Unberath, H.*, Stand 05.2014, § 254 BGB Rn. 16; MüKo BGB[6]/*Oetker, H.*, § 254 BGB Rn. 42; *Kettler, D.*, NZV 2007, 39, 39 f.; *ders.* NZV 2007, 603–606; *Scheidler,*

die Entscheidung aufgehoben und entschieden, dass im alltäglichen Straßenverkehr das Nichtragen eines Helmes beim Fahrradfahren kein Mitverschulden begründet, wobei jedoch die Einschränkung auf Unfälle bis 2011 Spielraum für Interpretationen eröffnet.[659]

Zuzugeben ist den Befürwortern der Helmpflicht, dass ein Mitverschulden nicht daran scheitert, dass der Verordnungsgeber in § 21a II 1 StVO eine Helmpflicht zwar für Motorräder, nicht aber für Fahrräder vorsieht. Grundsätzlich kommt ein Mitverschulden auch dann in Betracht, wenn der Betroffene keine Rechtspflicht verletzt hat.[660] Daher ist zu entscheiden, welche Sicherungsmaßnahmen beim Fahrradfahren nach vernünftiger Anschauung getroffen werden müssen. Dies bemisst sich nach der Schwere und Wahrscheinlichkeit der zu erwartenden Verletzungen, dem Aufwand der Sicherungsmaßen und dem Sicherheitsgewinn durch die Maßnahmen.[661]

Wie oben bereits gezeigt wurde, vermindert das Tragen eines Helmes das Risiko von Kopfverletzungen signifikant.[662] Gerade Kopfverletzungen können zu schweren Schädigungen oder sogar zum Tod führen. Andererseits bedeutet das Tragen eines Helmes nur geringen Aufwand. Die am Markt erhältlichen Helme erfüllen zumeist einen hohen Sicherheitsstandard[663] und sind bereits für niedrige Preise zu erwerben. Dies würde für ein Mitverschulden sprechen.

Allerdings kann ein Mitverschulden nur dann angenommen werden, wenn die in Frage stehende Sicherungsmaßnahme bereits einen ausreichend großen Verbreitungsgrad in der Gesellschaft hat.[664] Nur so kann sichergestellt werden, dass nicht zu strenge Anforderungen an das Verhalten im Alltag gestellt werden. Aktuell kann noch nicht davon ausgegangen werden, dass das Tragen eines Helmes beim

---

A., SVR 2010, 368, 373; *König, P.* in: Hentschel, Peter/König, Peter/Dauer, Peter, Straßenverkehrsrecht, 42. Aufl. 2013, § 21a StVO Rn. 24; *Scheidler, A.*, SVR 2010, 368, 373 f., allerdings offen gelassen für besonders gefährdete Radfahrer; *Janker, H.* in: Burmann, Michael/Jahnke, Jürgen/Heß, Rainer u. a., Straßenverkehrsrecht, 23. Aufl. 2014, § 21a StVO Rn. 7a, befürwortend jedoch für besonders gefährdete Radfahrer; offen gelassen *Scholten, H.-J.*, SVR 2012, 161–168 und *ders.* NJW 2012, 2993, 2994.

659 *BGH,* Urteil v. 17.6.2014 (Az. VI ZR 281/13), zitiert nach Juris.

660 Das ist allgemeine Meinung, vgl. MüKo BGB^{6}/*Oetker, H.*, § 254 BGB Rn. 3; BeckOk BGB/*Unberath, H.*, Stand 05.2014, § 254 BGB Rn. 9. Darauf weist auch der BGH hin *BGH,* Urteil v. 17.6.2014 (Az. VI ZR 281/13), zitiert nach Juris, Rn. 12 f.

661 Zur Bemessung der Sicherungsmaßnahmen siehe MüKo BGB^{6}/*Oetker, H.*, § 254 BGB Rn. 30 f.; BeckOk BGB/*Unberath, H.*, Stand 05.2014, § 254 BGB Rn. 9.

662 Siehe oben: *Sturzhelm S. 75,* die dortigen Nachweise beziehen sich allerdings hauptsächlich auf das Radfahren als Sport. Die Ergebnisse dürften jedoch auf Unfälle im normalen Verkehrsgeschehen übertragbar sein.

663 Zumeist die *DIN EN 1078 Helme für Radfahrer und für Benutzer von Skateboards und Rollschuhen.*

664 MwN.: *Looschelders, D.*, Die Mitverantwortlichkeit des Geschädigten im Privatrecht, 1999, S. 313.

Fahrradfahren als üblich anzusehen ist.[665] Dementsprechend ist mit dem BGH[666] ein Mitverschulden aufgrund Fahrens ohne Helm im normalen Verkehrsgeschehen abzulehnen.

Anders zu beurteilen ist jedoch der Fall, dass Kinder keinen Helm tragen oder es sich im Einzelfall nicht nur um einen Verkehrsvorgang, sondern hauptsächlich um Sportausübung handelt.[667] In diesen Fällen ist ein höherer Verbreitungsgrad der Schutzmaßnahme zu beobachten.[668] Bei Minderjährigen ist jedoch genau zu prüfen, ob diese schon über die gemäß § 828 BGB[669] erforderliche Einsichtsfähigkeit verfügen.

Im Unfallmuster eins bestünde also kein Mitverschulden, falls der Vorausfahrende keinen Helm tragen würde.

f) Rechtsfolge

Der Schädiger hat den entstandenen Schaden gemäß § 249 ff. BGB nach allgemeinen Grundsätzen zu ersetzen.

---

665 Laut Bundesamt für Straßenwesen lag die Helmtragequote 2012 bei 13 Prozent. Information abrufbar unter *bast*, Gurte, Kindersitze, Helme und Schutzkleidung - 2012, http://www.bast.de/DE/Publikationen/Foko/2013-2012/2013-06.html?nn=605396 (Zuletzt geprüft am: 30.09.2014). 2013 lag die Helmtragequote jedoch schon bei 15 Prozent: *ders.* Gurte, Kindersitze, Helme und Schutzkleidung - 2013, http://www.bast.de/DE/Publikationen/Foko/2015-2014/2014-11.html?nn=605396 (Zuletzt geprüft am: 30.09.2014).

666 *BGH,* Urteil v. 17.6.2014 (Az. VI ZR 281/13), zitiert nach Juris. Wobei im Urteil schon angedeutet wird, dass der BGH dies mit der Erreichung einer höheren Verbreitungsquote unter Umständen anders beurteilen könnte. Obwohl keine Aussage zu der nötigen Quote gemacht wird, ist zu vermuten, dass der BGH wohl eine deutliche Steigerung verlangen wird, vgl.: *BGH,* Urteil v. 17.6.2014 (Az. VI ZR 281/13), zitiert nach Juris, Rn. 13.

667 Die Abgrenzung kann im Einzelfall schwer fallen. Darauf weist auch *Kettler, D.,* NZV 2007, 603, 604 hin.

668 So war zum Beispiel in der Untersuchung von *Aitken, S.A./Biant, L.C./Court-Brown, C.M.,* Emergency Medicine Journal 2011, 274, 278 ein Vergleich zwischen Sportlern mit Helm und Sportlern ohne Helm aufgrund der zu geringen Anzahl der Sportler ohne Helm nicht möglich.
Für Kinder zwischen 6 und 10 Jahren betrug die Helmtragequote 2012 laut Bundesamt für Straßenwesen 66 Prozent, 2013 lag die Quote bereits bei 75 Prozent. Information abrufbar unter http://www.bast.de/DE/Publikationen/Foko/2015-2014/2014-11.html?nn=605396 (letzter Abruf 24.09.2014).

669 Die Anwendung des § 828 BGB im Rahmen des § 254 BGB ist herrschende Meinung, mwN.: Staudinger/*Schiemann, G.,* Stand 2005, § 254 BGB Rn. 42; zur Gegenansicht siehe mwN.: ebd. Rn. 43.

2. *Unfallmuster 2: Sturz des hinterherfahrenden Radfahrers aufgrund des Spurwechsels des Vordermannes im Zielsprint*

Unfallmuster zwei ist schwerer in den allgemeinen Straßenverkehr übertragbar als Unfallmuster eins, da ein Zielsprint im täglichen Straßenverkehr nicht vorkommt. Denkbar ist allerdings die Situation, dass der Vorausfahrende Schlangenlinien fährt und der Hinterherfahrende mit diesem in Berührung kommt.

a) Voraussetzungen

Es bestehen keine Zweifel, dass beide Beteiligten mit ihrem nicht verkehrsgerechten Verhalten[670] von § 823 I BGB geschützte Rechte und Rechtsgüter des anderen verletzt haben. Das Verhalten der Beteiligten führt unmittelbar zur Verletzung von geschützten Rechtsgütern und ist daher nach herrschender Meinung ohne weiteres als rechtswidrig einzustufen. Bei der Verschuldensprüfung ist vor allem die StVO maßgeblich. Der Hinterherfahrende verstößt gegen § 4 I 1 StVO, da er nicht den gebotenen Sicherheitsabstand einhält. Der Vorausfahrende hält die Fahrspur nicht ein. Dies ist ein Verstoß gegen das in § 2 I 1 StVO normierte Rechtsfahrgebot und gegen die in § 1 StVO normierte Grundregel der Vorsicht und gegenseitigen Rücksichtnahme.

Beiden Radfahrern fällt ein Mitverschulden gemäß § 254 I BGB zur Last, da sie sich nicht verkehrsgerecht verhalten haben.[671] Insgesamt ist es angemessen, jeweils ein Mitverschulden in Höhe von 50 Prozent anzunehmen, da beide Verkehrsverstöße in gleichem Maße zu dem Unfall beigetragen haben. Für das fehlende Tragen eines Helmes als Mitverschulden gemäß § 254 I BGB gilt das zu Unfallmuster eins dargelegte.[672]

b) Rechtsfolge

Die beiden Radfahrer haben die Hälfte des Schadens des jeweils anderen nach § 249 ff. BGB zu ersetzen.

II. Ergebnis

Bei beiden Unfallmustern muss zumindest ein Radfahrer gemäß § 823 I BGB haften. Grundlage der Haftung ist jeweils eine unmittelbare Verletzungshandlung, die mangels Eingreifens von Rechtfertigungsgründen rechtswidrig ist. Entscheidend für die Haftung ist primär die den Sorgfaltsmaßstab definierende StVO. Bei beiden Unfallmustern liegen Verstöße gegen die StVO vor, sodass ein Verschulden in Form von Fahrlässigkeit besteht. Ein Mitverschulden ist insbesondere bei Unfallmuster

---

670 Zur Anknüpfung an diesem Umstand als willensgetragene Handlung siehe oben *Rechtsgutverletzung durch aktives Tun S. 159 f.*

671 Ein verkehrswidriges Verhalten führt zu einem nach § 254 I BGB zu berücksichtigenden Mitverschulden, vgl.: MüKo BGB[6]/*Oetker, H.*, § 254 BGB Rn. 37.

672 Siehe oben: *Pflicht zum Tragen eines Helmes S. 162 ff.*

zwei zu berücksichtigen, dieses führt aber nicht zu einem völligen Ausschluss des Anspruchs, sondern nur zu einer Kürzung. Ein Mitverschulden durch Nichttragen eines Helms beim Fahrradfahren ist nur in Ausnahmesituationen anzuerkennen.

B. Veränderte Rechtslage bei Sportunfällen

I. Ausgangspunkt

Allerdings verändert sich die Rechtslage, wenn berücksichtigt wird, dass die Radsportler ein Rennen austragen. Es handelt sich dann nicht mehr um einen normalen Verkehrsvorgang, sondern um einen Sportunfall.

Bei Verkehrsunfällen liegt zwischen den Betroffenen keine besondere Verbindung vor. Es handelt sich um eine zufällige Begegnung, bei der es häufig zu Schäden kommt. Aus diesem Grund wird mit dem StVG und der StVO versucht, die Gefährlichkeit des Straßenverkehrs zu minimieren. Dies geschieht nicht durch ein völliges Verbot des Straßenverkehrs, sondern durch eine Fülle an Regeln, die das Interesse an der grundsätzlichen Ermöglichung einer Fortbewegung im Straßenverkehr mit dem Schutzbedürfnis der Verkehrsteilnehmer abwägen.

Auch bei der Sportausübung besteht ein hohes Verletzungsrisiko. Für den Radsport wurde das hohe Risiko, sich bei Radwettkämpfen zu verletzen, bereits nachgewiesen.[673] Auch die Ursachen wurden bereits aufgezeigt: Das erhöhte Risiko ist Folge der konsequenten Missachtung der StVO-Vorschriften zum Sicherheitsabstand, um sich im Wettkampf Vorteile zu verschaffen.[674] Damit besteht nicht nur ein erhebliches Risiko, sich selbst zu verletzen, sondern auch ein erhebliches Risiko, die anderen Sportler zu verletzen. Trotzdem ist die Sportausübung nicht gesellschaftlich geächtet oder verboten. Vielmehr genießt sie in der Gesellschaft einen hohen Stellenwert.[675] Dazu trägt maßgeblich der Umstand bei, dass die Sportler das Risiko freiwillig eingehen.

Allerdings ist die Sportausübung im Gegensatz zum Straßenverkehr nicht staatlich umfassend geregelt. Die notwendige Regulierung der Sportausübung erfolgt durch die Sportregeln. Die Sportregeln sind insbesondere das von den Spitzenverbänden erlassene Reglement sowie die in einer Sportart üblicherweise eingehaltenen ungeschriebenen Regeln. Die Spitzenverbände können sich bei Erlass des Reglements auf die Vereinigungsfreiheit gemäß Art. 9 I GG berufen.[676]

---

673 Siehe oben: *Gefahren im Radsport S. 51 ff.*

674 Siehe oben: *Unfall mit Beteiligung eines anderen Radsportlers S. 67 ff.*

675 *Pfister, B.*, Autonomie des Sports, sport-typisches Verhalten und staatliches Recht, in: Pfister, B.; Will, M.R., Festschrift für Werner Lorenz zum siebzigsten Geburtstag, 1991, S. 175 f.; teilweise wird sogar davon gesprochen, dass Sport öffentliche Aufgabe ist und eine Staatszielbestimmung ins GG aufgenommen werden sollte, vgl.: *Fritzweiler, J./Coelln, C. von*, 1. Teil. Sport und Staat, in: Fritzweiler, J.; Pfister, B.; Summerer, T., Praxishandbuch Sportrecht, 2. Aufl. 2007, S. 48 ff.

676 Siehe dazu unten: *Verkehrspflichten im Radsport S. 191 ff.*

Insgesamt ist sehr umstritten, wie sich diese staatlich und gesellschaftlich akzeptierte erhöhte Gefährdungslage auf die Haftung der Beteiligten untereinander auswirkt. Dabei ist stets zu bedenken, dass sich die Haftungsentscheidung nicht nur auf den Betroffenen auswirkt, sondern auch eine gesellschaftliche Bedeutung hat. Mit Anerkennung einer Haftungsbegrenzung werden Schadensposten vom Individuum auf die Gesellschaft verlagert. Statt des Schädigers ist plötzlich die Krankenkasse und damit die Gemeinschaft der Versicherten für den Ausgleich von Kosten zur Wiederherstellung der Gesundheit verantwortlich. Ähnlich verhält es sich mit einem Verdienstausfall: Dieser ist nun nicht mehr vom Schädiger zu erlangen, sondern muss vom Arbeitgeber durch Lohnfortzahlung ausgeglichen werden.[677]

Im Folgenden soll ein kurzer Überblick über die zur Haftung bei Sportunfällen vorgelegten Ansätze gegeben werden. Erst im Anschluss erfolgt dann eine kritische Auseinandersetzung mit den Lösungsvorschlägen, bei der der radsportspezifische Blickwinkel als Ausgangspunkt dient.

II. Differenzierung zwischen Sport nebeneinander und Sport gegeneinander

In der bisherigen Diskussion wird zumeist zwischen Sport nebeneinander und Sport gegeneinander differenziert.[678] Dabei ist die Terminologie nicht immer einheitlich. Teilweise wird statt von Sportarten nebeneinander auch von Individualsportarten[679] oder von Parallelsportarten[680] gesprochen. Statt von Sport gegeneinander ist manchmal von Kampfsportarten[681] die Rede.

Wichtiger als die Terminologie ist jedoch, dass die herrschende Meinung eine Haftungsprivilegierung nur für Sport gegeneinander gewährt. Beim Sport nebeneinander soll es dagegen grundsätzlich keine Privilegierung geben.[682] In letzter Zeit

---

677 Zur Leistungspflicht der Krankenkassen und der Pflicht zur Lohnfortzahlung siehe oben: *Bedeutung des Sports für die Gesellschaft und Umgang der Gesellschaft mit Folgeschäden der Sportausübung S. 25 ff.*
Zu möglichen Ausnahmen, insbesondere zur Lohnfortzahlung bei einer Verletzung infolge der Ausübung einer gefährlichen Sportart, siehe unten: *Untauglichkeit des eingegangenen Risikos als einziges Kriterium S. 218 ff.* und insbesondere *Fn. 933.*

678 MüKo BGB[6]/ *Wagner, G.*, § 823 BGB; *Heermann, P.W.*, Haftung im Sport, 2008, S. 56; *Heermann, P.W./Götze, S.*, Zivilrechtliche Haftung im Sport, 1. Aufl. 2002, S. 41.

679 *Heermann, P.W./Götze, S.*, Zivilrechtliche Haftung im Sport, 1. Aufl. 2002, S. 41; *Fritzweiler, J.*, 5. Teil. Sport, Schäden und Beeinträchtigungen, in: Fritzweiler, J.; Pfister, B.; Summerer, T., Praxishandbuch Sportrecht, 2. Aufl. 2007, S. 412 ff.

680 MüKo BGB[6]/ *Wagner, G.*, § 823 BGB Rn. 547; *Heermann, P.W.*, Haftung im Sport, 2008, S. 56 f.

681 MüKo BGB[6]/ *Wagner, G.*, § 823 BGB Rn. 547; *Fritzweiler, J.*, 5. Teil. Sport, Schäden und Beeinträchtigungen, in: Fritzweiler, J.; Pfister, B.; Summerer, T., Praxishandbuch Sportrecht, 2. Aufl. 2007, S. 410 f.; *Heermann, P.W.*, Haftung im Sport, 2008, S. 56 f.

682 MüKo BGB[6]/ *Wagner, G.*, § 823 BGB Rn. 548 ff.; *Heermann, P.W.*, Haftung im Sport, 2008, S. 56 f.

wurde diese Privilegierung aber teilweise aufgeweicht. Nach Ansicht des BGH sind die bisher den Sportarten gegeneinander vorbehaltenen Haftungsprivilegierungen nun auch bei Sportarten mit erheblichem Gefährdungspotential anzuwenden.[683]

III. Tatbestandsebene

Die freiwillig eingegangene Gefährdung durch die Sportausübung könnte bereits auf Tatbestandsebene zu berücksichtigen sein. Dafür kämen zwei Möglichkeiten in Betracht.

1. Verkehrspflichten

Ein Ansatz ist, für die Verletzung des Tatbestandes zu fordern, dass das Verhalten eine Verkehrspflicht verletzt. Konkret könnten die Sportregeln zur Bestimmung der Verkehrspflichten herangezogen werde. Teilweise wird dies sogar noch großzügiger gehandhabt: Selbst Regelverstöße, die aus Übereifer, der Schnelligkeit des Spiels oder ähnlichen Gründen entstehen, sollen noch nicht gegen die im Sport einzuhaltenden Verkehrspflichten verstoßen.[684]

Relativ unbestritten ist die Notwendigkeit eines Verstoßes gegen die Verkehrspflichten für mittelbare Rechtsgutverletzungen und Rechtsgutverletzungen durch Unterlassen.[685] Allerdings sind Sportverletzungen meist Folge unmittelbarer Verletzungshandlungen, für die nach herrschender Meinung dagegen gerade kein Verstoß gegen Verkehrspflichten notwendig ist.[686] Die Lehre vom Handlungsunrecht hingegen fordert (allerdings zumeist auf Ebene der Rechtswidrigkeit) einen Verstoß gegen eine objektive deliktische Verkehrspflicht und auf Stufe des Verschuldens zusätzlich einen subjektiven Verstoß gegen eine Sorgfaltspflicht.[687] Darüber hinaus ist umstritten, auf welcher Stufe des § 823 I BGB Verkehrspflichten zu berücksichtigen sind.[688] Dies braucht an dieser Stelle aber noch nicht weiter vertieft werden.

---

683 *BGH*, Urteil v. 29.1.2008 (Az. VI ZR 98/07), NJW 2008, 1591, 1592 mit Anmerkungen *Möllers, T./Möhring, A.*, LMK 2008, 109–110; *BGH*, Urteil v. 1.4.2003 (Az. VI ZR 321/02), NZV, 321, 323 mit Anmerkungen *Emmerich, V.*, JuS 2003, 1026–1027.

684 *Heermann, P.W.*, Haftung im Sport, 2008, S. 60 f.

685 jurisPK BGB[6]/*Lange, J./Schmidbauer, K.*, § 823 BGB Rn. 53, 85; MwN.: Staudinger/*Hager, J.*, Stand 2009, § 823 BGB Rn. E 3.

686 MüKo BGB[6]/*Wagner, G.*, § 823 BGB Rn. 5; jurisPK BGB[6]/*Lange, J./Schmidbauer, K.*, § 823 BGB Rn. 59.

687 MüKo BGB[6]/*Wagner, G.*, § 823 BGB Rn. 6; jurisPK BGB[6]/*Lange, J./Schmidbauer, K.*, § 823 BGB Rn. 59; *Nipperdey, H.C.*, NJW 1957, 1777–1782.

688 MwN.: MüKo BGB[6]/*Wagner, G.*, § 823 BGB Rn. 61; offen gelassen, da für die Praxis ohne Bedeutung Staudinger/*Hager, J.*, Stand 2009, § 823 BGB Rn. E 4.

2. *Kausalität und Zurechnung*

Unter Umständen hält auch die Kausalität beziehungsweise die Zurechnung eine Lösung für die Berücksichtigung der sportspezifischen Besonderheiten bereit. Aktuell wird die unbestritten notwendige Kausalität im naturwissenschaftlichen Sinne durch die Lehre der Adäquanz[689] und die Lehre des Schutzzwecks der Norm[690] begrenzt.

IV. Rechtswidrigkeit

Auf der Ebene der Rechtswidrigkeit bieten sich zwei Ansatzpunkte zur Berücksichtigung einer Haftungsmilderung aufgrund des Ausübens von Sport.

1. *Rechtfertigung aufgrund verkehrsgerechten Verhaltens*

Es wäre denkbar ein Verhalten, das die Sportregeln einhält, als verkehrsgerecht einzustufen und daher die Rechtswidrigkeit zu verneinen.

Der Rechtfertigungsgrund des verkehrsgerechten Verhaltens wurde vom BGH für den Straßen- und Eisenbahnverkehr entwickelt.[691] Nach Ansicht des Großen Zivilsenats ist trotz Eintritts des tatbestandlichen Erfolges das Verhalten nicht rechtswidrig, wenn der Schädiger sich verkehrsgerecht verhalten hat.[692] Um die Lehre des Erfolgsunrechts zu retten, war für dieses Ergebnis ein Kunstgriff notwendig: Statt auf Rechtswidrigkeitsebene einen Verstoß gegen Verkehrspflichten zu verlangen, wurde der Rechtfertigungsgrund des verkehrsgerechten Verhaltens erfunden. Dies war dem BGH möglich, da nach seiner Ansicht die Rechtfertigungsgründe im BGB nicht abschließend geregelt sind und daher in diesem Bereich eine Rechtsfortbildung möglich ist.[693]

Für den Fall des Sports wäre daher denkbar, sportgerechtes Verhalten als rechtfertigend im Sinne von § 823 I BGB zu begreifen. Damit wäre ein Rechtfertigungsgrund des sportgerechten Verhaltens neu geschaffen.

2. *Einwilligung*

Möglicherweise liegt bei der Sportausübung eine rechtfertigende Einwilligung der Sportler für den Fall von Sportverletzungen vor.[694] Dafür müsste zunächst der

---

689 Siehe dazu *Lange, H./Schiemann, G.*, Schadensersatz, in: Gernhuber, J., Handbuch des Schuldrechts, 2003, S. 82–101; MüKo BGB⁶/*Wagner, G.*, § 823 BGB Rn. 310.

690 Siehe dazu *Lange, H./Schiemann, G.*, Schadensersatz, in: Gernhuber, J., Handbuch des Schuldrechts, 2003, S. 101–128; MüKo BGB⁶/*Wagner, G.*, § 823 BGB Rn. 59 und 366.

691 *BGH,* Beschluss v. 4.3.1957 (Az. GSZ 1/56), NJW 1957, 785, 786.

692 *BGH,* Beschluss v. 4.3.1957 (Az. GSZ 1/56), NJW 1957, 785.

693 *BGH,* Beschluss v. 4.3.1957 (Az. GSZ 1/56), NJW 1957, 785.

694 Die rechtfertigende Einwilligung spielt insbesondere in Zusammenhang mit dem ärztlichen Heileingriff eine große Rolle, vgl. dazu: MüKo BGB⁶/*Wagner, G.*, § 823

Bezugspunkt geklärt werden. Eine Rechtfertigung aufgrund Einwilligung wäre unproblematisch dann gegeben, wenn die Sportler in die Rechtsgutverletzung selbst, also in den Erfolg und die Handlung, einwilligen würden. Dies ist aber bloße Fiktion, da die Sportler gerade darauf vertrauen, nicht verletzt zu werden.[695]

Andererseits könnte schon die Einwilligung in das Risiko, verletzt zu werden, genügen.[696] Genauer betrachtet wird in diesem Fall nur in die Handlung, nicht jedoch in den Verletzungserfolg eingewilligt. Die Handlung ist gewollt, der Erfolg dagegen ist nicht gewollt, wird aber aufgrund anderer Ziele billigend in Kauf genommen. Eine solche liegt deutlich näher als eine Einwilligung in die Rechtsgutverletzung selbst, denn den Sportlern ist das Risiko ihrer Sportausübung ausreichend bewusst.

Eine Haftungsbegrenzung aufgrund des bewussten Eingehens eines Risikos durch den Geschädigten wird auch unter dem Stichwort „Handeln auf eigene Gefahr“ diskutiert.[697] Dabei ist fraglich, ob die Risikoeinwilligung tatsächlich der richtige Ansatzpunkt zur Lösung dieser Problematik ist oder ob das Problem nicht sachgerechter über § 254 BGB gelöst werden kann.

V. Verschulden

Auf Ebene des Verschuldens bietet sich ebenfalls die Möglichkeit, die sportspezifische Gefährdung zu berücksichtigen. Bei der Festlegung des Fahrlässigkeitsmaßstabes, also der im Verkehr erforderlichen Sorgfalt, § 276 II BGB, könnte den sportspezifischen Besonderheiten im Einzelfall Geltung verschafft werden.[698]

VI. Mitverschulden

Ein weiterer Ansatzpunkt wäre, ein Mitverschulden gemäß § 254 I BGB anzunehmen. Die Teilnahme am Sport, insbesondere die am gefährlichen Sport, könnte als Mitverschulden in Form von Handeln auf eigene Gefahr gemäß § 254 I BGB bewertet werden.[699]

BGB Rn. 729 ff. Allgemein zur rechtfertigenden Einwilligung siehe *Kohte, W.*, AcP 185 (1985), 105–161. Eine sehr umfassende Analyse bietet *Ohly, A.*, „Volenti non fit iniuria“ Die Einwilligung im Privatrecht, 2002.

695 *Heermann, P.W.*, Haftung im Sport, 2008, S. 57.

696 Dagegen bestreiten *Storch, A.*, VersR 1989, 1131, 1132; *Deutsch, E.*, VersR 1974, 1045, 1047, dass die Risikoeinwilligung rechtfertigend wirkt, sondern halten die Risikoeinwilligung nur für haftungsausschließend.

697 Zum Handeln auf eigene Gefahr siehe unten: *Die Bedeutung des Mitverschuldens gemäß § 254 BGB bei Sporthaftungsfällen, insbesondere auch zur Bedeutung des Handelns auf eigene Gefahr S. 217 ff.*

698 *Heermann, P.W.*, Haftung im Sport, 2008, S. 62.

699 Staudinger/*Schiemann, G.*, Stand 2005, § 254 BGB Rn. 66 f.; BeckOk BGB/*Unberath, H.*, Stand 05.2014, § 254 BGB Rn. 26.

VII. Verbot widersprüchlichen Verhaltens, § 242 BGB

Die Rechtsprechung favorisiert dagegen eine Lösung über § 242 BGB. Einen Konkurrenten nach einem Sportunfall in Anspruch zu nehmen, sei ein Verstoß gegen den Grundsatz des venire contra factum proprium. Die Sportverletzung hätte genauso gut den Schädiger selbst treffen können, es hänge daher vom Zufall ab, ob der Sportler Schädiger oder Geschädigter des Sportunfalles ist. Versucht der Geschädigte dennoch den Schädiger in Anspruch zu nehmen, handele er widersprüchlich, da er für den Fall, dass er Schädiger wäre, erwartet hätte, nicht in Anspruch genommen zu werden.[700]

VIII. Haftungsausschluss

Zuletzt bestünde noch die Möglichkeit, dass die Sportler untereinander rechtsgeschäftlich die Haftung ausschließen.[701] Als Anknüpfungspunkt im Radsport könnte der in der Sportordnung und vielen Nennungen zu Wettkämpfen enthaltene Hinweis der „Teilnahme auf eigene Gefahr" herangezogen werden.[702] Der rechtsgeschäftliche Haftungsausschluss ist der Risikoeinwilligung sehr ähnlich, allerdings mit dieser nicht identisch.[703]

Das größte Problem liegt in der Begründung eines Vertragsschlusses zwischen den Sportlern zum Abschluss einer Haftungserleichterung. Dies setzt eine entsprechende Einigung mit Rechtsbindungswillen voraus.[704]

---

700 *BGH,* Urteil v. 5.11.1974 (Az. VI ZR 100/73), NJW 1975, 109, 110; *BGH,* Urteil v. 1.4.2003 (Az. VI ZR 321/02), NZV, 321, 322 f.; *BGH,* Urteil v. 29.1.2008 (Az. VI ZR 98/07), NJW 2008, 1591, 1592.

701 *Heermann, P.W.*, Haftung im Sport, 2008, S. 64 f.

702 BDR, Sportordnung, Stand 04.2014, Punkt 4.4.1 Absatz II; siehe auch § 9 der Ausschreibung der *Vattenfall Cyclassics*, dem größten Jedermannstraßenrennen Deutschlands, abrufbar unter http://www.vattenfall-cyclassics.de/images/stories/jedermann/2014/Anmeldung/PDF/VC14_Ausschreibung.pdf (Zuletzt geprüft am: 30.09.2014); genauso die für den Start beim *Sport Scheck MTB Festival Tegernseer Tal*, dem größten Mountainbike Marathon Deutschlands, abzugebende Erklärung zum Haftungsausschluss, abrufbar unter: http://www.mtb-festival.de/files/2008/09/haftungsausschlussmtbfestival2014.pdf (Zuletzt geprüft am: 30.09.2014).

703 Die Einwilligung ist nach herrschender Ansicht keine Willenserklärung, mwN. auch zur Gegenansicht MüKo BGB[6]/*Wagner, G.*, § 823 BGB Rn. 762. Sehr ausführlich dazu *Ohly, A.*, „Volenti non fit iniuria" Die Einwilligung im Privatrecht, 2002, S. 201 ff.

704 Zur Ablehnung eines Vertragsschlusses zwischen den Sportlern durch bloße Wettkampfteilnahme siehe oben *Schuldverhältnis zwischen den Teilnehmern aufgrund vertraglicher Vereinbarung zwischen den Teilnehmern S. 111 ff.*

IX. Zusammenfassung

Im Kern sind damit zwei Begründungslinien zur Rechtfertigung einer Haftungserleichterung für Sportunfälle erkennbar.

Teilweise wird darauf abstellt, dass die Sportler mit der Teilnahme am Sport willentlich ein Risiko auf sich nehmen. Gerade die freiwillige Risikoübernahme soll dann die Haftung der anderen Sportler für den Fall der Realisierung des Risikos ausschließen. Dieser Begründungslinie lassen sich die Lösungsansätze Einwilligung und konkludenter Haftungsausschluss zuordnen. Aber auch wer die Haftungserleichterung im Rahmen des Mitverschuldens, § 254 BGB beziehungsweise des Verbot widersprüchlichen Verhaltens, § 242 BGB, berücksichtigt, beurteilt die Entscheidung des Sportlers zur Eingehung des erhöhten Risikos als entscheidendes Moment für die Haftungserleichterung.

Andererseits wird versucht, die Haftungsmilderung damit zu begründen, dass im Sport insgesamt, insbesondere aufgrund der gesellschaftlichen Anerkennung des Sports, ein anderer Verhaltenskodex gilt. Während der Sportausübung ist ein anderer Umgang miteinander zulässig als im sonstigen gesellschaftlichen Verkehr. Die abgemilderten Verkehrspflichten werden unterschiedlich im Deliktsaufbau verortet. Teilweise wird auf Stufe des Tatbestandes oder der Rechtswidrigkeit ein Verstoß gegen die sportspezifischen objektiven Verkehrspflichten gefordert. Dafür muss unter Umständen ein Rechtfertigungsgrund des verkehrsgerechten Verhaltens bemüht werden. Eine weitere Möglichkeit im Rahmen dieses Ansatzes besteht darin, die Haftungserleichterung erst im Rahmen des Sorgfaltsmaßstabes auf Ebene des Verschuldens zu berücksichtigen.

C. Eigener Vorschlag zur angemessenen Berücksichtigung der sportspezifischen Interessenlage am Beispiel des Radsports

Am Beispiel des Unfalls im Radsport, ausgehend von den zwei bereits vorgestellten typischen Unfallmustern (Kollision wegen zu geringen Abstandes (*Unfallmuster eins*[705])) und Kollision wegen Spurwechsels im Zielsprint (*Unfallmuster zwei*[706])), wird nun untersucht, welche Haftung im Sport sachgerecht ist. Dabei steht nicht die Entwicklung eines radsportspezifischen Ansatzes im Vordergrund, sondern die Entwicklung einer möglichst universell verwendbaren Lösung. Idealerweise ist der gefundene Lösungsansatz nicht auf den Sport begrenzt, sondern ist allgemein in der Lage, vergleichbare Situationen im Rahmen des § 823 I BGB zu lösen, in denen freiwillig ein Risiko eingegangen wird und das Risiko gesellschaftlich akzeptiert ist.

705 Siehe auch oben: *S. 107.*
706 Siehe auch oben: *S. 107.*

I. Radsport als Kampfsport bzw. Sport mit besonderem Gefahrenpotential

Wie bereits dargestellt, gewährt die herrschende Ansicht eine Haftungsprivilegierung nicht für alle Sportarten, sondern nur für Kampfsportarten bzw. seit kurzem auch für Sportarten mit besonderem Gefahrenpotential.[707]

1. Kampfsportarten und Sportarten mit Gegnerbezug

Reine Kampfsportarten zeichnen sich dadurch aus, dass der Kampf „Mann gegen Mann" im Vordergrund steht. Ein körperlicher und konfrontativ ausgelegter Kontakt zwischen den Sportlern ist dabei so essentiell, dass ohne diesen Kontakt der Sport ein völlig anderer wäre. Mit anderen Worten ist die körperliche Konfrontation gerade Ziel dieser Sportarten. Zu diesen Sportarten gehört Boxen, Ringen sowie manche Formen des Karate und Tae Kwon Do.[708] Die Liste ließe sich beliebig verlängern. Hingewiesen sei allerdings noch auf das in letzter Zeit besonders kontrovers diskutierte Ultimate Fighting bzw. Mixed Marshall Arts, bei dem der Kampf in einem Käfig stattfindet und praktisch alle Kampftechniken erlaubt sind.[709]

Sportarten mit Gegnerbezug (Sportarten gegeneinander) zeichnen sich im Gegensatz zu reinen Kampfsportarten dadurch aus, dass ein körperlicher Kontakt zwischen den Sportlern zwar erlaubt ist, aber nicht im Zentrum der Sportausübung steht. Zu diesen Sportarten gehören insbesondere die Ballsportarten wie Fußball, Handball und Eishockey.[710] Aber auch eigentlich kontaktfreie Sportarten wie Tennis[711] oder Basketball[712] werden zu Sportarten mit Gegnerbezug gezählt.

---

707 Siehe oben *Differenzierung zwischen Sport nebeneinander und Sport gegeneinander S. 167 f.*

708 BeckOk BGB/*Spindler, G.*, Stand 11.2013, § 823 BGB Rn. 393.

709 Zur Zulässigkeit von Ultimate Fighting siehe *Derksen, R.*, SpuRt 2000, 141–145, sowie *Jacob, T.*, SpuRt 2012, 2–5.

710 Siehe dazu *Fritzweiler, J.*, 5. Teil. Sport, Schäden und Beeinträchtigungen, in: Fritzweiler, J.; Pfister, B.; Summerer, T., Praxishandbuch Sportrecht, 2. Aufl. 2007, S. 413; MüKo BGB[6]/*Wagner, G.*, § 823 BGB Rn. 548.

711 MüKo BGB[6]/*Wagner, G.*, § 823 BGB Rn. 548; differenzierend *OLG Hamm*, Urteil v. 15.11.1999 (Az. 6 U 32/99), SpuRt 2000, 248, 249.

712 *Fritzweiler, J.*, 5. Teil. Sport, Schäden und Beeinträchtigungen, in: Fritzweiler, J.; Pfister, B.; Summerer, T., Praxishandbuch Sportrecht, 2. Aufl. 2007, S. 413.

2. *Sportarten mit besonderem Gefährdungspotential*

Zu den Sportarten mit besonderem Gefährdungspotential zählt die Rechtsprechung den Motorsport[713] und den Radsport[714], nicht dagegen den Klettersport[715]. Eine Haftungsmilderung erkennt die Rechtsprechung auch in diesem Fall an, da wie bei den Sportarten mit Gegnerbezug selbst bei regelgerechtem Verhalten das Risiko von Verletzungen besteht.[716]

3. *Einordnung des Radsports*

Die Einordnung des Radsports hängt von dem bereits umfassend dargelegten Reglement zum Radsport[717] ab. Wie sich gezeigt hat, ist in fast allen Disziplinen des Radsports ein körperlicher Kontakt mit dem Gegner verboten.[718] Trotzdem wird dem verbreiteten Windschattenfahren teilweise kämpferischer Charakter beigemessen.[719] Dem ist jedoch nicht zuzustimmen. Im Radsport kommt es nicht zu den für Sportarten gegeneinander typischen Körperkontakten, vielmehr versuchen Radsportler, diese Körperkontakte zu vermeiden. Dies ist für Sportarten nebeneinander typisch.

Allerdings ist Radsport, wie die obige Untersuchung gezeigt hat, zu den gefährlichen Sportarten zu zählen.[720] Bei Radsportwettkämpfen liegt die Rate der Teilnehmer, die während oder nach der Veranstaltung medizinische Versorgung benötigen, zwischen 0.5 Prozent und 5.4 Prozent. Es muss vermutet werden kann, dass ein erheblicher Teil der Verletzungen auf Unfällen beruht.[721] Der Vergleich mit anderen Sportarten hat gezeigt, dass das Risiko überhaupt eine Verletzung zu erleiden, im Radsport geringer ist als im Vergleich zu anderen Sportarten. Andererseits ist dafür das Risiko, eine schwere oder tödliche Verletzung zu erleiden, im Radsport erhöht.[722]

---

713 Siehe insbesondere das Grundsatzurteil zu dieser Thematik *BGH,* Urteil v. 1.4.2003 (Az. VI ZR 321/02), NZV, 321–323.

714 Nachweise zum Radsport siehe unten: *Einordnung des Radsports S. 174 f.*

715 *OLG Brandenburg,* Urteil v. 17.03.2011 (Az. 12 U 82/09), zitiert nach Juris, Rn. 26.

716 *BGH,* Urteil v. 17.2.2009 (Az. VI ZR 86/08), NJW-RR 2009, 812; *BGH,* Urteil v. 29.1.2008 (Az. VI ZR 98/07), NJW 2008, 1591, 1592; *BGH,* Urteil v. 1.4.2003 (Az. VI ZR 321/02), NZV, 321, 323.

717 Siehe oben: *Die Disziplinen des Radsports S. 33 ff.*

718 Siehe oben *Zusammenfassung S. 49.* Eine Ausnahme bildet das 4-Cross, bei dem ein Körperkontakt erlaubt ist. Siehe oben: *4-Cross S. 40.* Ebenfalls speziell zu behandeln sind die ballsportähnlichen Disziplinen Radball und Radpolo, siehe dazu oben: *Hallenradsport S. 46 f.*

719 *Heermann, P.W.,* Haftung im Sport, 2008, S. 57; *Heermann, P.W./Götze, S.,* Zivilrechtliche Haftung im Sport, 1. Aufl. 2002, S. 41; a.A. *Burger, K.,* SpuRt 2007, 192; *Pardey, F.,* SpuRt 1995, 61, 65.

720 Siehe oben: *Gefahren im Radsport S. 51 ff.*

721 Siehe oben: *Zusammenfassung S. 63 ff.*

722 Siehe oben: *Risikovergleich mit anderen Sportarten S. 65 f.*

Im Vergleich zu den sonst zwischen Radfahrern üblichen Verhaltensweisen ist das Verhalten der Radsportler ebenfalls risikofreudiger. Die eigentlich nach der StVO vorgeschriebenen Schutzregeln wie das Einhalten von ausreichend Sicherheitsabstand und das Anzeigen der Fahrtrichtung[723] werden von Radsportlern im Wettkampf konsequent missachtet, da das Reglement keinen Sicherheitsabstand vorschreibt[724].

4. *Bisherige Rechtsprechung zu Unfällen im Radsport bei Wettkampfunfällen*

Die bisher zu Radsportunfällen im Wettkampf ergangene Rechtsprechung erkennt durchweg eine Haftungsmilderung an.[725] Begründet wird die Haftungserleichterung mit der erhöhten Gefährlichkeit des Verhaltens der Rennfahrer wegen des Fahrens im Pulk und der Missachtung der eigentlich gemäß der StVO gebotenen Sicherheitsabstände. Radsport wird also als Sport mit besonderem Gefahrenpotential anerkannt. Eine statistische Unterfütterung dieses Ergebnis findet sich allerdings in keinem der Urteile.

Hinsichtlich ihrer rechtlichen Begründung unterscheiden sich die Urteile: Das *AG Brackenheim* begründet die Haftungsmilderung mit dem Gedanken des erlaubten Risikos und rekurriert zu dessen Begründung auch auf den aus dem Strafrecht bekannten Gedanken der sozialen Adäquanz.[726] Das *OLG Düsseldorf* geht hingegen davon aus, dass die Teilnehmer konkludent die entsprechenden Regeln der StVO abbedungen hätten, was das Abstellen auf ein Handeln auf eigene Gefahr, eine Risikoeinwilligung oder die Grundsätze von Treu und Glauben entbehrlich machen würde.[727] In ähnlicher Weise geht das OLG Stuttgart davon aus, dass die in der Gruppe fahrenden Radsportler konkludent die Regeln des Fahrens in der

---

723 Siehe oben: *§ 3 StVO – Geschwindigkeit, § 4 StVO – Abstand S. 99 f.* und *§ 9 StVO – Abbiegen S 99 ff.*

724 Siehe oben: *Reglement S. 73 ff.*

725 *OLG Stuttgart,* Urteil v. 14.2.2006 (Az. 1 U 106/05), NJW-RR 2007, 1251, 1252; *OLG Rostock,* Urteil v. 7.5.1997 (Az. Az 1 U 20/96), zitiert nach Juris, Rn. 90–96; *OLG Düsseldorf,* Urteil v. 12.06.1995 (Az. 1 U 213/94), VersR 1996, 343–344; *AG Brackenheim,* Urteil v. 07.04.1989 (Az. C 513/89), VersR, 1286–1287, allerdings betreffen alle Urteile keine Rennen im engeren Sinne, bei denen ein Sieger gekürt wird. Die Urteile behandeln alle Unfälle während sogenannter Radfern- bzw. Radtouristikfahrten, bei denen zwar keine Zeitnehmung existiert, trotzdem aber wie im Rennen im Windschatten ohne Sicherheitsabstand mit zum Teil sehr hohen Geschwindigkeiten gefahren wird. Genau aus diesem Grund sprechen sich alle Urteile zu Recht dafür aus, dass es keinen Unterschied macht, ob sich die Unfälle während eines Rennens im engeren Sinne ereignen oder während einer Radfernfahrt, bei der wie im Rennen gefahren wird.

726 *AG Brackenheim,* Urteil v. 07.04.1989 (Az. C 513/89), VersR, 1286–1287.

727 *OLG Düsseldorf,* Urteil v. 12.06.1995 (Az. 1 U 213/94), VersR 1996, 343–344.

Gruppe[728] anerkannt hätten. Gleichwohl wird vermieden, sich genau dazu zu äußern, auf welcher Stufe des Deliktsaufbaus sich diese Übereinkunft auswirkt.[729] Erfreulich klar begründet dagegen das OLG Rostock die Haftungsreduzierung bis auf null einerseits mit einem nach § 254 I BGB zu berücksichtigenden Verbots des venire contra factum proprium[730] und einer Reduzierung des Sorgfaltsmaßstabes auf Vorsatz und grobe Fahrlässigkeit in Anlehnung an §§ 708, 1359 BGB jeweils in Verbindung mit § 277 BGB.[731]

Jedoch hat das *OLG Koblenz* offen gelassen, ob eine Haftungserleichterung auch für einen Unfall während eines Wettkampfes im Paarzeitfahren[732] anzuwenden ist.[733] In dem zu entscheidenden Fall ging es um einen Unfall zwischen zwei Rennfahrern, die nicht im selben Team gefahren sind. Daher war es zwischen den beiden Rennfahrern nach dem Reglement nicht zulässig, im Windschatten zu fahren, vielmehr mussten sie Abstand voneinander halten. Konsequenterweise hat das OLG daher auch festgestellt, dass dem Paarzeitfahren kein den Kampfsportarten vergleichbares Gefahrenpotential inne wohnt.[734] Dies ist jedoch in dieser Allgemeinheit nicht richtig. Beim Paarzeitfahren kommt es nur zwischen den Partnern eines Teams zu der für den Radsport typischen Gefährdung, nicht dagegen zwischen den Fahrern verschiedener Paare, die voneinander Abstand halten müssen.

5. *Folgerungen*

Insgesamt ist bei Radsportunfällen im Wettkampf eine Haftungsmilderung anzuerkennen, wenn der Unfall Folge der für den Radsport typischen Gefährdungslage ist. Es erscheint nicht sachgerecht, die Unfälle wie normale Straßenverkehrsunfälle nur an der StVO zu messen. Allerdings zeigt der Radsport auch, dass die Einteilung in Parallelsportarten und Sportarten mit Gegnerbezug allein nicht darüber entscheiden kann, ob von den eigentlich geforderten Verhaltensweisen zur Gefahrvermeidung abgewichen werden kann. Ähnlich wie Tennis oder Basketball lässt sich der Radsport nicht als Sport gegeneinander einordnen, wird aber trotzdem so behandelt.

Daher ist die Rechtsprechung zur Anwendung der Haftungsgrundsätze von Kampfsportarten auf Sportarten mit besonderem Gefährdungspotential grundsätzlich zu begrüßen. Das Abstellen auf das Risiko der Sportart ist ein geeigneteres Merkmal zur Beurteilung der Haftung als die schematische Unterscheidung in Sport nebeneinander und Sport gegeneinander. Dementsprechend ist es auch nicht

728 Gemeint sind wohl die geschrieben und ungeschrieben Regeln, vgl. oben *Rennen mit Massenstart S. 73 f.* und *Ungeschriebene Regeln S. 75 f.*
729 *OLG Stuttgart,* Urteil v. 14.2.2006 (Az. 1 U 106/05), NJW-RR 2007, 1251, 1252.
730 *OLG Rostock,* Urteil v. 7.5.1997 (Az. Az 1 U 20/96), zitiert nach Juris, Rn. 88–90.
731 *OLG Rostock,* Urteil v. 7.5.1997 (Az. Az 1 U 20/96), zitiert nach Juris, Rn. 93–94.
732 Siehe dazu oben: *Mannschaftszeitfahren S. 36.*
733 *OLG Koblenz,* Urteil v. 13.01.1988 (Az. 1 U 450/87), zitiert nach Juris.
734 *OLG Koblenz,* Urteil v. 13.01.1988 (Az. 1 U 450/87), zitiert nach Juris, Rn. 6.

verwunderlich, dass teilweise als Grund für die Unterscheidung das im Vergleich höhere Risiko der Kampfsportarten angeführt wird.[735]

Trotzdem kann die Beurteilung eines Haftungsfalles im Sport nicht schematisch danach erfolgen, ob die ausgeübte Sportart besonders gefährlich ist. Entscheidend ist vielmehr, wie die folgende Untersuchung zeigen wird, ob die gesellschaftliche Bewertung der Aktivität und die Einstellung der handelnden Personen zu dieser eine modifizierte Betrachtung erforderlich machen.

II. Beurteilung von Unfallmuster eins und zwei anhand des Radsportreglements

1. *Unfallmuster eins*

Das Verhalten der Beteiligten bei Unfallmuster eins (Auffahrunfall) verstößt weder gegen das geschriebene noch das ungeschriebene Reglement, solange das Windschattenfahren erlaubt ist. Dies ist bei Radrennen mit Massenstart der Fall.[736]

Bei Radrennen mit Einzelstart hingegen ist das Windschattenfahren verboten[737], sodass zumindest ein Beteiligter gegen das Reglement verstößt. Dies ist im Regelfall der Hinterherfahrende, da dieser sich entscheiden muss, ob er mit dem nötigen Abstand hinterherfährt oder überholt. Die Regelung dient dabei nicht nur dazu, einen sportlichen fairen Wettkampf zu gewährleisten, sondern soll auch die Sicherheit der Fahrer erhöhen. Bei Einzelwettkämpfen muss – im Gegensatz zu Massenstartrennen – der Sportler gerade nicht damit rechnen, dass sich andere Fahrer mit nur geringem Abstand um ihn herum befinden. Konsequenterweise braucht der Betroffene daher auch seine Fahrweise nicht anzupassen.

2. *Unfallmuster zwei*

Bei Unfallmuster zwei verstößt der Vorausfahrende gegen das Reglement. Im Zielsprint ist es untersagt, die Fahrspur zu wechseln.[738] Diese Regel dient ebenfalls nicht nur der Sicherstellung eines fairen Wettbewerbes, sondern auch der Sicherheit der Fahrer. Gerade beim Zielsprint ereignen sich häufig Unfälle.[739]

Diese Regel findet sich nur bei Rennen mit Massenstart, was nicht weiter verwundert, da es bei Rennen mit Einzelstart keinen Zielsprint gibt. Sollten sich bei

---

735 *Heermann, P.W.*, Haftung im Sport, 2008, S. 56.

736 Siehe oben bei den einzelnen Wettkämpfen mit Massenstart: *Die Disziplinen des Radsports S. 33 ff.* und *Rennen mit Massenstart S. 73 f.*

737 Siehe oben bei den einzelnen Wettkämpfen mit Einzelstart: Die Disziplinen des Radsports *S. 33 ff.* und *Rennen mit Einzelstart S. 74.*

738 Siehe oben *Reglement S. 73 f.* mit Nachweisen in Fn. 293.

739 Siehe oben *Verletzungen bei den Hamburger Cyclassics (aktuell Vattenfall Cyclassics) S. 54*, insbesondere Fn. 177.

Rennen mit Einzelstart Fahrer auf der Zielgeraden zufällig begegnen, so gilt der bei diesen Rennen immer gültige Grundsatz, genügend Abstand zu halten.[740]

III. Bestehen einer vertraglich vereinbarten Haftungsmilderung

Zunächst soll der Frage nachgegangen werden, ob nicht die beteiligten Radsportler untereinander vertraglich vereinbart haben, dass für Schäden nicht gehaftet werden soll, die durch regelkonformes Verhalten entstanden sind. Sollte dies der Fall sein, wäre auch möglich, dass der Haftungsausschluss auch Schäden in Folge geringfügiger Regelübertretungen erfasst.[741]

1. Allgemeine Anforderungen an einen rechtsgeschäftlichen Haftungsausschluss

Generell kann durch eine übereinstimmend mit Rechtsbindungswillen getroffene Abrede die deliktische Haftung beeinflusst werden. Das Deliktsrecht und damit auch § 823 I BGB kann grundsätzlich abbedungen werden.[742] Dafür spricht der Wortlaut des § 276 III BGB, der nur den Ausschluss der Vorsatzhaftung im Voraus verbietet, im Umkehrschluss aber eine Haftungsbegrenzung ohne Differenzierung nach vertraglicher oder deliktischer Grundlage erlaubt.[743] Des Weiteren enthält § 276 I 1 BGB die Aussage, dass die Haftung, ohne zwischen vertraglicher und deliktischer zu differenzieren, vertraglich geändert werden kann.[744]

Der Haftungsausschluss kann grundsätzlich auch konkludent vereinbart werden.[745] Allerdings wird für diesen Fall zu Recht darauf hingewiesen, dass die Gefahr bestehe, eine Abrede zu fingieren.[746]

2. Rechtsgeschäftlicher Haftungsausschluss zwischen Radsportlern

Möglicherweise besteht zwischen Radsportlern im Wettkampf ein vertraglicher Haftungssauschluss für Schäden in Folge regelkonformen Verhaltens bzw. sogar

740 Siehe zu dieser Regel oben die einzelnen Disziplinen mit Massenstart: *Die Disziplinen des Radsports S. 33 ff.* sowie *Rennen mit Einzelstart S. 74.*

741 Diese wäre dann eine gemäß §§ 133, 157 BGB zu lösende Auslegungsfrage.

742 Von MüKo BGB^{6}/*Wagner, G.*, Vorbemerkungen zum Deliktsrecht Rn. 74 als ständige Rechtsprechung bezeichnet. Dagegen nimmt Stoll an, dass die deliktische Haftung für Personenschäden nicht dispositiv ist. Vgl.: *Stoll, H.*, Das Handeln auf eigene Gefahr, 1961, S. 274.

743 So auch MüKo BGB^{6}/*Wagner, G.*, Vorbemerkungen zum Deliktsrecht Rn. 74; BeckOk BGB/*Lorenz, W.*, Stand 03.2011, § 276 BGB Rn. 46.

744 Staudinger/*Caspers, G.*, Stand 2014, § 276 BGB Rn. 114.

745 BeckOk BGB/*Lorenz, W.*, Stand 03.2011, § 276 BGB Rn. 49.

746 Staudinger/*Caspers, G.*, Stand 2014, § 276 BGB Rn. 118; MüKo BGB^{6}/*Wagner, G.*, Vorbemerkungen zum Deliktsrecht Rn. 79.

für Schäden in Folge von Regelübertretungen in Betracht. Der Haftungsausschluss könnte auf zwei Wegen vereinbart werden: Die Radsportler könnten sich untereinander einigen, dabei könnte unter Umständen der Spitzenverband als Bote oder Stellvertreter auftreten. Des Weiteren könnte in dem zwischen den Wettkämpfern und dem Spitzenverband vereinbarten Regelanerkennungsvertrag zugleich ein Haftungsausschluss enthalten sein.

a) Direkte vertragliche Haftungsmodifikation zwischen den Wettkämpfern

Für eine direkte vertragliche Haftungsmodifikation zwischen den Wettkämpfern wäre eine übereinstimmende mit Rechtbindungswillen getroffene Abrede notwendig.[747] Die Vereinbarung müsste nicht zwischen den Wettkämpfern direkt geschlossen werden, sondern könnte auch unter Beteiligung des Spitzenverbandes zustande kommen. Der Spitzenverband könnte dabei entweder als Stellvertreter sowohl auf Akiv- als auch auf Passivseite auftreten, § 164 BGB, oder als Bote die Erklärungen der Wettkämpfer überbringen und abgeben.[748]

01) Ausdrückliche Abrede

In den Regelanerkennungsverträgen, die Teil der Lizensierungs-[749] oder Nennungsvereinbarungen[750] sind, finden sich häufig Abreden, dass die Teilnahme am Wettkampf „auf eigene Gefahr erfolge“.[751]

---

747 Nur dann kann tatsächlich von einer rechtsgeschäftlichen Modifikation der deliktischen Haftung gesprochen werden. Insoweit sollte auch bei der Beschränkung der Haftung im Rahmen von Gefälligkeitsverhältnissen nicht von einem vertraglichen Haftungsausschluss gesprochen werden, sondern nach anderen Begründungen gesucht werden, den altruistisch Handelnden zu begünstigen, siehe hierzu auch MüKo BGB[6]/*Wagner, G.*, Vorbemerkungen zum Deliktsrecht Rn. 75.

748 Die Möglichkeiten, wie ein Vertrag zwischen den Wettkämpfern zustande kommen könnte, wurden auch bereits oben unter: *Möglichkeit des Abschlusses einer solchen Vereinbarung S. 113 f.* und *Tatsächlicher Abschluss einer solchen Vereinbarung S. 114 ff.* aufgezeigt.

749 Siehe oben: *Lizensierungsverfahren S. 79 ff.*

750 Siehe oben: *Nennungsverfahren S. 82 f.*

751 BDR, Sportordnung, Stand 04.2014, Punkt 4.4.1 Absatz II;
§ 9 der AGB der *Vattenfall Cyclassics*, dem größten Jedermannstraßenrennen Deutschlands, abrufbar unter: http://www.vattenfall-cyclassics.de/images/stories/jedermann/2014/Anmeldung/PDF/VC14_Ausschreibung.pdf (Zuletzt geprüft am: 30.09.2014).
Genauso die für den Start beim *Sport Scheck MTB Festival Tegernseer Tal*, dem größten Mountainbike Marathon Deutschlands, abzugebende Erklärung zum Haftungsausschluss, abrufbar unter: http://www.mtb-festival.de/files/2008/09/haftungsausschlussmtbfestival2014.pdf (Zuletzt geprüft am: 30.09.2014).

Die *Sportordnung des BDR* sieht in Punkt 4.4.1 Absatz II folgende Passage vor:

„Die Teilnahme an Wettbewerben erfolgt immer auf eigene Rechnung und Gefahr einschließlich der Haftung bei Unfall- und Haftpflichtschäden Dritten gegenüber.“[752]

Die *Vattenfall Cyclassics* sehen in ihren Allgemeinen Geschäftsbedingungen folgenden § 9 vor:

„§ 9 Haftung

(1) Die Teilnahme erfolgt auf eigenes Risiko. Der Teilnehmer erklärt mit seiner Anmeldung ausdrücklich, dass ihm die spezifischen Gefahren eines Jedermann-Straßenradrennens bekannt sind.

(2) Die Haftung des Veranstalters – auch gegenüber Dritten – für alle Schäden, die nicht auf der Verletzung des Lebens, Körpers oder der Gesundheit beruhen, ist beschränkt auf Vorsatz und grobe Fahrlässigkeit. Dies gilt auch für die vom Veranstalter eingesetzten Erfüllungsgehilfen. [...]“[753]

Um am *SportScheck Mountainbike Festival Tegernseer Tal* teilnehmen zu können, muss ein Haftungsausschluss mit folgenden Wortlaut unterzeichnet werden:

„HAFTUNGSAUSSCHLUSSERKLÄRUNG

Mit meiner Unterschrift bestätige ich meine Anmeldung zum MTB Marathon Tegernseer Tal2014/kids Cup/E-Bike Rennen/Uphill Contest. Mir ist bewusst, dass auf der gesamten Strecke die STVO gilt und den Anweisungen des Streckenpersonals, der Polizei und der Feuerwehr Folge zu leisten ist. Mit meiner Unterschrift versichere ich, dass ich die Haftungsausschlusserklärung gelesen und verstanden habe und mein Einverständnis mit dieser hiermit rechtsverbindlich abgebe. Das Anmeldeformular habe ich wahrheitsgemäß und vollständig ausgefüllt.

Verhaltensregeln:

Eine Gefährdung von anderen Teilnehmern ist auszuschließen. Der Veranstalter ist berechtigt, Teilnehmer, die durch undiszipliniertes Verhalten andere gefährden, von der weiteren Teilnahme an der Veranstaltung auszuschließen. Es besteht Helmpflicht während dem gesamten Rennbetrieb. ***Es gilt die STVO auf allen Strecken während des Rennens!!*** *Ein Verkürzen oder Verlängern der gemeldeten Strecke während des Rennens ist nicht möglich! Cross Rennräder sind von der Teilnahme ausgeschlossen! Wer manipuliert (körperlich und technisch), wird vom Rennen ausgeschlossen.*

752 BDR, Sportordnung, Stand 04.2014, Punkt 4.4.1 Absatz II.

753 § 9 der AGB der *Vattenfall Cyclassics*, dem größten Jedermannstraßenrennen Deutschlands, abrufbar unter: http://www.vattenfall-cyclassics.de/images/stories/jedermann/2014/Anmeldung/PDF/VC14_Ausschreibung.pdf (Zuletzt geprüft am: 30.09.2014).

Haftungsausschluss:

Die Teilnahme am MTB Marathon Tegernseer Tal 2014 erfolgt auf eigenes Risiko. Vom Veranstalter wird keine Haftung für Schäden jeglicher Art übernommen. Das gilt auch für Unfälle, abhanden gekommene Bekleidungsstücke und anderer Gegenstände. Mit Empfang der Startunterlagen erklärt jede/r Teilnehmer/in verbindlich, dass gegen seine Teilnahme keine gesundheitlichen Bedenken bestehen. Den Haftungsausschluss erkennt jede/r Teilnehmer/in mit seiner Anmeldung an. Mit meiner Anmeldung und Teilnahme am MTB Marathon Tegernseer Tal 2014 erkläre ich verbindlich, dass ich an dieser Veranstaltung am 31. Mai/01. Juni 2014 auf eigene Gefahr teilnehme. Hiermit stelle ich die Firma flowmotion GmbH ausdrücklich von sämtlichen Ansprüchen frei, die im Zusammenhang mit der Veranstaltung MTB-Marathon Tegernseer Tal 2014, insbesondere aufgrund eines Unfalls, gleich ob aus Eigen- oder Fremdverschulden oder sonstigem Grund, gegen die Firma flowmotion, deren gesetzliche Vertreter, Erfüllungs- oder Verrichtungsgehilfen entstehen. Dieser Haftungsverzicht gilt für Ansprüche aus jeglichem Rechtsgrund, insbesondere sowohl für Schadensersatzansprüche aus vertraglicher als auch aus außervertraglicher Haftung und auch für Ansprüche aus unerlaubter Handlung. [...]"[754]

Allerdings werden diese Klauseln im Verhältnis zwischen Teilnehmern und Verband bzw. Veranstalter[755] vereinbart, um die Veranstalterhaftung auszuschließen. Sie stellen damit keine über den Spitzenverband bzw. Veranstalter als Bote oder Stellvertreter zwischen den Teilnehmern vereinbarte vertragliche Haftungsmodifikation dar.

02) Konkludente Abrede

Möglich bliebe ein konkludenter Abschluss einer Haftungserleichterung zwischen den Teilnehmern. Dies kann aber nicht angenommen werden, da dafür tatsächliche Anhaltspunkte notwendig wären, die den Abschluss einer Abrede belegten.[756] Ein als gerecht empfundenes Ergebnis allein erlaubt noch nicht den Rückschluss auf eine konkludente Vereinbarung desselbigen. Vielmehr ist zu fordern, dieses als gerecht empfundene Ergebnis auf anderem Wege zu begründen, als den Parteien eine entsprechende Vereinbarung zu unterstellen.

Bei der Teilnahme an Radsportwettkämpfen sind solche Anhaltspunkte nicht ersichtlich. Selbst wenn man nicht auf die Gesamtheit der Rennfahrer abstellen würde,

---

754 Haftungsausschlusserklärung zum *Sport Scheck MTB Festival Tegernseer Tal*, Hervorhebungen wie im Originaldokument, abrufbar unter: http://www.mtb-festival.de/files/2008/09/haftungsausschlussmtbfestival2014.pdf (Zuletzt geprüft am: 30.09.2014).

755 Entgegen der oben dargestellten BGH Rechtsprechung gehen die Veranstalter insbesondere bei Jedermannbewerben dazu über, auch selbst Nennungsvereinbarungen mit den Sportlern zu schließen. Siehe dazu auch oben: *Nennungsverfahren S. 82 f.*

756 Genauso Staudinger/*Caspers, G.*, Stand 2014, § 276 BGB Rn. 118; *BGH,* Urteil v. 14.11.1978 (Az. VI ZR 178/77), NJW 1979, 414, 474.

sondern zum Beispiel auf die begrenzte Anzahl der Teilnehmer an einer einzelnen Gruppe im Rennen, finden sich keine Anhaltspunkte für einen Haftungsausschluss. Die Rennteilnehmer innerhalb der Gruppe möchten das Rennen gemeinsam bestreiten, sich entweder unterstützen oder sportlich bekämpfen, in jedem Fall aber nur sportlich miteinander in Kontakt treten und nicht übereinstimmend die Rechtslage beeinflussen.

Eine vertraglich vereinbarte Haftungsmilderung zwischen den Teilnehmern besteht daher nicht.

Vielfach wird auch die versicherungsrechtliche Lage als Indikator für eine Haftungsmilderung herangezogen.[757] *Besteht eine Versicherung des Schadens auf Seiten des Schädigers, spricht dies gegen einen Haftungsausschluss.*[758] *Umgekehrt kann eine Versicherung des Schadens auf Seiten des Geschädigten für einen Haftungsausschluss sprechen.*[759] *Für Radwettkämpfe ist zu beachten, dass früher in den Allgemeinen Vertragsbedingungen für die Privathaftpflichtversicherung Schäden im Rahmen von Radwettkämpfen ausgeschlossen waren.*[760] *Inzwischen ist der Ausschluss aufgegeben worden.*[761] *Allerdings sind die AHB nicht bindend*[762] *und das Abschließen einer Haftpflichtversicherung ist nicht verpflichtend, sodass bei Radwettkämpfen im Einzelfall geprüft werden muss, ob der Schädiger über eine Haftpflichtversicherung verfügt. Es ist sehr wahrscheinlich, dass bei einigen Wettkämpfern Versicherungsschutz besteht und bei anderen nicht. Schon allein aus diesem Grund überzeugt es nicht, die Haftung bei Radwettkämpfen von dem Bestehen von Versicherungsschutz abhängig zu machen. Das Bestehen von Haftpflichtversicherungsschutz auf Seiten*

757 Staudinger/*Caspers, G.*, Stand 2014, § 276 BGB Rn. 118; BeckOk BGB/*Lorenz, W.*, Stand 03.2011, § 276 BGB Rn. 50; MüKo BGB[6]/*Wagner, G.*, Vorbemerkungen zum Deliktsrecht Rn. 76; *Looschelders, D.*, Auswirkungen der Versicherung auf die Haftung beim Sport, in: Greiner, H.-P., Neminem laedere, 2009, S. 130 f.; für den Segelsport siehe *Behrens, W./Rühle, P.*, NJW 2007, 2079, 2082 f.; *Hauer, S.*, ZVers-Wiss 2013, 353–365; *Schimikowski, P.*, r+s 2008, 189–190; *Heermann, P.W.*, JZ 2008, 999–1004.

758 *BGH*, Urteil v. 14.11.1978 (Az. VI ZR 178/77), NJW 1979, 414, 415, mwN. *BGH*, Urteil v. 10.2.2009 (Az. VI ZR 28/08), VersR 2009, 558, 559; *BGH*, Urteil v. 29.1.2008 (Az. VI ZR 98/07), NJW 2008, 1591, 1592 mit Anmerkungen *Möllers, T./Möhring, A.*, LMK 2008, 109–110; *BGH*, Urteil v. 1.4.2003 (Az. VI ZR 321/02), NZV, 321, 323 mit Anmerkungen *Emmerich, V.*, JuS 2003, 1026–1027.

759 *BGH*, Urteil v. 07.06.1972 (Az. VIII ZR 35/71), NJW 1972, 1363, 1364.

760 Ein Ausschluss der Schäden fand sich in den AHB bis 2004. Mitgeteilt von Herrn *Peter Graß*, Leiter der Haftpflicht- und Kreditversicherung beim Gesamtverband der Deutschen Versicherungswirtschaft, in persönlichen Gespräch am 27.11.2013.

761 Der Ausschluss findet sich nicht mehr in den AHB vom Februar 2014, abrufbar unter: http://www.gdv.de/downloads/versicherungsbedingungen/allgemeine-versicherungsbedingungen-fur-die-haftpflichtversicherung-ahb (Zuletzt geprüft am: 30.09.2014).

762 Der verpflichtende gesetzliche Rahmen für die Privathaftpflichtversicherung wird insbesondere durch die §§ 100–112 VVG bestimmt.

des Geschädigten ist daher nicht einmal als Indiz gegen einen Haftungsausschluss für Radwettkämpfe geeignet.

Wenn man überhaupt den Versicherungsschutz als Indiz für die Beurteilung des Haftungsausschluss anerkennen möchte, dann nur in Fällen, in denen speziell für den in Frage stehenden Sachverhalt eine Versicherung abgeschlossen wurde. So liegt der Fall bei den vom BGH entschiedenen Fällen zu Kraftfahrzeughaftpflichtversicherung und Kraftfahrzeugkaskoversicherungen.[763] *Dagegen deckt eine Privathaftpflichtversicherung eine Vielzahl von Sachverhalten ab, der Unfall während eines Radwettkampfes ist dabei nur als Sonderfall mitabgedeckt.*

b) Haftungsmodifikation über den Regelanerkennungsvertrag

Möglicherweise hat der im Rahmen des Lizensierungs- oder Nennungsverfahren geschlossene Regelanerkennungsvertrag die Wirkung eines Haftungsausschlusses zwischen den Wettkämpfern.[764]

01) Der Regelanerkennungsvertrag als Vertrag mit Schutzwirkung für die Rennfahrer und als Haftungsausschluss

Auf den ersten Blick erscheint es widersprüchlich, dass dem Regelanerkennungsvertrag zwischen den Sportlern und dem Spitzenverband als Vertrag mit Schutzwirkung für Dritte gleichzeitig die Funktion eines Haftungsausschlusses für die Binnenhaftung zwischen den Sportlern zukommen soll.

Allerdings ist sogar das Gegenteil der Fall, wenn man sich vor Augen hält, dass der Regelanerkennungsvertrag nur Schutzwirkung für *regelwidriges Verhalten* entfaltet.[765] Enthielte der Regelanerkennungsvertrag nun zusätzlich noch einen Haftungsausschluss für *regelkonformes Verhalten*, würde der Regelanerkennungsvertrag das Einhalten der Regeln nicht nur auf sportlicher Ebene sicherstellen, sondern zusätzlich durch rechtsgestaltende Einwirkung auf die Haftung bei einem Unfall. Bei regelwidrigem Verhalten müsste vertraglich, und damit verschärft, gehaftet werden, bei regelkonformen Verhalten entfiele dagegen die möglicherweise in Betracht kommende deliktische Haftung.

Einen Haftungsausschluss für Schäden infolge regelwidrigen Verhaltens kann der Regelanerkennungsvertrag dagegen nicht enthalten.

02) Grundsätzliche Möglichkeit

Der Regelanerkennungsvertrag ist allerdings ein Vertrag zwischen den Wettkämpfern und dem Spitzenverband, nicht dagegen zwischen den Wettkämpfern

763 Nachweise in *Fn 758* und *Fn. 759.*

764 Zu diesem Vertrag siehe oben *Lizensierungsverfahren S. 79 ff.* und *Nennungsverfahren S. 82 f.*

765 Siehe dazu oben: *Schutzpflichten aufgrund drittschützenden Charakters des Regelanerkennungsvertrages S. 124 ff.* und insbesondere *Mögliche Pflichtverletzung S. 124 ff.*

untereinander. Es stellt sich daher die Frage, ob der Vertrag dennoch zu einem Haftungsausschluss zwischen den Teilnehmern führen kann. Dafür ist in jedem Fall eine Beteiligung des zukünftig Geschädigten zu fordern, da es sich sonst um einen unzulässigen Vertrag zu Lasten Dritter handeln würde.

Der Spitzenverband müsste von den Wettkämpfern verlangen, auf eine Inanspruchnahme ihrer Konkurrenten für den Fall eines Unfalls zu verzichten. Würden die Sportler nicht zustimmen, könnte der Verband die Lizenz bzw. den Start versagen. Dabei würde es sich nicht um einen Erlassvertrag im Sinne von § 397 I BGB handeln, sondern um einen Erlassvertrag mit bloß schuldrechtlicher Wirkung.[766] Dieser wäre ein Vertrag zugunsten Dritter (genauer gesagt: zugunsten des potentiellen Schädigers) im Sinne von § 328 I BGB, da der Verband mit den Sportlern vor dem Wettkampf vereinbaren würde, dass diese die (künftige) Inanspruchnahme von Konkurrenten im Fall der Schädigung durch diese unterlassen würden. Der geschädigte Sportler würde also einen Anspruch auf Unterlassung seiner Inanspruchnahme gegen den schädigenden Sportler erhalten.[767] Dem Erlass dingliche Wirkung beizumessen, würde Probleme mit dem Bestimmtheitsgebot[768] hervorrufen, da die Forderung noch nicht besteht. Darüber hinaus würde die Frage der Zulässigkeit von Verfügungen zugunsten Dritter aufgeworfen.[769]

Ob diese Probleme unüberwindbar wären, braucht an dieser Stelle nicht beantwortet zu werden, wenn bereits ein bloß schuldrechtlicher Erlassvertrag mit dem beschriebenen Inhalt nicht besteht.

03) Bewertung der „Handeln auf eigene Gefahr"-Abrede als Erlassvertag zugunsten Dritter

Eine solche Abrede könnten die „Handeln auf eigene Gefahr"-Passagen aus der Sportordnung sowie manchen Ausschreibungen zu Wettkämpfen enthalten.[770] Das

---

766 Der Erlassvertrag im Sinne von § 397 BGB ist entsprechend dem Wortlaut im Regelfall ein abstrakter, verfügender Vertrag, vgl.: MüKo BGB⁶/*Schlüter, M.*, § 397 BGB Rn. 6; Staudinger/*Rieble, V.*, Stand 2012, § 397 BGB Rn. 29 f.

767 Wohl erstmals zu dieser Konstruktion, allerdings nicht für den Fall der Sporthaftung: *RG*, Urteil v. 27.1.1930 (Az. VI 267/09), RGZ 127, 126, 128; siehe auch MüKo BGB⁶/*Schlüter, M.*, § 397 BGB Rn. 9 und Staudinger/*Rieble, V.*, Stand 2012, § 397 BGB Rn. 33, der in Rn. 34 allerdings eine andere (dingliche) Lösung vorschlägt.

768 Dieses Hindernis ist noch leichter zu überwinden, es gelten insoweit die gleichen Grundsätze wie bei der Abtretung einer zukünftigen Forderung, vgl.: MüKo BGB⁶/*Schlüter, M.*, § 397 BGB Rn. 7; Staudinger/*Rieble, V.*, Stand 2012, § 397 BGB Rn. 104.

769 MüKo BGB⁶/*Schlüter, M.*, § 397 BGB Rn. 9; Staudinger/*Rieble, V.*, Stand 2012, § 397 BGB Rn. 32 f.

770 Siehe den Abdruck oben unter: *Ausdrückliche Abrede S. 179 ff.*

OLG Koblenz hatte bereits für ein Autorennen über eine ähnliche Klausel zu entscheiden und hielt diese für wirksam.[771]

Allerdings bestehen erhebliche Zweifel, ob sich die Klauseln überhaupt auf Ansprüche zwischen den Teilnehmern beziehen sollen, oder ob nur der Verband beziehungsweise der Veranstalter vor seiner eigenen Haftung geschützt werden soll. Der Wortlaut spricht insoweit klar gegen eine Einbeziehung der anderen Teilnehmer.[772] Im Übrigen sind zumindest die Klauseln der *Sportordnung* und des *SportScheck MTB Festival* gemäß § 309 Nr. 7 BGB unwirksam.[773]

Auch eine ergänzende Vertragsauslegung des Regelanerkennungsvertrages vermag keinen konkludenten Vorausverzicht zu Tage zu fördern. Die Voraussetzung wäre, dass der Sportler und der Spitzenverband sich planwidrig nicht über diesen Punkt geeinigt und der Sportler sich nach Treu und Glauben auf die Vereinbarung einlassen müsste.[774] Davon kann man allerdings selbst für den hier in Frage stehenden Fall des Haftungsverzichts für Schäden infolge regelkonformen Verhaltens nicht ausgehen. Ein Haftungsverzicht ist, wie § 309 Nr. 7 und Nr. 8 BGB[775] beweisen, eine für den Verzichtenden sehr belastende Regelung. Dementsprechend sind an eine konkludente Vereinbarung sehr hohe Anforderungen zu stellen. Für den Regelanerkennungsvertrag stellt sich daher sogar eher die Frage, ob der Spitzenverband einen solchen Haftungsverzicht verlangen dürfte[776], nicht dagegen, ob ein Haftungsverzicht konkludent vereinbart wurde.

---

771 *OLG Koblenz,* Urteil v. 29.6.1992 (Az. 12 U 561/91), NZV 1993, 348–349, rechtskräftig aufgrund nichtveröffentlichten Beschluss des BGH zur Nichtannahme der Revision; zustimmend *Pardey, F.,* VersR 1995, 145.

772 Anders dagegen die Klausel, über die das OLG Koblenz zu entscheiden hatte, *OLG Koblenz,* Urteil v. 29.6.1992 (Az. 12 U 561/91), NZV 1993, 348, 348. In einem anderen Urteil hält das *OLG Koblenz,* Urteil v. 13.01.1988 (Az. 1 U 450/87), zitiert nach Juris, Rn. 5, die Klausel aus der Sportordnung zwar für unwirksam und befasst sich (wohl deshalb) nicht mit der Frage, ob diese überhaupt zwischen den Teilnehmern gelten soll.

773 Das gleiche Ergebnis ergäbe sich, wenn man § 242 BGB als Maßstab anlegen würde. Siehe zum Maßstab der Überprüfung des Sportreglements insbesondere oben: *Erfasste Regeln S. 86 ff.*

774 Zur ergänzenden Vertragsauslegung siehe MüKo BGB[6]/*Busche, J.,* § 157 BGB Rn. 26–58; Staudinger/*Roth, H.,* Stand 2010, § 157 BGB Rn. 11–45; Palandt[73]/*Ellenberger, J.,* § 157 BGB Rn. 2–10.

775 Diese gelten zwar nur für den Haftungsausschluss, dieser ist jedoch in seiner Wirkung mit dem über einen Dritten vereinbarten vorherigen Erlassvertrag über die Haftung vergleichbar.

776 In Anbetracht der marktbeherrschenden Stellung des BDR hinsichtlich von Radwettkämpfen in Deutschland wäre es praktisch unmöglich, überhaupt an Radrennen teilzunehmen, ohne sich dem vorherigen Haftungsverzicht zu beugen. In Anbetracht dieser Umstände könnte ein vorheriger Haftungsverzicht gemäß § 138 I BGB sittenwidrig sein. Unter Umständen wäre dem Sportler auch ein Anspruch gemäß § 826 BGB auf Zulassung zum Wettkampf ohne vorherigen Verzicht zuzugestehen.

Dagegen kann nicht argumentiert werden, die Haftung zwischen Radsportlern sei sowieso schon gemildert, sodass ein Haftungsverzicht für den Sportler weniger belastend ist. Vorliegend geht es darum, ob ein Haftungsverzicht die Haftungsmilderung begründen kann. Besteht diese bereits, ist ein zusätzlicher Haftungsverzicht nicht notwendig.

Von dieser für Haftungsverzichte grundlegenden Wertung kann auch nicht in diesem Fall aufgrund der für eine Haftungsmodifikation sprechenden Gründe der gesellschaftlichen Akzeptanz und der Freiwilligkeit der Sportausübung abgewichen werden. Man würde die ergänzende Vertragsauslegung zu stark strapazieren, wenn man den Parteien Abreden aufgrund solcher allgemeinen Erwägungen unterstellen wollte. Sollen gesetzliche Ansprüche aufgrund genereller Wertungen eingeschränkt werden, ist die Einschränkung auf gesetzlicher Ebene zu vorzunehmen. Es ist dagegen nicht zulässig, das gewünschte Ergebnis im Rahmen einer ergänzenden Vertragsauslegung zu erreichen.

c) Ergebnis

Es kann damit festgehalten werden, dass für die Radsportler eine mögliche Haftung gemäß § 823 I BGB untereinander nicht vertraglich ausgeschlossen ist.

IV. Tauglichkeit der Verkehrspflichten zur Festlegung des Haftungsmaßes bei Sportunfällen

Verkehrspflichten könnten einen wichtigen Beitrag zur angemessenen Haftung für Unfälle bei Radrennen leisten. Allerdings ist seit langem umstritten, was unter Verkehrspflichten zu verstehen ist, welche Begründung ihnen zu Grunde liegt und wie sie sich in den Aufbau des § 823 I BGB einfügen.

1. Definition Verkehrspflicht

Die Verkehrspflichten sind im BGB nicht explizit geregelt. Es handelt sich um eine Schöpfung der Literatur und Rechtsprechung.[777] Als Ausgangspunkt der Entwicklung kann wohl der Satz des RG bezeichnet werden, dass „jeder auch für Beschädigung durch seine Sachen insoweit aufkommen solle, als er dieselbe bei billiger Rücksichtnahme auf die Interessen des anderen hätte verhüten müssen“[778].[779] Später beschreibt das RG die Verkehrspflichten als besonders geartete allgemeine Rechtspflichten zum

777 MüKo BGB⁶/*Wagner, G.*, § 823 BGB Rn. 50.
778 *RG*, Urteil v. 30.10.1902 (Az. VI 208/02), RGZ 52, 373, 379.
779 Beispiel wird von MüKo BGB⁶/*Wagner, G.*, § 823 BGB Rn. 50 angeführt.

Schutz der Rechtsgüter anderer.[780] Die Verkehrspflichten sind also Ausfluss des allgemeinen Grundsatzes „neminem laedere".[781]

Früher waren mit Verkehrspflichten vor allem Pflichten zur Verhütung von von Sachen ausgehender Gefahren gemeint.[782] Inzwischen werden als Verkehrssicherungspflichten diejenigen Pflichten bezeichnet, die im Zusammenhang mit unbeweglichen Sachen entstehen.[783] Verkehrspflichten können nach der aktuellen Ansicht dagegen generell als Gefahrvermeidungspflichten und -abwehrpflichten verstanden werden[784], wobei je nach Ansicht eine mehr oder weniger stark betonte Identität mit den deliktischen Sorgfaltspflichten besteht[785]. Noch besser beschrieben werden können die Verkehrspflichten als Verhaltensanforderungen zur Gefahrsteuerung.[786]

2. Bisherige unbestrittene Anwendung von Verkehrspflichten

Es besteht überwiegend Einigkeit, dass die Verkehrspflichten zur Lösung bestimmter Sachverhalte unverzichtbar sind. Dazu gehört die Haftung für Unterlassen, die Haftung für Verletzung von Rahmenrechten und die Haftung für mittelbare Verletzungen.[787]

Es ist inzwischen einhellige Meinung, dass der Tatbestand des § 823 I BGB nicht nur durch eine aktive Handlung verwirklicht werden kann, sondern auch durch Unterlassen. Voraussetzung für die Tatbestandsmäßigkeit des Unterlassens ist jedoch,

---

780 Nachweis bei MüKo BGB[6]/*Wagner, G.*, § 823 BGB Rn. 50 Fn. 149; insgesamt zur Geschichte der Verkehrspflichten siehe *Bar, C. von*, JZ 1979, 332–337; *Caemmerer, E. von*, Wandlungen des Deliktsrechts, in: Caemmerer, E. von, Hundert Jahre deutsches Rechtsleben, Festschrift zum hundertjährigen Bestehen des Deutschen Juristentages 1860–1960, 1960, S. 71 ff.

781 *Matthiessen, K.*, Die zivildeliktische Haftung aus Verletzung der Verkehrspflichten, 1974, S. 11.

782 *Wagner, G.*, Gesetzliche Schuldverhältnisse, in: Willoweit, D., Rechtswissenschaft und Rechtsliteratur im 20. Jahrhundert, 2007, S. 186; *Matthiessen, K.*, Die zivildeliktische Haftung aus Verletzung der Verkehrspflichten, 1974, S. 7 f.; *Caemmerer, E. von*, Wandlungen des Deliktsrechts, in: Caemmerer, E. von, Hundert Jahre deutsches Rechtsleben, Festschrift zum hundertjährigen Bestehen des Deutschen Juristentages 1860–1960, 1960, S. 72.

783 MüKo BGB[6]/*Wagner, G.*, § 823 BGB Rn. 50; *Matthiessen, K.*, Die zivildeliktische Haftung aus Verletzung der Verkehrspflichten, 1974, S. 7 f.

784 Staudinger/*Hager, J.*, Stand 2009, § 823 BGB Rn. E 3; *Caemmerer, E. von*, Wandlungen des Deliktsrechts, in: Caemmerer, E. von, Hundert Jahre deutsches Rechtsleben, Festschrift zum hundertjährigen Bestehen des Deutschen Juristentages 1860–1960, 1960, S. 71 ff.

785 *Wagner, G.*, Gesetzliche Schuldverhältnisse, in: Willoweit, D., Rechtswissenschaft und Rechtsliteratur im 20. Jahrhundert, 2007, S. 191; MüKo BGB[6]/*ders.* § 823 BGB Rn. 48.

786 *Mertens*, VersR 1980, 397.

787 *Raab, T.*, JuS 2002, 1041, 1042.

dass den Betroffenen eine Pflicht zum Handeln trifft.[788] Wann eine solche Pflicht besteht, bestimmt sich nach den für die Situation einschlägigen Verkehrspflichten. Allgemein gesprochen besteht eine solche Pflicht insbesondere dann, wenn jemand eine Gefahrenquelle beherrscht oder zum Schutz bestimmter Rechtsgüter vor beliebigen Gefahrenquellen verantwortlich ist.[789]

Des Weiteren ist anerkannt, dass die Verletzung von Rahmenrechten wie dem eingerichteten und ausgeübten Gewerbebetrieb[790] oder dem allgemeinen Persönlichkeitsrecht[791] nicht automatisch eine Schadensersatzpflicht auslöst. Vielmehr wird in diesen Fällen, um einen ausufernden Schutz zu vermeiden, gefordert, die Rechtswidrigkeit positiv festzustellen. Die positive Feststellung verlangt, dass der Schädiger gegen eine Verhaltenspflicht, genauer gesagt eine Verkehrspflicht, verstoßen hat.[792]

Bei nur mittelbaren Verletzungen, also Verletzungen, die durch eine Handlung des Opfers selbst, die Handlung eines Dritten oder sonst außerhalb des gewöhnlichen Ablaufes entstanden sind, wird ebenfalls übereinstimmend verlangt, dass der Schädiger gegen eine Verkehrspflicht verstoßen hat.[793] Bei mittelbaren Verletzungen bestimmen die Verkehrspflichten damit über den notwendigen Zusammenhang zwischen der Verletzungshandlung und dem Verletzungserfolg.

In allen drei Beispielen wird damit die Haftung gemäß § 823 I BGB von dem Verstoß gegen eine Verkehrspflicht abhängig gemacht. Für den Fall von Verletzungen durch Unterlassen und mittelbaren Verletzungen von in § 823 I BGB genannten Rechtsgütern könnte man meinen, dass die Verkehrspflichten die deliktische Verantwortlichkeit erweitern. Dieser Befund ist jedoch nicht zutreffend. Die Verkehrspflichten konkretisieren in diesem Fall den haftungsrechtlich notwendigen Zusammenhang zwischen dem relevanten Verhalten (das in einem positiven Tun oder einem Unterlassen

---

788 BeckOk BGB/*Spindler, G.*, Stand 11.2013, § 823 BGB Rn. 6; *Deutsch, E.*, Allgemeines Haftungsrecht, 2. Aufl. 1996, S. 66–72; Palandt[73]/*Sprau, H.*, § 823 BGB Rn. 2; Staudinger/*Hager, J.*, Stand 2009, § 823 BGB Rn. E 3; zum Ursprung in der Rechtsprechung siehe *RG*, Urteil v. 30.10.1902 (Az. VI 208/02), RGZ 52, 373, 379; *RG*, Urteil v. 23.2.1903 (Az. VI 349/02), RGZ 54, 58 f.

789 Palandt[73]/*Sprau, H.*, § 823 BGB Rn. 2; BeckOk BGB/*Spindler, G.*, Stand 11.2013, § 823 BGB Rn. 7 f.; *Deutsch, E.*, Allgemeines Haftungsrecht, 2. Aufl. 1996, S. 69 f.; Staudinger/*Hager, J.*, Stand 2009, § 823 BGB Rn. E 3.

790 Siehe hierzu Palandt[73]/*Sprau, H.*, § 823 BGB Rn. 20 und 126–128; BeckOk BGB/*Spindler, G.*, Stand 11.2013, § 823 BGB Rn. 104–145; MüKo BGB[6]/*Wagner, G.*, § 823 BGB Rn. 187–224.

791 Siehe hierzu beispielsweise Palandt[73]/*Sprau, H.*, § 823 BGB Rn. 19 und 84–94; MüKo BGB[6]/*Wagner, G.*, § 823 BGB Rn. 179–183.

792 Palandt[73]/*Sprau, H.*, § 823 BGB Rn. 25 und 95–109; Soergel[12]/*Zeuner, A.*, § 823 BGB Rn. 73, 115, 156; Staudinger/*Hager, J.*, Stand 2009, § 823 BGB Rn. E3; für eine Berücksichtigung auf Tatbestandebene MüKo BGB[6]/*Wagner, G.*, § 823 BGB Rn. 195 f. und 179.

793 Palandt[73]/*Sprau, H.*, § 823 BGB Rn. 26; BeckOk BGB/*Spindler, G.*, Stand 11.2013, § 823 BGB Rn. 10; MüKo BGB[6]/*Wagner, G.*, § 823 BGB Rn. 7.

liegen kann) und der nötigen Verletzung eines Rechts. Ob den Verkehrspflichten daher beschränkender oder erweiternder Charakter zukommt, hängt maßgeblich von dem sonst geforderten Zusammenhang zwischen Rechtsgut und menschlichen Verhalten ab. Würde man die Verletzung des Rechts durch eine unmittelbar kausale Handlung in Form positiven Tuns fordern, würden die Verkehrspflichten den deliktischen Schutz erweitern. Würde man dagegen primär den Erfolg genügen lassen, solange dieser nur irgendwie auf ein menschliches Verhalten zurückführbar wäre, würden die Verkehrspflichten die Haftung begrenzen.

Insgesamt ist daher festzustellen, dass die Verkehrspflichten in ihren bisher unbestrittenen Anwendungsfällen den Rechtsgüterschutz konkretisieren. Dies zeigt sich auch besonders deutlich an den von § 823 I BGB nicht genannten Rahmenrechten, die aufgrund ihres „offenen Tatbestandes" einer Konkretisierung bedürfen. Es ist streitig, auf welcher Stufe des Deliktsaufbaus die Konkretisierung vorzunehmen ist: Im Fall des Unterlassens soll sowohl die Tatbestands- als auch die Rechtswidrigkeitsebene betroffen sein[794]; bei Verletzungen von Rahmenrechten oder mittelbaren Verletzungen dagegen wird meist auf Rechtswidrigkeitsebene angesetzt[795].

3. *Verkehrspflichten bei unmittelbaren Verletzungshandlungen*

Bei unmittelbaren Verletzungshandlungen, wie zum Beispiel der Stich mit einem Messer, sollen dagegen die Verkehrspflichten auf Stufe des Tatbestandes oder der Rechtswidrigkeit keine Rolle spielen. Allein die Rechtsgutverletzung soll die Rechtswidrigkeit indizieren.[796] Erst auf Stufe der Schuld soll bei Fahrlässigkeit ein Verstoß gegen die im Verkehr erforderliche Sorgfalt, § 276 II BGB, geprüft werden. Allerdings bereitet die Abgrenzung von unmittelbaren und mittelbaren Verletzungshandlungen Probleme.[797] Teilweise wird gefordert, dass der Eingriff „noch als Bestandteil der Handlung anzusehen"[798] ist. Andere verlangen dagegen, dass „der Verletzungsvorgang selber noch der Kontrolle, der Beherrschung durch den Eingreifenden unterliegt, mag er diese Kontrolle auch in unrichtiger Weise oder überhaupt nicht ausüben"[799].

---

794 Palandt[73]/*Sprau, H.*, § 823 BGB Rn. 2, 26 unklar bzgl. der Einordnung BeckOk BGB/*Spindler, G.*, Stand 11.2013, § 823 BGB Rn. 6.

795 BeckOk BGB/*Spindler, G.*, Stand 11.2013, § 823 BGB Rn. 10; 112; MüKo BGB[6]/*Wagner, G.*, § 823 BGB Rn. 61.

796 BeckOk BGB/*Spindler, G.*, Stand 11.2013, § 823 BGB Rn. 10; Palandt[73]/*Sprau, H.*, § 823 BGB Rn. 24 f.; *Larenz, K./Canaris, C.-W.*, Lehrbuch des Schuldrechts, 13. Aufl. 1994, S. 607 ff.; mwN.: MüKo BGB[6]/*Wagner, G.*, § 823 BGB Rn. 7; *BGH,* Urteil v. 12-07-1996 (Az. V ZR 280/94), NJW 1996, 3205, 3207; *BGH,* Urteil v. 13.3.1979 (Az. VI ZR 117/77), NJW 1979, 1351, 1352; *BGH,* Urteil v. 12.2.1963 (Az. VI ZR 70/62), NJW 1963, 952, 954; *BGH,* Beschluss v. 4.3.1957 (Az. GSZ 1/56), NJW 1957, 785.

797 MwN.: MüKo BGB[6]/*Wagner, G.*, § 823 BGB Rn. 7.

798 *Larenz, K.*, Rechtswidrigkeit und Handlungsbegriff im Zivilrecht, in: Caemmerer, E. von, Vom deutschen zum europäischen Recht, Festschrift für Hans Dölle, S. 193.

799 *Huber, U.*, Zivilrechtliche Fahrlässigkeit, in: Weber, W.; Wieacker, F.; Forsthoff, E., Festschrift für Ernst Rudolf Huber, 1973, S. 276.

Für Stoll besteht die Unmittelbarkeit darin, dass die Handlung „notwendig und ohne Dazwischentreten weiterer, vom Täter nicht beherrschter Umstände den Verletzungserfolg" herbeiführt.[800] Darüber hinaus wird die Unterscheidung auch für undurchführbar gehalten.[801]

Folgt man dieser ganz herrschenden Sichtweise trotz der Abgrenzungsprobleme, ist nicht ausgeschlossen, dass weitgehend sozial akzeptiertes Verhalten mit einem Rechtswidrigkeitsurteil belegt wird. Das sozial akzeptierte Verhalten würde damit gegen die Rechtsordnung verstoßen.[802],[803] Zur Lösung dieses Problem werden verschiedene Vorschläge diskutiert. Zunächst ist die aus dem Strafrecht bekannte Lehre der Sozialadäquanz zu nennen, nach der sozialadäquates Verhalten entweder bereits den Tatbestand ausschließt oder zumindest rechtfertigendend wirkt.[804] Der große Senat des BGH hat einen Rechtfertigungsgrund des verkehrsrichtigen Verhaltens entwickelt, wonach den Regeln des Straßenverkehrs entsprechendes Verhalten nicht rechtswidrig sein soll.[805]

---

800 *Stoll, H.*, AcP 162 (1963), 203, 227.

801 *Looschelders, D.*, Schuldrecht, Besonderer Teil, 9. Aufl. 2014, Rn. 1176; Soergel[13]/*Krause, R.*, Anhang II zu § 823 BGB Rn. 3.

802 Sowohl die Lehre vom Erfolgsunrecht als auch die Lehre vom Handlungsunrecht verbinden mit der Rechtswidrigkeit einen Verstoß gegen die Rechtsordnung, vgl.: *Deutsch, E.*, Allgemeines Haftungsrecht, 2. Aufl. 1996, S. 147 f.; jurisPK BGB[6]/*Lange, J./Schmidbauer, K.*, § 823 BGB Rn. 59; BeckOk BGB/*Spindler, G.*, Stand 11.2013, § 823 BGB Rn. 9; Palandt[73]/*Sprau, H.*, § 823 BGB Rn. 23; MüKo BGB[6]/*Wagner, G.*, § 823 BGB Rn. 6; *Stoll, H.*, AcP 162 (1963), 203, 209.

803 Dass gewisse gefährliche Handlungen trotz ihrer Gefährlichkeit aufgrund ihres gesellschaftlichen Nutzens erlaubt sind, heben auch *Caemmerer, E. von*, Wandlungen des Deliktsrechts, in: Caemmerer, E. von, Hundert Jahre deutsches Rechtsleben, Festschrift zum hundertjährigen Bestehen des Deutschen Juristentages 1860–1960, 1960, S. 78 und *Nipperdey, H.C.*, NJW 1957, 1777, 1778 hervor.

804 *Caemmerer, E. von*, Wandlungen des Deliktsrechts, in: Caemmerer, E. von, Hundert Jahre deutsches Rechtsleben, Festschrift zum hundertjährigen Bestehen des Deutschen Juristentages 1860–1960, 1960, S. 134 Fn. 353; *Nipperdey, H.C.*, NJW 1967, 1985, 1991 ff.; *ders.* NJW 1957, 1777–1782; *Münzberg, W.*, Verhalten und Erfolg als Grundlagen der Rechtswidrigkeit und Haftung, 1966; *Füllgraf, L.*, VersR 1983, 705, 708 f.; *Eser, A.*, JZ 1978, 368, 370; *Bohlen, H.*, Haftungsausschluß durch bewußte Selbstgefährdung, 1995, S. 122 ff., der auch einen Vergleich mit ähnlichen Institut des „erlaubten Risikos" aus dem Strafrecht zieht; ablehnend zum Beispiel *Friedrich, P.*, NJW 1966, 755, 756 ff.; *Lehmann, H.*, Begrenzung der Rechtswidrigkeit, in: Lehmann, H.; Nipperdey, H.C., Recht und Wirtschaft, 1958, S. 188 ff.; *Götz, A.*, Die deliktische Haftung für Sportverletzungen im Wettkampfsport, 2009, S. 154–159.

805 *BGH*, Beschluss v. 4.3.1957 (Az. GSZ 1/56), NJW 1957, 785–787; eine ausführliche Bewertung findet sich bei *Dohmen, H.*, Für und Wider den Rechtfertigungsgrund des verkehrsrichtigen Verhaltens, 1965, S. 1–20; *Caemmerer, E. von*, Wandlungen des Deliktsrechts, in: Caemmerer, E. von, Hundert Jahre deutsches Rechtsleben, Festschrift zum hundertjährigen Bestehen des Deutschen Juristentages 1860–1960, 1960, S. 115 ff.

Es wäre aber denkbar, zu diesem Zweck auch bei unmittelbaren Verletzungshandlungen einen Verkehrspflichtenverstoß zur rechtswidrigen Tatbestandverwirklichung zu verlangen.[806] So würden Verhaltensweisen, die gemeinhin als rechtmäßig verstanden werden, auch im Rahmen des § 823 I BGB nicht als rechtswidrig eingestuft, obwohl sie direkt zu einer Rechtsgutverletzung geführt haben.

4. Verkehrspflichten im Radsport

Für den Radsport bestünde die Möglichkeit, Verkehrspflichten entsprechend dem Radsportreglement festzulegen.[807] Dabei ist nicht das gesamte Radsportreglement gemeint, sondern diejenigen Regeln, die dem Schutz von in § 823 I BGB genannten Rechtsgütern dienen. Nur diese Regeln weisen den notwendigen Bezug zu den Verkehrspflichten auf, die gerade den Schutz dieser Rechtsgüter konkretisieren.

Allerdings können die Radsportverbände mit Schaffung des Reglements die Verkehrspflichten nicht im Alleingang bestimmen. Die Konkretisierung der Verkehrspflichten bleibt dem Richter und Gesetzgeber vorbehalten.[808] Die Gegenansicht, die die Sportregeln als verbindlich bezeichnet, überzeugt dagegen nicht. Begründet wird die Verbindlichkeit mit der den Sportverbänden gemäß Art. 9 I GG gewährten Autonomie.[809] Teilweise wird auch auf die Anerkennung der Sportregeln durch die Sportler abgestellt.[810] Grundsätzlich besteht die Möglichkeit der verbindlichen Rechtsetzung durch die Sportverbände jedoch nur innerhalb des von der staatlichen

806 So die Lehre vom Handlungsunrecht, vgl. MüKo BGB[6]/*Wagner, G.*, § 823 BGB Rn. 26; *Esser, J./Weyers, H.-L.*, Schuldrecht, Band II, Besonderer Teil, 6. Aufl. 1984, S. 471; *Nipperdey, H.C.*, NJW 1957, 1777–1782; *ders.* NJW 1967, 1985, 1990 ff.; mit Einschränkungen *Mertens,* VersR 1980, 397–408; *Looschelders, D.*, Auswirkungen der Versicherung auf die Haftung beim Sport, in: Greiner, H.-P., Neminem laedere, 2009, S. 134; abgelehnt wird diese Funktion der Verkehrspflichten von *Fraenkel, M.*, Tatbestand und Zurechnung bei § 823 Abs. 1 BGB, 1979, S. 213 ff., der dafür allerdings die Vornahme einer Interessenabwägung vorschlägt.

807 Für die Festlegung der Verkehrspflichten entsprechend dem Radsportreglement *Mertens,* VersR 1980, 397, 400, der dafür allerdings seine Unterscheidung zwischen legislativer und judizieller Konzeption des § 823 I BGB partiell aufgeben muss.

808 *Emmerich, V.*, JuS 2003, 1026; *Dressler, W.-D.*, Sportrecht und Deliktsrecht in der Rechtsprechung, in: Trägern der Juristischen Studiengesellschaft, Aktuelle Rechtsfragen des Sports, 1999, S. 52; *Grunsky, W.*, Haftungsrechtliche Probleme der Sportregeln, 1979, S. 8 ff.; *ders.* JZ 1975, 109, 110; *Heermann, P.W.*, Haftung im Sport, 2008, S. 59 f.; *Fleischer, H.*, VersR 1999, 785, 787; *Deutsch, E.*, VersR 1974, 1045, 1047; *Götz, A.*, Die deliktische Haftung für Sportverletzungen im Wettkampfsport, 2009, S. 204–205.

809 *Looschelders, D.*, Die Mitverantwortlichkeit des Geschädigten im Privatrecht, 1999, S. 135 und S. 447.

810 *Looschelders, D.*, JR 2000, 265, 270.

Ordnung und damit auch des von § 823 I BGB gewährten Freiraums.[811] Darüber hinaus werden die Sportregeln von den Sportverbänden hauptsächlich zur Regelung des Sportbetriebes erlassen und nicht zur Beeinflussung des staatlichen Rechts. Auch der oben genannte Regelanerkennungsvertrag zwischen dem Spitzenverband und den Sportlern dient nicht dazu, die Verkehrspflichten festzulegen. Diesem kommt zwar unter Umständen Schutzwirkung für die Sportler für den Fall der Regelübertretung zu, er ist aber kein Vertrag der Sportler in Form eines Verzichts auf die Haftung.[812]

Der Richter könnte sich an dem Radsportreglement orientieren und dieses übernehmen, solange dagegen keine durchgreifenden Einwände bestünden. Entgegenstehende Einwände könnten insbesondere die guten Sitten sein. Als (hypothetisches) Beispiel wäre denkbar, dass der BDR ein Rennformat entwirft, das Radsport mit Elementen aus Kampfsportarten verbindet. Bei diesem neuen Rennformat wäre jegliches Mittel erlaubt, um als erster die Ziellinie zu überqueren. Dürften bei diesem Radrennen also zum Beispiel Faustschläge eingesetzt werden, um den Gegner vom Überqueren der Ziellinie abzuhalten, wäre damit eine erhebliche Gefährdung verbunden, die noch weit über das im Radsport beziehungsweise im Boxsport übliche Maß hinausgeht. Im Übrigen würde sich diese Art der Sportausübung von der gesellschaftlich akzeptierten Form des Radsports entfernen. Daher wären solche Regeln mit den guten Sitten nicht mehr vereinbar. Dementsprechend könnte dieses Reglement nicht als Grundlage für Verkehrspflichten dienen.[813]

Bei der konkreten Festlegung von Verkehrspflichten im Radsport müsste der Richter zunächst von den Vorgaben der StVO auszugehen, da es sich bei Radsport im

---

811 Genauso *Pfister, B.*, Autonomie des Sports, sport-typisches Verhalten und staatliches Recht, in: Pfister, B.; Will, M.R., Festschrift für Werner Lorenz zum siebzigsten Geburtstag, 1991, S. 182 und 187; *Buchberger, M.*, Die Überprüfbarkeit sportverbandsrechtlicher Entscheidungen durch die ordentliche Gerichtsbarkeit, 1999, S. 39 ff.

812 Siehe dazu oben: *Schutzpflichten aufgrund drittschützenden Charakters des Regelanerkennungsvertrages S. 124 ff.* und oben: *Haftungsmodifikation über den Regelanerkennungsvertrag S. 183 ff.*

813 Ein ähnliches Problem stellt sich beim Ultimate Fighting, bei dem sich zwei Kämpfer in einem Gitterkäfig gegenüberstehen. Erlaubt sind dabei fast alle denkbaren Kampftechniken, Ziel ist der K.O. oder die Aufgabe des anderen Kämpfers. In diesem Fall müsste auf einen stärker subjektiv geprägten Ansatz der Haftungsmodifikation zurückgegriffen werden. Siehe dazu unten: *Vorrang einer rechtsgeschäftlichen Lösung S. 222 ff.* Allerdings ist beim Ultimate Fighting sogar sehr fraglich, ob eine Einwilligung überhaupt zulässig ist, siehe dazu *Derksen, R.*, SpuRt 2000, 141–145. Allgemein zu den Grenzen der Einwilligung gemäß § 138 BGB siehe *Kohte, W.*, AcP 185 (1985), 105, 131–136. *Pfister, B.*, Autonomie des Sports, sport-typisches Verhalten und staatliches Recht, in: Pfister, B.; Will, M.R., Festschrift für Werner Lorenz zum siebzigsten Geburtstag, 1991, S. 182 Fn. 61; *Schenke, W.*, Die Einwilligung des Verletzten im Zivilrecht, unter besonderer Berücksichtigung ihrer Bedeutung bei Persönlichkeitsverletzungen, 1965, S. 70 ff. nennt zur Beschreibung der Grenzen der dem Sport gewährten Autonomie eine „Sportart" aus den USA, bei der zwei Autofahrer aufeinander zu rasen und derjenige gewinnt, der nicht ausweicht.

Regelfall um der StVO unterfallende Verkehrsvorgänge handelt[814] und da hoheitlich normierte Verhaltensanforderungen bei der Festlegung von Verkehrspflichten im Regelfall die Mindestanforderungen darstellen[815]. Allerdings darf auf dieser Stufe nicht stehengeblieben werden. Ein Radrennen unterscheidet sich wesentlich von den sonst im Straßenverkehr üblichen Verkehrsvorgängen. Um ein Rennen austragen zu können und die Attraktivität der Sportart zu bewahren, werden einige Schutzvorschriften der StVO konsequent missachtet. Andererseits besteht mit dem Radsportreglement ein anderer Katalog an Schutzvorschriften, der jedoch hinsichtlich des Schutzniveaus weit hinter den Vorgaben der StVO zurückbleibt.[816]

Es bedarf einer Rechtfertigung, dieses niedrigere Schutzniveau von Seiten der Rechtsgemeinschaft zu akzeptieren. Dafür lassen sich verschiedene Aspekte anführen. Sport genießt in der Bevölkerung und in der Gesetzgebung einen hohen Stellenwert.[817] Ihm werden positive Eigenschaften wie die Integration der Sportler in die Gesellschaft und die Verbesserung bzw. der Erhalt der Gesundheit der Sportler zugeschrieben. Das Verletzungsrisiko wird aufgrund dieser positiven Aspekte in Kauf genommen.[818] Dies kann man auch daran erkennen, dass die Folgen von

---

Bei der strafrechtlichen Beurteilung solcher Sachverhalte wäre insbesondere auch § 228 StGB zu beachten. Siehe dazu zuletzt: *BGH,* Beschluss v. 20.2.2013 (Az. 1 StR 585/12), zitiert nach Juris.

814 Siehe oben: *StVO S. 94 ff.*

815 MwN.: Staudinger/*Hager, J.*, Stand 2009, § 823 BGB Rn. E 34; BeckOk BGB/*Spindler, G.*, Stand 11.2013, § 823 BGB Rn. 251; MüKo BGB⁶/*Wagner, G.*, § 823 BGB Rn. 358 f.; zur Orientierung an einer Polizeiverordnung und behördlichen Anweisung vgl.: *BGH,* Urteil v. 05.05.1964 (Az. VI ZR 72/63), BeckRS 31187408; zur Orientierung an DIN-Normen (die zwar keine hoheitlich normierten Verhaltensanforderungen sind, aber trotzdem Sicherheitsstandards definieren und denen im Verkehr eine erhebliche Orientierungswirkung zukommt): *BGH,* Urteil v. 3.6.2008 (Az. VI ZR 223/07), NJW 2008, 3775, 3776; *BGH,* Urteil v. 3.2.2004 (Az. VI ZR 95/03), NJW 2004, 1449, 1450; *BGH,* Urteil v. 13.3.2001 (Az. VI ZR 142/00), NJW 2001, 2019, 2020; *BGH,* Urteil v. 12.11.1996 (Az. VI ZR 270/95), NJW 1997, 582, 583; *BGH,* Urteil v. 01.03.1988 (Az. VI ZR 190/87), NJW 1988, 2667, 2668; siehe auch *Marburger, P.*, Die Regeln der Technik im Recht, 1979, S. 463–473.

816 Siehe oben: *Vergleich mit dem Radsportreglement und dem im Radsport üblichen Fahrverhalten S. 102 f.*

817 *Pfister, B.*, Autonomie des Sports, sport-typisches Verhalten und staatliches Recht, in: Pfister, B.; Will, M.R., Festschrift für Werner Lorenz zum siebzigsten Geburtstag, 1991, S. 175 f.; teilweise wird sogar davon gesprochen, dass Sport öffentliche Aufgabe ist und eine Staatszielbestimmung ins GG aufgenommen werden sollte, vgl.: *Fritzweiler, J./Coelln, C. von,* 1. Teil. Sport und Staat, in: Fritzweiler, J.; Pfister, B.; Summerer, T., Praxishandbuch Sportrecht, 2. Aufl. 2007, S. 48 ff.

818 *Caemmerer, E. von,* Wandlungen des Deliktsrechts, in: Caemmerer, E. von, Hundert Jahre deutsches Rechtsleben, Festschrift zum hundertjährigen Bestehen des Deutschen Juristentages 1860–1960, 1960, S. 78; *Münzberg, W.*, Verhalten und Erfolg als Grundlagen der Rechtswidrigkeit und Haftung, 1966, S. 272 ff.; *Nipperdey, H.C.*, NJW 1957, 1777, 1778 weisen darauf hin, dass die Gesamtheit der sozialen und

Sportunfällen durch verschiedene Mechanismen auf die Gesellschaft übertragen werden. Wie bereits ausgeführt, wird auch bei Sportunfällen Lohnfortzahlung geleistet und die Kosten zur Wiederherstellung der Gesundheit werden von den Krankenkassen und damit der Gemeinschaft der Versicherten getragen.[819]

Ein weiterer wesentlicher Punkt ist, dass der Sport von den Sportlern freiwillig ausgeübt wird und diese dafür selbst das Risiko von Verletzungen akzeptieren.[820] In diesem Zusammenhang geht es nicht um die häufig in sportrechtlichen Veröffentlichungen diskutierte Frage, ob ein Sportler bei der Sportausübung in eine Verletzung einwilligt oder darauf hofft, nicht verletzt zu werden.[821] Entscheidend ist, dass Sport freiwillig trotz der damit verbundenen Risiken ausgeübt wird, mag auch jeder Sportler darauf hoffen, nicht verletzt zu werden. Ein freiwillig eingegangenes Risiko kann von der Rechtsgemeinschaft leichter akzeptiert werden, als ein Risiko das sich auf den Betroffenen gegen dessen Willen auswirkt.

Insgesamt treffen damit zwei Umstände zusammen, die gemeinsam die Festlegung der Verkehrspflichten im Radsport abweichend von der StVO rechtfertigen: Die Sportausübung ist gesellschaftlich akzeptiert und gefördert und beruht darüber hinaus auf einer freiwilligen Entscheidung der Sportler.[822] Die Tragkraft dieser beiden Argumente führt dazu, dass sportregelkonformes Verhalten in einer gesellschaftlich anerkannten Form der Sportausübung[823], obwohl es zur Verletzung eines von § 823 I BGB geschützten Rechtsgutes geführt hat, nicht gegen die Rechtsordnung verstößt und damit nicht rechtswidrig ist.[824]

---

rechtlichen Anschauungen über die Akzeptanz von Gefährdungen in der Rechtsgemeinschaft entscheiden.

819 *Siehe oben Bedeutung des Sports für die Gesellschaft und Umgang der Gesellschaft mit Folgeschäden der Sportausübung S. 25 ff.* Siehe auch *Galli, B.*, SpuRt 1997, 87, 89 f.; *Fuchs, M.*, SpuRt 1999, 133–138.

820 Genauso: *Münzberg, W.*, Verhalten und Erfolg als Grundlagen der Rechtswidrigkeit und Haftung, 1966, S. 310 ff., der die Einwilligung des Verletzten als einen Aspekt im Rahmen der nach seiner Ansicht für die Rechtswidrigkeit notwendigen Interessenabwägung ansieht.

821 Siehe dazu unten: *Vorrang einer rechtsgeschäftlichen Lösung S. 222 ff.*

822 Es ist dagegen abzulehnen, das haftungsrechtlich relevante Verhalten als Unterlassen in Form der Nichtbeachtung der Sportregeln zu bewerten, um einen Verkehrspflichtenverstoß fordern zu können, ohne gegen die herrschende Meinung zu verstoßen. Auch *Deutsch, E.*, VersR 1974, 1045, 1046 lehnt eine Bewertung des Verhaltens als Unterlassen ab.

823 Etwas anderes könnte bei Sportarten wir Ultimate Fighting gelten. Zum Ultimate Fighting siehe oben: *Fn. 813.* Zur gesellschaftlichen Bewertung des Boxens siehe *Fritzweiler, J.*, SpuRt 1995, 156–157; *Teichmann, A.*, JA 1979, 293–297 und 347–351, 349.

824 Bezüglich des Ergebnisses genauso *Looschelders, D.*, JR 2000, 265, 270; *Mertens*, VersR 1980, 397, 400; *Zimmermann*, VersR 1980, 497, 498 ff.; *Deutsch, E.*, VersR 1974, 1045, 1046; *Fleischer, H.*, VersR 1999, 785, 786 f.; *Grunsky, W.*, Haftungsrechtliche Probleme der Sportregeln, 1979, S. 14 ff. ablehnend *Füllgraf, L.*, VersR 1983, 705,

V. Verortung der Verkehrspflichten im Deliktsaufbau

Es ist schwierig zu entscheiden, auf welcher Stufe des dreistufigen Deliktsaufbaus die Verkehrspflichten zu verorten sind. In Betracht kommt sowohl die Tatbestands- als auch die Rechtswidrigkeitsebene. Es ist dagegen nicht sachgerecht, die Verkehrspflichten erst auf Ebene des Verschuldens zu berücksichtigen, da in diesem Fall die Verkehrspflichten ihrer gerade beschriebenen Filterfunktion zwischen rechtmäßigem und rechtswidrigem Verhalten beraubt würden.

1. Berücksichtigung im Tatbestand

Ausgehend vom Wortlaut des § 823 I BGB käme eine Verortung sowohl auf Tatbestands- als auch auf Rechtswidrigkeitsebene in Betracht. Der Wortlaut fordert zunächst die kausal auf einem menschlichen Verhalten beruhende Verletzung eines Rechtsguts. Es liegt innerhalb der Wortlautgrenze, dafür nicht jede Handlung ausreichen zu lassen, sondern für den Kausal- und Zurechnungszusammenhang eine Pflichtwidrigkeit der Handlung zu verlangen. Die Verkehrspflichten würden in diesem Fall den Zusammenhang zwischen dem Verhalten und der Rechtsgutverletzung konkretisieren. Allerdings würde damit der Tatbestand mit einem wertenden Kriterium belastet. Dagegen könnte sprechen, dass der Tatbestand gerade von solchen Erwägungen frei gehalten werden soll, da in dessen Rahmen nur entschieden werden soll, ob das Verhalten in tatsächlicher Hinsicht ursächlich für die Rechtsgutverletzung ist.[825]

2. Berücksichtigung auf Rechtswidrigkeitsebene

Der Wortlaut ermöglicht aber auch, im Rahmen der Rechtswidrigkeit den Verstoß gegen eine Verkehrspflicht zu fordern. Insoweit lässt sich dem Wortlaut nicht einmal eine Tendenz entnehmen. Für eine Berücksichtigung auf Rechtswidrigkeitsebene könnte sprechen, dass gerade die Rechtswidrigkeit darüber entscheidet, ob das Verhalten beziehungsweise der Erfolg gegen die Rechtsordnung verstößt. Es ist ja gerade Aufgabe der Rechtswidrigkeit, den Verstoß gegen die Rechtsordnung festzustellen.[826] Hier können wertende rechtliche Gesichtspunkte unter Umständen besser berücksichtigt werden als im Tatbestand, der nur die Verletzung eines Rechtsguts im naturwissenschaftlichen Sinne fordert.

---

708 f.; *Storch, A.*, VersR 1989, 1131, 1132; *Pfister, B.*, Autonomie des Sports, sporttypisches Verhalten und staatliches Recht, in: Pfister, B.; Will, M.R., Festschrift für Werner Lorenz zum siebzigsten Geburtstag, 1991, S. 188; *Petev, V.*, VersR 1976, 320, 321.

825 So *Deutsch, E.*, Allgemeines Haftungsrecht, 2. Aufl. 1996, S. 84 f.

826 *Deutsch, E.*, Allgemeines Haftungsrecht, 2. Aufl. 1996, S. 147 f.

3. Stellungnahme

§ 823 I BGB fordert die rechtswidrige Verletzung eines Rechtsguts. Der Vergleich mit § 823 II BGB zeigt deutlich, dass § 823 I BGB grundsätzlich an den Eintritt eines Erfolges in Form einer Rechtsgutverletzung anknüpft. Gleichzeitig bestehen keine Zweifel, dass § 823 I BGB die Schadensersatzpflicht von einem beherrschbaren menschlich Verhalten abhängig macht.[827]

Darüber hinaus muss ein ursächlicher Zusammenhang zwischen dem menschlichen Verhalten und der Rechtsgutverletzung bestehen.[828] Dieser Zusammenhang kann sich nicht in einer Kausalität im streng naturwissenschaftlichen Sinne erschöpfen, da sonst eine praktisch unbegrenzte Anzahl an Handlungen ursächlich für die Rechtsgutverletzung wäre.[829] Daher ist unbestritten, dass gewisse Filter hinter die Kausalität im naturwissenschaftlichen Sinne gesetzt werden müssen, um die wirklich entscheidenden Handlungen oder Unterlassungen zu identifizieren. Die herrschende Adäquanztheorie verlangt dementsprechend, dass der Erfolgseintritt nicht außerhalb jeglicher Wahrscheinlichkeit liegt.[830] Darüber hinaus wird überwiegend die Schutzzwecklehre angewandt, nach der die Haftung nur dann begründet ist, wenn das verletzte Interesse in den Schutzbereich der einschlägigen deliktischen Sorgfaltspflicht fällt.[831]

a) Konkretisierung des Tatbestandes im Rahmen der Zurechnung

Die Lehre der Adäquanz und die Schutzzwecklehre nehmen daher schon auf Ebene des Tatbestandes Wertungen vor, die gerade nicht streng naturwissenschaftlich sind.[832] Nur so kann die für die Rechtsgutverletzung eigentlich verantwortliche Handlung ermittelt werden. Allein mit einer solch wertenden Betrachtung kann der Fülle

---

827 *Deutsch, E.*, Allgemeines Haftungsrecht, 2. Aufl. 1996, S. 61 ff.; *Esser, J./Weyers, H.-L.*, Schuldrecht, Band II, Besonderer Teil, 6. Aufl. 1984, S. 470; *Zippelius, R.*, AcP 157 (1958/59), 390, 395; *Raab, T.*, JuS 2002, 1041, 1046; MüKo BGB⁶/*Wagner, G.*, § 823 BGB Rn. 53 weisen zu Recht daraufhin, dass andernfalls die vom Deliktsrecht intendierte Steuerungswirkung verloren ginge und vor allem auch von der rechtsethisch notwendigen personalen Verantwortung sonst keine Rede mehr sein könnte.

828 Siehe zum Beispiel MüKo BGB⁶/*Wagner, G.*, § 823 BGB Rn. 56–59.

829 Zum Beispiel wäre das Produzieren von Kraftfahrzeugen Ursache für spätere Verkehrsunfälle.

830 Siehe ausführlich zur Lehre der Adäquanz *Deutsch, E.*, Allgemeines Haftungsrecht, 2. Aufl. 1996, S. 91 ff.; sie wird allerdings von *Caemmerer, E. von*, Wandlungen des Deliktsrechts, in: Caemmerer, E. von, Hundert Jahre deutsches Rechtsleben, Festschrift zum hundertjährigen Bestehen des Deutschen Juristentages 1860–1960, 1960, S. 75 f. als untauglich zur Abgrenzung zwischen Recht und Unrecht gehalten.

831 MüKo BGB⁶/*Wagner, G.*, § 823 BGB Rn. 59 und 366–371; *Stoll, H.*, Kausalzusammenhang und Normzweck im Deliktsrecht, 1968.

832 Genauso für die Lehre der Adäquanz *Lehmann, H.*, Begrenzung der Rechtswidrigkeit, in: Lehmann, H.; Nipperdey, H.C., Recht und Wirtschaft, 1958, S. 184.

an ursächlichen Bedingungen begegnet werden. Es überrascht nicht, dass eine solche Betrachtung notwendig ist, da der gesamte § 823 I BGB Ausfluss einer gesellschaftlichen Wertung ist. Die Pflicht zum Leisten von Schadensersatz ist keine naturwissenschaftlich gegebene Notwendigkeit, sondern eben eine gesetzliche Bestimmung, zur deren Ausfüllung naturwissenschaftliche Zusammenhänge allein nicht genügen.

Es kann somit festgehalten werden, dass der Zusammenhang zwischen Verhalten und Rechtsgutverletzung nicht ohne leistungsfähigen Filter auskommt, der auch wertende Faktoren berücksichtigt. Begrifflich erscheint es passender, diesen wertenden Filter als Zurechnung zu bezeichnen. Der Begriff Kausalität sollte dagegen nur für die Kausalität im naturwissenschaftlichen Sinne verwendet werden.

b) Die Verkehrspflichten als Konkretisierung des Zurechnungszusammenhanges

Die Filterfunktion der Zurechnung kann genutzt werden, um auch rechtliche Aspekte zu berücksichtigen. So ist insbesondere die Verletzung von Verkehrspflichten auf dieser Stufe zu prüfen. Ein Verhalten, das nicht gegen Verkehrspflichten verstößt, wird daher genauso wenig einer Rechtsgutverletzung zugerechnet, wie ein Verhalten, bei dem es außerhalb jeglicher Lebenswahrscheinlichkeit liegt, dass es zur Verletzung eines Rechtsguts führt.[833] So kann die den Verkehrspflichten zugrunde liegende Wertung der Gefahrsteuerung und Zuweisung von Verantwortung für Gefahren am besten berücksichtigt werden.

Dies zeigt auch die Problematik der mittelbaren Rechtsgutverletzungen.[834] Da nur bei mittelbaren Rechtsgutverletzungen ein Verstoß gegen Verkehrspflichten notwendig sein soll, um die Handlung rechtswidrig erscheinen zu lassen, wird das Rechtswidrigkeitsurteil von einer schematischen Entscheidung anhand eines Kriteriums abhängig gemacht. Dies wird noch dadurch verschlimmert, dass das Kriterium der Unmittelbarkeit zunächst Trennschärfe vermittelt, eine Unterscheidung zwischen mittelbarer und unmittelbarer Schädigung im Grenzbereich aber praktisch nicht möglich ist.[835]

Dies zeigt schon der Versuch, die Handlungen der hier untersuchten Unfallmuster einzuordnen. Ist der Sturz des Vorausfahrenden noch als Bestandteil der

833 *Stoll, H.*, AcP 162 (1963), 203, 233 beschreibt dies als „normative[s] Moment" der Verkehrspflichten. Ähnlich argumentiert *Caemmerer, E. von*, Wandlungen des Deliktsrechts, in: Caemmerer, E. von, Hundert Jahre deutsches Rechtsleben, Festschrift zum hundertjährigen Bestehen des Deutschen Juristentages 1860–1960, 1960, S. 75 ff., der seine Ausführungen allerdings auf fahrlässige und nur mittelbare Eingriffe beschränkt.

834 Siehe dazu auch oben: *Verkehrspflichten bei unmittelbaren Verletzungshandlungen S. 189 ff.*

835 Siehe insbesondere: *Looschelders, D.*, Schuldrecht, Besonderer Teil, 9. Aufl. 2014, Rn. 1176; Soergel[13]/*Krause, R.*, Anhang II zu § 823 BGB Rn. 3; *Götz, A.*, Die deliktische Haftung für Sportverletzungen im Wettkampfsport, 2009, S. 194 ff. Siehe insgesamt zu dieser Problematik auch oben: *Verkehrspflichten bei unmittelbaren Verletzungshandlungen S. 189 ff.*

Handlung zu dichtes Auffahren des Hinterherfahrenden anzusehen?[836] Unterliegt der Verletzungsvorgang des Sturzes noch der Kontrolle des Vorausfahrenden, der im Zielsprint die Fahrspuren wechselt?[837] Treten die Stürze noch ohne Dazwischentreten weiterer, vom Täter nicht beherrschter Umstände ein?[838]

Statt zu versuchen, das Kriterium der Unmittelbarkeit immer genauer zu bestimmen und die Abgrenzung zu präzisieren, ist es sinnvoller, generell einen Verstoß gegen Verkehrspflichten zu prüfen. Bei Verletzungshandlungen, die bisher ohne Probleme das Unmittelbarkeitskriterium erfüllt haben, wird in aller Regel auch ein Verstoß gegen die einschlägigen Verkehrspflichten vorliegen. Dementsprechend wird sich das Ergebnis insgesamt nur marginal ändern, aber der Tatbestand des § 823 I BGB erhielte so eine einheitliche Struktur und die Grenzfälle könnten wesentlich genauer gelöst werden.

c) Zwischenergebnis

Es ist also zulässig und notwendig, die Filterfunktion der Zurechnung im Tatbestand des § 823 I BGB rechtlich um den Verstoß gegen Verkehrspflichten aufzuwerten.[839] Für Sportverletzungen ergibt sich so auf der Ebene des Tatbestandes bereits eine wirksame Begrenzung aufgrund der eingeschränkten Zurechnung aufgrund der Akzeptanz des Risikos.[840] Die dafür herangezogenen Verkehrspflichten konkretisieren damit letztlich den Schutzzweck der Norm. Deshalb erscheint es denkbar, die Verkehrspflichten als eine Frage des Schutzzwecks der Norm zu begreifen. Ob man damit allerdings die traditionelle Lehre des Schutzzwecks der Norm überspannt, kann an dieser Stelle offen bleiben, da sich für die vorliegende Untersuchung daraus

---

836 Zu dieser Abgrenzung siehe *Larenz, K.*, Rechtswidrigkeit und Handlungsbegriff im Zivilrecht, in: Caemmerer, E. von, Vom deutschen zum europäischen Recht, Festschrift für Hans Dölle, S. 193.

837 Zu dieser Abgrenzung siehe *Huber, U.*, Zivilrechtliche Fahrlässigkeit, in: Weber, W.; Wieacker, F.; Forsthoff, E., Festschrift für Ernst Rudolf Huber, 1973, S. 276.

838 Zu dieser Abgrenzung siehe *Stoll, H.*, AcP 162 (1963), 203, 227.

839 Ebenfalls für eine Berücksichtigung auf Tatbestandsebene *Caemmerer, E. von*, Wandlungen des Deliktsrechts, in: Caemmerer, E. von, Hundert Jahre deutsches Rechtsleben, Festschrift zum hundertjährigen Bestehen des Deutschen Juristentages 1860–1960, 1960, S. 75 ff.; *Raab, T.*, JuS 2002, 1041, 1042 und 1047; *Looschelders, D.*, JR 2000, 265, 266; MüKo BGB[6]/ *Wagner, G.*, § 823 BGB Rn. 26; 308; *Götz, A.*, Die deliktische Haftung für Sportverletzungen im Wettkampfsport, 2009, S. 202; für eine Berücksichtigung auf Rechtswidrigkeitsebene dagegen: *Münzberg, W.*, Verhalten und Erfolg als Grundlagen der Rechtswidrigkeit und Haftung, 1966, S. 75 ff. und 110 ff.; *Nipperdey, H.C.*, NJW 1957, 1777–1782; *ders.* NJW 1967, 1985, 1993; *Mertens*, VersR 1980, 397, 399.

840 So insbesondere auch *Krähe, C.*, Die zivilrechtlichen Schadenersatzansprüche von Amateur- und Berufssportlern für Verletzungen beim Fußballspiel: aktuelle Fragen des Sportrechts als Anwendungsfälle moderner Grundsätze des Haftungsrechts, 1981, S. 168 ff.

kein Unterschied ergibt. Zumindest bestimmen die Verkehrspflichten die Zurechnung des Verletzungserfolges zur Handlung.

4. *Rechtswidrigkeitsebene*

Auf Ebene der Rechtswidrigkeit ist dann nur noch zu prüfen, ob nicht ausnahmsweise ein anerkannter Rechtfertigungsgrund eingreift. In diesem Fall wäre das pflichtwidrige Verhalten[841] trotz Verletzung eines geschützten Rechtsguts nicht rechtswidrig.[842]

5. *Zusammenfassung*

Auf Tatbestandsebene ist im Rahmen der Zurechnung zu prüfen, ob die Rechtsgutverletzung durch ein Verhalten verursacht wurde, das gegen eine Verkehrspflicht verstößt. Auf Ebene der Rechtswidrigkeit bleibt es dagegen bei einer Prüfung, ob nicht ausnahmsweise die Rechtsordnung die Verletzung der Rechtsgutverletzung toleriert.[843]

VI. Umgang mit Regelverstößen – Verschuldensebene

Damit ist die Grundlage für eine angemessene haftungsrechtliche Beurteilung von Sportunfällen gelegt. Konkret ist aber noch der Maßstab der Verkehrspflichten festzulegen.

1. *Verkehrspflichten auf Tatbestandebene*

Auf Ebene des Tatbestandes sind die Verkehrspflichten objektiv und abstrakt zu bestimmen. Es ist zu fragen, was ein umsichtiger, verständiger und in vernünftigen

---

841 Maßgeblich ist also trotz bestehenden Verletzungserfolges das Verhalten, da nur dieses der menschlichen Steuerung unterliegt und daher die Haftung auslöst. Genauso: *Deutsch, E.*, Allgemeines Haftungsrecht, 2. Aufl. 1996, S. 160 f.; Staudinger/*Caspers, G.*, Stand 2014, § 276 BGB Rn. 13; *Matthiessen, K.*, Die zivildeliktische Haftung aus Verletzung der Verkehrspflichten, 1974, S. 41; *Larenz, K.*, Rechtswidrigkeit und Handlungsbegriff im Zivilrecht, in: Caemmerer, E. von, Vom deutschen zum europäischen Recht, Festschrift für Hans Dölle, S. 193; *Caemmerer, E. von*, Wandlungen des Deliktsrechts, in: Caemmerer, E. von, Hundert Jahre deutsches Rechtsleben, Festschrift zum hundertjährigen Bestehen des Deutschen Juristentages 1860–1960, 1960, S. 127 f.; *ders.* Wandlungen des Deliktsrechts, in: Caemmerer, E. von, Hundert Jahre deutsches Rechtsleben, Festschrift zum hundertjährigen Bestehen des Deutschen Juristentages 1860–1960, 1960, S. 128.

842 Genauso MüKo BGB[6]/*Wagner, G.*, § 823 BGB Rn. 308.

843 Anders hingegen *Raab, T.*, JuS 2002, 1041, 1047, der die Rechtfertigungsgründe zumindest bei mittelbaren Verletzungen und bei der Festlegung der Verkehrspflichten berücksichtigen möchte.

Grenzen vorsichtiger Mensch für ausreichend hält, um eine Rechtsgutverletzung zu verhindern.[844] Im Rahmen dieser Feststellung sind mehrere Dinge zu beachten.

Die Verkehrspflichten dienen abstrakt zur Abgrenzung von rechtmäßigen und unrechtmäßigen Rechtsgutbeeinträchtigungen. Mit anderen Worten geht es darum, Verantwortungsbereiche abzugrenzen.[845] Die Festlegung hat daher so zu erfolgen, dass eine Vergleichbarkeit für weitere Situationen ermöglicht wird. Es kommt somit nicht nur auf die spezielle Situation im Einzelfall an, sondern auch auf vergleichbare weitere Situationen.[846]

Aufgrund der Abstraktheit der Verkehrspflichten verbietet sich eine Subjektivierung nach den Fähigkeiten des Schädigers. Auch eine Heranziehung von Vergleichsgruppen, sozusagen eine typisierende Subjektivierung, ist nicht zulässig.[847] Die Feststellung der Verkehrspflichten erfolgt aus einer ex ante-Perspektive, da der Normbefehl der Verkehrspflichten zum Zeitpunkt der Handlung bereits feststehen muss.[848] Es ist nicht überzeugend, den Verstoß gegen die Verkehrspflichten aus einer ex post-Perspektive zu bestimmen, um alle Umstände des Verletzungsereignisses berücksichtigen zu können.[849] Die Vertreter einer solchen ex-post Festlegung möchten wohl die Verhaltensanforderungen nicht zu stark einschränken. Es ist jedoch sachgerechter, diese Problematik über die Festlegung des Maßstabes zur Bestimmung der Verkehrspflichten zu lösen. Andernfalls besteht die Gefahr, etwas zur Gefahrvermeidung zu verlangen, das von niemandem zum Zeitpunkt der Gefahrschaffung hätte vorhergesehen werden können.

---

844 Das ist die Formel der Rechtsprechung, siehe (Auswahl): *BGH,* Urteil v. 2.3.2010 (Az. VI ZR 223/09), NJW 2010, 1967 *BGH,* Urteil v. 3.2.2004 (Az. VI ZR 95/03), NJW 2004, 1449, 1450 *BGH,* Urteil v. 15.7.2003 (Az. VI ZR 155/02), NJW-RR 2003, 1459, 1460. Diese wird in der Literatur überwiegend positiv bewertet, siehe beispielsweise: *Looschelders, D.*, Schuldrecht, Besonderer Teil, 9. Aufl. 2014, Rn. 1182 MüKo BGB[6]/*Wagner, G.*, § 823 BGB Rn. 337.

845 *Looschelders, D.*, Schuldrecht, Besonderer Teil, 9. Aufl. 2014, Rn. 1184.

846 *Mertens,* VersR 1980, 397, 404; *Looschelders, D.,* JR 2000, 265, 267; *Petev, V.,* VersR 1976, 320, 322; *Fabarius, M.-E.*, Äussere und innere Sorgfalt, 1991, S. 114–119, weist die im Gegensatz zur Bestimmung der Fahrlässigkeit abstraktere Bestimmung von Verkehrspflichten durch die Rechtsprechung mit vielen Beispielen nach.

847 Genauso *Larenz, K./Canaris, C.-W.*, Lehrbuch des Schuldrechts, 13. Aufl. 1994, S. 369 f.; *Stoll, H.,* AcP 162 (1963), 203, 232 f.; *Petev, V.,* VersR 1976, 320, 323; wohl auch *Looschelders, D.*, Schuldrecht, Besonderer Teil, 9. Aufl. 2014, Rn. 1184; Soergel[12]/*Wolf, M.*, § 276 BGB Rn. 36. Anders *Huber, U.*, Zivilrechtliche Fahrlässigkeit, in: Weber, W.; Wieacker, F.; Forsthoff, E., Festschrift für Ernst Rudolf Huber, 1973, S. 280; *Mertens,* VersR 1980, 397, 404 wohl auch *Deutsch, E.*, Fahrlässigkeit und erforderliche Sorgfalt, 2. Aufl. 1995, S. 184; MüKo BGB[6]/*Wagner, G.*, § 823 BGB Rn. 311.

848 So auch *Münzberg, W.*, Verhalten und Erfolg als Grundlagen der Rechtswidrigkeit und Haftung, 1966, S. 110, für den die Verkehrspflichten allerdings eine Frage der Rechtswidrigkeit sind.

849 So aber Soergel[12]/*Wolf, M.*, § 276 BGB Rn. 36 und *Stoll, H.,* AcP 162 (1963), 203, 233.

Was den Maßstab betrifft, kann der genannten Formulierung der Rechtsprechung gefolgt werden. Schäden sind nicht um jeden Preis zu vermeiden, allerdings sind hohe Maßstäbe anzulegen. Als Beispiel kann die Festlegung der Sorgfalt im Rahmen des § 17 III 2 StVG dienen, wonach ein Höchstmaß an äußerer Sorgfalt gefordert wird. Maßgeblich ist dort der ideale Fahrer.[850] Der ideale Fahrer ist nicht gehalten, den Verkehr vollständig zu unterlassen, sehr wohl aber, ihn möglichst sicher zu gestalten. Im Rahmen der Verkehrspflichten ist daher auf den idealen Verkehrsteilnehmer abzustellen.[851] Dieser muss alle nach Stand der Wissenschaft sinnvollen und zumutbaren Vorkehrungen einhalten, um den Verkehr in seiner gesellschaftlich akzeptierten Form möglichst sicher zu gestalten. Allerdings kann nicht verlangt werden, dass so starke Gefahrvermeidungsmaßnahmen getroffen werden, dass der Verkehr seiner spezifischen Gestalt beraubt würde. Beispielsweise wird von dem idealen Straßenverkehrsteilnehmer nicht erwartet, auf den motorisierten Verkehr ganz zu verzichten. Insgesamt kann daher auch von einem sachgerechten Verhalten[852] gesprochen werden.[853]

Sportausübung ist, wie bereits dargelegt, gesellschaftlich akzeptiert und gefördert. Das damit verbundene Risiko wird von der Gesellschaft in Kauf genommen und nicht missbilligt. Daher sind im Rahmen der Sportausübung die Verkehrspflichten vom Richter ausgehend vom Sportreglement zu entwickeln[854], da dies die Regeln sind, die ein idealer Verkehrsteilnehmer bei der Sportausübung beachten würde. Ein vorsichtigeres Verhalten kann auch vom idealen Sportler nicht gefordert werden, da

---

850 Siehe zur Auslegung des § 17 III 2 StVG *König, P.* in: Hentschel, Peter/König, Peter/Dauer, Peter, Straßenverkehrsrecht, 42. Aufl. 2013, § 17 StVG Rn. 22; *Heß, R.* in: Burmann, Michael/Jahnke, Jürgen/Heß, Rainer u. a., Straßenverkehrsrecht, 23. Aufl. 2014, § 17 StVG Rn. 8. Allgemein zur äußersten Sorgfalt im StVG siehe *König, P.* in: Hentschel, Peter/König, Peter/Dauer, Peter, Straßenverkehrsrecht, 42. Aufl. 2013, Einleitung Rn. 150.

851 Ebenso *Marburger, P.*, Die Regeln der Technik im Recht, 1979, S. 443; Soergel[12]/*Wolf, M.*, § 276 BGB Rn. 36; *Larenz, K./Canaris, C.-W.*, Lehrbuch des Schuldrechts, 13. Aufl. 1994, S. 369 f.; *BGH*, Urteil v. 16.09.1975 (Az. VI ZR 156/74), zitiert nach Juris, Rn. 14. Dagegen *Mertens*, VersR 1980, 397, 404; MüKo BGB[6]/*Wagner, G.*, § 823 BGB Rn. 311.

852 Die Formulierung stammt von *Deutsch, E.*, Allgemeines Haftungsrecht, 2. Aufl. 1996, S. 239; *ders.* Fahrlässigkeit und erforderliche Sorgfalt, 2. Aufl. 1995, S. 183.

853 Insgesamt ist der Maßstab bei der Festlegung der Verkehrspflichten umstritten. Für eine Orientierung an der „äußersten Sorgfalt" *Deutsch, E.*, Allgemeines Haftungsrecht, 2. Aufl. 1996, S. 248; *Looschelders, D.*, JR 2000, 265, 266; *Deutsch, E.*, Fahrlässigkeit und erforderliche Sorgfalt, 2. Aufl. 1995, S. 171; Soergel[12]/*Wolf, M.*, § 276 BGB Rn. 36; *Larenz, K./Canaris, C.-W.*, Lehrbuch des Schuldrechts, 13. Aufl. 1994, S. 369 f.; *Bar, C. von*, Verkehrspflichten: richterliche Gefahrsteuerungsgebote im deutschen Deliktsrecht, 1980, S. 175; gegen eine Orientierung an der „äußersten Sorgfalt" MüKo BGB[6]/*Wagner, G.*, Vorbemerkungen zum Deliktsrecht Rn. 311.

854 Das Reglement hat jedoch für den Richter keine Bindungswirkung. Siehe dazu oben: *Verkehrspflichten im Radsport S. 191* ff.

dies einem Verbot des Verkehrs gleich käme. Wenn der Fußballspieler zum Beispiel auf jeden körperlichen Einsatz verzichten müsste, würde es sich nicht mehr um Fußball handeln. Müsste der Radsportler stets die StVO einhalten, wäre der Radsport seines Wettkampfcharakters beraubt.

Dagegen verstoßen Regelübertretung, auch leichte oder leichteste Regelübertretungen, gegen das sachgerechte Verhalten des idealen Sportlers.[855] Eine Überschreitung des Reglements führt regelmäßig zu einer stärkeren Gefährdung der Rechtsgüter des Konkurrenten. Diese erhöhte Gefährlichkeit ist auch nicht aufgrund der Sportausübung akzeptabel, da im Sport das Reglement typischerweise gerade auch dem Zweck dient, übermäßige Gefahren für die Sportler zu verhindern. Das Reglement vermag den Sport in geordnete und damit ungefährlichere Bahnen zu lenken. Dies ist ein wesentlicher Grund für die gesellschaftliche Akzeptanz der Sportausübung.[856] Regelverstöße bedeuten damit einen Verstoß gegen die Verkehrspflichten im Sport, sodass eine rechtswidrige Rechtgutverletzung gegeben wäre.[857]

---

855 Genauso *Fleischer, H.*, VersR 1999, 785, 789. Andere Ansicht dagegen *Götz, A.*, Die deliktische Haftung für Sportverletzungen im Wettkampfsport, 2009, S. 217–221, 246–248 und 259 f.

856 Als Gegenbeispiel kann die ohne Regeln ablaufende und gesellschaftlich nicht akzeptierte „Wirtshausschlägerei" angeführt werden. Allerdings vermögen Regeln alleine die gesellschaftliche Akzeptanz noch nicht zu begründen. Insbesondere wenn Schäden an hochwertigen Rechtsgütern vorprogrammiert sind, schwindet die gesellschaftliche Akzeptanz trotz vorgegebener Regeln. Als Beispiel sei die Entwicklung zur Ächtung des „Duells" genannt. Genauso hinsichtlich des Duells *Grunsky, W.*, JZ 1975, 109, 110.
Auch die Entscheidung des BGH zur sogenannten „dritten Halbzeit" kann hierfür als Beispiel dienen: Obwohl bei diesen Aufeinandertreffen der verschiedenen Fangruppen gewisse Regeln gelten, tendiert (Aussage nur als obiter dictum) der BGH aufgrund der Gefährlichkeit der Betätigung zu Recht dazu, eine so starke soziale Ächtung dieses Verhaltens anzunehmen, dass nicht einmal ein Einwilligung möglich ist, *BGH*, Beschluss v. 20.2.2013 (Az. 1 StR 585/12), zitiert nach Juris, Rn. 22. Kritisch hierzu jedoch: *Reinhart, M.*, SpuRt 2014, 56–58.

857 Genauso *Füllgraf, L.*, VersR 1983, 705, 711 (der allerdings eine Haftungsprivilegierung für Regelverstöße generell ablehnt) *Teichmann, A.*, JA 1979, 293–297 und 347–351, 295.
Andere Ansicht *Looschelders, D.*, JR 2000, 265, 271; *Grunsky, W.*, Haftungsrechtliche Probleme der Sportregeln, 1979, S. 23; *Pfister, B.*, Autonomie des Sports, sporttypisches Verhalten und staatliches Recht, in: Pfister, B.; Will, M.R., Festschrift für Werner Lorenz zum siebzigsten Geburtstag, 1991, S. 189 f.; *Götz, A.*, Die deliktische Haftung für Sportverletzungen im Wettkampfsport, 2009, S. 217–221.

2. *Sorgfaltspflichten auf Ebene des Verschuldens*

Andererseits ist den Kritikern zuzugeben, dass unter Umständen dem Betroffenen nicht jeder Regelverstoß vorgeworfen werden kann.[858] Dies ist jedoch eine Frage des Verschuldens. Bei der Beurteilung der Fahrlässigkeit ist die im Verkehr erforderliche Sorgfalt zu bestimmen, § 276 II BGB. Die im Verkehr erforderliche Sorgfalt im Sinne des § 276 II BGB ist maßgeblich durch die Sorgfaltspflichten in der jeweiligen Situation bestimmt. Dabei ist problematisch, ob die Sorgfaltspflichten den Verkehrspflichten entsprechen.

Wie bereits dargelegt, bestimmen die Verkehrspflichten, welches Verhalten abstrakt in ähnlichen Situationen von idealen Verkehrsteilnehmern erwartet werden kann. Damit unterscheiden sich die Verkehrspflichten von der im Einzelfall im Verkehr zu beachtenden erforderlichen Sorgfalt.[859] Bei der Festlegung der im Verkehr erforderlichen Sorgfalt geht es darum, ob ein Verhalten fahrlässig ist. Die Fahrlässigkeit ist eine Schuldform. Das zeigt schon die gleichberechtigte Nennung in § 823 I BGB neben dem Vorsatz.[860] Bei der Bestimmung der Fahrlässigkeit geht es also nicht um die abstrakte Zuweisung von Verantwortungsbereichen, sondern um die konkrete Bewertung eines Verhaltens als persönlich vorwerfbar.[861]

Daher ist zunächst im Rahmen der Prüfung der Fahrlässigkeit von der jeweiligen Situation im Einzelfall auszugehen.[862] Typisierende Merkmale dienen nur als Indiz, der Schwerpunkt liegt auf einer möglichst genauen Bewertung der einzelnen Situation.

Darüber hinaus ist nicht die höchstmögliche Sorgfalt im Rahmen des Zumutbaren der Maßstab, sondern die im Verkehr erforderliche Sorgfalt, § 276 II BGB. Dabei

858 *Zimmermann*, VersR 1980, 497, 500; *Fleischer, H.*, VersR 1999, 785, 787 ff.; *Dressler, W.-D.*, Sportrecht und Deliktsrecht in der Rechtsprechung, in: Trägern der Juristischen Studiengesellschaft, Aktuelle Rechtsfragen des Sports, 1999, S. 51; *Pfister, B.*, Autonomie des Sports, sport-typisches Verhalten und staatliches Recht, in: Pfister, B.; Will, M.R., Festschrift für Werner Lorenz zum siebzigsten Geburtstag, 1991, S. 189.

859 Genauso *Looschelders, D.*, Schuldrecht, Besonderer Teil, 9. Aufl. 2014, Rn. 1184; dagegen MüKo BGB⁶/ *Wagner, G.*, § 823 BGB Rn. 311; *Esser, J./Weyers, H.-L.*, Schuldrecht, Band II, Besonderer Teil, 6. Aufl. 1984, S. 571; *Nipperdey, H.C.*, NJW 1957, 1777, 1779 f.; *Raab, T.*, JuS 2002, 1041, 1045, die annehmen, die Verkehrspflichten entsprächen den Sorgfaltspflichten. *Götz, A.*, Die deliktische Haftung für Sportverletzungen im Wettkampfsport, 2009, S. 232–236, nimmt eine Identität zumindest für den Bereich des Sports an.

860 *Deutsch, E.*, Allgemeines Haftungsrecht, 2. Aufl. 1996, S. 239; *Wiethölter, R.*, Der Rechtfertigungsgrund des verkehrsrichtigen Verhaltens, 1960, S. 52.

861 Zu diesem Verständnis der Fahrlässigkeit siehe *Deutsch, E.*, Allgemeines Haftungsrecht, 2. Aufl. 1996, S. 236 f.; anders dagegen *Esser, J./Weyers, H.-L.*, Schuldrecht, Band II, Besonderer Teil, 6. Aufl. 1984, S. 474 f., die die Fahrlässigkeitshaftung nur als Unrechtshaftung begreifen.

862 Siehe zum Beispiel *Larenz, K.*, Lehrbuch des Schuldrechts, 1979, S. 233.

ist ganz herrschende Meinung, dass im Rahmen der Fahrlässigkeitsprüfung ein objektiver Maßstab angelegt werden soll.[863] Dieser objektive Maßstab wird allerdings durch eine Typisierung nach Verkehrsgruppen aufgeweicht.[864] Darüber hinaus wird vom Täter erwartet, dass er erhöhte eigene Fähigkeiten nutzt.[865]

Im Rahmen dieser Arbeit soll zu dem Streit, ob die Fahrlässigkeit subjektiv oder objektiv zu bestimmen ist, nicht umfassend Stellung genommen werden. Vielmehr soll davon ausgegangen werden, dass die im Verkehr erforderliche Sorgfalt grundsätzlich objektiv, jedoch nach dem Maßstab der zugehörigen Verkehrsgruppe subjektiv bestimmt wird. Insoweit kann man von einem subjektiv typisierenden Maßstab sprechen. Ebenfalls nicht gesondert eingegangen werden kann auf den Streit über die Aufteilung der Sorgfalt in eine innere und äußere Sorgfalt.[866] Für die vorliegende Untersuchung steht die Festlegung der im Verkehr erforderlichen Sorgfalt und deren Verhältnis zu den Verkehrspflichten im Vordergrund. Diese entspricht nicht der Aufteilung in eine innere und äußere Sorgfaltskomponente, da diesen Komponenten, wie Fabarius überzeugend monographisch nachgewiesen hat, nicht sinnvoll voneinander getrennt werden können.[867]

Dementsprechend ist die im Verkehr erforderliche Sorgfalt an den Gegebenheiten der Sportart auszurichten. Deutsch spricht insoweit zu Recht von der im Sport erforderlichen Sorgfalt.[868] Den Maßstab bestimmt im Regelfall der Durchschnittssportler, allerdings kann bei Profisportlern auch deren höhere Sorgfalt erwartet werden.[869] Der Verstoß gegen die Sorgfaltspflicht ist aus ex ante-Perspektive festzustellen. Es ist also zu fragen, ob von dem „reasonable sportsman" in der jeweiligen Spiel-/Sportsituation erwartet werden konnte, die Spielregeln einzuhalten.

---

863 Staudinger/*Caspers, G.*, Stand 2014, § 276 BGB Rn. 29; MüKo BGB⁶/*Grundmann, S.*, § 276 BGB Rn. 55 f.; *Larenz, K.*, Lehrbuch des Schuldrechts, 1979, S. 234 ff.; einen subjektiven Ansatz vertreten dagegen vor allem *Münzberg, W.*, Verhalten und Erfolg als Grundlagen der Rechtswidrigkeit und Haftung, 1966, S. 1781 und *Huber, U.*, Zivilrechtliche Fahrlässigkeit, in: Weber, W.; Wieacker, F.; Forsthoff, E., Festschrift für Ernst Rudolf Huber, 1973, S. 270 ff. und 277 f.

864 Staudinger/*Caspers, G.*, Stand 2014, § 276 BGB Rn. 32 ff.; MüKo BGB⁶/*Grundmann, S.*, § 276 BGB Rn. 59; *Larenz, K.*, Lehrbuch des Schuldrechts, 1979, S. 235 ff.

865 MüKo BGB⁶/*Grundmann, S.*, § 276 BGB Rn. 56; *Deutsch, E.*, Allgemeines Haftungsrecht, 2. Aufl. 1996, S. 256.

866 Eine umfassende Darstellung dieses Streits bietet *Fabarius, M.-E.*, Äussere und innere Sorgfalt, 1991; siehe aber auch *Deutsch, E.*, Allgemeines Haftungsrecht, 2. Aufl. 1996, S. 248 ff.; *ders.* Fahrlässigkeit und erforderliche Sorgfalt, 2. Aufl. 1995, S. 94 ff. und 468 ff.; *Huber, U.*, Zivilrechtliche Fahrlässigkeit, in: Weber, W.; Wieacker, F.; Forsthoff, E., Festschrift für Ernst Rudolf Huber, 1973, S. 265 ff.; *Raab, T.*, JuS 2002, 1041, 1047 f.; *Wiethölter, R.*, Der Rechtfertigungsgrund des verkehrsrichtigen Verhaltens, 1960, S. 49.

867 *Fabarius, M.-E.*, Äussere und innere Sorgfalt, 1991.

868 *Deutsch, E.*, VersR 1974, 1045, 1049.

869 *Deutsch, E.*, VersR 1974, 1045, 1049; *Friedrich, P.*, NJW 1966, 755, 756 f.

3. *Verhältnis Verkehrspflichten und Sorgfaltspflichten*

Daher muss ein verkehrswidriges Verhalten nicht stets fahrlässig sein.[870] Zunächst ist zur Bestimmung der Sorgfaltspflichten im Rahmen des Verschuldens auf die jeweilige Situation im Einzelfall abzustellen und nicht auf vergleichbare Situationen wie bei den Verkehrspflichten. Bei den Verkehrspflichten ist eine Sorgfalt im Höchstmaß gefordert, bei der Sorgfaltspflicht dagegen nur die „normale" im Verkehr erforderliche Sorgfalt. Zuletzt ist Rahmen der Fahrlässigkeit ein subjektiv typisierender Maßstab anzulegen, bei den Verkehrspflichten dagegen ein streng objektiver.

Kein Unterschied ergibt sich dagegen im Bezugspunkt der Festlegung. Sowohl die Verkehrspflichten als auch die Sorgfaltspflichten sind an den von § 823 I BGB geschützten Rechtsgütern auszurichten. Manche Sportregeln haben dafür konkretisierenden Charakter, ein Verstoß gegen irgendeine Sportregel allein ist dagegen weder als Verstoß gegen Verkehrspflichten noch gegen Sorgfaltspflichten zu bewerten. Würde man dies anders sehen, würde man die Regeltreue als von § 823 I BGB geschütztes Rechtsgut auffassen, was gerade nicht der Fall ist.

Es kann damit festgehalten werden, dass sich die Verkehrspflichten von den Sorgfaltspflichten unterscheiden. Verkehrswidriges Verhalten kann nicht mit fahrlässigem Verhalten gleichgesetzt werden, verkehrswidriges Verhalten ist nicht stets sorgfaltswidrig. Ein sorgfaltswidriges Verhalten ist dagegen stets verkehrswidrig.

4. *Regelverstöße und deren Verhältnis zur im Verkehr erforderlichen Sorgfalt*

Ob die im Verkehr erforderliche Sorgfalt nur bei stets regelkonformer Ausübung der Sportart erfüllt ist, kann abstrakt nur bedingt beantwortet werden. Von einem Sportler kann generell, nicht jedoch in jeder Situation, verlangt werden, sich an die Verkehrspflichten im Sport in Form des Reglements zu halten. Ein Regelverstoß muss daher nicht immer vorwerfbar sein und daher nicht immer gegen die im Verkehr erforderliche Sorgfalt verstoßen.

Auch bei der Festlegung der Sorgfaltspflicht ist zu berücksichtigen, dass die Sportausübung gesellschaftlich akzeptiert ist und die Sportler sich dazu freiwillig entscheiden.[871] Sportarttypische Risiken sind zwar aus gesellschaftlicher und individueller Sicht ungewollt, gleichzeitig wird dem Sportler ein sportarttypisches Verhalten aber zugebilligt, um die Attraktivität der Sportausübung zu gewährleisten. Daher kann von dem Sportler im Einzelfall unter Umständen nicht immer erwartet werden, das aus idealer Sicht zur Unfallvermeidung eigentlich notwendige einzuhalten.[872]

---

870 Andererseits kann ein verkehrsgerechtes Verhalten niemals fahrlässig sein.

871 *Pardey, F.*, VersR 1995, 145, 147; Ders., SpuRt 1995, 61, 66 hält gerade das freiwillige Eingehen des Risikos für den entscheidenden Punkt, um die im Verkehr erforderliche Sorgfalt festzulegen.

872 Genauso Soergel[12]/ *Wolf, M.*, § 276 BGB Rn. 80, der bei der Festlegung der im Verkehr erforderlichen Sorgfalt „bereichsspezifische Erfordernisse" berücksichtigen möchte.

Wann dies erwartet werden kann, hängt vielmehr von verschiedenen Kriterien ab. Im Folgenden sollen einige Kriterien genannt werden, die Indizien dafür sind, wie viel Regelkonformität bei der Sportausübung im Einzelfall erwartet werden kann.

a) Gefährlichkeit der Handlung

Generell gilt: Je gefährlicher die regelwidrige Handlung ist, desto eher muss der Sportler die Regelübertretung unterlassen.[873] Weniger geeignet erscheint dagegen auf die Schwere des Regelverstoßes abzustellen, da die Sorgfaltspflichten die absoluten Rechtsgüter schützen und nicht die Regeltreue.[874] Allerdings ist zuzugeben, dass zwischen der Stärke des Regelverstoßes und der Gefahr für das Rechtsgut zumeist ein gewisser Zusammenhang besteht, da nur solche Sportregeln in Bezug genommen werden, die dem Schutz der absoluten Rechtsgüter dienen.

Da beim Radsport zumeist mit hohen Geschwindigkeiten und geringen Abständen gefahren wird, ist die Gefahr von Unfällen, und damit die Gefahr von Verletzungen, hoch, sodass eine Regelübertretung dem Sportler meistens vorwerfbar sein wird. Die Sportler müssen aufgrund der Gefährlichkeit ihrer Handlungen grundsätzlich sehr sorgfältig vorgehen. Anders kann die Lage zum Beispiel beim Fußball zu beurteilen sein, bei dem die Gefahr von schweren Verletzungen deutlich geringer ist und viele Regelübertretungen ungefährlich sind und folgenlos bleiben.

Dies bestätigt auch die Rechtsprechung, in der sich viele Beispiele finden, bei denen auch regelwidriges Verhalten im Fußball als nicht fahrlässig eingeordnet wurde.[875] Dagegen wurde zum Beispiel zu Recht ein sehr gefährlicher regelwidriger Bandencheck im Eishockey als schuldhaft bewertet.[876]

---

873 Genauso *Looschelders, D.,* JR 2000, 265, 272.

874 So aber *Zimmermann,* VersR 1980, 497, 501 f.; für einen generellen Ausschluss des Verschuldens bei leichten Regelübertretungen *Grunsky, W.,* JZ 1975, 109, 111. Ebenfalls ablehnend gegenüber dem Kriterium der Schwere des Regelverstoßes *Götz, A.,* Die deliktische Haftung für Sportverletzungen im Wettkampfsport, 2009, S. 250–252.

875 *BGH,* Urteil v. 27.10.2009 (Az. VI ZR 296/08), NJW 2010, 537–539; *BGH,* Urteil v. 16.3.1976 (Az. VI ZR 199/74), zitiert nach Juris; *BGH,* Urteil v. 5.11.1974 (Az. VI ZR 100/73), NJW 1975, 109–112; *OLG Köln,* Beschluss v. 27.05.2010 (Az. 19 U 32/10), zitiert nach Juris; *OLG Hamburg,* Urteil v. 18.12.2000 (Az. 8 U 116/00), zitiert nach Juris; *OLG Stuttgart,* Urteil v. 11.7.2000 (Az. 10 U 59/2000, 10 U 59/00), zitiert nach Juris; *OLG Hamm,* Urteil v. 9.1.1997 (Az. 27 U 155/96), zitiert nach Juris; *OLG Düsseldorf,* Urteil v. 14.11.1991 (Az. 10 U 80/91), zitiert nach Juris; *OLG Düsseldorf,* Urteil v. 3.7.1990 (Az. 4 U 200/89), VersR 1992, 247; *OLG Nürnberg,* Urteil v. 15.2.1989 (Az. 9 U 3396/88), zitiert nach Juris; *OLG München,* Urteil v. 13.12.1984 (Az. 24 U 165/84), zitiert nach Juris. Siehe für ein fahrlässiges Verhalten beim Fußball dagegen: *OLG Hamm,* Urteil v. 22.10.2012 (Az. 6 U 241/11), zitiert nach Juris; *OLG Stuttgart,* Urteil v. 9.3.2000 (Az. 7 U 166/99), zitiert nach Juris; *OLG Hamm,* Urteil v. 23.3.1998 (Az. 13 U 187/97), zitiert nach Juris.

876 *OLG München,* Urteil v. 22.3.1989 (Az. 3 U 5067/88), zitiert nach Juris.

b) Eigenart der Sportart

Darüber hinaus spielt die Eigenart der Sportart eine Rolle. Handelt es sich um eine Sportart, bei der aufgrund ihrer Schnelligkeit oder Unberechenbarkeit reflektierte Entscheidungen erschwert sind, kann von dem Einzelnen weniger stark erwartet werden, sich stets regelkonform zu verhalten. Der Grund hierfür liegt sowohl in der allgemeinen Akzeptanz der Sportart trotz ihrer Schnelligkeit und deren Ausübung als auch in der individuellen Entscheidung der Sportler, diese Sportart auszuüben.

Bei Ballsportarten wie Fußball, Basketball oder Handball, die ein sofortiges Reagieren erfordern, wird daher eine Regelübertretung eher zu akzeptieren sein, als bei Sportarten wie Klettern[877], bei denen kein Zeitdruck besteht. Voraussetzung dafür ist natürlich, dass die Regelübertretung gerade Folge der Schnelligkeit des Spiels ist.

c) Situation der Regelübertretung

Die Situation der Regelübertretung spielt ebenfalls eine Rolle. Befinden sich die Sportler in einem Zweikampf, oder in einer sonstigen Situation, in der sich das Wettkampfgeschehen akut auswirkt, ist eine Regelübertretung möglicherweise hinzunehmen. Weist die Sportausübung der Sportler dagegen gerade keinen Bezug zueinander auf, befinden sie sich also außerhalb des eigentlichen Wettkampfgeschehens, oder erfordert das Wettkampfgeschehen kein schnelles Reagieren, kann von den Teilnehmern eher ein reflektiertes und damit regelkonformes Verhalten erwartet werden.[878]

So kann beispielsweise beim gemeinsamen Warmfahren auf der Bahn von den Radsportlern eher erwartet werden, sich vorsichtig zu verhalten, als im Massensprint während des Rennens.[879]

d) Fähigkeiten der Sportler

Generell spielen auch die Fähigkeiten der Sportler eine Rolle.[880] Insoweit können unter den Sportlern verschiedene Gruppen ausgemacht werden, nach denen dann eine Subjektivierung möglich ist. Beispielsweise kann von Profisportlern eine größere Umsicht und Kontrolle bei der Sportausübung erwarten werden als bei

---

877 Zu einer Hochgebirgstour siehe *OLG Karlsruhe,* Urteil v. 1.12.1977 (Az. 4 U 146/76), NJW 1978, 705–706. Zur Haftung bei gemeinsamem Klettern an einem Kletterfelsen siehe *OLG Brandenburg,* Urteil v. 17.03.2011 (Az. 12 U 82/09), zitiert nach Juris.

878 A.A. wohl *Krähe, C.,* Die zivilrechtlichen Schadenersatzansprüche von Amateur- und Berufssportlern für Verletzungen beim Fußballspiel: aktuelle Fragen des Sportrechts als Anwendungsfälle moderner Grundsätze des Haftungsrechts, 1981, S. 259 f.

879 Der BGH nimmt auch beim Skifahren an, dass reflektierte Entscheidungen möglich sind. Vgl.: *BGH,* Urteil v. 11.1.1972 (Az. VI ZR 187/70), NJW 1972, 627–629.

880 Genauso *Krähe, C.,* Die zivilrechtlichen Schadenersatzansprüche von Amateur- und Berufssportlern für Verletzungen beim Fußballspiel: aktuelle Fragen des Sportrechts als Anwendungsfälle moderner Grundsätze des Haftungsrechts, 1981, S. 256 ff.

Anfängern, die deutlich ungeschickter agieren und von der Situation leichter überfordert sind. Auch Anfänger müssen jedoch ihre Leistungsgrenzen vernünftig einschätzen und dürfen sich nicht total überfordern, wenn dadurch andere Sportler gefährdet werden. Die unterschiedliche Leistungsfähigkeit muss allerdings von einigem Gewicht sein und darf nicht vorschnell angenommen werden, da ein gewisser Leistungsunterschied im Sport regelmäßig vorkommt. Besonders deutlich wird ein Leistungsunterschied häufig, wenn Sportler verschiedener Altersklassen gegeneinander antreten.[881]

Dagegen bringen rein subjektive Unzulänglichkeiten keine Haftungserleichterung, maßgeblich bleibt insoweit die Vergleichsgruppe.[882]

e) Sonderproblem: bewusste Regelübertretung

Einen Sonderfall stellt die bewusste oder genauer gesagt die zumindest bedingt vorsätzliche Regelübertretung dar.[883] Zunächst ist hier festzustellen, dass aufgrund des bedingten Vorsatzes zur Regelübertretung noch nicht notwendigerweise auf einen bedingten Vorsatz im Sinne von § 823 I BGB geschlossen werden kann, da sich der Vorsatz genauso wie die Fahrlässigkeit auf die Rechtsgutverletzung beziehen muss.[884] Wer im Fußball den Gegner im Zweikampf am Trikot zieht, wird in der Regel weder Vorsatz bezüglich der möglichen Eigentumsverletzung am Trikot noch bezüglich einer Körperverletzung haben.

Allerdings ist bei der Beurteilung des Vorsatzes, genauso wie bei Beurteilung der Fahrlässigkeit, die Situation im Einzelfall maßgeblich. Generell muss auch bei der Beurteilung des Vorsatzes die Spielsituation berücksichtigt werden. In der Regel wird es den Beteiligten vor allem um die Verbesserung der Chancen im Wettkampf gehen, nicht dagegen um die Verletzung von Rechtsgütern des Gegners. Die gedankliche Einbindung in den Wettkampf spricht auch dagegen, vorschnell anzunehmen, der Schädiger hätte die Rechtsgutverletzung erkannt und billigend in Kauf genommen.[885]

---

881 Zu Recht verlangt daher das *OLG Stuttgart,* Urteil v. 25.05.2000 (Az. 13 U 157/99), zitiert nach Juris, von einem Erwachsenen eine besondere Zurückhaltung, wenn dieser an einem Trainingsfußballspiel zwischen Zehnjährigen teilnimmt.

882 Zu Recht weisen darauf auch *Götz, A.*, Die deliktische Haftung für Sportverletzungen im Wettkampfsport, 2009, S. 265 und 270 ff. und *Krähe, C.*, Die zivilrechtlichen Schadenersatzansprüche von Amateur- und Berufssportlern für Verletzungen beim Fußballspiel: aktuelle Fragen des Sportrechts als Anwendungsfälle moderner Grundsätze des Haftungsrechts, 1981, S. 258 ff.

883 Diese ist zu unterscheiden von der vorsätzlichen, aber regelkonformen Rechtsgutverletzung. Zu dieser siehe unten: *Vorsätzliche Rechtsgutverletzung bei sportregelkonformen Verhalten S. 213 ff.*

884 § 823 I BGB schützt die dort genannten Rechtsgüter, nicht dagegen die Regeltreue im Sport.

885 Für die Annahme von bedingten Vorsatz ist nach ganz herrschender Ansicht erforderlich, dass der Schädiger den Eintritt des tatbestandlichen Erfolges zwar

Eine vorsätzliche Regelübertretung muss daher nicht immer auf Fahrlässigkeit hinsichtlich der Rechtsgutverletzung schließen lassen. Allerdings ist die vorsätzliche Regelübertretung ein Indiz für das Vorliegen von Fahrlässigkeit bezüglich der Rechtsgutverletzung. Lässt sich dagegen sogar Vorsatz bezüglich der Rechtsgutverletzung nachweisen, besteht ein Schadensersatzanspruch des Opfers, da im Sport kein Raum für vorsätzliche regelwidrige Schädigungen bleibt.[886]

f) Zwischenergebnis

Ein Regelverstoß führt dazu, dass das Verhalten bei Verletzung eines absolut geschützten Rechtsguts den Tatbestand von § 823 I BGB erfüllt und rechtswidrig ist. Allerdings führt ein Regelverstoß noch nicht notwendigerweise dazu, dass das Verhalten auch als schuldhaft, insbesondere als fahrlässig im Sinne von § 276 II BGB, zu bewerten ist. Diese Entscheidung kann nur im Einzelfall getroffen werden. Entscheidende Kriterien sind dabei die Gefährlichkeit der Handlung, inwieweit die Sportart selbst aufgrund ihrer Eigenart solche Regelverstöße provoziert und zuletzt, ob es sich um eine hektische Zweikampfsituation gehandelt hat oder der Regelverstoß sich in einer kontrollierten Phase des Wettkampfs ereignet hat, vielleicht sogar abseits vom eigentlichen Wettkampfgeschehen. Des Weiteren sind auch die Fähigkeiten der Sportler von Bedeutung. Je höher diese zu bewerten sind, desto eher kann ein regelkonformes Verhalten erwartet werden.

VII. Maßstab der Verschuldens

Wie bereits dargelegt, müssen bei der Bestimmung der im Verkehr erforderlichen Sorgfalt die Besonderheiten der Sportausübung berücksichtigt werden. Es ist daher ein eher milder Maßstab anzulegen. Die Anforderungen an ein sorgfaltsgerechtes Verhalten dürfen nicht zu hoch angesetzt werden.

Nun stellt sich die Frage, ob mit dem sportspezifischen Fahrlässigkeitsmaßstab eine generelle Modifikation des Verschuldensmaßstabs verbunden ist. In Betracht käme eine Beschränkung auf die eigenübliche Sorgfalt gemäß § 708 BGB, § 1359 BGB,

---

für möglich hält, dann aber trotzdem handelt, weil er den Erfolg billigend in Kauf nimmt, um sein außertatbestandliches Ziel zu erreichen. Vgl.: Staudinger/*Caspers, G.*, Stand 2014, § 276 BGB Rn. 23; MüKo BGB[6]/*Grundmann, S.*, § 276 BGB Rn. 156 und 161.

886 Genauso *Deutsch, E.*, VersR 1974, 1045, 1049; *Looschelders, D.*, JR 2000, 265, 272; *Krähe, C.*, Die zivilrechtlichen Schadenersatzansprüche von Amateur- und Berufssportlern für Verletzungen beim Fußballspiel: aktuelle Fragen des Sportrechts als Anwendungsfälle moderner Grundsätze des Haftungsrechts, 1981, S. 246–249; anders wohl *Grunsky, W.*, Haftungsrechtliche Probleme der Sportregeln, 1979, S. 29; so zum Beispiel auch das *OLG Hamm*, Urteil v. 24.04.1985 (Az. 13 U 2/84), VersR 1985, 1072, das eine Schadensersatzpflicht für einen Ellenbogenstoß als Revanchefoul im Fußball angenommen hat.

§ 1664 BGB und/oder § 690 BGB analog.[887] Ebenfalls denkbar wäre ein Haftungsausschluss für leichte und mittlere Fahrlässigkeit gemäß § 599 und/oder § 521 BGB analog oder durch Übertragung der für die Arbeitnehmerhaftung geltenden Grundsätze der innerbetrieblichen Haftung.

1. Beschränkung auf die eigenübliche Sorgfalt

Es ist zu überlegen, ob nicht die Sorgfalt zwischen den Sportlern auf die eigenübliche Sorgfalt gemäß § 277 BGB begrenzt ist.[888] In Betracht kommt dafür eine analoge Anwendung von § 690 BGB, § 708 BGB, § 1359 BGB, § 1664, § 2131 BGB. Den Begrenzungen auf die eigenübliche Sorgfalt liegen unterschiedliche Rechtfertigungen zugrunde. Die §§ 708, 1359 BGB beruhen auf dem Prinzip, dass die Beteiligten sich die engere Verbundenheit untereinander ausgesucht haben und daher auch den Sorgfaltsmaßstab des anderen akzeptieren müssen.[889] § 1664 BGB kann dagegen nur mit dem Interesse an der Wahrung eines innerfamiliären Friedens begründet werden.[890] § 690 BGB ist eine Billigkeitsregelung, die den unentgeltlichen Verwahrer bevorzugt.[891] § 2131 BGB beruht auf der Tatsache, dass der Vorerbe die Erbschaft wie eigens Vermögen behandeln dürfen soll.[892] Darüber hinaus wird die Regelung als Konkretisierung des mutmaßlichen Erblasserwillens verstanden.[893]

Damit scheiden die §§ 690, 1664 BGB und § 2131 BGB als Anknüpfungspunkte für eine Haftungsbegrenzung im Sport aus. Den Normen liegen spezielle Konstellationen zugrunde, die mit derjenigen im Sport nicht vergleichbar sind, sodass die für eine Analogie notwendige vergleichbare Interessenlage nicht angenommen werden kann.

Näher liegt insoweit eine Analogie zu §§ 708, 1359 BGB. Dabei kommen nur Fälle in Betracht, in denen sich die Sportler ihre Konkurrenten, Teamkollegen oder sonstige Sportpartner tatsächlich selber aussuchen. Dies ist in aller Regel nicht der Fall, insbesondere nicht bei Wettkämpfen im Radsport. Ausnahmen sind aber denkbar. Beim Radfahren kommt zum Beispiel in Betracht, dass der Partner beim Paarzeitfahren[894] explizit ausgewählt wird. Dabei steht einer analogen Anwendung nicht entgegen, dass §§ 708, 1359 BGB sich auf vertraglich geregelte Lebensbereiche beziehen. Entscheidend ist die bewusste Eingehung einer Nähebeziehung, nicht dagegen deren vertragliche oder nicht vertragliche Ausgestaltung.

---

887 In Betracht käme auch noch § 2131 BGB.

888 So Erman-BGB[14]/*Schiemann, G.*, § 823 BGB Rn. 104.

889 Staudinger/*Habermeier, S.*, Stand 2003, § 705 BGB Rn. 12; MüKo BGB[6]/*Schäfer, C.*, § 708 BGB Rn. 1; MüKo BGB[6]/*Roth, G.*, § 1359 BGB Rn. 1 f.; Staudinger/*Voppel, R.*, Stand 2012, § 1359 BGB Rn. 5.

890 MüKo BGB[6]/*Huber, P.*, § 1664 BGB Rn. 2.

891 MüKo BGB[6]/*Henssler, M.*, § 690 BGB Rn. 1.

892 Staudinger/*Avenarius, M.*, Stand 2013, § 2131 BGB Rn. 1.

893 Staudinger/*Avenarius, M.*, Stand 2013, § 2131 BGB Rn. 1; MüKo BGB[6]/*Grunsky, W.*, § 2131 BGB Rn. 1.

894 Siehe dazu oben *Mannschaftszeitfahren S. 36.*

Grundsätzlich kann der Rechtsgedanke eines modifizierten Haftungsmaßes bei Vorliegen einer bewusst eingegangen Nähebeziehung nur mit Zurückhaltung verallgemeinert werden. Mit der Eingehung einer Nähebeziehung kann noch nicht auf eine Akzeptanz eines generell unvorsichtigeren Verhaltens geschlossen werden. Das Gesetz hat sich daher auch gerade gegen eine generelle Modifizierung des Haftungsmaßes entschieden: Gemäß § 277 BGB genügt die eigenübliche Sorgfalt nur dann, wenn dies speziell gesetzlich angeordnet ist. Die speziellen gesetzlichen Anordnungen wiederum sind ebenfalls nicht generaklauselartig gestaltet, sondern erfassen, wie gerade gezeigt, nur ganz bestimmte Verhältnisse. Darüber hinaus werden sogar die speziellen gesetzlichen Anordnungen als problematisch empfunden[895] und überwiegend im Straßenverkehr nicht angewandt[896].

Daher gilt im Sport § 276 BGB und nicht § 277 BGB, selbst wenn die Sportler sich als Konkurrenten oder Teamkollegen gegenseitig ausgesucht haben. Die §§ 708,1359 BGB sind insoweit nicht verallgemeinerungsfähig.[897] Etwas anderes gilt, wenn die Sportler tatsächlich verheiratet sind[898] oder beide in Ausführung von Gesellschaftertätigkeiten handeln und Gesellschafter derselben Gesellschaft sind. In diesen Fällen muss §§ 708, 1359 BGB nicht teleologisch entsprechend den Grundsätzen zu Verkehrsunfällen reduziert werden. Darüber hinaus steht es den Sportler selbstverständlich frei, sich vertraglich explizit auf die Anwendung von § 277 BGB zu einigen.

---

895 MüKo BGB⁶/*Schäfer, C.*, § 708 BGB Rn. 2; Staudinger/*Habermeier, S.*, Stand 2003, § 705 BGB Rn. 12–22; MüKo BGB⁶/*Roth, G.*, § 1359 BGB Rn. 3 f.

896 Zum Streitstand bei § 708 BGB siehe MüKo BGB⁶/*Schäfer, C.*, § 708 BGB Rn. 12 ff.; Staudinger/*Habermeier, S.*, Stand 2003, § 708 BGB Rn. 16; erstmalige Ablehnung für § 708 BGB durch die Rechtsprechung: *BGH,* Urteil v. 20.12.1966 (Az. VI ZR 53/65) 1967, 558–559. Zum Streitstand bei § 1359 BGB siehe Staudinger/*Voppel, R.*, Stand 2012, § 1359 BGB Rn. 18 ff.; MüKo BGB⁶/*Roth, G.*, § 1359 BGB Rn. 16 ff. erstmals für § 1359 BGB durch Rechtsprechung abgelehnt: *BGH,* Urteil v. 11.3.1970 (Az. VI ZR 772/68), NJW 1970, 1271–1273.

897 Bezüglich des Ergebnisses genauso *Götz, A.*, Die deliktische Haftung für Sportverletzungen im Wettkampfsport, 2009, S. 257; ebenfalls ablehnend für die Mitglieder einer alpinen Tourengemeinschaft: *Galli, B.*, Haftungsprobleme bei alpinen Tourengemeinschaften, 1995, S. 223–226; *Beulke, S.*, Die Haftung des Bergführers bei beruflicher und privater Ausübung des Bergsports, 1994, S. 160–166; anderer Ansicht dagegen für die Mitglieder einer Fußballmannschaft *Krähe, C.*, Die zivilrechtlichen Schadenersatzansprüche von Amateur- und Berufssportlern für Verletzungen beim Fußballspiel: aktuelle Fragen des Sportrechts als Anwendungsfälle moderner Grundsätze des Haftungsrechts, 1981, S. 249–254.

898 Insoweit ist die Ablehnung der Anwendung von § 1359 BGB durch *BGH,* Urteil v. 24.3.2009 (Az. VI ZR 79/08), NJW 2009, 1875–1876 bei einem Unfall zwischen Eheleuten beim Wasserskifahren nicht misszuverstehen. Die Anwendung wurde nur deshalb abgelehnt, da es sich bei dem Unfall (der Mann überfuhr die Frau mit dem Motorboot) eher um einen Unfall im Straßenverkehr als um einen Sportunfall handelte.

2. *Beschränkung auf Vorsatz und grobe Fahrlässigkeit*

Obwohl im Sport unter Umständen nicht für jeden Regelverstoß gehaftet werden muss[899], ist damit keine generelle Begrenzung des Verschuldens auf Vorsatz und grobe Fahrlässigkeit verbunden.[900] Dafür müsste man § 823 I BGB teleologisch reduzieren. Für eine solche teleologische Reduktion ist aber keine Rechtfertigung ersichtlich. Sportler vertrauen darauf und dürfen auch darauf vertrauen, dass sich die anderen Sportler dem Sorgfaltsmaßstab ihres Verkehrskreises entsprechend verhalten. Eine generelle Modifikation des Haftungsmaßes würde im Übrigen der gesellschaftlichen Anerkennung des Sports schaden. Es wird zwar akzeptiert, dass mit dem Sport eine gewisse Gefahr einhergeht, jedoch nicht, dass die Sportler sich fahrlässig schädigen, ohne für ihre Schädigung schadensersatzpflichtig zu sein.

3. *Anwendung der für Arbeitnehmer geltenden Haftungsgrundsätze in der innerbetrieblichen Haftung*

Teilweise wird eine Übertragung der für Arbeitnehmer geltenden Grundsätze des innerbetrieblichen Schadensausgleichs auf die Haftung zwischen den Sportlern vorgeschlagen.[901] Die Grundsätze des innerbetrieblichen Schadensausgleichs sind maßgeblich durch die Entscheidung des Großen Senats des *BAG* vom 25.9.1957[902] geprägt. Damals wurde entschieden, dass Arbeitnehmer bei gefahrgeneigten Tätigkeiten nur milder haften müssen. Konkret ist bei leichtester Fahrlässigkeit die Haftung ausgeschlossen, bei mittlerer Fahrlässigkeit wird im Rahmen einer Gesamtabwägung die Haftung zwischen Arbeitnehmer und Arbeitgeber geteilt. Nur für Vorsatz und grobe Fahrlässigkeit muss der Arbeitnehmer voll haften.[903] Teilweise wird auch die stufenweise Abschichtung der Verantwortung nach dem Grad der Fahrlässigkeit abgelehnt und stattdessen eine Gesamtabwägung mit einer gleitenden Fahrlässigkeit bevorzugt.[904] Nach heftiger Kritik[905] an dem Kriterium der Gefahrgeneigtheit hat der *Große Senat des BAG* dieses im Jahr 1994 aufgegeben und

---

899 Siehe oben: *Umgang mit Regelverstößen – Verschuldensebene S. 199 ff.*

900 A.A. dagegen *BGH,* Urteil v. 17.2.2009 (Az. VI ZR 86/08), NJW-RR 2009, 812–813.

901 *Deutsch, E.,* VersR 1974, 1045, 1051; *Grunsky, W.,* JZ 1975, 109, 111 ablehnend *Füllgraf, L.,* VersR 1983, 705, 709; *Zimmermann,* VersR 1980, 497, 501; *Teichmann, A.,* JA 1979, 293–297 und 347–351, 297; *Götz, A.,* Die deliktische Haftung für Sportverletzungen im Wettkampfsport, 2009, S. 254–257.

902 *BAG,* Beschluss v. 25.9.1957 (Az. GS 4/56, GS 5/56), zitiert nach Juris.

903 Noch nicht in aller Deutlichkeit *BAG,* Beschluss v. 25.9.1957 (Az. GS 4/56, GS 5/56), zitiert nach Juris, Rn. 54; inzwischen ständige Rechtsprechung vgl. *BAG,* Beschluss v. 27.9.1994 (Az. GS 1/89 (A)), zitiert nach Juris, Rn. 16 mwN.

904 MwN.: MüKo BGB[6]/*Henssler, M.,* § 619a BGB Rn. 33.

905 Siehe dazu: Staudinger/*Richardi, R./Fischinger, P.S.,* Stand 2011, § 619a BGB Rn. 43 f.; MüKo BGB[6]/*Henssler, M.,* § 619a BGB Rn. 7 f.

verlangt nun nur noch, dass der Schaden im Rahmen einer betrieblich veranlassten Tätigkeit entstanden ist.[906]

Gestützt wird die Haftungserleichterung überwiegend auf § 254 BGB. Materiell wird zur Begründung Verschiedenes vorgetragen. Genannt wird insbesondere die Fürsorgepflicht des Arbeitgebers, der betriebliche Frieden, die Versicherbarkeit des Risikos durch den Arbeitgeber, das Missverhältnis zwischen möglichen Haftungssummen und dem Entgelt des Arbeitnehmers sowie die Steuerbarkeit des Betriebsablaufes auf Seiten des Arbeitgebers.[907]

Die Lage der Sportler ist dagegen ein andere. Es besteht keine hierarchisch übergeordnete weisungsberechtigte Instanz, die die Sportausübung in gleichem Maße steuert wie der Arbeitgeber die Arbeitsleitung seiner Arbeitnehmer. Die Sportler sind vielmehr gleichberechtige Partner ohne übergeordnete weisungsberechtigte Instanz. Die Spitzenverbände organisieren zwar den Sport, sind aber den Sportlern gegenüber nicht in gleicher Weise weisungsbefugt wie der Arbeitgeber gegenüber seinen Arbeitnehmern. Die Stellung der Sportler ist daher eher mit der Stellung von Gesellschaftern einer Personengesellschaft vergleichbar als mit der Stellung von Arbeitnehmern eines Betriebs. Eine Übertragung der für die Arbeitnehmerhaftung entwickelten Grundsätze scheidet daher bereits aus diesem Grund aus. Darüber hinaus ist die eingeschränkte Arbeitnehmerhaftung auch Folge der Fürsorgepflicht des Arbeitnehmers, für die kein Äquivalent zwischen den Sportlern besteht.

VIII. Vorsätzliche Rechtsgutverletzung bei sportregelkonformen Verhalten

Ein weiteres Problem stellt die vorsätzliche Rechtsgutverletzung bei sportregelkonformen Verhalten dar. Dies wird hauptsächlich bei reinen Kampfsportarten wie Boxen auftreten.[908] Der Schlag in das Gesicht des Gegners entspricht dem Reglement des Boxsports, gleichzeitig wird man aber zumindest bedingten Vorsatz hinsichtlich der Verletzung von Körper und Gesundheit des Gegners annehmen müssen.

1. *Grenzen der Risikozuweisung durch die Verkehrspflichten*

Die Beantwortung der Frage hängt zunächst davon ab, ob man auch bei vorsätzlichen Rechtsgutverletzungen einen Verstoß gegen Verkehrspflichten zur rechtswidrigen Tatbestanderfüllung fordert. Innerhalb der Vertreter der Lehre vom Handlungsunrecht

---

906 *BAG*, Beschluss v. 27.9.1994 (Az. GS 1/89 (A)), zitiert nach Juris.

907 Staudinger/*Richardi, R./Fischinger, P.S.*, Stand 2011, § 619a BGB Rn. 48 ff.; MüKo BGB⁶/*Henssler, M.*, § 619a BGB Rn. 9 ff.; *BAG*, Beschluss v. 27.9.1994 (Az. GS 1/89 (A)), zitiert nach Juris, Rn. 26 ff.

908 Bei den meisten anderen Kampfsportarten im weiteren Sinne wie zum Beispiel Fußball ist die vorsätzliche Rechtsgutverletzung dagegen vom Reglement untersagt. Eine umfassende Prüfung des Reglements aller Kampfsportarten im weiteren Sinne kann allerdings an dieser Stelle nicht erfolgen.

ist dies umstritten.[909] Allerdings zeigt sich bei genauerer Betrachtung kein wesentlicher Unterschied zur Fallgruppe der fahrlässigen Rechtsgutverletzung. Die Verkehrspflichten grenzen Verantwortungsbereiche voneinander ab und weisen Risiken entweder dem Rechtsgutinhaber oder dem Schädiger zu. Dabei spielt insbesondere die gesellschaftliche Akzeptanz des Risikos und die Einstellung des Rechtsgutinhabers zum Risiko eine entscheidende Rolle.[910] Es ist daher auch bei vorsätzlichen Rechtsgutverletzungen denkbar, dass diese dem Risikobereich des Geschädigten zugewiesen sind. Zuzugeben ist den Kritikern jedoch, dass vorsätzlich hervorgerufene Gefährdungen in aller Regel nicht in den Risikobereich des Rechtsgutinhabers fallen, sondern vom Schädiger ausgeglichen werden müssen.

Daher kann zumindest nicht bei allen reinen Kampfsportarten davon ausgegangen werden, dass die Verantwortung für die Rechtsgutverletzung dem Verletzten zugewiesen ist.[911] Zwar zeichnen sich die meisten Kampfsportarten dadurch aus, dass sie Körperverletzungen zulassen, gleichzeitig aber ein dichtes Regelwerk zur Regulierung des eigentlichen Kampfes und damit zur Begrenzung der Gefahr vorsehen. So darf beispielsweise beim Boxen nicht mit dem Fuß getreten werden, die Kampflänge ist genau festgelegt, es müssen Handschuhe zum Schutz verwendet werden und vieles mehr.[912] Allerdings ist bei vielen anderen Kampfsportarten, wie zum Beispiel *Kick-Boxen, Mixed Marshall Arts* oder dem bereits beschriebenen *Ultimate Fighting* das Reglement bezüglich des Schutzes der Kämpfer wesentlich löchriger.[913]

Insgesamt genießen Sportarten, bei denen die vorsätzliche Verletzung der absolut geschützten Rechtsgüter der anderen Sportler gerade das Ziel der Sportart ist, in der Gesellschaft eine geringere Akzeptanz. Dies dürfte insbesondere darauf zurückzuführen sein, dass in der Gesellschaft eine gewisse Moralvorstellung besteht, die das vorsätzliche Verletzen anderer Menschen auch im Rahmen eines Sportwettkampfes missbilligt. Andererseits führen die strengen Regeln zur Regulierung des Kampfes wiederum zu einer gewissen Anerkennung der Sportart. So ist die Teilnahme an einem regulierten Boxwettkampf deutlich akzeptierter als die Teilnahme an einer

---

909 Siehe dazu die Nachweise bei MüKo BGB[6]/*Wagner, G.*, § 823 BGB Rn. 16.

910 Siehe oben: *Tauglichkeit der Verkehrspflichten zur Festlegung des Haftungsmaßes bei Sportunfällen S. 186 ff.*

911 Für die Anerkennung des Boxens siehe Staudinger/*Looschelders, D.*, Stand 2009, § 242 BGB Rn. 273.

912 Siehe dazu im Einzelnen die Wettkampfbestimmungen des *Deutschen Boxsport-Verbandes*, abrufbar unter http://www.box-sport-verband.de/links-downloads/ (Zuletzt geprüft am: 30.09.2014).

913 Siehe zum Beispiel das Reglement für Mixed Marshall Arts Kämpfe der *MMA Austria Sports Association*, abrufbar unter: http://www.mma-verband.at/index.php?option=com_content&view=article&id=50&Itemid=55 (Zuletzt geprüft am: 30.09.2014). Für das Kickboxen siehe die Sportordnung und Wettkampfregeln des Bundesfachverbandes für Kickboxen e.V., abrufbar unter http://www.wako-deutschland.de/Die-Wako-Allgemein/Satzung.html (Zuletzt geprüft am: 30.09.2014).

Wirtshausschlägerei, bei der „scherzhaft" das Kräfteverhältnis zwischen zwei Stammtischen bestimmt werden soll. Ausgehend von diesem Spannungsfeld ist zu beurteilen, ob die Sportart eine ausreichend große Akzeptanz in der Gesellschaft genießt, um das Reglement als Grundlage von Verkehrspflichten heranzuziehen. Für welche Kampfsportarten dies im Einzelnen möglich ist, kann an dieser Stelle nicht weiter untersucht werden. Genügt die gesellschaftliche Akzeptanz jedoch, um dem Reglement entscheidenden Einfluss auf die Verkehrspflichten in der jeweiligen Situation beizumessen, wäre das regelkonforme Verhalten als nicht tatbestandsmäßig zu beurteilen.

2. *Die Einwilligung in vorsätzliche Rechtsgutverletzungen im Rahmen der Sportausübung*

Allerdings ist selbst bei missbilligten Sportarten noch nicht darüber entschieden, ob die Verletzungen durchweg rechtswidrig zugefügt wurden. In diesen Fällen ist vielmehr genau zu untersuchen, ob nicht eine rechtfertigende Einwilligung der betroffenen Sportler in die Verletzung vorliegt. Die Einwilligung vermag in den Grenzen von § 138 BGB[914] Körperverletzungen zu rechtfertigen.

Die Grenze, wann die guten Sitten und damit letztlich die gesellschaftliche Akzeptanz ein Verhalten komplett verbieten, liegt wesentlich höher als die Grenze, in deren Rahmen die gesellschaftliche Akzeptanz ein Verhalten generell so stark billigt, dass daraus entstehende Verletzungen dem Verletzten zugewiesen werden. Mit anderen Worten sind Sportarten beziehungsweise Verhaltensweisen denkbar, die zwar gesellschaftlich nicht besonders akzeptiert sind, die aber auch gesellschaftlich noch nicht so geächtet sind, dass sie gegen die guten Sitten verstoßen würden und die Betroffenen daher nicht in der Ausübung einwilligen könnten.

Auf die Einwilligung in Verletzungen beziehungsweise in das Risiko von Verletzungen bei Kampfsportarten kann an dieser Stelle nicht in allen Einzelheiten eingegangen werden, da sie für den Radsport und damit für die vorliegende Untersuchung keine entscheidende Rolle spielt. Allerdings würde eine solche Einwilligung, obwohl dies vielfach behauptet wird, nicht auf einer Fiktion beruhen.[915] Der Boxer willigt ein, vom Gegner mit Boxschlägen „behandelt" zu werden. Ob er insgeheim hofft, kein blaues Auge zu bekommen, ist unerheblich, da er weiß, dass er mit höchster Wahrscheinlichkeit eines bekommen wird. Sollte ein solch geheimer Wille, die Verletzung nicht zu wollen, bestehen, wäre dieser gemäß § 116 S. 1 BGB analog[916] ohne

914 U.U. auch gemäß § 134 BGB, § 228 StGB. Zur Nichtigkeit der Einwilligung wegen Gesetzes- oder Sittenverstoß siehe auch *Ohly, A.*, „Volenti non fit iniuria" Die Einwilligung im Privatrecht, 2002, S. 444 ff.

915 *Heermann, P.W.*, Haftung im Sport, 2008, S. 57; *Deutsch, E.*, VersR 1974, 1045; *Zimmermann*, VersR 1980, 497; *Füllgraf, L.*, VersR 1983, 705, 708; *Looschelders, D.*, JR 2000, 265, 268.

916 Ob man § 116 S. 1 BGB analog anwendet, hängt von der umstritten Frage zur Rechtsnatur der Einwilligung ab. In Betracht kommt eine Einordnung als Willenserklärung, geschäftsähnliche Handlung oder Realakt. Siehe dazu oben *Fn. 703*.

Bedeutung. Auch können die Abwehrmaßnahmen wie zum Beispiel die Deckung des Sportlers, nicht dahingehend ausgelegt werden, dieser wolle die Verletzung gerade vermeiden und widerrufe daher seine Einwilligung. Dieses Verhalten dient nur der Chancenwahrung im Wettkampf, soll dem Gegner dagegen nicht signalisieren, dass ein Weiterkämpfen unerwünscht ist. Zum Widerruf der Einwilligung wäre daher die eindeutige Aufgabe des Kampfes notwendig. Nachdem bei diesen Sportarten immer nur zwei Kämpfer gegeneinander antreten, stellen sich keinerlei Zugangsprobleme. Spätestens mit Beginn des Kampfes wird die Einwilligung konkludent erteilt. Zumeist besteht bei den Kampfsportarten auch ein gewisses Ritual mit dem der Kampf begonnen wird. Bei den asiatischen Kampfsportarten verbeugen sich die Sportler voreinander, beim Boxen ist ein „Abklatschen" mit den Boxhandschuhen üblich. Zumindest dieser Handlung ist der Erklärungsgehalt einer konkludenten Einwilligung beizumessen.

IX. Zwischenergebnis

Die bisherige Untersuchung hat gezeigt, dass sich die sportspezifische Interessenlage im Rahmen des § 823 I BGB auf Tatbestands- und Verschuldensebene auswirkt. Auf Ebene des Tatbestandes ist ein Verstoß gegen Verkehrspflichten zu fordern und auf Verschuldensebene ist die im Verkehr erforderliche Sorgfalt zu berücksichtigen. Die Sportregeln und insbesondere das Sportreglement, das dem Schutz der Sportler dient, haben großen Einfluss auf die Verkehrspflichten und die Sorgfaltspflichten.

Dementsprechend scheitert in der Regel eine Haftung für Rechtsgutverletzungen in Folge von regelkonformen Verhalten bereits am Tatbestand des § 823 I BGB. Die Verkehrspflichten werden, vorbehaltlich einer richterlichen Kontrolle, durch dieses Reglement konkretisiert, sodass regelkonformes Verhalten nicht gegen die in der Sportsituation zu beachtenden Verkehrspflichten verstößt. Verhalten, das gegen das Reglement verstößt, widerspricht jedoch auch stets den Verkehrspflichten.

Die Sorgfaltspflichten auf Verschuldensebene richten sich ebenfalls, vorbehaltlich einer richterlichen Kontrolle, nach dem Sportreglement. Die Anforderungen der Sorgfaltspflichten unterscheiden sich aber teilweise von denen der Verkehrspflichten. Insbesondere muss regelwidriges Verhalten nicht stets die Sorgfaltspflichten verletzen. Dies hängt insbesondere von der Gefährlichkeit der Handlung, der Eigenart der Sportart und der Situation der Regelübertretung ab. Unter Umständen ist sogar vorsätzlich regelwidriges Verhalten noch nicht als fahrlässig im Sinne der Verschuldensprüfung zu beurteilen. Liegt jedoch ein regelwidriges Verhalten vor, das auch hinsichtlich der Rechtsgutverletzung als vorsätzlich zu beurteilen ist, ist dieses Verhalten rechtswidrig und schuldhaft. Für die vorsätzliche Schädigung durch regelwidriges Verhalten muss zivilrechtlich gehaftet werden.

Entscheidend für diesen Lösungsweg ist jedoch, dass die Sportregeln gesellschaftlich akzeptiert genug sind, um die Verkehrspflichten zu bestimmen. Ist dies der Fall, bedarf es keiner individuellen Aufgabe des Rechtsgüterschutzes in Form einer Einwilligung oder eines vertraglichen Haftungsausschlusses beziehungsweise einer generellen Verwehrung des Rechtsgüterschutzes durch die Annahme von Handeln auf eigene Gefahr. Sind die Sportregeln jedoch gesellschaftlich nicht akzeptiert genug, muss genau geprüft werden, ob nicht eine Einwilligung des geschädigten Sportlers gegeben ist.

Probleme bereitet jedoch die Beurteilung von Rechtsgutverletzungen im Rahmen von Sportarten, deren Reglement nicht als Grundlage von Verkehrspflichten dienen kann. Dies sind insbesondere die reinen Kampfsportarten, zumindest jedoch diejenigen Kampfsportarten, die noch brutalere Kampfmethoden als das reine Boxen zulassen. Allerdings scheint auch in diesen Fällen eine Haftung nicht immer angemessen, da die Sportler häufig rechtfertigend in die Verletzungshandlungen einwilligen.

X. Die Bedeutung des Mitverschuldens gemäß § 254 BGB bei Sporthaftungsfällen, insbesondere auch zur Bedeutung des Handelns auf eigene Gefahr

1. *Rechtliche Bewertung des Handelns auf eigene Gefahr*

Im Zusammenhang mit der Haftung bei Sportunfällen taucht häufig der Begriff des „Handelns auf eigene Gefahr" auf.

a) Möglichkeiten zur Berücksichtigung eines freiwillig eingegangenen Risikos

„Handeln auf eigene Gefahr" beschreibt zunächst ein Verhalten des Geschädigten, bei dem sich dieser bewusst einem erhöhten Risiko aussetzt.[917] Dagegen ist mit dem Begriff des Handelns auf eigene Gefahr noch keine rechtliche Bewertung des Verhaltens verbunden.[918]

Für die rechtliche Berücksichtigung eines solchen Verhaltens bieten sich verschiedene Ansatzpunkte. Früher wurde häufig eine rechtfertigend wirkende rechtsgeschäftliche Lösung über einen konkludenten Haftungsverzicht oder eine Einwilligung in das Risiko versucht.[919] Inzwischen wird das Verhalten des Geschädigten gemäß § 254 I BGB als anspruchsmindernd bewertet.[920] Gegen die

---

917 *BGH,* Urteil v. 14.3.1961 (Az. VI ZR 189/59), NJW 1961, 655; Staudinger/*Schiemann, G.*, Stand 2005, § 254 BGB Rn. 62; MüKo BGB⁶/*Oetker, H.*, § 254 BGB Rn. 64; BeckOk BGB/*Unberath, H.*, Stand 05.2014, § 254 BGB Rn. 26.
Zur Abgrenzung zur „bewussten Selbstgefährdung" siehe *Götz, A.*, Die deliktische Haftung für Sportverletzungen im Wettkampfsport, 2009, S. 165 f.

918 *Looschelders, D.*, Die Mitverantwortlichkeit des Geschädigten im Privatrecht, 1999, S. 441, spricht deshalb von einem „phänomelogischen" Verständnis des Begriffes in Rechtsprechung und Literatur.

919 MüKo BGB[6]/*Oetker, H.*, § 254 BGB Rn. 64; BeckOk BGB/*Unberath, H.*, Stand 05.2014, § 254 BGB Rn. 26; *BGH,* Urteil v. 17.5.1951 (Az. III ZR 57/51), zitiert nach Juris.

920 MüKo BGB[6]/*Oetker, H.*, § 254 BGB Rn. 64; BeckOk BGB/*Unberath, H.*, Stand 05.2014, § 254 BGB Rn. 26; Staudinger/*Schiemann, G.*, Stand 2005, § 254 BGB Rn. 66; *Looschelders, D.*, Die Mitverantwortlichkeit des Geschädigten im Privatrecht, 1999,

rechtsgeschäftliche Lösung wird vorgebracht, diese unterstelle den Parteien einen Willen, der in Wirklichkeit nicht vorliege.[921] Darüber hinaus zwinge die rechtsgeschäftliche Lösung zu einer Alles-oder-Nichts Bewertung, während hingegen § 254 I BGB eine Schadensquotelung zulasse.[922]

Allerdings ist zu beachten, dass es den Parteien freisteht, die Rechtslage rechtsgeschäftlich durch eine Einwilligung oder einen rechtfertigenden Haftungsausschluss zu verändern.[923] Haben die Parteien von dieser Möglichkeit Gebrauch gemacht, ist genau zu prüfen, ob noch Raum für die Anwendung des § 254 BGB besteht, da sowohl eine Einwilligung als auch ein Haftungsausschluss dem § 254 BGB vorgehen.[924]

b) Untauglichkeit des eingegangenen Risikos als einziges Kriterium

Das Hauptproblem im Zusammenhang mit einem nach § 254 I BGB zu berücksichtigenden Handelns auf eigene Gefahr ist, das Maß des Risikos näher zu bestimmen, das notwendig ist, um die Haftung gemäß § 254 I BGB zu kürzen. Das Problem besteht insbesondere darin, dass allein das Maß des Risikos nicht über eine Anspruchskürzung entscheiden kann.[925] Dies zeigt schon die Teilnahme am Straßenverkehr. Die Statistiken zum Verkehrsunfallgeschehen beweisen, dass die Teilnahme am Straßenverkehr höchst risikoreich ist.[926] Gleichzeitig wird aber ein Mitverschulden gemäß § 254 I BGB wegen der Teilnahme am Straßenverkehr zu Recht abgelehnt.[927] Wer als Fußgänger bei Grün eine Fußgängerampel überquert, muss sich kein Mitverschulden

---

S. 443; *BGH,* Urteil v. 14.3.1961 (Az. VI ZR 189/59), NJW 1961, 655–658. Kritisch gegenüber einer Anwendung des § 254: *Flume, W.,* JZ, 605–606.

921 MüKo BGB⁶/*Oetker, H.*, § 254 BGB Rn. 64; BeckOk BGB/*Unberath, H.*, Stand 05.2014, § 254 BGB Rn. 26; Staudinger/*Schiemann, G.*, Stand 2005, § 254 BGB Rn. 65 f.

922 MüKo BGB⁶/*Oetker, H.*, § 254 BGB Rn. 64; BeckOk BGB/*Unberath, H.*, Stand 05.2014, § 254 BGB Rn. 26.

923 Im Gegensatz zur Einwilligung kann der Haftungsausschluss nicht einseitig erfolgen, sondern es muss eine Willensübereinkunft bestehen.

924 MüKo BGB⁶/*Oetker, H.*, § 254 BGB Rn. 65; BeckOk BGB/*Unberath, H.*, Stand 05.2014, § 254 BGB Rn. 26.

925 Zur Bewertung der Gefährlichkeit von alpinen Unternehmungen aus juristischer Sicht siehe *Beulke, S.*, Die Haftung des Bergführers bei beruflicher und privater Ausübung des Bergsports, 1994, S. 196–204.

926 Statistiken zu Unfallfolgen im Straßenverkehr sind abrufbar unter http://www.adac.de/ (Zuletzt geprüft am: 30.09.2014).

927 Palandt⁷³/*Grüneberg, C.*, § 254 BGB Rn. 19 ff.; MüKo BGB⁶/*Oetker, H.*, § 254 BGB Rn. 37; Staudinger/*Schiemann, G.*, Stand 2005, § 254 BGB Rn. 46.
Zu beachten ist jedoch, dass man sich unter Umständen gemäß § 254 I BGB auch ohne eigenes Verschulden eine Sach- oder Betriebsgefahr entgegenhalten lassen muss, wenn der Gesetzgeber eine Gefährdungshaftung für das entsprechende Verhalten normiert hat. Vgl. zum Beispiel: Palandt⁷³/*Grüneberg, C.*, § 254 BGB Rn. 10. Entscheidend ist jedoch auch hier, dass das Mitverschulden nicht direkt auf der Gefährlichkeit der Handlung beruht, sondern darauf, dass der Gesetzgeber für das Verhalten eine verschuldensunabhängige Haftung vorgesehen hat.

aufgrund der Verkehrsteilnahme entgegenhalten lassen, wenn er von einem Kraftfahrer angefahren wird, der das Rotlicht missachtet.[928]

Zur Lösung des Problems wird teilweise vorgeschlagen, nur ein „extrem" gefährliches Verhalten könne ein Mitverschulden begründen.[929] Ein insoweit vergleichbares Problem besteht bei der Auslegung des § 3 I EFZG. Gemäß § 3 I 1 EFZG behält der Arbeitnehmer seinen Anspruch auf Lohnzahlung selbst im Falle krankheitsbedingter Arbeitsunfähigkeit, wenn ihn an der Krankheit kein Verschulden trifft. Es ist weitgehend zu Recht anerkannt, dass mit Verschulden kein Verschulden im Verhältnis zum Arbeitsgeber gemeint ist, sondern ein Verschulden gegen sich selbst.[930] Es wäre widersprüchlich und daher rechtswidrig vom Arbeitnehmer, die Krankheit erst schuldhaft herbeizuführen und dann trotzdem vom Arbeitgeber Lohnfortzahlung zu verlangen.[931] Im Rahmen des § 3 I EFZG wurde vom BAG im Jahr 1958 entschieden, dass ein schuldhaftes Verhalten des Arbeitnehmers bei der Verursachung einer Sportunfalls dann gegeben ist, „wenn es sich um einen besonders gefährlichen Sport handelt oder um einen Sport, der die Leistungsfähigkeit des Sporttreibenden, wie diesem bekannt ist, erheblich übersteigt"[932]. Inzwischen ist weitgehend anerkannt, dass die erste Alternative „besonders gefährlicher Sport" praktisch keine Bedeutung hat, da eine Sportart abstrakt schwer hinsichtlich ihrer Gefährlichkeit beurteilt werden kann.[933] Dagegen kann das Verschulden des Arbeitnehmers besser mit Hilfe der Frage beurteilt werden, ob die Sportausübung seine Fähigkeit konkret überschritten hat und deshalb in dieser Situation die Sportausübung besonders gefährlich war.

Insgesamt kann daher eine abstrakte Abstufung des Risikos anhand der ausgeübten Sportart nicht zum Ziel führen. Eine Lösung lässt sich besser dadurch entwickeln, indem man § 254 BGB als Abgrenzung von Verantwortungsbereichen begreift[934], bei deren Grenzziehung auch wertende Gesichtspunkte zu berücksichtigen sind. Daher ist es sachgerecht, nicht nur abstrakt auf die Höhe des eingegangenen Risikos abhängig

928 *BGH,* Urteil v. 20.4.1966 (Az. III ZR 184/64), NJW 1966, 1211, 1213 f.

929 MüKo BGB[6]/*Oetker, H.*, § 254 BGB Rn. 67.

930 *Ricken, O.* in: Rolfs, Christian/Giesen, Richard/Kreikebohm, Ralf u. a., Schwerpunktkommentar Arbeitsrecht 2008, § 3 EFZG Rn. 34; *Schliemann, H.* in: Henssler, Martin/Willemsen, Heinz Josef/Kalb, Hans-Jürgen, Arbeitsrecht Kommentar, 5. Aufl. 2014, § 3 EFZG Rn. 51; *Hofmann, P.*, ZfA 1979, 276, 286 f.

931 *Hofmann, P.*, ZfA 1979, 276, 288 ff.

932 *BAG,* Urteil v. 30.05.1958 (Az. 2 AZR 451/55), BAGE 307, LS 2; *BAG,* Urteil v. 7.10.1981 (Az. 5 AZR 338/79), BAGE, 371–375.

933 *Hofmann, P.*, ZfA 1979, 276, 317; *Houben, C.-A.*, SpuRt 2000, 185–188. Soweit ersichtlich wurde in der Rechtsprechung bisher nur einmal eine Sportart als besonders gefährlich eingestuft und das war Kickboxen durch das *ArbG Hagen,* Urteil v. 15.9.1989 (Az), NZA 1990, 311.

934 So ausdrücklich Staudinger/*Schiemann, G.*, Stand 2005, § 254 BGB Rn. 4. Zur Einordnung des § 254 BGB als spezielle Ausprägung des Prinzips des venire contra factum proprium siehe *BGH,* Urteil v. 14.3.1961 (Az. VI ZR 189/59), NJW 1961, 655, 658 und mwN. zur Literatur Staudinger/*Schiemann, G.*, Stand 2005, § 254 BGB Rn. 2.

von der ausgeübten Sportart abzustellen, sondern in einer Gesamtschau auch die gesellschaftliche Akzeptanz dieses Risikos, die generell für notwendig gehaltenen Schutzmaßnahmen gegen dieses Risiko und die individuelle Leistungsfähigkeit des Sportlers zu berücksichtigen.

Die gesellschaftliche Akzeptanz ist schwer zu fassen. Ein wichtiger Anhaltspunkt ist jedoch das Bestehen eines Regelwerkes für die betreffende Situation.[935] Abhängig von diesem Regelwerk kann auf die soziale Billigung der Verhaltensweise rückgeschlossen werden. Idealerweise ist das Regelwerk staatlicher Natur, aber auch ein vom Staat geduldetes oder gefördertes Regelwerk spricht für die gesellschaftliche Billigung der Verhaltensweisen. Besteht ein solches Regelwerk und enthält dieses darüber hinaus auch noch Schutzvorschriften, kommt diesen eine starke Indizwirkung für die Beurteilung des Mitverschuldens zu.

Mit anderen Worten muss sich ein Mitverschulden entgegenhalten lassen, wer die nach dem einschlägigen Regelwerk vorgeschriebenen oder zumindest empfohlenen Schutzvorschriften nicht beachtet[936], wer Sport unter deutlicher Überschreitung seiner Leistungsfähigkeit betreibt oder wer Sportarten betreibt, denen es an gesellschaftlicher Akzeptanz aufgrund mangelnden Regelwerkes oder übertrieben brutaler Regeln mangelt[937].

2. *Auswirkung der dargelegten Grundsätze zur Beurteilung von Haftungsfragen bei Sportunfällen*

a) *Unbestrittene Fälle des Mitverschuldens nach § 254 I BGB*

Im Sport besteht unproblematisch dann ein Mitverschulden, wenn Sportregeln außer Acht gelassen werden, die gerade den Sportler schützen sollen. Im Radsport ist insbesondere an die Pflicht zum Tragen von Schutzausrüstung zu denken. Diese hängt im Einzelnen von der ausgeübten Art des Radsports ab, generell muss aber in fast allen Disziplinen ein Helm getragen werden.[938] Das gleiche gilt für die Teilnahme an Wettkämpfen mit Fahrrädern, die nicht den Wettkampfbestimmungen entsprechen, soweit diese den Schutz der Fahrer bezwecken. Zu denken ist insbesondere an funktionierende Bremsen.[939]

Darüber hinaus kann jedes nicht regelkonforme Verhalten unter Umständen als Mitverschulden gewertet werden. Nachdem bei der Prüfung von § 254 BGB

---

935 Siehe oben: *Verkehrspflichten im Radsport S. 191 ff.*

936 Siehe zum Vergleich auch das oben diskutierte Problem des Mitverschulden bei Nichtragen eines Fahrradhelmes im Straßenverkehr: *Pflicht zum Tragen eines Helmes S. 162 ff.*, sowie das Grundsatzurteil zum Anlegen eines Sicherheitsgurtes beim Autofahren *BGH*, Urteil v. 20.3.1979 (Az. VI ZR 152/78), NJW 1979, 1363, 1363 ff.

937 Siehe zu diesen Sportarten oben: *Grenzen der Risikozuweisung durch die Verkehrspflichten S. 213 ff.*

938 Siehe oben: *Sturzhelm S. 75.*

939 UCI, Cycling Regulations, Part 1 General Provisions, Stand 05.2014, Punkt 1.3.025.

insbesondere Verschuldensbeiträge gegeneinander abgewogen werden[940], gilt jedoch auf Ebene des § 254 BGB das bereits oben im Rahmen des anspruchsbegründenden Verschuldens Dargelegte: Eine Regelübertretung kann dem Sportler nicht immer vorgeworfen werden, vielmehr müssen weitere belastende Umstände hinzutreten.[941]

b) Teilnahme am Sport als Handeln auf eigene Gefahr

Dagegen liegt allein wegen der Teilnahme am Sport kein gemäß § 254 I BGB anspruchsminderndes Verhalten unter dem Gesichtspunkt des Handelns auf eigene Gefahr vor.[942] Die regelkonforme Sportausübung stellt kein unerlaubtes Risiko dar, sondern ist eine Form der gesellschaftlich akzeptierten Gefährdung von eigenen Rechtsgütern. Selbst wenn ein Sportler bei regelkonformen Verhalten andere Sportler schädigt, erfüllt dies noch nicht den Tatbestand des § 823 I BGB.[943] Die Ursache dafür ist das im organisierten Sport bestehende dichte Regelwerk, das die Sportausübung in geordnete Bahnen lenkt und die Gefährdung in der Regel auf ein erträgliches Niveau begrenzt. Nachdem das Sportreglement nicht den Rang staatlichen Rechts hat, bleibt aber eine staatliche Bewertung des Verhaltens als rechtswidrig im Einzelfall möglich.

Daher kann die Teilnahme am Sport allein nicht als anspruchminderndes Mitverschulden gewertet werden, da kein Verhalten erkennbar ist, das so selbstschädigend wäre, dass es nach einem Schaden treuwidrig wäre, den Schädiger trotzdem in voller Höhe in Anspruch zu nehmen. Dies gilt auch dann, wenn die gewählte Sportart als gefährlich gilt. Anders liegt der Fall jedoch, wenn die Sportausübung für den Geschädigten ausnahmsweise mit besonderen Gefahren verbunden ist, weil die

---

940 Zwar wird vom Gesetz („Hat bei der Entstehung des Schadens...“, § 254 I BGB) und von der Rechtsprechung verlangt, dass Verursachungsbeiträge abgewogen werden. *Rother, W.*, VersR 1983, 793–798 weist jedoch nach, dass dies praktisch undurchführbar ist und tritt stattdessen für ein Abwägung von Verschuldensbeiträgen ein.

941 Siehe oben *Regelverstöße und deren Verhältnis zur im Verkehr erforderlichen Sorgfalt S. 205 ff.*
Zur Indizwirkung von Regelverstößen für ein Verschulden siehe auch die Ausführungen unten zur Beweislast: *Beweisprobleme S. 235 ff.*

942 Genauso: *Looschelders, D.*, Die Mitverantwortlichkeit des Geschädigten im Privatrecht, 1999, S. 449; *ders.* Auswirkungen der Versicherung auf die Haftung beim Sport, in: Greiner, H.-P., Neminem laedere, 2009, S. 136; *Teichmann, A.*, JA 1979, 293–297 und 347–351, 296; *Füllgraf, L.*, VersR 1983, 705, 709; *Krähe, C.*, Die zivilrechtlichen Schadenersatzansprüche von Amateur- und Berufssportlern für Verletzungen beim Fußballspiel: aktuelle Fragen des Sportrechts als Anwendungsfälle moderner Grundsätze des Haftungsrechts, 1981, S. 133 ff.; *Hellgardt, K.G.*, Die Haftung für Sportverletzungen, 1973, S. 81; *Galli, B.*, Haftungsprobleme bei alpinen Tourengemeinschaften, 1995, S. 235 f.; *Götz, A.*, Die deliktische Haftung für Sportverletzungen im Wettkampfsport, 2009, S. 274 f.; offen gelassen *Friedrich, P.*, NJW 1966, 755, 760 f.; a.A. *Fritzweiler, J.*, Haftung bei Sportunfällen, 1978, S. 81 f.

943 Siehe oben: *Verkehrspflichten im Radsport S. 191 ff.*

Ausübung des Sportlers persönliche Leistungsgrenzen deutlich übersteigt. Wer zum Beispiel völlig ungeübt und ohne Regelkenntnis an einem Radrennen teilnimmt, muss sich ein Mitverschulden gemäß § 254 I BGB entgegenhalten lassen, wenn es zu einer Kollision kommt, weil der Geschädigte das Tempo schon in den ersten Kilometern nicht halten kann und die anderen Sportler ihn daher überholen müssen.

Eine Bestätigung dieses Ergebnisses zeigt der Vergleich zu den Mitfahrerfällen. Bei der Mitfahrt im Straßenverkehr kommt erst dann ein Mitverschulden in Betracht, wenn der Mitfahrer erkannt hat[944], dass der Fahrer nicht fahrtüchtig ist.[945] In der Mitfahrt alleine kann dagegen kein Mitverschulden erblickt werden.

c) Handeln auf eigene Gefahr bei Teilnahme an gesellschaftlich missbilligten Sportarten

Größere Bedeutung erlangt das Mitverschulden dagegen bei gesellschaftlich missbilligten Sportarten. Beispiele für solche missbilligten Sportarten sind, wie oben beschrieben, insbesondere diejenigen Kampfsportarten im engeren Sinne, bei denen besonders wenige Regeln den Kampf beschränken.[946] Genauso zu beurteilen sind Verhaltensweisen, bei denen die Rechtsgüter einer erhöhten Gefahr ausgesetzt sind, allerdings keine verbindlichen und allgemein anerkannten Sportregeln bestehen. Dies ist insbesondere dann der Fall, wenn kein Sportspitzenverband besteht, der die Regeln bestimmt. Als Beispiel kann der „Rempeltanz" bei Rockkonzerten genannt werden, bei dem die Teilnehmer versuchen, sich gegenseitig durch Stöße aus dem Gleichgewicht zu bringen.[947] Noch stärker ausgeprägt ist die gesellschaftliche Missbilligung, wenn sogar ein erhebliches Risiko für einen tödlichen Ausgang besteht. Dies ist zum Beispiel der Fall beim Duell mit Feuerwaffen oder beim oben beschriebenen „Spiel" aus den USA, bei dem mit Autos aufeinander zu beschleunigt wird und derjenige gewinnt, der als letzter ausweicht.[948]

01) Vorrang einer rechtsgeschäftlichen Lösung

Bei den genannten Konstellationen ist jedoch zu beachten, dass eine möglicherweise bestehende wirksame Einwilligung der Betroffenen dem Verhalten des Schädigers

---

944 Es genügt auch, wenn der Mitfahrer die Fahruntüchtigkeit hätte erkennen können. Vgl.: mwN. MüKo BGB⁶/*Oetker, H.*, § 254 BGB Rn. 66; BeckOk BGB/*Unberath, H.*, Stand 05.2014, § 254 BGB Rn. 26.

945 Ausgangspunkt *BGH*, Urteil v. 14.3.1961 (Az. VI ZR 189/59), NJW 1961, 655–658; mwN., insbesondere zur OLG Rechtsprechung siehe MüKo BGB⁶/*Oetker, H.*, § 254 BGB Rn. 66 Fn. 330; BeckOk BGB/*Unberath, H.*, Stand 05.2014, § 254 BGB Rn. 26, 17.

946 Siehe oben: *Vorsätzliche Rechtsgutverletzung bei sportregelkonformen Verhalten S. 213 ff.*

947 Siehe MüKo BGB⁶/*Wagner, G.*, § 823 BGB Rn. 541; *BGH*, Urteil v. 7.2.2006 (Az. VI ZR 20/05), NJW-RR 2006, 672, 674.

948 Siehe oben: *Fn. 856* und *Fn. 813.*

bereits die Rechtswidrigkeit nehmen würde.[949] Geht die Einwilligung allerdings nicht weit genug, ist daneben ein Mitverschulden denkbar.[950]

Generell kann weder bei gesellschaftlich akzeptierten Sportarten noch bei gesellschaftlich missbilligten Sportarten von einer Einwilligung in die Verletzung oder das Risiko der Verletzung ausgegangen werden. Die dagegen vorgebrachten Einwände sind überzeugend und sollen an dieser Stelle nur kurz wiederholt werden.[951] Häufig würde die Annahme einer Einwilligung auf einer Fiktion beruhen, da man mangels einer konkreten Handlung als Manifestation der Erklärung[952] in jedem erstmaligen Zusammentreffen von Sportlern im Wettkampf eine konkludente Einwilligung erblickten müsste.[953] Zuletzt geht es bei der Frage der Haftung bei Sportunfällen um gesamtgesellschaftliche Probleme, die nicht über individuelle Erklärungen gelöst werden können.[954]

---

949 Die Einwilligung in die Verletzung wirkt rechtfertigend (überwiegende Meinung), vgl. z.B. MüKo BGB[6]/*Wagner, G.*, § 823 BGB Rn. 761; *Looschelders, D.*, Schuldrecht, Besonderer Teil, 9. Aufl. 2014, Rn. 1187, differenzierend nach der Disponibilität des Rechtsguts dagegen *Ohly, A.*, Einwilligung und „Einheit der Rechtsordnung", in: Pawlik, M.; Zaczyk, R., Festschrift für Günther Jakobs, 2007, S. 197 ff. und 457 ff.; *ders.* „Volenti non fit iniuria" Die Einwilligung im Privatrecht, 2002.
Bei der Risikoeinwilligung ist dagegen umstritten, ob diese rechtfertigend oder nur anspruchsausschließend wirkt, siehe dazu *Storch, A.*, VersR 1989, 1131, 1132; *Deutsch, E.*, VersR 1974, 1045, 1047. Zutreffend ist jedoch, dass die Risikoeinwilligung ebenfalls rechtfertigend wirkt. Wer in ein Risiko einwilligt, nimmt der Realisation dieses Risikos die Rechtswidrigkeit. Genauer gesagt, ist die die Risikoeinwilligung letztlich eine normale Einwilligung. Der Unterschied liegt nur darin, dass sich die Risikoeinwilligung nur auf die Verletzungshandlung bezieht. Der Verletzungserfolg ist dagegen nicht gewollt, sondern wird nur billigend in Kauf genommen. Im Übrigen wäre es auch nicht sachgerecht, dem Einwilligenden bzw. Dritten bei bestehender Risikoeinwilligung Notwehr- oder Notstandsrechte gemäß § 227 BGB bzw. § 228 BGB zuzugestehen.

950 Dagegen bleibt für ein Mitverschulden kein Raum, wenn die Parteien die Rechtslage durch einen Haftungsausschluss bzw. Haftungsverzicht einvernehmlich geregelt haben.

951 Siehe dazu auch *Götz, A.*, Die deliktische Haftung für Sportverletzungen im Wettkampfsport, 2009, S. 136–148.

952 Siehe zur oben genannten Ausnahme des Eingangsrituals in Kampfsportarten als Grundlage für die konkludente Erklärung einer Einwilligung: *Die Einwilligung in vorsätzliche Rechtsgutverletzungen im Rahmen der Sportausübung S. 215 f.* und unten *Fn. 957.*

953 Ebenfalls ablehnend gegenüber einer Risikoeinwilligung *Füllgraf, L.*, VersR 1983, 705, 708; *Burger, K.*, SpuRt 2007, 192, 193; *Zimmermann*, VersR 1980, 497; *Fleischer, H.*, VersR 1999, 785, 786; *Kohte, W.*, AcP 185 (1985), 105, 123; *Looschelders, D.*, JR 2000, 265, 268; befürwortend *Grunsky, W.*, SpuRt 1994, 96; *ders.* Haftungsrechtliche Probleme der Sportregeln, 1979, S. 24 ff.

954 *Looschelders, D.*, JR 2000, 265, 268.

Andererseits bleibt durchaus Raum für die Einwilligung in die Rechtsgutverletzung beziehungsweise in das Risiko der Rechtsgutverletzung.[955] Gerade bei den reinen Kampfsportarten, bei denen sich zwei Sportler gegenüberstehen, um einen Kampf nach den Regeln der Sportart auszutragen und sich somit Körperverletzungen zu traktieren, wird regelmäßig eine Einwilligung gegeben sein.[956] In diesen Fällen kann auch zumeist an ein Eingangsritual als konkludente Erklärung der Einwilligung angeknüpft werden, sodass die Annahme einer Einwilligung nicht fingiert erscheint.[957] In diesem Fällen erscheint es sogar widersprüchlich, eine Einwilligung abzulehnen. Wer an einem Kickboxkampf teilnimmt, willigt ein, vom Gegner mit den im Kickboxen zulässigen Kampftechniken traktiert zu werden. Die Einwilligung muss sich zwar auf Handlung und Erfolg der Verletzungshandlung beziehen, es genügt aber, wenn der Erfolg nur in Kauf genommen wird, dieser muss nicht primär gewollt sein. Es wird sogar häufig der Fall sein, dass nur die Handlung in Kauf genommen wird, insgeheim aber eine Hoffnung besteht, der Erfolg werde nicht eintreten. Insoweit kann dann von einer Risikoeinwilligung gesprochen werden: Es ist nur die Handlung beziehungsweise das Risiko wirklich gewollt, nicht dagegen der Erfolg. Im Kampfsport ist den Kämpfern zwar bewusst, dass praktisch kein Kampf ohne Verletzungen ausgeht, dennoch hoffen sie, ohne Verletzung davon zu kommen. Diese Hoffnung steht aber der Wirksamkeit der Einwilligung nicht entgegen.[958]

Die Unterscheidung zwischen bewusster Fahrlässigkeit und bedingtem Vorsatz kann auch für die Einwilligung fruchtbar gemacht werden.[959] *Wie gerade gezeigt, muss auch bei der*

---

955 Dies übersieht *Götz, A.*, Die deliktische Haftung für Sportverletzungen im Wettkampfsport, 2009, S. 136–148.

956 Genauso *Friedrich, P.*, NJW 1966, 755, 755 f.; *Schenke, W.*, Die Einwilligung des Verletzten im Zivilrecht, unter besonderer Berücksichtigung ihrer Bedeutung bei Persönlichkeitsverletzungen, 1965, S. 57 und 149 f.; *Bohlen, H.*, Haftungsausschluß durch bewußte Selbstgefährdung, 1995, S. 120; *Krähe, C.*, Die zivilrechtlichen Schadenersatzansprüche von Amateur- und Berufssportlern für Verletzungen beim Fußballspiel: aktuelle Fragen des Sportrechts als Anwendungsfälle moderner Grundsätze des Haftungsrechts, 1981, S. 100 f. Anderer Ansicht dagegen: *Teichmann, A.*, JA 1979, 293–297 und 347–351, 349. Offen gelassen *Ohly, A.*, „Volenti non fit iniuria" Die Einwilligung im Privatrecht, 2002, S. 259.

957 Bei vielen Kampfsportarten besteht ein Eingangsritual, wie ein Verbeugen voreinander oder die Berührung mit den Fäusten. Siehe auch oben: *Die Einwilligung in vorsätzliche Rechtsgutverletzungen im Rahmen der Sportausübung S. 215 f.*

958 *Schenke, W.*, Die Einwilligung des Verletzten im Zivilrecht, unter besonderer Berücksichtigung ihrer Bedeutung bei Persönlichkeitsverletzungen, 1965, S. 53–62; *Grunsky, W.*, SpuRt 1994, 96; *ders.* Haftungsrechtliche Probleme der Sportregeln, 1979, S. 24 ff. Genauso wohl auch *Füllgraf, L.*, VersR 1983, 705, 708. Zweifelnd dagegen *Deutsch, E.*, VersR 1974, 1045, 1047, der die Deckung des Boxers als Indiz gegen eine Einwilligung anführt.

959 *BGH*, Urteil v. 14.3.1961 (Az. VI ZR 189/59), NJW 1961, 655, 656 f. und *Schenke, W.*, Die Einwilligung des Verletzten im Zivilrecht, unter besonderer Berücksichtigung ihrer Bedeutung bei Persönlichkeitsverletzungen, 1965, S. 57.

Einwilligung der Erfolg nicht gewollt sein, sondern es genügt, wenn der Einwilligende die Möglichkeit des Eintritts erkennt und dann die Einwilligung aber trotzdem erteilt. Man kann damit sagen, dass der Einwilligende den Erfolg zumindest billigend in Kauf nehmen muss. Allerdings ist dies ausgehend von einem objektiven Empfangshorizont zu beurteilen. Wenn der Einwilligende tatsächlich den Erfolg doch nicht billigend in Kauf nimmt, sondern diesen überhaupt nicht will, geht dies zu seinen Lasten, wenn er den äußeren Anschein erweckt, er nehme den Erfolg billigend in Kauf. Dies folgt aus der Nähe der Einwilligung zur Willenserklärung und damit letztlich aus dem Erfordernis des Verkehrsschutzes.

Für den reinen Kampfsport ergibt sich daher eine Abstufung, die von der Stärke der gesellschaftlichen Akzeptanz abhängt: Hält man die Kampfsportart für gesellschaftlich akzeptiert, sind die Verkehrspflichten entsprechend dem Reglement festzulegen, sodass regelgerechtes Verhalten schon nicht den Tatbestand erfüllt. Möchte man soweit nicht gehen, so wird regelkonformes[960] Verhalten zumindest von einer Einwilligung in die Kampfsporttechniken des Gegners erfasst sein. Hier sind jedoch als Grenze die guten Sitten zu beachten[961], sodass in gewisse Kampfsportarten beziehungsweise andere „Spiele" nicht eingewilligt werden kann.[962] Die Grenze, wann eine Einwilligung wegen Verstoßes gegen die guten Sitten nichtig ist, ist aber

960 Ob auch regelwidriges Verhalten erfasst ist, ist ein Auslegungsproblem der Einwilligung, dem an dieser Stelle nicht weiter nachgegangen werden kann.

961 Genauer gesagt ergeben sich die Grenzen aus §§ 134, 138 BGB und § 228 StGB, vgl.: *BGH,* Urteil v. 14.3.1961 (Az. VI ZR 189/59), NJW 1961, 655, 657. Zur Grenze siehe zum Beispiel *BGH,* Urteil v. 22.1.1953 (Az. 4 StR 373/52), 912–913 und zuletzt *BGH,* Beschluss v. 20.2.2013 (Az. 1 StR 585/12), zitiert nach Juris. Genauso *Friedrich, P.,* NJW 1966, 755, 755 f.

962 Der Grenzziehung kann an dieser Stelle nicht weiter nachgegangen werden. Insbesondere spielt auch die Frage eine Rolle, ob auch in lebensgefährliche Verhaltensweisen eingewilligt werden kann.
Allgemein zur Grenzziehung siehe *Schenke, W.,* Die Einwilligung des Verletzten im Zivilrecht, unter besonderer Berücksichtigung ihrer Bedeutung bei Persönlichkeitsverletzungen, 1965, S. 70 ff.; *Niedermair, H.,* Körperverletzung mit Einwilligung und die Guten Sitten, 1999, S. 136–143. Der Frage, ob aus dem Rechtsgedanken des § 817 S. 2 BGB jedoch für einen beiderseitigen Sittenverstoß der Sportler folgt, dass der Schadensersatzanspruch gemäß § 254 I BGB ausgeschlossen sein muss, so *Schenke, W.,* Die Einwilligung des Verletzten im Zivilrecht, unter besonderer Berücksichtigung ihrer Bedeutung bei Persönlichkeitsverletzungen, 1965, S. 83, kann an dieser Stelle nicht weiter nachgegangen werden. Es erscheint jedoch aus präventiven Gesichtspunkten genauso bedenklich, den sittenwidrigen Schädiger zu entlasten, wie den sittenwidrig Einwilligenden einen Schadensersatzanspruch zuzugestehen.
Zuletzt siehe insbesondere das Urteil des BGH zur sogenannten „dritten Halbzeit" (Schlägereien zwischen rivalisierenden Fußballhooligans), das eine Einwilligung in derartige Verhaltensweisen für in der Regel sittenwidrig erklärt: *BGH,* Beschluss v. 20.2.2013 (Az. 1 StR 585/12), zitiert nach Juris. Kritisch gegenüber der Argumentation des BGH *Reinhart, M.,* SpuRt 2014, 56–58.

deutlich später erreicht als die Grenze, die bestimmt, ob eine Handlung im Rahmen der Sportausübung ein erlaubtes Risiko darstellt oder eine gemäß § 823 I BGB tatbestandliche Rechtsgutverletzung.

02) Mitverschulden

Im Übrigen kann die Teilnahme an gefährlichen und gesellschaftlich missbilligten Verhaltensweisen als anspruchsminderndes Mitverschulden gemäß § 254 I BGB aufgrund Handelns auf eigene Gefahr gewertet werden. Hier gelten die allgemeinen Grundsätze, insbesondere ist auch nur eine Kürzung des Anspruchs möglich. Die Höhe der Anspruchskürzung bemisst sich nach Gegebenheiten des Einzelfalls und kann an dieser Stelle nicht weiter vertieft werden.

XI. Vergleich zur Rechtsprechung zu Unfällen im Sport

Im Folgenden soll der hier vorgeschlagene Lösungsansatz mit dem von der Rechtsprechung für Sportrechtsfälle vorgeschlagenen Haftungsregime verglichen werden.

1. BGH Rechtsprechung

a) Aktueller Stand

Der BGH hat in mehreren Fällen zu Haftungsfragen beim Unfall zwischen Sportlern Stellung genommen.[963] Dabei ging es um Skiunfälle[964], Eislaufen[965], Fußballverletzungen[966], Verletzungen bei einem Basketballspiel[967] und Verletzungen während verschiedener Motorsportarten[968]. Grundsätzlich verneinte der BGH in allen Fällen eine Haftung für Verletzungen in Folge regelkonformen Sportverhaltens. Dies gilt auch für schwere Verletzungen.[969] Selbst bei Regelverstößen ist unter gewissen weiteren Voraussetzungen, insbesondere wenn der Regelverstoß nur geringfügig war und auf der Hektik und Eigenart des Spiels beruhte, eine Haftungsfreistellung denkbar.[970]

---

963 Einen Überblick bietet auch *Scheffen, E.*, NJW 1990, 2658–2665.

964 *BGH,* Urteil v. 11.1.1972 (Az. VI ZR 187/70), NJW 1972, 627–629.

965 *BGH,* Urteil v. 13.7.1982 (Az. VI ZR 148/80), NJW 1982, 2555–2556.

966 *BGH,* Urteil v. 27.10.2009 (Az. VI ZR 296/08), NJW 2010, 537–539; *BGH,* Urteil v. 10.2.1976 (Az. VI ZR 32/74), NJW 1976, 957–958; *BGH,* Urteil v. 5.11.1974 (Az. VI ZR 100/73), NJW 1975, 109–112; *BGH,* Urteil v. 5.3.1957 (Az. VI ZR 199/56), VersR 1957, 290–291.

967 *BGH,* Urteil v. 16.3.1976 (Az. VI ZR 199/74), zitiert nach Juris.

968 *BGH,* Urteil v. 17.2.2009 (Az. VI ZR 86/08), NJW-RR 2009, 812–813; *BGH,* Urteil v. 29.1.2008 (Az. VI ZR 98/07), NJW 2008, 1591–1593; *BGH,* Urteil v. 1.4.2003 (Az. VI ZR 321/02), NZV, 321–323; *BGH,* Urteil v. 5.3.1963 (Az. VI ZR 123/62), zitiert nach Juris.

969 *BGH,* Urteil v. 5.11.1974 (Az. VI ZR 100/73), NJW 1975, 109, 110 f.

970 *BGH,* Urteil v. 16.3.1976 (Az. VI ZR 199/74), zitiert nach Juris, Rn. 15; *BGH,* Urteil v. 10.2.1976 (Az. VI ZR 32/74), NJW 1976, 957, 958.

Allerdings legt sich der BGH bezüglich der dogmatischen Begründung seines Ergebnisses möglichst wenig fest. In der Leitentscheidung vom 5.11.1974 spricht der BGH davon, dass die Spieler Verletzungen in Folge regelkonformen Spiels „in Kauf“[971] nehmen würden. Der geschädigte Sportler handele daher treuwidrig, wenn er einen anderen Sportler für Schäden in Folge regelkonformen Verhaltens in Anspruch nehmen würde. Letztlich hänge es vom Zufall ab, wer Geschädigter und wer Schädiger sei, und daher sei das Risiko der Verletzung reziprok. Somit sei es nach dem auf § 242 BGB fußenden Grundsatz des venire contra factum proprium ausgeschlossen, den Schädiger in Anspruch zu nehmen.[972] Dagegen wird insbesondere in Anlehnung an die Leitentscheidung des BGH zu den Mitfahrerfällen[973] eine Einwilligung als bloße Fiktion abgelehnt.[974] Auch eine Lösung über ein Mitverschulden gemäß § 254 BGB wird verworfen, da die Haftungsfreistellung vollständig erfolgen müsse und § 254 BGB dagegen auch eine Quotelung zulasse.[975] Die Frage, ob dies auch für Verhalten gilt, das die Spielregeln überschreitet, konnte der BGH in diesem Urteil noch offen lassen.[976] Diese Grundsätze gelten allerdings nur für Sportarten mit kämpferischen Charakter, denen typischerweise die Gefahr einer Rechtsgutverletzung aufgrund des Zweikampfes innewohnt. Für Sportarten nebeneinander dagegen besteht keine solche Haftungsmilderung.[977]

Keine zwei Jahre nach der Leitentscheidung hatte der BGH wieder über eine Verletzung im Rahmen eines Fußballspiels zu entscheiden.[978] In diesem Fall beruhte die Verletzung allerdings auf einem regelwidrigen Verhalten des Schädigers.[979] Trotzdem wurde eine Haftung des Schädigers abgelehnt, da der Regelverstoß nur geringfügig war und die Hektik und die Eigenart des Fußballspiels als Kampfspiel zu berücksichtigen seien.[980] Die rechtliche Begründung des Urteils überrascht allerdings. Anstatt wieder auf den Gesichtspunkt der Treuwidrigkeit der Geltendmachung des Schadensersatzes abzustellen, lehnt der BGH den Schadensersatz

---

971 *BGH,* Urteil v. 5.11.1974 (Az. VI ZR 100/73), NJW 1975, 109, 109 Leitsatz sowie 109 a.E.

972 *BGH,* Urteil v. 5.11.1974 (Az. VI ZR 100/73), NJW 1975, 109, 110.

973 *BGH,* Urteil v. 14.3.1961 (Az. VI ZR 189/59), NJW 1961, 655–658.

974 *BGH,* Urteil v. 5.11.1974 (Az. VI ZR 100/73), NJW 1975, 109, 110.

975 *BGH,* Urteil v. 5.11.1974 (Az. VI ZR 100/73), NJW 1975, 109, 110.

976 *BGH,* Urteil v. 5.11.1974 (Az. VI ZR 100/73), NJW 1975, 109, 111.

977 *BGH,* Urteil v. 5.11.1974 (Az. VI ZR 100/73), NJW 1975, 109, 110. Abgelehnt wurde eine Haftungsmilderung für eine Zuverlässigkeitsfahrt (bei der Fahrt galt es unter Einhaltung der StVO eine Durchschnittsgeschwindigkeit von 50 km/h einzuhalten) mit Kfz *BGH,* Urteil v. 5.3.1963 (Az. VI ZR 123/62), zitiert nach Juris, Rn. 7 und 9, für Skifahren *BGH,* Urteil v. 11.1.1972 (Az. VI ZR 187/70), NJW 1972, 627–629 und Eislaufen *BGH,* Urteil v. 13.7.1982 (Az. VI ZR 148/80), NJW 1982, 2555–2556.

978 *BGH,* Urteil v. 10.2.1976 (Az. VI ZR 32/74), NJW 1976, 957–958.

979 *BGH,* Urteil v. 10.2.1976 (Az. VI ZR 32/74), NJW 1976, 957.

980 *BGH,* Urteil v. 10.2.1976 (Az. VI ZR 32/74), NJW 1976, 957, 958.

mangels Verschuldens ab und setzt damit seine bereits im Urteil vom 5.3.1957[981] angeklungene Argumentation fort.[982] Das Verhalten des Schädigers sei nicht fahrlässig gewesen, da ein vorsichtigeres Verhalten konkret nicht zumutbar war, insbesondere die Regelübertretung nur geringfügig und der Hektik des Spiels geschuldet war.[983] Eine Ursache für die abweichende Begründung dürfte sein, dass das angegriffene Berufungsurteil (das vor der Leitentscheidung des BGH veröffentlicht wurde) diese Begründung gewählt hat.[984] Zuletzt lässt der BGH dann auch ausdrücklich offen, ob die im Urteil vom 5.11.1974[985] gewählte Begründung auch für Regelverstöße angewandt werden kann.[986] Die Entscheidung wird dennoch als Anschluss an die bisherige Rechtsprechung bezeichnet.[987]

Die Urteile wurden durch die Entscheidung vom 16.3.1976 weiterentwickelt, nach der auch der eigentlich kontaktfreie Basketballsport als Sport mit kämpferischen Elementen beurteilt wurde, sodass auch im Basketball eine Haftungsmilderung gilt.[988] Begründet wurde die Ablehnung von Schadensersatz wieder mit mangelndem Verschulden. Die dazu vorgetragenen Argumente entsprechen im Wesentlichen denen vom Urteil vom 10.2.1976[989]: Es müsse der Fahrlässigkeitsmaßstab eines besonnenen und gewissenhaften Spielers herangezogen werden, der gerade nicht immer ein regelkonformes Verhalten verlangt.[990]

Mit Urteil vom 1.4.2003[991] wurde die Unterscheidung zwischen Sportarten gegeneinander und Parallelsportarten vollständig aufgegeben und die Haftungsmilderung davon abhängig gemacht, ob es sich bei der Sportart um eine besonders gefährliche Sportart handelt.[992] Dem Urteil lag ein Unfall während eines Autorennens zugrunde. Autorennen seien generell besonders gefährlich.[993] Der BGH stellt dar, dass für die Begründung des Haftungsausschlusses dogmatisch verschiedene Ansatzpunkte in Betracht kommen, entscheidet sich dann aber letztlich wieder für den ursprünglich von ihm vertretenen Ansatz, dass die Inanspruchnahme des Schädigers treuwidrig sei.[994]

---

981 *BGH,* Urteil v. 5.3.1957 (Az. VI ZR 199/56), VersR 1957, 290–291.

982 Die Begründung blieb etwas unklar. Eine eigene abschließende Stellungnahme zum Verschulden bei Sportunfällen ließ der BGH damals noch vermissen, vgl.: *BGH,* Urteil v. 5.3.1957 (Az. VI ZR 199/56), VersR 1957, 290, 291.

983 *BGH,* Urteil v. 10.2.1976 (Az. VI ZR 32/74), NJW 1976, 957, 958.

984 Nachweise dazu bei *BGH,* Urteil v. 10.2.1976 (Az. VI ZR 32/74), NJW 1976, 957–958.

985 *BGH,* Urteil v. 5.11.1974 (Az. VI ZR 100/73), NJW 1975, 109–112.

986 *BGH,* Urteil v. 10.2.1976 (Az. VI ZR 32/74), NJW 1976, 957, 958 letzter Absatz.

987 *BGH,* Urteil v. 10.2.1976 (Az. VI ZR 32/74), NJW 1976, 957, Leitsatz.

988 *BGH,* Urteil v. 16.3.1976 (Az. VI ZR 199/74), zitiert nach Juris, Rn. 14.

989 *BGH,* Urteil v. 10.2.1976 (Az. VI ZR 32/74), NJW 1976, 957–958.

990 *BGH,* Urteil v. 16.3.1976 (Az. VI ZR 199/74), zitiert nach Juris, Rn. 15.

991 *BGH,* Urteil v. 1.4.2003 (Az. VI ZR 321/02), NZV, 321–323; mit Anmerkungen von *Emmerich, V.,* JuS 2003, 1026–1027 und *Schiemann, G.,* LMK 2003, 141–143.

992 *BGH,* Urteil v. 1.4.2003 (Az. VI ZR 321/02), NZV, 321, Leitsatz 1 sowie 323.

993 *BGH,* Urteil v. 1.4.2003 (Az. VI ZR 321/02), NZV, 321, 321 und 323.

994 *BGH,* Urteil v. 1.4.2003 (Az. VI ZR 321/02), NZV, 321, 323.

Besonders interessant ist die weitere Ausgestaltung des Urteils vom 1.4.2003[995] durch das Urteil vom 29.1.2008[996]. In Letzterem geht es ebenfalls um die Haftung bei einem Unfall mit Kfz bei einer Motorsportveranstaltung. Diesmal handelt es sich allerdings nicht um ein Rennen im Sinne von § 29 I StVO, sodass nun der Schaden von der Leistungspflicht der gesetzlichen Kfz Haftpflichtversicherung umfasst ist.[997] Aus diesem Grund bejaht der BGH nun den Schadensersatzanspruch und führt aus, dass bei bestehendem Versicherungsschutz die Inanspruchnahme des anderen Sportlers nicht treuwidrig sei, da kein Selbstwiderspruch vorliege.[998] Allerdings formulierte der BGH den Leitsatz sehr offen, „soweit Versicherungsschutz besteht“[999], und spricht auch in der Urteilsbegründung nur davon, dass die Inanspruchnahme des Konkurrenten „insbesondere [dann nicht treuwidrig ist, wenn] eine Pflichtversicherung besteht“.[1000] Daher war in der Folgezeit unklar, ob nur Fälle gemeint sind, die einer Pflichtversicherung unterfallen, oder ob jeglicher Versicherungsschutz, insbesondere also auch eine private Haftpflichtversicherung, ausreicht, um eine Haftung zu bejahen.[1001] In diesem Fall hinge es vom Zufall ab, ob nach einer Sportverletzung Schadensersatz geleistet werden muss. Ist der Schädiger haftpflichtversichert, müsste er haften, besteht dagegen keine Versicherung, wäre er von der Haftung freigestellt.[1002]

Diese Rechtsunsicherheit hat der BGH mit Urteil vom 27.10.2009 zumindest teilweise beseitigt.[1003] Es ging um den Schadensersatzanspruch eines während eines Fußballspiels Verletzten, der allerdings nicht nachweisen konnte, dass der Schädiger gegen die Sportregeln verstoßen hat.[1004] Dazu führt der BGH aus, dass der gesetzlichen Kfz-Haftpflichtversicherung anspruchserhaltende Funktion beigemessen werden könne[1005], der privaten Haftpflichtversicherung komme dagegen grundsätzlich keine anspruchserhaltende Wirkung zu[1006]. Darüber hinaus hat der BGH die Ablehnung der Haftung wieder damit begründet, dass im Sport ein sportspezifischer Fahrlässigkeitsmaßstab angelegt werden müsse.[1007]

995 *BGH,* Urteil v. 1.4.2003 (Az. VI ZR 321/02), NZV, 321–323.
996 *BGH,* Urteil v. 29.1.2008 (Az. VI ZR 98/07), NJW 2008, 1591–1593.
997 *BGH,* Urteil v. 29.1.2008 (Az. VI ZR 98/07), NJW 2008, 1591, 1592.
998 *BGH,* Urteil v. 29.1.2008 (Az. VI ZR 98/07), NJW 2008, 1591, 1592.
999 *BGH,* Urteil v. 29.1.2008 (Az. VI ZR 98/07), NJW 2008, 1591, Leitsatz.
1000 *BGH,* Urteil v. 29.1.2008 (Az. VI ZR 98/07), NJW 2008, 1591, 1592 vorletzter Absatz.
1001 Siehe dazu die Anmerkungen von *Möllers, T./Möhring, A.,* LMK 2008, 109–110; *Faust, F.,* JuS 2008, 838–840; *Schimikowski, P.,* r+s 2008, 189–190; *Heermann, P.W.,* JZ 2008, 999–1004.
1002 Darauf weist insbesondere *Heermann, P.W.,* JZ 2008, 999, 1003 f. hin.
1003 *BGH,* Urteil v. 27.10.2009 (Az. VI ZR 296/08), NJW 2010, 537–539.
1004 *BGH,* Urteil v. 27.10.2009 (Az. VI ZR 296/08), NJW 2010, 537, 538 f. Rn. 12.
1005 *BGH,* Urteil v. 27.10.2009 (Az. VI ZR 296/08), NJW 2010, 537, 538 Rn. 8.
1006 *BGH,* Urteil v. 27.10.2009 (Az. VI ZR 296/08), NJW 2010, 537, 539 Rn. 14.
1007 *BGH,* Urteil v. 27.10.2009 (Az. VI ZR 296/08), NJW 2010, 537, 538 Rn. 10.

Eine noch weitergehende Einschränkung des Verschuldens bei Sportunfällen hat der BGH im Urteil vom 17.2.2009[1008] vertreten. Allerdings wird nicht begründet, warum nicht nur ein sportspezifischer Sorgfaltsmaßstab angelegt werden soll, sondern deutlich darüber hinausgehend sogar der Nachweis grober Fahrlässigkeit zur Haftungsbegründung notwendig sein soll.[1009]

b) Bewertung der Rechtsprechung

Die Rechtsprechung des BGH geht grundsätzlich von einer verminderten Haftung der Sportler aus, allerdings ist die Begründung uneinheitlich. Für regelkonformes Verhalten wird die Haftungsfreistellung mit § 242 BGB begründet.[1010] Damit wird ein sehr flexibler Weg eingeschlagen, nachdem insbesondere auch das Bestehen von Versicherungsschutz auf Seiten des Schädigers berücksichtigbar ist.

Andererseits wird für leichte Regelverstöße auf eine sportspezifische Auslegung des Verschuldens, insbesondere der Fahrlässigkeit zurückgegriffen.[1011] Ob auch für leichte Regelverstöße eine Haftungsmilderung gemäß § 242 BGB gilt, lässt der BGH dagegen im Urteil vom 5.11.1974 und im Urteil vom 10.2.1976 ausdrücklich offen.[1012] Der BGH hält die unterschiedlichen Begründungsansätze für miteinander vereinbar.[1013]

Allerdings ist gerade die mangelnde Festlegung für Schäden infolge regelkonformen Verhaltens zu kritisieren. Für regelkonformes Verhalten vermeidet der BGH eine Festlegung, auf welcher Stufe des § 823 I BGB die Haftung scheitern solle, obwohl es einen erheblichen Unterschied macht, ob das regelkonforme Verhalten nicht tatbestandsmäßig, nicht rechtswidrig oder lediglich nicht schuldhaft sein soll. Stattdessen entscheidet er sich für einen Ausweg über § 242 BGB. Dies verwundert, da dem BGH zumindest eine Bewertung des schädigenden, aber sportregelkonformen Verhaltens als nicht rechtswidrig möglich gewesen wäre, ohne seine grundsätzlich erfolgsorientierte Bewertung des § 823 I BGB aufzugeben. Dafür hätten die Grundsätze des Rechtfertigungsgrundes des verkehrsgerechten Verhaltens im Straßenverkehr[1014] auf den Sport übertragen werden können.

1008 *BGH,* Urteil v. 17.2.2009 (Az. VI ZR 86/08), NJW-RR 2009, 812–813.

1009 *BGH,* Urteil v. 17.2.2009 (Az. VI ZR 86/08), NJW-RR 2009, 812, 812 Rn. 7.

1010 Diese Begründung liegt den Urteilen *BGH,* Urteil v. 29.1.2008 (Az. VI ZR 98/07), NJW 2008, 1591–1593; *BGH,* Urteil v. 1.4.2003 (Az. VI ZR 321/02), NZV, 321–323; *BGH,* Urteil v. 5.11.1974 (Az. VI ZR 100/73), NJW 1975, 109–112 zugrunde.

1011 Dies ist der Ansatz der Urteile *BGH,* Urteil v. 27.10.2009 (Az. VI ZR 296/08), NJW 2010, 537–539; *BGH,* Urteil v. 17.2.2009 (Az. VI ZR 86/08), NJW-RR 2009, 812–813; *BGH,* Urteil v. 16.3.1976 (Az. VI ZR 199/74), zitiert nach Juris; *BGH,* Urteil v. 10.2.1976 (Az. VI ZR 32/74), NJW 1976, 957–958.

1012 *BGH,* Urteil v. 10.2.1976 (Az. VI ZR 32/74), NJW 1976, 957, 958; *BGH,* Urteil v. 5.11.1974 (Az. VI ZR 100/73), NJW 1975, 109, 111.

1013 Siehe zuletzt *BGH,* Urteil v. 27.10.2009 (Az. VI ZR 296/08), NJW 2010, 537, 538 Rn. 10.

1014 *BGH,* Beschluss v. 4.3.1957 (Az. GSZ 1/56), NJW 1957, 785–787.

Bei nicht regelkonformen Verhalten prüft der BGH dagegen auf Verschuldensebene[1015], ob von dem Sportler im Einzelfall ein Einhalten der Regeln erwartet werden kann. Dabei sei ein eher milder Maßstab anzuwenden. Ob dabei die im Urteil vom 17.2.2009[1016] vorgenommene Beschränkung auf grobe Fahrlässigkeit und Vorsatz auf alle Sportunfälle mit nicht unerheblichem Gefahrenpotential übertragbar ist, ist nicht vollkommen klar.

Auch der Hierarchie der beiden Lösungen kann nicht zugestimmt werden. Es entspricht zwar ständiger BGH-Rechtsprechung, dass die auf § 242 BGB gestützte Abwehr eines Anspruchs wegen widersprüchlichen Verhaltens eine Einwendung darstellt und nicht etwa den bestehenden Anspruch als Einrede begrenzt.[1017] Andererseits impliziert das Abstellen auf eine Einwendung, dass die sonstigen Voraussetzungen des § 823 I BGB erfüllt sind. Das näher an der Haftung liegende regelwidrige Verhalten dagegen durchläuft zwar die Ebenen Tatbestand und Rechtswidrigkeit, wird dann aber unter Umständen auf Ebene des Verschuldens ausgeschieden. Wenn aber schon bei regelwidrigen Verhalten nicht stets ein Verschulden gegeben ist, kann gerade beim regelkonformen Verhalten nichts immer ein Verschulden angenommen werden.

Dagegen bringt das Abstellen auf § 242 BGB statt auf § 254 BGB materiell keine neuen Rechtfertigungsgründe für den Haftungsausschluss.[1018] Allein mit dem Hinweis, dass nach § 254 BGB die Haftung nicht notwendig vollkommen ausgeschlossen ist, sondern auch eine Haftungsquotelung möglich wäre, ist kein Argument gegen die Anwendung des § 254 BGB verbunden. Erreicht das Maß an Selbstgefährdung nicht die Stufe eines zum vollkommenen Anspruchsausschluss führenden Mitverschuldens, vermag auch das Abstellen auf § 242 BGB diesen Haftungsausschluss nicht zu begründen, da mit dem Abstellen auf § 242 BGB statt auf § 254 BGB keine materiell anderen Argumente eingeführt werden. Der angeblich den Haftungsausschluss zu 100 Prozent begründende Aspekt des Selbstwiderspruchs ist auch in § 254 BGB enthalten. Begründet also der Selbstwiderspruch in § 254 BGB den Haftungsausschluss nicht zu 100 Prozent sondern nur zu einem Teil, vermag das zusätzliche Abstellen auf § 242 BGB die bestehende Begründungslücke auch nicht zu schließen.

Zu den versicherungsrechtlichen Fragen bleibt die Rechtsprechung etwas nebulös. Insbesondere wird nicht klar zwischen Pflichtversicherungen und freiwilligen Versicherungen sowie zwischen den verschiedenen Haftungsgrundlagen Delikt oder

---

1015 Zu einer Anwendung von § 242 BGB auch in diesem Fall konnte sich der BGH dagegen nicht durchringen.

1016 *BGH,* Urteil v. 17.2.2009 (Az. VI ZR 86/08), NJW-RR 2009, 812–813.

1017 Staudinger/*Looschelders, D.*, Stand 2009, § 242 BGB Rn. 322; Palandt[73]/*Grüneberg, C.*, § 242 BGB Rn. 41; unklar MüKo BGB[6]/*Roth, G./Schubert, C.*, § 242 BGB Rn. 218; auch *Füllgraf, L.*, VersR 1983, 705, 709 vermutet hinter der Haftungsbegrenzung gemäß § 242 BGB eine Einwendung.

1018 Ebenfalls zweifelnd, ob mit § 242 BGB wirklich neue Argumente verbunden sind: *Füllgraf, L.*, VersR 1983, 705, 710.

Gefährdungshaftung nach StVG unterschieden. Für die vorliegende Untersuchung genügt allerdings die Feststellung des BGH, dass die private Haftpflichtversicherung im Rahmen des § 823 I BGB nicht anspruchserhaltend wirkt.[1019] Es besteht kein Anlass, an dieser grundsätzlichen Trennung von Haftung und Versicherung zu rütteln. Ob dies für den Fall von Pflichtversicherungen bei Kfz Unfällen und der dort gegebenen Gefährdungshaftung anders zu beurteilen ist, braucht an dieser Stelle nicht entschieden werden.

2. OLG Rechtsprechung

a) Überblick

Betrachtet man die OLG Rechtsprechung seit 1977, so kann man erkennen, dass diese nahezu vollständig der Argumentation des BGH folgt. Allerdings ist die Bandbreite der Sportarten, in denen sich die Unfälle ereignet haben, etwas breiter gefächert, am häufigsten wurde dennoch über Fußballverletzungen entschieden.[1020]

Mehrere Urteile verdienen eine hervorgehobene Erwähnung. So hatten das *OLG Hamm*[1021] und das *OLG Karlsruhe*[1022] über vorsätzliche Rechtgutverletzungen zu entscheiden. In beiden Fällen ging es um vorsätzliches Foulspiel beim Fußball, bei

1019 *BGH,* Urteil v. 27.10.2009 (Az. VI ZR 296/08), NJW 2010, 537, 539 Rn. 14.

1020 *OLG Sachsen-Anhalt,* Urteil v. 15.2.2013 (Az. 10 U 33/12), zitiert nach Juris; *OLG Brandenburg,* Urteil v. 17.03.2011 (Az. 12 U 82/09), zitiert nach Juris; *OLG Koblenz,* Urteil v. 14.3.2011 (Az. 12 U 1529/09), zitiert nach Juris; *OLG Celle,* Urteil v. 16.10.2008 (Az. 5 U 66/08), VersR 2009, 1236–1237; *OLG Stuttgart,* Beschluss v. 21.7.2008 (Az. 5 U 44/08), NZV 2009, 233–235; *OLG Hamm,* Beschluss v. 4.7.2005 (Az. 34 U 81/05), zitiert nach Juris; *OLG Düsseldorf,* Urteil v. 11.2.2005 (Az. 15 U 78/04), zitiert nach Juris; *OLG Köln,* Urteil v. 23.1.2002 (Az. 17 U 29/01), zitiert nach Juris; *OLG Hamburg,* Urteil v. 18.12.2000 (Az. 8 U 116/00), zitiert nach Juris; *OLG Stuttgart,* Urteil v. 11.7.2000 (Az. 10 U 59/2000, 10 U 59/00), zitiert nach Juris; *OLG Stuttgart,* Urteil v. 9.3.2000 (Az. 7 U 166/99), zitiert nach Juris; *OLG Hamm, Urteil v. 23.3.1998 (Az. 13 U 187/97), zitiert nach Juris* mit Anmerkungen *Fritzweiler, J.,* SpuRt 1998, 157–158; *OLG Hamm, Urteil v. 9.1.1997 (Az. 27 U 155/96), zitiert nach Juris; OLG Düsseldorf, Urteil v. 29.11.1996 (Az. 22 U 114/96), NJW-RR 1997, 408–409; OLG München, Urteil v. 17.3.1993 (Az. 3 U 4395/92), zitiert nach Juris, mit ablehnenden Anmerkungen Fritzweiler, J., SpuRt 1994, 100–102; OLG Frankfurt, Urteil v. 19.12.1991 (Az. 1 U 127/90), zitiert nach Juris; OLG Düsseldorf, Urteil v. 14.11.1991 (Az. 10 U 80/91), zitiert nach Juris; OLG Saarbrücken, Urteil v. 10.7.1990 (Az. 2 U 79/88), VersR 1992, 248; OLG Hamm, Urteil v. 31.1.1990 (Az. 13 U 28/89), zitiert nach Juris; OLG Frankfurt, Urteil v. 22.3.1990 (Az. 15 U 195/88), zitiert nach Juris; OLG Nürnberg, Urteil v. 15.2.1989 (Az. 9 U 3396/88), zitiert nach Juris; OLG München, Urteil v. 13.12.1984 (Az. 24 U 165/84), zitiert nach Juris; OLG Hamm, Urteil v. 22.5.1984 (Az. 9 U 275/83), VersR 1985, 296; OLG Celle, Urteil v. 2.4.1980 (Az. 3 U 186/79), VersR 1980, 874; OLG Karlsruhe, Urteil v. 1.12.1977 (Az. 4 U 146/76), NJW 1978, 705–706.*

1021 *OLG Hamm,* Urteil v. 24.04.1985 (Az. 13 U 2/84), VersR 1985, 1072.

1022 *OLG Karlsruhe,* Urteil v. 27.9.2012 (Az. 9 U 162/11), NJW-RR 2013, 596–598.

dem auch ein Vorsatz hinsichtlich der Rechtsgutverletzung nachgewiesen werden konnte. Zutreffend haben beide Entscheidungen eine Haftung des Schädigers bejaht. Das OLG Hamm[1023] hatte zuletzt auch die Haftung eines Fußballspielers für ein „rücksichtloses" Foul angenommen.

Uneinigkeit besteht zwischen dem *OLG Hamm* und dem *Schifffahrtsobergericht Karlsruhe* bezüglich der Beurteilung von Segelregatten. Während das *OLG Hamm*[1024] diese als ungefährlich einstuft und daher keine Haftungsmilderung anwenden will, wendet das *Schifffahrtsobergericht Karlsruhe*[1025] die vom BGH vorgeschlagene Haftungsmilderung an. Etwas verwunderlich ist die Entscheidung des *OLG Koblenz*[1026], dass es sich bei einer Motorradrallye, bei der es zwar nicht um die Erzielung einer Höchstgeschwindigkeit geht, dafür aber eine Rennstrecke mit vielen Kurven mit einer Durchschnittsgeschwindigkeit von 107 Kilometer pro Stunde befahren werden soll, nicht um eine besonders gefährliche Sportveranstaltung handelt.

Das *OLG Hamm* hat in einem Urteil auch bei einem privat auf öffentlichen Straßen ausgetragenen Rennen mit Kraftfahrzeugen die für Sportunfälle geltenden Haftungsgrundsätze angewandt.[1027] Das Gericht selbst weist daraufhin, dass die Beteiligten zumindest gemäß § 49 II Nr. 5 StVO ordnungswidrig gehandelt haben[1028], behandelt den Unfall dann aber trotzdem als normalen Sportunfall. Dies erscheint zumindest fragwürdig, da in diesem Fall nicht von einem gesellschaftlich gebilligten Risiko ausgegangen werden kann, sondern es sich um eine gesellschaftlich missbilligte Unternehmung handelt.

b) Bewertung und Verhältnis zur BGH Rechtsprechung

Die OLG-Rechtsprechung folgt in ihrer Argumentation den oben genannten BGH-Urteilen. Insoweit ergeben sich keine neuen Erkenntnisse.

Interessant sind jedoch die unterschiedlichen Fallgestaltungen und die verschiedenen Sportarten. Dabei fällt es sehr schwer, abstrakt zu bestimmen, ob eine Sportart ein nicht unerhebliches Gefahrenpotential aufweist. Dies wäre nach der BGH-Rechtsprechung aber notwendig, um über eine Haftungsmilderung zu entscheiden.[1029] Weder der BGH noch die Oberlandesgerichte ziehen dafür statistische Untersuchungen heran, sondern beurteilen das Gefahrenpotential aus einer Art Gesamtschau heraus. Als Folge ist es dann möglich, dass Segelregatten einmal als gefährlich[1030]

1023 *OLG Hamm,* Urteil v. 22.10.2012 (Az. 6 U 241/11), zitiert nach Juris.

1024 *OLG Hamm,* Urteil v. 16.1.1990 (Az. 7 U 11/89 BiSchi), NJW-RR 1990, 925–926.

1025 *Schifffahrtobergericht Karlsruhe,* Urteil v. 19.3.2004 (Az. 23 U 6/03), zitiert nach Juris.

1026 *OLG Koblenz,* Urteil v. 28.3.1994 (Az. 12 U 845/93), NJW-RR 1994, 1369–1370.

1027 *OLG Hamm,* Urteil v. 12.5.1997 (Az. 13 U 198/96), NZV 1997, 515.

1028 *OLG Hamm,* Urteil v. 12.5.1997 (Az. 13 U 198/96), NZV 1997, 515.

1029 *BGH,* Urteil v. 1.4.2003 (Az. VI ZR 321/02), NZV, 321–323.

1030 *Schifffahrtobergericht Karlsruhe,* Urteil v. 19.3.2004 (Az. 23 U 6/03), zitiert nach Juris.

und einmal als nicht gefährlich[1031] beurteilt werden. Auch die Entscheidungen, Go-Kart Rennen durchwegs als gefährlich einzustufen[1032], eine Motorradrallye mit einer Durchschnittsgeschwindigkeit von 107 Kilometer pro Stunde dagegen nicht[1033], würden wohl jeweils auch eine andere Bewertung zulassen.

Dagegen bereitet es den Gerichten verhältnismäßig wenig Probleme, im Einzelfall zu analysieren, ob das Verhalten des Schädigers gegen die Sportregeln verstoßen hat. Auch die Beurteilung, ob aufgrund der Eigenart der Sportart und der Situation, in der sich die Regelübertretung ereignet hat, die Regelübertretung noch als fair zu bewerten ist oder die Grenze der Unfairness überschritten ist, fällt den Gerichten relativ leicht.

Insgesamt ist daher die Einteilung in gefährliche Sportarten und ungefährliche Sportarten aufzugeben. Eine Bewertung als gefährlich und ungefährlich ist in der Praxis so gut wie unmöglich. Das entscheidende Kriterium für die Haftung sind die durch den Richter zu kontrollierenden Sportregeln und ob in der jeweiligen Situation deren Einhaltung erwartet werden konnte. Die Sportregeln selbst steuern auch den Grad der Gefahr, der von den Sportlern und der Gesellschaft akzeptiert wird. So ist im Fußball ein Körperkontakt erlaubt, beim Skifahren dagegen nicht.

Daher ist es auch missverständlich, von der Anwendung einer Haftungsmilderung zu sprechen. Handelt es sich um einen Sportunfall, berücksichtigt die Haftung auch die Sportregeln, um der Besonderheit der Situation gerecht zu werden. Damit ist aber keineswegs schematisch eine Haftungsmilderung verbunden.[1034]

3. *Vergleich der Rechtsprechung mit dem hier vorgelegten Ansatz zur Lösung von Haftungsfragen im Sport*

Vergleicht man die Lösung der Rechtsprechung mit dem hier vorgelegten Ansatz, so ergeben sich sowohl Unterschiede als auch Gemeinsamkeiten.

Die große Gemeinsamkeit besteht zunächst darin, dass regelwidriges Verhalten nicht in jedem Fall auch schuldhaft sein muss.[1035] Die Rechtsprechung wendet genauso wie der hier entwickelte Vorschlag dabei einen sportspezifischen Fahrlässigkeitsmaßstab an. Im Rahmen der Prüfung, ob die im Verkehr erforderliche Sorgfalt beobachtet wurde, kann der Eigenart der Sportart sowie den Besonderheiten der jeweiligen Situation Rechnung getragen werden. Dabei ist es nicht zielführend, Regelverstöße pauschal, abhängig von dem Gefahrenpotential der Sportart, als

1031 *OLG Hamm*, Urteil v. 16.1.1990 (Az. 7 U 11/89 BiSchi), NJW-RR 1990, 925–926.

1032 *OLG Saarbrücken*, Urteil v. 10.7.1990 (Az. 2 U 79/88), VersR 1992, 248; *OLG Düsseldorf*, Urteil v. 29.11.1996 (Az. 22 U 114/96), NJW-RR 1997, 408–409.

1033 *OLG Koblenz*, Urteil v. 28.3.1994 (Az. 12 U 845/93), NJW-RR 1994, 1369–1370.

1034 Siehe dazu auch die obige Ablehnung der Unterscheidung zwischen Sportarten miteinander und Sportarten gegeneinander unter *Radsport als Kampfsport bzw. Sport mit besonderem Gefahrenpotential S. 173 ff.*

1035 Siehe oben: *Umgang mit Regelverstößen – Verschuldensebene S. 199 ff.* und *Maßstab der Verschuldens S. 209 ff.*

nicht schuldhaft oder schuldhaft zu bewerten. Darin läge eine pauschale Haftungserleichterung, die nach hier vertretener Meinung nicht zulässig wäre. Die Rechtsprechung spricht zwar von einer solchen abstrakten Haftungserleichterung, wendet sie aber selber tatsächlich nicht an. Die Feststellung, ob der Regelverstoß verschuldet war, wird immer im Einzelfall vorgenommen. Lediglich im Leitsatz findet sich dann zumeist ein Hinweis, ob es sich bei der Sportart um eine Sportart mit besonderem Gefahrenpotential handelt oder nicht.

Große Unterschiede bestehen allerdings in der Begründung zur Verneinung der Haftung bei regelkonformen Verhalten. Die Rechtsprechung begründet die Haftungsfreistellung mit dem in § 242 BGB fußenden Grundsatz des Verbots widersprüchlichen Verhaltens. Materiell liegt die Begründung darin, dass jeder Sportler sowohl Schädiger als auch Geschädigter sein könnte und dies letztlich nur vom Zufall abhänge. Daher sei eine Inanspruchnahme des Schädigers treuwidrig, denn der geschädigte Sportler würde sich, falls er Schädiger sei, ebenfalls gegen eine Inanspruchnahme wehren. Nach dem hier vorgeschlagenen Ansatz erfüllt sportregelkonformes Verhalten dagegen schon nicht den Tatbestand des § 823 I BGB.[1036] Aufgrund der sozialen Akzeptanz der Sportausübung und des freiwilligen Entschlusses der Sportler Sport auszuüben ist das dadurch entstehende Risiko gesellschaftlich akzeptiert. Dementsprechend verstößt das sportregelkonforme Verhalten nicht gegen die bei der Sportausübung zu beachtenden Verkehrspflichten, gegen die jedoch zur Tatbestandverwirklichung bei § 823 I BGB nach hier vertretener Konzeption verstoßen werden müsste.

XII. Beweisprobleme

Zuletzt soll noch ein Blick auf die Beweisprobleme im Rahmen eines Prozesses über die Haftung bei einem Sportunfall geworfen werden. Grundsätzlich muss jede Partei die Voraussetzungen für den Eintritt der für sie günstigen Rechtsfolgen im Prozess darlegen und im Falle des Bestreitens beweisen.[1037]

1. Beweislast bei der Haftung gemäß § 823 I BGB

Ausgehend von dem gerade genannten Grundsatz ergibt sich daher bezüglich des Anspruchs aus § 823 I BGB bei dem hier zugrunde gelegten verhaltensorientierten Aufbau folgende Beweislast: Der Geschädigte muss beweisen, dass der Schädiger ein geschütztes Recht durch eine verkehrspflichtwidrige Handlung verletzt hat.

1036 Siehe oben: *Tauglichkeit der Verkehrspflichten zur Festlegung des Haftungsmaßes bei Sportunfällen S. 186 ff.*

1037 Siehe zu diesem völlig unstreitigen Grundsatz beispielsweise: *Rosenberg, L./Schwab, K.H./Gottwald, P.*, Zivilprozessrecht, 17. Aufl. 2010, § 115 Rn. 7; mWN.: *Schilken, E.*, Zivilprozessrecht, 6. Aufl. 2010, Rn. 503; sehr ausführlich *Prütting, H.*, § 5 Die non-liquet-Situation und die Normentheorie, in: Baumgärtel, G.; Laumen, H.-W.; Prütting, H., Handbuch der Beweislast - Grundlagen, 2009.

Kann der Kläger diesen Nachweis führen, ist die Rechtswidrigkeit indiziert, sodass es diesbezüglich darauf ankommt, ob der Schädiger die Voraussetzungen für einen Rechtfertigungsgrund nachweisen kann. Darüber hinaus muss der Geschädigte beweisen, dass der Schädiger fahrlässig oder vorsätzlich gehandelt hat sowie dass ihm ein auf der Rechtsverletzung beruhender Schaden entstanden ist.

2. *Anscheinsbeweis für fahrlässiges Verhalten bei verkehrspflichtwidrigem Verhalten*

Die Verteilung der Beweislast ist eindeutig. Es ergeben sich insoweit auch keine sportspezifischen Besonderheiten.[1038]

Möglicherweise besteht jedoch ein Erfahrungssatz des allgemeinen Lebens, dass bei einem verkehrspflichtwidrigen Verhalten in der Regel darauf geschlossen werden kann, dass sich der Schädiger auch sorgfaltswidrig verhalten hat. In diesem Fall könnte ein Anscheinsbeweis angenommen werden, der dem Geschädigten den Nachweis des Verschuldens erleichtern würde.

a) Voraussetzungen des Anscheinsbeweis

Ein Anscheinsbeweis besteht immer dann, wenn aufgrund eines allgemeinen Erfahrungssatzes aufgrund des Vorliegens eines bestimmten Geschehensablaufes auf das Vorliegen einer bestimmten Voraussetzung geschlossen werden kann und dieser Zusammenhang so eindeutig ist, dass dieser stets zur vollen richterlichen Überzeugung, § 286 I ZPO, führt.[1039] Ist der Zusammenhang dagegen nicht eindeutig genug, um stets auf das Vorliegen der in Frage stehenden Voraussetzungen schließen zu können, kann der Geschehensablauf nur im Rahmen eines Indizes für einen mittelbaren Beweis der Voraussetzung herangezogen werden.[1040] Der Anscheinsbeweis ist damit keine Frage der Beweislast, sondern erleichtert nur der beweisbelasteten Partei den Nachweis der Tatsache, auf die aufgrund des allgemeinen Erfahrungssatzes geschlossen werden kann. Der Anscheinsbeweis ist daher eine Frage der Beweiswürdigung.[1041]

1038 Zur abweichenden Ansicht des BGH zu dieser Problematik siehe sogleich: *Vergleich mit der Beweislast bei Sporthaftungsfällen nach der Lösung der Rechtsprechung S. 238.*

1039 *Schilken, E.*, Zivilprozessrecht, 6. Aufl. 2010, Rn. 495; mit vielen Beispielen aus der Rechtsprechung: *Laumen, H.-W.*, § 12 Der Anscheinsbeweis, in: Baumgärtel, G.; Laumen, H.-W.; Prütting, H., Handbuch der Beweislast - Grundlagen, 2009, Rn. 9–13 und Rn. 20; *Rosenberg, L./Schwab, K.H./Gottwald, P.*, Zivilprozessrecht, 17. Aufl. 2010, § 113 Rn. 16.

1040 *Schilken, E.*, Zivilprozessrecht, 6. Aufl. 2010, Rn. 495.

1041 *Schilken, E.*, Zivilprozessrecht, 6. Aufl. 2010, Rn. 494; *Rosenberg, L./Schwab, K.H./Gottwald, P.*, Zivilprozessrecht, 17. Aufl. 2010, § 113 Rn. 32–35; *Laumen, H.-W.*, § 12 Der Anscheinsbeweis, in: Baumgärtel, G.; Laumen, H.-W.; Prütting, H., Handbuch der Beweislast - Grundlagen, 2009, Rn. 30–33.

b) Schluss von regelwidrigem Verhalten auf fahrlässiges Verhalten

Im Fall der Haftung nach einem Sportunfall kommt insbesondere der Schluss auf eine Fahrlässigkeit des Verhaltens des Schädigers in Betracht, wenn der Geschädigte ihm bereits ein verkehrspflichtwidriges Verhalten beweisen konnte.

Es wurde bereits ausführlich dargestellt, dass ein verkehrspflichtwidriges Verhalten im Sport dann angenommen werden kann, wenn der Schädiger gegen das Sportreglement verstoßen hat.[1042] Dagegen ist der Fahrlässigkeitsvorwurf an höhere Voraussetzungen geknüpft. Voraussetzung ist, dass gegen das Verhalten verstoßen wurde, das von einem „reasonable Sportsman" in der jeweiligen Situation noch erwartet werden konnte.[1043] Nach der hier vorgeschlagenen Lösung, kann auch ein regelwidriges Verhalten unter Umständen nicht vorwerfbar sein. Dies hängt von mehreren Faktoren ab, insbesondere der Spielsituation, der Gefährlichkeit der Handlung, der Eigenart des Spiels und der Fähigkeiten der Sportler.[1044]

Konkret geht es daher um die Frage, ob ein allgemeiner Erfahrungssatz dahingehend besteht, dass generell bei regelwidrigem Verhalten auf ein fahrlässiges Verhalten des Schädigers geschlossen werden kann. Alternativ könnte man auch nur einen einfachen Erfahrungssatz annehmen, der nur als Indiz für einen mittelbaren Beweis dienen kann, alleine jedoch noch nicht geeignet ist, den Zusammenhang zur vollen richterlichen Überzeugung zu begründen.[1045]

Man kann keinen allgemein geltenden Erfahrungsgrundsatz annehmen, dass bei einem verkehrspflichtwidrigen Verhalten des Schädigers der Verstoß gegen die Verkehrspflicht auch stets fahrlässig erfolgt ist. Vielmehr zeigen die zahlreichen Ausnahmen, bei denen trotz Regelverstoß keine Fahrlässigkeit des Schädigers gegeben ist, dass nur ein einfacher Erfahrungssatz[1046] angenommen werden kann, der nur als Indiz im Rahmen einer mittelbaren Beweisführung dienen kann.

c) Zwischenergebnis

Damit besteht kein Anscheinsbeweis bei Sporthaftungsfällen für ein Verschulden des schädigenden Sportlers bei verkehrspflichtwidrigem Verhalten. Ein verkehrspflichtwidriges Verhalten kann nur als Indiz im Rahmen eines mittelbaren Beweises für einen Verstoß gegen die im Rahmen des Verschuldens maßgeblichen Sorgfaltspflichten dienen.

1042 Siehe oben: *Verkehrspflichten auf Tatbestandebene S. 199 ff.* Dies gilt für den Normalfall, dass der Richter nach eigener Prüfung die Verkehrspflichten entsprechend dem Sportreglement festlegt, siehe dazu oben: *Verkehrspflichten im Radsport S. 191 ff.*

1043 Siehe oben: *Sorgfaltspflichten auf Ebene des Verschuldens S. 203 f.*

1044 Siehe oben: *Regelverstöße und deren Verhältnis zur im Verkehr erforderlichen Sorgfalt S. 205 ff.*

1045 *Laumen, H.-W.*, § 12 Der Anscheinsbeweis, in: Baumgärtel, G.; Laumen, H.-W.; Prütting, H., Handbuch der Beweislast - Grundlagen, 2009, Rn. 22.

1046 Zum Begriff siehe *Laumen, H.-W.*, § 12 Der Anscheinsbeweis, in: Baumgärtel, G.; Laumen, H.-W.; Prütting, H., Handbuch der Beweislast - Grundlagen, 2009, Rn. 26.

3. Vergleich mit der Beweislast bei Sporthaftungsfällen nach der Lösung der Rechtsprechung des BGH

Auch nach der Lösung des BGH muss der Kläger nachweisen, dass der Schädiger sich regelwidrig Verhalten hat. Dies ist etwas verwunderlich, da nach Ansicht des BGH die Haftungsfreistellung für regelkonformes Verhalten auf einer aus § 242 BGB fließenden Einwendung beruht[1047], für deren Voraussetzungen nach allgemeinen Grundsätzen der Schädiger beweisbelastet sein müsste. Der BGH erlegt dennoch aus Billigkeitsgründen dem Geschädigten die Beweislast für die Regelwidrigkeit des Verhaltens auf.[1048]

Ob auch für regelwidriges Verhalten ausnahmsweise nicht gehaftet werden muss, beurteilt der BGH im Rahmen des Verschuldens[1049], für das er entsprechend dem allgemeinen Grundsatz den Geschädigten für beweisbelastet hält. In diesem Fall muss der Schädiger also zusätzlich zum Regelverstoß nachweisen, dass das Verhalten auch nicht aufgrund der Eigenart des Spiels und der Geringfügigkeit des Regelverstoßes ausnahmsweise nicht schuldhaft war.[1050]

Dementsprechend entspricht die Beweislastverteilung des BGH der hier vorgeschlagenen Verteilung, wobei durch die hier vertretene Lösung zum materiellen Recht der Vorteil besteht, dass der Kläger für den Regelverstoß schon nach allgemeinen Regeln beweisbelastet ist und zu Begründung dieses Ergebnisses nicht die Beweislastverteilung aufgrund Billigkeitserwägungen verändert werden muss. Bezüglich der Beweislastverteilung beim Verschulden ergeben sich keine Unterschiede.

4. Vergleich mit der Beweislast beim Anspruch aus § 280 I BGB

Es wurde oben bereits dargestellt, dass in bestimmten Konstellationen der Haftung nach einem Sportunfall ein Anspruch des Geschädigten gemäß § 280 I BGB in Betracht kommt.[1051] Im Gegensatz zum Anspruch nach § 823 I BGB braucht der Geschädigte in diesem Fall das Verschulden des Schädigers nicht zu beweisen, da § 280 I 2 BGB die Beweislast auf den Schädiger verlagert. Dagegen muss der Kläger

1047 Siehe dazu oben: *BGH Rechtsprechung S. 226 ff.*

1048 *BGH,* Urteil v. 27.10.2009 (Az. VI ZR 296/08), NJW 2010, 537, 538 Rn. 11; *BGH,* Urteil v. 5.11.1974 (Az. VI ZR 100/73), NJW 1975, 109, 111 a.E.

1049 Siehe oben: *BGH Rechtsprechung S. 226 ff.*

1050 Siehe dazu die oben dargestellten Kriterien des BGH, wann ein Verschulden auch bei regelwidrigem Verhalten ausgeschlossen ist: *BGH Rechtsprechung S. 226 ff.*, siehe auch insbesondere die Nachweise in *Fn. 970.*
Zur Verteilung der Beweislast zuletzt auch eindeutig: *BGH,* Urteil v. 27.10.2009 (Az. VI ZR 296/08), NJW 2010, 537, 538.

1051 Siehe oben: *Haftung gemäß § 280 I BGB basierend auf einem Schuldverhältnis zwischen den Rennfahrern aufgrund der Rennteilnahme S. 109 ff.*

die Pflichtverletzung beweisen, womit ihm bereits aus diesem Grund der Nachweis der Regelwidrigkeit des Verhaltens des Schädigers obliegt.[1052]

D. Ergebnisse

Daher ist festzustellen, dass sich mit den bereits bekannten Instituten zur Konkretisierung der Haftung nach § 823 I BGB eine Lösung für die Fälle der Binnenhaftung der Sportler finden lässt. Es kann ohne Probleme an der dreistufigen Gliederung in Tatbestand, Rechtswidrigkeit und Schuld festgehalten werden.

I. Verkehrspflichten und Sorgfaltspflichten als Ausgangspunkt

1. Verkehrspflichten als maßgebliches Zurechnungskriterium

Das entscheidende Problem besteht beim Sport in der gegenüber dem normalen Verkehr teilweise gesteigerten Gefahrensituation, in die sich die Sportler freiwillig hineinbegeben. Darüber hinaus ist die erhöhte Gefährdung gesellschaftlich anerkannt und staatlich gefördert. Einen entscheidenden Beitrag zur haftungsrechtlichen Bewältigung dieser speziellen Situation liefern die Verkehrspflichten, die auf der Stufe des Tatbestandes Verantwortungsbereiche voneinander abgrenzen. Die Verkehrspflichten sind aufgrund der sozialen Akzeptanz der Sportausübung entsprechend dem Sportreglement festzulegen, wobei die von den Sportverbänden erlassenen Sportregeln für die Gerichte nicht bindend sind, sondern nur als Richtschnur dienen. Ihnen kommt dabei allerdings erhebliche Konkretisierungswirkung zu.

Bei den Verkehrspflichten ist ein hoher Standard anzulegen, sodass Regelverstöße gegen die Verkehrspflichten in der jeweiligen Situation verstoßen. Regelkonformes Verhalten dagegen verstößt in aller Regel (außer die Sportregeln genügen ausnahmsweise nicht der richterlichen Kontrolle) nicht gegen die in der Situation der Sportausübung geltenden Verkehrspflichten. Regelkonformes Verhalten erfüllt daher selbst dann nicht den Tatbestand des § 823 I BGB, wenn es zu einem Schaden an einem absolut geschützten Rechtsgut kommt.

Die Verkehrspflichten sind nicht erst auf Stufe der Rechtswidrigkeit zu berücksichtigen, sondern entsprechend ihrer Funktion als Abgrenzung und Konkretisierung von Verantwortungsbereichen bereits auf Tatbestandsebene. Sie sind damit ein maßgebliches Kriterium der Zurechnung von Rechtsgutverletzungen an den Schädiger.

2. Sorgfaltspflichten als Maßstab der Vorwerfbarkeit

Die Verkehrspflichten sind strenger als die Sorgfaltspflichten im Sinne der Verschuldensprüfung. Dies ist bereits aus ihrer Funktion heraus verständlich. Die Verkehrspflichten sind für die Zurechnung einer schädigenden Handlung zu einer

---

1052 Siehe oben: *Beweislast S. 155 f.*

Rechtsgutverletzung entscheidend, sie legen abstrakt das Maß der erlaubten Gefährdung fremder Rechtsgüter fest. Hier gilt ein strenger Maßstab. Ausschlaggebend ist der ideale Verkehrsteilnehmer.

Die Sorgfaltspflichten konkretisieren dagegen das im Einzelfall notwendige Verhalten, um sich nicht dem Vorwurf der Fahrlässigkeit, § 276 II BGB, ausgesetzt zu sehen. Die Sorgfaltspflichten entscheiden daher darüber, da die Fahrlässigkeit auch im Zivilrecht als Schuldform zu begreifen ist, ob ein Verhalten oder ein Unterlassen dem Schädiger vorgeworfen werden kann.

Der Maßstab der Sorgfaltspflichten ist daher milder. Es wird nicht auf den objektiv idealen Verkehrsteilnehmer abgestellt, sondern subjektiv typisierend auf ein durchschnittliches Mitglied der entsprechenden Verkehrsgruppe. Darüber hinaus ist die Besonderheit der Situation zu berücksichtigen. Von entscheidender Bedeutung ist auch, welches Verhalten in der jeweiligen Situation erwartet werden kann. Abhängig von dem oben genannten Kriterien ist dementsprechend nicht jeder Regelverstoß als fahrlässig zu beurteilen. Gerade in hektischen Spielsituationen sind regelwidrige Verhaltensweisen, die aber gleichzeitig eher wenig gefährlich für die geschützten Rechtgüter der anderen Sportler sind, regelmäßig nicht als fahrlässig und damit nicht als vorwerfbar zu beurteilen.

3. Grenzen der nach den Verkehrspflichten tolerierten Verhaltensweisen

Die Verkehrspflichten erlauben nicht jede Körperverletzung. Wenn die gesellschaftliche Akzeptanz der Sportart zu gering ist, zum Beispiel weil extreme Risiken bestehen oder brutale Verhaltensweisen zulässig sind, vermag nur eine Einwilligung der Betroffenen die Rechtsgutverletzung zu rechtfertigen. Allerdings ist in diesen Sportarten, häufig sind es extreme Kampfsportarten, zumeist von dem Vorliegen einer solchen Einwilligung auszugehen. Das Problem besteht dann eher darin, ob die Einwilligung sich noch in dem von § 138 BGB abgesteckten Rahmen des Zulässigen bewegt. Diesem Problem konnte im Rahmen der vorliegenden Untersuchung nicht weiter nachgegangen werden.

II. Lösung der Rechtsprechung

Entgegen der Ansicht der Rechtsprechung bedarf es daher keines Rückgriffes auf § 242 BGB, um sportregelkonformes Verhalten von der Haftung freizustellen. Insbesondere übersieht das Abstellen auf § 242 BGB den entscheidenden Aspekt, dass es sich bei sportregelkonformer Sportausübung um eine gesellschaftlich akzeptierte Form der Gefahrschaffung handelt. Mit der Beurteilung der Geltendmachung des Schadensersatzanspruches als treuwidrig wird zu stark auf das Verhalten des Sportlers nach der Schädigung abgestellt. Für die Haftungsfreistellung ist aber die gesellschaftliche Akzeptanz und das freiwillige Eingehen des Risikos vor dem Schadensfall entscheidend. Berücksichtigt man diese Aspekte, besteht der Anspruch bereits dem Grunde nach nicht, was die Rechtsprechung mit ihrer Lösung aber übersieht.

III. Mitverschulden

In der bloßen Teilnahme am Sport liegt in der Regel kein gemäß § 254 BGB zu berücksichtigendes Mitverschulden, auch nicht unter dem Gesichtspunkt des Handelns auf eigene Gefahr, da es sich bei der Sportausübung um eine erlaubte und sozial akzeptierte Gefahr handelt.

Ein Mitverschulden besteht allerdings dann, wenn die Sportler übliche Sicherungsmethoden auslassen oder Sportregeln missachten, die ihrem eigenen Schutz dienen. Auch wenn die Teilnahme an dem spezifischen Sport für den einzelnen eine Überforderung ist, da die Teilnahme seine persönlichen Fähigkeiten übersteigt, kommt ein Mitverschulden gemäß § 254 BGB in Betracht. Dabei ist allerdings Zurückhaltung geboten, da Sport integrativen Charakter hat und gerade auch von der Teilnahme von schlechteren Sportlern lebt. Deshalb ist für ein Mitverschulden zu verlangen, dass die Überforderung sehr stark ist.

E. Verhältnis des hier vorgestellten Ansatzes mit den traditionellen Lehren zu § 823 I BGB

Der hier vorgeschlagene Ansatz weist zwei wesentliche Spannungsfelder mit den traditionellen Lehren zu § 823 I BGB auf. Verletzt im Sport ein Sportler einen anderen, erfolgt dies regelmäßig durch eine unmittelbare Verletzungshandlung wie ein Anfahren des Gegners im Radsport oder einer Grätsche im Fußball.[1053] Der hier vorgeschlagene Lösungsansatz verlangt dennoch den Verstoß gegen eine Verkehrspflicht, dies entspricht aber nicht der aktuell wohl herrschenden Meinung, dass unmittelbare Rechtsgutverletzungen per se als rechtswidrig zu beurteilen sind.

Ein weiteres Problem stellt die Unterscheidung zwischen Verkehrspflichten und Sorgfaltspflichten dar. In diesem Rahmen sieht sich die Lösung unter Umständen dem Vorwurf ausgesetzt, es würden zwei Prüfungsebenen vermengt und eine Unterscheidung zwischen verkehrswidrigem Verhalten und sorgfaltswidrigem Verhalten sei praktisch undurchführbar.

I. Verstoß gegen Verkehrspflichten als Voraussetzung trotz unmittelbarer Verletzungshandlung

Ausgehend von der hier vorgestellten Ansatz, dass bei jeder Verletzung im Sport für die Erfüllung des Tatbestandes von § 823 I BGB notwendig ist, dass die Handlung nicht nur ein Rechtsgut verletzt, sondern auch gegen die einschlägigen Verkehrspflichten verstößt, ergeben sich zwei unterschiedliche Synchronisierungsmöglichkeiten mit

1053 Zur Schwierigkeit der Abgrenzung im Einzelfall siehe oben: *Die Verkehrspflichten als Konkretisierung des Zurechnungszusammenhanges S. 197 f.*

der aktuell herrschenden Dogmatik. Eine Möglichkeit besteht darin, nur bei Sportverletzungen trotz einer unmittelbaren Rechtsgutverletzung einen Verstoß gegen die einschlägigen Verkehrspflichten zu fordern (Möglichkeit eins). Andererseits könnte man auch versuchen, den Ansatz zu verallgemeinern (Möglichkeit zwei), sodass generell zur Tatbestandsverwirklichung bei § 823 I BGB ein Verstoß gegen die einschlägigen Verkehrspflichten notwendig wäre. Damit ist letztlich der seit Jahrzehnten schwelende Streit über einen erfolgs- oder verhaltensorientierten Aufbau des § 823 I BGB aufgeworfen.

1. Verkehrspflichtenverstoß bei unmittelbaren Verletzungshandlungen nur bei Sportverletzungen

Es bestünde grundsätzlich die Möglichkeit, Verletzungen von absoluten Rechtsgütern, die sich im Rahmen der Sportausübung ereignen, anders zu behandeln, als die übrigen Fälle der unmittelbaren Verletzung eines absolut geschützten Rechtsguts. Dies würde sich insbesondere dann anbieten, wenn in jedem Fall an der These festgehalten werden soll, dass die unmittelbare Verletzung eines absolut geschützten Rechtsguts nur bei Vorliegen eines anerkannten Rechtfertigungsgrundes nicht rechtswidrig ist.

Je nachdem ob man den Wortlaut des § 823 I BGB für für diese These zwingend hält, wäre dann eine teleologische Reduktion des § 823 I BGB notwendig. Allerdings ist der Wortlaut des § 823 I BGB hinsichtlich der Qualität der Verletzungshandlung offen und beschreibt auch die Rechtswidrigkeit nicht näher, sodass keine teleologische Reduktion notwendig ist. Es käme dann nur zu einer gespaltenen Auslegung bezüglich unmittelbarer Verletzungshandlungen. Ereignen sich diese im Sport, ist zusätzlich ein Verkehrspflichtenverstoß notwendig, ereignen sich diese dagegen nicht im Sport, bedarf es keines Verkehrspflichtenverstoßes.

2. Generelle Forderung eines Verstoßes gegen Verkehrspflichten im Tatbestand des § 823 I BGB

Die zweite Möglichkeit besteht darin, bei unmittelbaren Verletzungshandlungen, genau wie bei Unterlassungen, mittelbaren Verletzungshandlungen oder Verletzungen von Rahmenrechten generell einen Verkehrspflichtenverstoß zu verlangen. Dann käme es nicht zu einer gespaltenen Auslegung des § 823 I BGB, jedoch wären die generell gegen die verhaltensbezogene Betrachtungsweise vorgebrachten Argumente zu überwinden.

Bei genauerer Betrachtung fragt sich jedoch, ob die Befürworter einer erfolgsbezogen Beurteilung bei § 823 I BGB tatsächlich ohne den Verstoß gegen eine Verkehrspflicht, also ohne eine allgemeine Verhaltenspflicht zur Gefahrvermeidung auskommen. Dass eine Verkehrspflicht besteht, die es untersagt, Unbekannte auf offener Straße mit Faustschlägen zu verletzen, versteht sich von selbst. Man könnte überlegen, ob mit der Aussage, eine unmittelbare Rechtsgutverletzung ist stets rechtswidrig, nicht zugleich eine sehr allgemeine Verkehrspflicht beschrieben ist.[1054] Diese Verkehrspflicht könnte so formuliert werden: Unmittelbare Verletzungen von absoluten Rechtsgütern sind um jeden Preis zu vermeiden, geschehen sie dennoch, so ist die Verletzung als tatbestandmäßig und rechtswidrig (vorbehaltlich des Eingreifens von Rechtfertigungsgründen) im Sinne von § 823 I BGB einzustufen.

Diese These lässt sich auch bei einer gefährdungsbezogenen Betrachtung gut nachvollziehen. Geht man davon aus, dass § 823 I BGB gewisse Gefährdungen von Rechtsgütern sanktioniert, so ist es konsequent, dass insbesondere Gefährdungshandlungen, die zu 100 Prozent, oder mit anderen Worten unmittelbar, zu einer Rechtsgutverletzung führen, als besonders sanktionsbedürftig angesehen werden. Eine Handlung, die in jedem Fall ein fremdes absolut geschütztes Rechtsgut verletzt, wird ohne Hinzutreten weiterer Umstände als rechtswidrig beurteilt. Die Unmittelbarkeit der Verletzung ist bei dieser Betrachtungsweise also insbesondere ein Kriterium zur Zurechnung der Gefahr und damit ein Kriterium, das die Verkehrspflichten maßgeblich bestimmt.

Man könnte also formulieren, dass in Fällen der unmittelbaren Verletzung selbstverständlich auch stets eine Verkehrspflicht verletzt ist, sodass eine zusätzliche Prüfung umständlich und daher überflüssig ist. Vielmehr genügt allein die Feststellung des Sachverhalts zur Bejahung des Tatbestandes.

Andererseits ist den Kritikern der Lehre vom Erfolgsunrecht darin beizutreten, dass sie die Unterscheidung zwischen unmittelbaren und mittelbaren Rechtsgutverletzungen für schwer durchführbar halten.[1055] Dies deutet schon daraufhin, dass die Unmittelbarkeit einer Verletzung zwar ein wesentliches Kriterium für deren Tatbestands- bzw. Rechtswidrigkeit ist, jedoch nicht das einzige Kriterium sein kann. Gerade auch die im Zusammenhang mit der Haftung beim Sport beschriebenen Problemfelder zeigen, dass die Unmittelbarkeit einer Verletzung allein nicht genügt, um ein rechtswidriges und tatbestandsmäßiges Verhalten anzunehmen. Vielmehr besteht mit der regelgerechten Sportausübung ein Bereich des Lebens, bei dem unmittelbare Verletzungshandlungen nicht rechtswidrige Rechtsgutverletzungen im Sinne von § 823 I BGB darstellen.

3. Ergebnis

Es lässt sich damit als Zwischenergebnis formulieren, dass eine rein erfolgsbezogene Betrachtungsweise sich nicht mehr aufrechterhalten lässt. Mit der Aussage, eine unmittelbare Verletzungshandlung sei stets tatbestandsmäßig und rechtswidrig, wird eine sehr allgemeine Verhaltens- bzw. Verkehrspflicht formuliert, nach der

1054 Völlig zutreffend weist Soergel[13]/*Krause, R.*, Anhang II zu § 823 BGB Rn. 3 daraufhin, dass jede deliktische Haftung die Verletzung einer Verhaltenspflicht voraussetzt.

1055 *Looschelders, D.*, Schuldrecht, Besonderer Teil, 9. Aufl. 2014, Rn. 1176; Soergel[13]/*Krause, R.*, Anhang II zu § 823 BGB Rn. 3. Zur Abgrenzung siehe auch oben *Verkehrspflichten bei unmittelbaren Verletzungshandlungen S. 189 ff.*

unmittelbare Verletzungshandlungen generell verboten sein sollen.[1056] Die Sporthaftung zeigt jedoch, dass eine solch abstrakte und rigorose Verkehrspflicht zum Schutz der in § 823 I BGB genannten Rechtsgüter nicht besteht.

Damit ist das Kriterium der Unmittelbarkeit nicht mehr das allein ausschlaggebende Kriterium zu Beurteilung der Rechtswidrigkeit bzw. des Tatbestandes. Es bleibt aber ein sehr wichtiges Kriterium, das häufig eine weitere Prüfung eines Verkehrspflichtenverstoßes als bloßen Formalismus überflüssig macht. Zur Verdeutlichung kann folgendes Beispiel gebildet werden: Wer einen Passanten auf der Straße mit einem Faustschlag niederstreckt, hat rechtswidrig dessen Körper und Gesundheit verletzt. Hinter diesem Ergebnis steht die Verkehrspflicht, dass Passanten nicht durch Faustschläge verletzt werden dürfen. Ein Verstoß gegen diese Pflicht muss jedoch nicht zusätzlich festgestellt werden, da diese Pflicht so offensichtlich und unstreitig ist, dass eine Feststellung des Verstoßes keinen Erkenntnisgewinn bringen würde.

Teilweise wird behauptet, mit dieser Sichtweise würde die „Figur der erlaubten Tötung durch verkehrsrichtiges Verhalten“[1057] geschaffen. Dafür wird als Beispiel angeführt, man dürfe als Kraftfahrer einen Fußgänger überfahren, der bei Rot die Ampel überquert, solange die Ampel des Kraftfahrers nur grün sei. Damit soll die Widersprüchlichkeit dieser Sichtweise aufgezeigt werden.

Zunächst ist dazu zu sagen, dass das Beispiel falsch gelöst ist. Es entspricht in keiner Weise verkehrsrichtigem Verhalten, auf der eigenen Vorfahrt um jeden Preis zu beharren, auch wenn dadurch Schäden an Rechtsgütern fremder Personen entstehen. Dies folgt schon aus § 1 StVO, wäre aber auch ohne Probleme aus § 823 I BGB abzuleiten. Dementsprechend liegt dem Beispiel kein verkehrsgerechtes Verhalten zugrunde. Wird allerdings der hohe Maßstab des verkehrsgerechten Verhaltens eingehalten, kann insoweit auch eine Tötung rechtmäßig sein. Als Beispiel können die von Caemmerer genannten Beispiele des Überfahrens eines Selbstmörders oder eines Kindes, das über ein Geländer klettert, durch einen Lokomotivführer genannt werden. In diesen Fällen hätte die Tötung von niemand und unter keinen Umständen verhindert werden können.[1058]

1056 Eine solche Pflicht nimmt scheinbar *Caemmerer, E. von* (Hrsg.), Hundert Jahre deutsches Rechtsleben, Festschrift zum hundertjährigen Bestehen des Deutschen Juristentages 1860–1960, S. 131 f. an, wenn er statuiert, dass unmittelbare Verletzungen stets rechtswidrig seien. Gleichwohl nimmt *ders.* Hundert Jahre deutsches Rechtsleben, Festschrift zum hundertjährigen Bestehen des Deutschen Juristentages 1860–1960, S. 134 ff. dann aber entgegen seiner eingangs postulierten These an, das Überfahren eines Selbstmörders bzw. das Überfahren eines Kindes, das nach Überklettern des Geländers auf die Gleise fällt, sei nicht rechtswidrig.

1057 *Lehmann, H.*, Begrenzung der Rechtswidrigkeit, in: Lehmann, H.; Nipperdey, H.C., Recht und Wirtschaft, 1958, S. 189.

1058 *Caemmerer, E. von*, Wandlungen des Deliktsrechts, in: Caemmerer, E. von, Hundert Jahre deutsches Rechtsleben, Festschrift zum hundertjährigen Bestehen des Deutschen Juristentages 1860–1960, 1960, S. 135, auch von Caemmerer kritisiert die

II. Problemfelder im Zusammenhang mit dem favorisierten Deliktsaufbau

Mit dieser Rückführung der erfolgsbezogenen Sichtweise bei unmittelbaren Verletzungen auf eine verhaltensbezogene Sichtweise, bei der sich lediglich in den meisten Fällen die Verletzung einer Verhaltenspflicht von selbst versteht, sind noch nicht alle traditionell gegen ein solches verhaltensbezogenes Verständnis von § 823 I BGB vorgebrachten Einwände entkräftet. Insbesondere wird immer wieder vorgetragen, eine verhaltensbezogene Sichtweise vertrage sich nicht mit den Eingriffsbefugnissen und dem Anspruch auf Unterlassung aus § 1004 BGB. Diese Probleme lassen sich im Rahmen dieser Arbeit nicht abschließend klären. Es besteht sogar die Befürchtung, dass diese Probleme allgemein nicht abschließend gelöst werden können. Trotzdem soll vorliegend ein Versuch unternommen werden, bei dem insbesondere auf die Zusammenhänge im Sport eingegangen werden soll.

1. Eingriffsbefugnis, insbesondere Notwehr

Das Gesetz gewährt nicht nur durch das Deliktsrecht einen Anspruch auf Schadensersatz nach der schädigenden Handlung, sondern erlaubt durch Eingriffsbefugnisse unter Umständen bereits die Abwehr eines potentiell schädigenden Verhaltens. Allen voran ist die Befugnis zur Notwehr gemäß § 227 BGB zu nennen. Gemäß § 227 I BGB ist eine durch Notwehr gebotene Handlung nicht rechtswidrig, § 227 II BGB konkretisiert die Notwehr als Verteidigung, die erforderlich ist, um einen gegenwärtigen rechtswidrigen Angriff von sich oder einem anderen abzuwehren.

Hieran wird deutlich, warum *Deutsch* die Abwehrrechte als „Pferdefuß" der handlungsbezogenen Sichtweise bezeichnet.[1059] Beurteilt man die Rechtswidrigkeit streng erfolgsbezogen, ist die Notwehr immer dann zulässig, wenn das Rechtsgut ausreichend gefährdet erscheint. Legt man dagegen eine handlungsbezogene Sichtweise zugrunde, hängt die Rechtswidrigkeit des Angriffs auch davon ab, ob dieser gegen rechtliche Pflichten verstößt, womit das Notwehrrecht eingeschränkt würde.

a) Notwehrrechte im Sport

Für den Radsport lässt sich folgendes Beispiel bilden: Zwei Radfahrer fahren im Wettkampf dicht hintereinander. Aufgrund des geringen Abstandes wird es gleich zu einer Kollision kommen, da der Vordermann sehr bald wegen eines Hindernisses auf der Strecke wird bremsen müssen. Ein Außenstehender kann dies erkennen und stößt daher den Hinterherfahrenden gezielt vom Rad. Dieser stürzt und verletzt sich, der Vorausfahrende kann vor dem Hindernis bremsen. Ein Auffahrunfall und damit eine Verletzung des Vordermannes wurde durch das gezielte Eingreifen des

Ausführungen von *Lehmann, H.*, Begrenzung der Rechtswidrigkeit, in: Lehmann, H.; Nipperdey, H.C., Recht und Wirtschaft, 1958, S. 189 f.

1059 *Deutsch, E.*, Fahrlässigkeit und erforderliche Sorgfalt, 2. Aufl. 1995, S. 447.

Dritten verhindert. Der Hinterherfahrende wurde durch den Stoß und den darauffolgenden Sturz vom Rad verletzt, wäre ohne die Nothilfe des Dritten jedoch auch verletzt worden.

Legt man eine streng erfolgsbezogene Sichtweise zugrunde, ist das Verhalten des Hintermannes rechtswidrig und die Notwehr daher zulässig. Beurteilt man das Verhalten des Hinterherfahrenden dagegen nach dem hier vorgeschlagenen Ansatz, ist es rechtmäßig, sodass die Notwehr nicht zulässig wäre.

Bei der Beurteilung dieses Falles ist *Pfister* Recht zu geben, der die Notwehr gegen regelkonformes Verhalten verneint.[1060] Die Notwehr von Zuschauern oder sogar von den Sportlern selbst würde den Charakter des Sports grundlegend verändern. Würde man sie zulassen, wäre der sozialen Akzeptanz des Sports und der Tatsache, dass die Sportler den Sport freiwillig ausüben, nicht ausreichend Rechnung getragen.

Der hier vorgestellte Lösungsansatz führt also im Bereich des Sports auch in Hinblick auf Eingriffsbefugnisse zu befriedigenden Ergebnissen. Gleichzeitig zeigt sich aber auch, dass ein rein erfolgsbezogene Beurteilung der Rechtswidrigkeit bei § 823 I BGB und im Rahmen der Notwehr keinesfalls immer zu befriedigenden Ergebnissen führen würde.

b) Generell erfolgsbezogene Beurteilung der Rechtswidrigkeit in Hinblick auf die Notwehr

Ob generell nur bei auch handlungsbezogen rechtswidrigem Verhalten Notwehr geübt werden darf, kann an dieser Stelle nicht beurteilt werden. Dies gilt insbesondere auch deshalb, weil, wie *von Caemmerer* zu Recht herausstellt[1061], es sich bei diesen Konstellationen um sehr exotische Fallkonstellationen handelt, die mit dem „Normalfall" der Notwehr wenig gemein haben.[1062]

Die überwiegende Meinung legt bei der Beurteilung der Rechtswidrigkeit im Rahmen von § 227 II BGB eine streng erfolgsbezogene Sichtweise zugrunde.[1063],[1064]

1060 *Pfister, B.*, Autonomie des Sports, sport-typisches Verhalten und staatliches Recht, in: Pfister, B.; Will, M.R., Festschrift für Werner Lorenz zum siebzigsten Geburtstag, 1991, S. 190.

1061 *Caemmerer, E. von*, Wandlungen des Deliktsrechts, in: Caemmerer, E. von, Hundert Jahre deutsches Rechtsleben, Festschrift zum hundertjährigen Bestehen des Deutschen Juristentages 1860–1960, 1960, S. 130.

1062 Siehe ausführlich zur Konformität von defensiven Rechtsgüterschutz und der Lehre von Verhaltensunrecht *Münzberg, W.*, Verhalten und Erfolg als Grundlagen der Rechtswidrigkeit und Haftung, 1966, S. 341–374, der überzeugend zu einer restriktiveren Anwendung der Notwehr kommt und stattdessen eine Beurteilung problematischer Fälle anhand des „übergesetzlichen Notstandes bzw. §§ 228, 904 BGB analog" vorschlägt.

1063 Vgl. mwN.: Staudinger/*Repgen, T.*, Stand 2014, § 227 BGB Rn. 28; MüKo BGB[6]/ *Grothe, H.*, § 227 BGB Rn. 10.

1064 Es kommt im Rahmen des § 227 BGB natürlich nicht darauf an, dass der Erfolg bereits eingetreten ist, sondern dass dieser unmittelbar bevorsteht. Dies erschwert

Werden allerdings konkrete Beispiele zur Überprüfung dieser These herangezogen, entstehen doch häufig wieder Meinungsverschiedenheiten zwischen den Autoren. Ein klassisches Beispiel ist die Krankenschwester, die unerkannt eine tödliche Spritze verabreicht, obwohl sie davon ausgeht, die normale Medikation zu verabreichen, wobei die Verwechslung für niemanden in der Position der Krankenschwester erkennbar gewesen wäre.[1065] Teilweise wird hier Notwehr für gerechtfertigt gehalten[1066], teilweise wird die Notwehrbefugnis zumindest eingeschränkt[1067].

Ähnliche Probleme stellen sich bei den häufig in diesem Zusammenhang genannten Suizidfällen, bei denen der Suizident einen Lokomotivführer oder Kraftfahrzeugführer für die Tötung missbraucht.[1068] Konsequenterweise müsste hier nun eine Notwehrhandlung gegen den Lokomotivführer beziehungsweise Kraftfahrer zugelassen werden. Vertreten wird dies im Ergebnis von niemandem.[1069] Auf die praktische Undurchführbarkeit der Notwehr in diesen Situationen zu verweisen, ist wohl zutreffend, beseitigt aber nicht das – zugegebenermaßen wohl tatsächlich nur theoretische – Problem.[1070]

2. Anspruch auf Unterlassung

Ein vergleichbares Problem stellt sich bei § 1004 BGB. Auch der Anspruch des § 1004 I BGB besteht nur, soweit die Beeinträchtigung rechtswidrig ist. § 1004 II BGB spricht davon, ob der Eigentümer die Beeinträchtigung dulden muss.[1071]

Allerdings ist die Problematik hauptsächlich sachenrechtlicher Natur. Für den Sport ist die Bedeutung als gering einzustufen. Deshalb braucht dem Problem an dieser Stelle nicht weiter nachgegangen werden.[1072]

---

aber teilweise eine erfolgsbezogene Prüfung, da ein hypothetisches Element hinzutritt.

1065 Dieses Beispiel ist wohl, soweit ersichtlich, zum ersten Mal von *Larenz, K.*, Rechtswidrigkeit und Handlungsbegriff im Zivilrecht, in: Caemmerer, E. von, Vom deutschen zum europäischen Recht, Festschrift für Hans Dölle, S. 183 gebildet worden.

1066 *Larenz, K.*, Rechtswidrigkeit und Handlungsbegriff im Zivilrecht, in: Caemmerer, E. von, Vom deutschen zum europäischen Recht, Festschrift für Hans Dölle, S. 195.

1067 Kritisch zur Notwehr: MüKo BGB[6]/*Wagner, G.*, § 823 BGB Rn. 14.

1068 Siehe zum Beispiel *Larenz, K.*, Rechtswidrigkeit und Handlungsbegriff im Zivilrecht, in: Caemmerer, E. von, Vom deutschen zum europäischen Recht, Festschrift für Hans Dölle, S. 187.

1069 Zumindest soweit ersichtlich. Selbst *Larenz, K.*, Rechtswidrigkeit und Handlungsbegriff im Zivilrecht, in: Caemmerer, E. von, Vom deutschen zum europäischen Recht, Festschrift für Hans Dölle, S. 195, dessen Beitrag eine streng erfolgsbezogenen Sichtweise zugrunde liegt, lehnt eine Notwehr für diesen Fall ab.

1070 Staudinger/*Repgen, T.*, Stand 2014, § 227 BGB Rn. 31.

1071 MüKo BGB[6]/*Baldus, C.*, § 1004 BGB Rn. 192–198.

1072 Eine ausführliche Untersuchung bietet *Münzberg, W.*, Verhalten und Erfolg als Grundlagen der Rechtswidrigkeit und Haftung, 1966, S. 375–433.

III. Unterscheidung zwischen Verkehrspflichten und Sorgfaltspflichten

Dem hier vorgelegten Ansatz liegt eine Unterscheidung zwischen den Verkehrspflichten und Sorgfaltspflichten zugrunde. Die Verkehrspflichten bestimmen, was von einem idealen Verkehrsteilnehmer zur Vermeidung der Gefahr erwartet werden kann. Insoweit bestimmen sie die Grenze zwischen Rechtsgüterschutz und Handlungsfreiheit.[1073] Die Sorgfaltspflichten bestimmen dagegen die Fahrlässigkeit und damit, wann ein Verhalten dem Schädiger persönlich vorwerfbar ist. Der Maßstab ist deutlich milder. Geschuldet wird die Sorgfalt eines durchschnittlichen Angehörigen des entsprechenden Verkehrskreises, dabei spielt auch die Frage eine wesentliche Rolle, was von dem Teilnehmer erwartet werden kann.

Diese doppelte Prüfung ist zwar eventuell etwas umständlich aber sie ist durchführbar und es werden dabei nicht verschiedene Ebenen des Delikts miteinander vermischt.[1074] Der Maßstab ist ausreichend unterschiedlich. Darüber hinaus bedarf es der unterschiedlichen Ebenen auch deshalb, weil das Verschulden ausnahmsweise auch aus persönlichen Gründen, insbesondere §§ 827, 828 BGB ausgeschlossen sein kann. Im Übrigen sieht sogar das Gesetz in § 823 II BGB einen Unterschied zwischen einem Schutzgesetzverstoß und fahrlässigem Verhalten vor.[1075]

F. Konkrete Festlegung der Verkehrspflichten im Radsport

I. Eigene Würdigung

Welches Verhalten von Radsportlern im Wettkampf erwartet werden kann, wurde im Rahmen dieser Untersuchung bereits ausführlich dargestellt.[1076] Dort wurde insbesondere zwischen geschriebenen und ungeschrieben Reglement unterschieden.

1073 So insbesondere *Deutsch, E.*, Fahrlässigkeit und erforderliche Sorgfalt, 2. Aufl. 1995, S. 455.

1074 *Larenz, K.*, Rechtswidrigkeit und Handlungsbegriff im Zivilrecht, in: Caemmerer, E. von, Vom deutschen zum europäischen Recht, Festschrift für Hans Dölle, S. 189 f.; *Bar, C. von*, Verkehrspflichten: richterliche Gefahrsteuerungsgebote im deutschen Deliktsrecht, 1980, S. 171 ff.; *Deutsch, E.*, Allgemeines Haftungsrecht, 2. Aufl. 1996, S. 238; *Münzberg, W.*, Verhalten und Erfolg als Grundlagen der Rechtswidrigkeit und Haftung, 1966, S. 348 f. Für eine Identität von Verkehrspflichten und Sorgfaltspflichten dagegen MüKo BGB[6]/ *Wagner, G.*, § 823 BGB Rn. 311 f.; *Wagner, G./Kötz, H.*, Deliktsrecht, 12. Aufl. 2013, Rn. 128 f.; *Brüggemeier, G.*, Deliktsrecht, 1. Aufl. 1986, S. 95; *Götz, A.*, Die deliktische Haftung für Sportverletzungen im Wettkampfsport, 2009, S. 200 ff.

1075 Darauf weist auch *von Bar, C. von*, Verkehrspflichten: richterliche Gefahrsteuerungsgebote im deutschen Deliktsrecht, 1980, S. 172 hin.

1076 Siehe dazu oben: *2. Kapitel: Regeln zur* Verhütung von Unfällen *S. 73 ff.*

Zu den Verkehrspflichten gehört insbesondere das geschriebene Reglement[1077], soweit es dem Schutz der absoluten Rechtsgüter der Rennfahrer dient. Dieses Reglement prägt den Radsport und versucht gleichzeitig, die Radfahrer bestmöglich zu schützen. Die entsprechenden Regeln der StVO werden dagegen, wie oben ebenfalls dargestellt, von dem Radsportreglement verdrängt, um die Sportausübung zu ermöglichen.[1078]

Schwieriger zu beurteilen ist dagegen die Frage, ob die Verkehrspflichten auch das Einhalten des ungeschriebenen Reglements[1079] verlangen. Den Verkehrspflichten liegt grundsätzlich ein strenger Maßstab zugrunde, gleichzeitig ist aber der Wettkampfcharakter des Radrennfahrens zu berücksichtigen. Nicht entscheidend ist, ob die ungeschriebenen Regeln zwischen den Wettkämpfern vertraglich Geltung erlangen. Ebenfalls ohne entscheidenden Belang ist, wenn keine sportinternen Sanktionen für das Nichtbeachten der ungeschriebenen Regeln vorgesehen sind. Dies deutet jedoch darauf hin, dass aus Sicht des Sportverbandes ein Einhalten dieser Regeln auch mit Blick auf den Schutz der Sportler verzichtbar ist. Bei der Beobachtung von Profi- und Amateurrennen zeigt sich, dass die ungeschriebenen Regeln nur ganz vereinzelt, insbesondere bei besonders großen Gefahren, eingehalten werden. Je mehr sich das Rennen der entscheidenden Phase nähert, desto stärker nimmt die Einhaltung der ungeschriebenen Regeln ab.

Darüber hinaus darf bei Rennen auch auf eine gewisse Absicherung der Strecke durch den Veranstalter vertraut werden[1080], sodass aus diesem Grund bereits weniger Bedürfnis zum Anzeigen von Hindernissen besteht. Auch Richtungsänderungen sind, insbesondere bei einer bekannten Rennstrecke, den Fahrern bewusst, sodass ein Anzeigen nicht unbedingt notwendig ist. Dementsprechend ist das Einhalten des ungeschriebenen Reglements aus haftungsrechtlicher Sicht freiwillig, da die Verkehrspflichten ein Einhalten nicht erfordern.

Fraglich ist jedoch, ob nicht doch einzelne sehr außergewöhnliche Situationen bestehen, bei denen von den Fahrern erwartet werden kann, Teile des ungeschriebenen Reglements einzuhalten. Dies sind insbesondere Situationen, in denen große Gefahren für wichtige Rechtsgüter bestehen und die Gefahren darüber hinaus für das Rennen untypisch sind. Als Beispiel ist daran zu denken, dass auf einer für den Verkehr gesperrten Strecke sich plötzlich motorisierter Verkehr befindet, der die Radfahrer gefährdet. Entdeckt ein Radfahrer diesen Verkehr und kann er für sich gefahrlos diesen Verkehr anzeigen, so wird man dieses Anzeigen wohl als von den Verkehrspflichten in der jeweiligen Situation erfasst ansehen müssen.[1081]

1077 Siehe im Einzelnen oben: *Reglement S. 73 ff.*

1078 Siehe oben: *Verkehrspflichten auf Tatbestandebene S. 199 ff.*

1079 Siehe dazu oben: *Ungeschriebene Regeln S. 75 f.*

1080 Siehe dazu *BGH,* Urteil v. 29.04.1986 (Az. VI ZR 227/85), VersR 1986, 705–707.

1081 Davon zu unterscheiden ist die Frage, ob man es als fahrlässig zu beurteilen hat, wenn das Anzeigen unterbleibt. Aufgrund des milderen Maßstabes ist dies eher zu verneinen.

Insgesamt ist daher bezüglich des nicht geschriebenen Reglements Zurückhaltung angebracht. Erst wenn dieses völlig unbestritten das korrekte Verhalten eines Sportlers beschreibt und in der konkreten Situation die Einhaltung ebenfalls völlig unbestritten als notwendig erachtet wird, konkretisiert dies die Verkehrspflichten für den Sport.[1082]

II. Vergleich mit der Rechtsprechung zu Radsportunfällen

Wendet man das hier vertretene Konzept zur Haftung bei Radsportunfällen auf die bisher von der Rechtsprechung entschiedenen Fälle der Haftung nach einem Unfall während eines Radrennens an, so fallen die Ergebnisse gleich aus. In den bisher entschiedenen Fällen hat die Rechtsprechung durchweg keine Haftung der Radfahrer infolge regelkonformen, aber zugleich gegen die StVO verstoßenden Verhaltens angenommen.[1083]

Besonders hervorzuheben ist die zutreffende Feststellung des OLG Stuttgart, dass kein allgemeingültiger Erfahrungssatz dahingehend bestehe, dass beim Verhaken von Lenkern beim Fahren im Pulk, auf einen Fahrfehler der Betroffenen geschlossen werden könne.[1084] Solche Berührungen sind im Fahrerpulk relativ häufig und gerade Folge des erlaubten geringen Abstandes. Ebenfalls richtig stellt das OLG Stuttgart fest, dass „gegenseitiges Schubsen“ im Pulk in der Regel einen groben Regelverstoß darstellt und daher in diesem Fall ein Verschulden und damit eine Haftung anzunehmen ist.[1085]

1082 So zu recht auch *Burger, K.*, SpuRt 2007, 149, 151 für die Regeln, die das korrekte Verhalten im Bergsport beschreiben.

1083 *OLG Stuttgart,* Urteil v. 14.2.2006 (Az. 1 U 106/05), NJW-RR 2007, 1251–1253; *OLG Rostock,* Urteil v. 7.5.1997 (Az. Az 1 U 20/96), zitiert nach Juris; *OLG Düsseldorf,* Urteil v. 12.06.1995 (Az. 1 U 213/94), VersR 1996, 343–344; *AG Brackenheim,* Urteil v. 07.04.1989 (Az. C 513/89), VersR, 1286–1287; *OLG Koblenz,* Urteil v. 13.01.1988 (Az. 1 U 450/87), zitiert nach Juris.
Siehe dazu auch oben: *Bisherige Rechtsprechung zu Unfällen im Radsport bei Wettkampfunfällen S. 175 f.*

1084 *OLG Stuttgart,* Urteil v. 14.2.2006 (Az. 1 U 106/05), NJW-RR 2007, 1251, 1252.

1085 *OLG Stuttgart,* Urteil v. 14.2.2006 (Az. 1 U 106/05), NJW-RR 2007, 1251, 1252.

5. Kapitel: Haftung gemäß § 823 II 1 BGB bei Unfällen im Wettkampf

Eine im Sportrecht häufig nur beiläufig beachtete Frage ist, ob nicht eine Haftung gemäß § 823 II 1 BGB in Betracht kommt. Gerade im Radsport, bei dem die StVO eine erhebliche Rolle spielt[1086], kommt § 823 II 1 BGB als Anspruchsgrundlage in Betracht. Im Vergleich zur Haftung nach § 823 I BGB besteht für den Geschädigten der Vorteil, dass auch Vermögensschäden ersatzfähig sind, die nicht Folge der Verletzung eines absolut geschützten Rechts sind. Für die folgende Untersuchung sollen wieder die bereits oben beschriebenen für den Radsport typischen zwei Unfallmuster (eins: Auffahrunfall; zwei: Unfall im Zielsprint) dienen.[1087]

Als Schutzgesetze kommt zunächst das vom BDR bzw. der UCI erlassene Reglement in Betracht. Des Weiteren könnten einige Bestimmungen der StVO und des StGB als Schutzgesetze dienen.

A. § 823 II 1 BGB in Verbindung mit den Sportregeln als Schutzgesetze

Möglicherweise enthält das vom BDR erlassene Reglement, konkret also die Sportordnung und die disziplinenspezifischen Wettkampfbestimmungen beziehungsweise das von der UCI erlassene Reglement[1088] Schutzgesetze im Sinne von § 823 II 1 BGB.

I. Allgemeine Anforderungen an ein Schutzgesetz

Gemäß § 823 II 1 BGB ist nur bei Verletzung eines Gesetzes Schadensersatz zu leisten. Was unter Gesetz zu verstehen ist, ergibt sich aus der Legaldefinition in Art. 2 EGBGB, wonach kein formelles Gesetz notwendig ist, sondern jede Rechtsnorm ausreicht.[1089] Eine Rechtsnorm ist nach allgemeiner Ansicht eine abstrakt-generelle Regelung.[1090]

Grundsätzlich muss es sich um eine staatliche Regelung handeln. Genauer gesagt muss die Rechtsnorm von einer staatlichen Stelle erlassen worden sein. Es genügt

---

1086 Siehe dazu oben: *StVO S. 94 ff.*

1087 Siehe zu den Unfallmustern erstmals oben: *S. 107.*

1088 Siehe oben: *Die Disziplinen des Radsports S. 33 ff.* und *Reglement S. 73 ff.*

1089 Staudinger/*Hager, J.*, Stand 2009, § 823 BGB Rn. G 9; Soergel[13]/*Spickhoff, A.*, § 823 BGB Rn. 186; MüKo BGB[6]/*Wagner, G.*, § 823 BGB Rn. 389.

1090 Soergel[13]/*Spickhoff, A.*, § 823 BGB Rn. 186.

auch, wenn die Norm aufgrund einer vom Staat verliehenen Rechtssetzungsbefugnis von einer nicht staatlichen Stelle erlassen wurde.[1091]

Generell ist die Begrenzung auf staatliche Normen überzeugend, da mit dem Erlass von Schutzgesetzen der deliktische Schutz abstrakt konkretisiert wird und eine solche Kompetenz nur dem Staat zusteht. Außerstaatliche Institutionen verfügen gerade nicht über diese Kompetenz. Bei Verletzung von Normen, die ohne staatliche Kompetenz von privaten Institutionen erlassen wurden, kommen nur Schadensersatzansprüche aufgrund Pflichtverletzung nach § 280 BGB in Betracht. Die dafür notwendige Sonderverbindung kann im Gegensatz zu Schutzgesetzen für den Schädiger gerade nur dann Wirkung entfalten, wenn dieser an dessen Entstehung mitgewirkt hat.[1092]

II. Das BDR und UCI Reglement als Schutzgesetz

Generell handelt es sich beim BDR Reglement genauso wie beim UCI Reglement nicht um staatliche Regeln, sondern um Regeln privatrechtlicher Organisationen[1093], die sich bei deren Erlass nicht auf eine staatliche Ermächtigung stützen können. Dies ist generell für das Sportreglement in allen Disziplinen der Fall. Dementsprechend wird auch überwiegend die Schutzgesetzeigenschaft des Sportreglements abgelehnt.[1094]

Teilweise wird versucht, Teile des Sportreglements in den Rang des Gewohnheitsrechts zu heben.[1095] In diesem Fall käme eine Einordnung als Schutzgesetz unter Umständen in Betracht. Die nötige Eigenschaft als staatlich gesetztes Recht erhielten

1091 Soergel[13]/*Spickhoff, A.*, § 823 BGB Rn. 186; Staudinger/*Hager, J.*, Stand 2009, § 823 BGB Rn. G 13.

1092 Die für § 280 I BGB notwendige Sonderverbindung kann auch ohne Mitwirkung des Schädigers aufgrund eines gesetzlichen Schuldverhältnisses entstehen. Dieses setzt aber wiederum gerade eine gesetzliche und damit staatliche Grundlage voraus.

1093 Der BDR ist als eingetragener Verein, § 21 BGB, organisiert; siehe oben *Fn. 308.* Die UCI ist als Verein im Sinne von Art. 60 des Schweizerischen Zivilgesetzbuches organisiert, siehe Chapter I, Article 1 der CONSTITUTION der UCI, abrufbar unter: http://www.uci.ch/mm/Document/News/Rulesandregulation/16/26/19/UCIConstitution-October12013-ENG_English.pdf (Zuletzt geprüft am: 30.09.2014).

1094 Soergel[13]/*Spickhoff, A.*, § 823 BGB Rn. 186; Staudinger/*Hager, J.*, Stand 2009, § 823 BGB Rn. G 13; MüKo BGB[6]/*Wagner, G.*, § 823 BGB Rn. 396; *Deutsch, E.*, VersR 1974, 1045, 1046; *Krähe, C.*, Die zivilrechtlichen Schadenersatzansprüche von Amateur- und Berufssportlern für Verletzungen beim Fußballspiel: aktuelle Fragen des Sportrechts als Anwendungsfälle moderner Grundsätze des Haftungsrechts, 1981, S. 275 f.; *Fritzweiler, J.*, Haftung bei Sportunfällen, 1978, S. 29 f.; *OLG Karlsruhe,* Urteil v. 19.03.2004 (Az. 23 U 6/03), zitiert nach Juris, 16; *OLG Köln,* Urteil v. 12.12.1979 (Az. 2 U 81/78), zitiert nach Juris.

1095 Dies wird insbesondere für die 10 FIS Regeln zum Verhalten von Skifahrern vertreten. Vgl.: *OLG Hamm,* Urteil v. 17.5.2001 (Az. 27 U 209/00), zitiert nach Juris, 14;

die Sportregeln in diesem Fall aufgrund der häufigen Anwendung durch staatliche Gerichte, die nötig ist, um eine Regel zu Gewohnheitsrecht werden zu lassen.[1096] Aber auch auf diesem Weg kann das Sportreglement nicht zu einem Schutzgesetz werden. Dies hat im Wesentlichen zwei Gründe: Mangels langjähriger unbestrittener gerichtlicher Anwendung ist das Sportreglement kein Gewohnheitsrecht.[1097] Außerdem spricht gegen eine Schutzgesetzeigenschaft des Sportreglements, dass die Einordnung als Gewohnheitsrecht die Änderung des Reglements durch den Verband praktisch unmöglich machen würde, da dem (nicht staatlichen) Verband keine Kompetenz zur Änderung von Gewohnheitsrecht zusteht.[1098]

Des Weiteren ist äußerst zweifelhaft, ob Gewohnheitsrecht überhaupt Schutzgesetzeigenschaft hat, da mit der Ableitung von Schutzgesetzen aus Gewohnheitsrecht die Entscheidung des Gesetzgebers gegen eine deliktische Generalklausel aufgeweicht würde.[1099] Dies erscheint zumindest in Hinblick auf mögliche Normen des Gewohnheitsrechts richtig, die selbst keine Verletzung eines von § 823 I BGB geschützten Rechtsguts verlangen. Diese Diskussion kann jedoch an dieser Stelle nicht weiter vertieft werden.

III. Ergebnis

Das vom BDR und der UCI erlassene Reglement kann nicht als Schutzgesetz im Sinne von § 823 II 1 BGB dienen, da es sich um rein private Rechtsnormen handelt und nicht um staatliches Recht. Insbesondere ist das Reglement kein Gewohnheitsrecht, sodass auch auf diesem Weg das Reglement nicht zum Schutzgesetz wird.

B. § 823 II 1 BGB in Verbindung mit Vorschriften des StGB

Bei Unfallmuster eins oder zwei kommt auch ein Anspruch aus § 823 II 1 BGB in Verbindung mit Vorschriften aus dem StGB in Betracht. Konkret könnten vor allem § 229 StGB und § 222 StGB verletzte Schutzgesetze sein. Es könnte sogar auch

---

Leer, E./Dambeck, G., Piste und Recht, 2. Aufl. 1989, S. 7; offen gelassen dagegen: *Scheuer Werner*, DAR 1990, 121.

1096 Siehe zum Beispiel: *Brox, H./Walker, W.-D.*, Allgemeiner Teil des BGB, 36. Aufl. 2012, Rn. 8 f.

1097 Dies ist ganz herrschende Meinung. Vgl. zum Beispiel: *Deutsch, E.*, VersR 1974, 1045, 1046; *Heermann, P.W./Götze, S.*, NJW 2003, 3253, 3254; *Fritzweiler, J.*, Haftung bei Sportunfällen, 1978, S. 29 f.

1098 Darauf weisen *Heermann, P.W./Götze, S.*, NJW 2003, 3253, 3254 für die FIS Regeln hin.

1099 Ablehnend daher: Soergel[13]/*Spickhoff, A.*, § 823 BGB Rn. 186. Befürwortend dagegen: BeckOk BGB/*Spindler, G.*, Stand 11.2013, § 823 BGB Rn. 148. Offen gelassen, dafür mit Nachweisen zu den einzelnen Verästelungen des Streits Staudinger/*Hager, J.*, Stand 2009, § 823 BGB Rn. G 11; ebenfalls offen gelassen MüKo BGB[6]/*Wagner, G.*, § 823 BGB Rn. 397.

§ 223 StGB oder § 212 StGB verletzt sein. Eine Heranziehung von § 315c StGB als Schutzgesetz soll dagegen unten im Zusammenhang mit den Vorschriften der StVO behandelt werden. An eine Anknüpfung an Qualifikationen als Schutzgesetze, insbesondere an §§ 211, 224, 226 StGB, soll zum Zwecke der Übersichtlichkeit verzichtet werden.

I. Strafrechtliche Beurteilung der typischen Unfallmuster

Vor der eigentlichen Prüfung des § 823 II 1 BGB in Verbindung mit den StGB-Vorschriften bietet es sich an, das Verhalten der Beteiligten in Unfallmuster eins und zwei strafrechtlich zu beurteilen. Die Prüfung kann dabei nur skizzenhaft erfolgen. Auf eine Darstellung der gesamten, auch im Strafrecht sehr verästelten Diskussion zur Strafbarkeit bei Sportunfällen, muss an dieser Stelle verzichtet werden.

1. Unfallmuster eins

Bei *Unfallmuster Nummer eins* fahren zwei Radfahrer dicht hintereinander, um im Windschatten des jeweils anderen Fahrers Kraft zu sparen. In Folge des geringen Abstandes zwischen den Beteiligten kommt es zu einer Kollision, die zu einem Sturz beider Fahrer führt. Beide Beteiligten erleiden Schürfwunden und Prellungen. An den Rädern und der Kleidung der Radsportler entsteht ein Sachschaden.[1100]

a) Rechtslage bei Behandlung des Unfalls als bloßen Verkehrsunfall

Lässt man zunächst außer Betracht, dass es sich auch um einen Sportunfall und nicht nur um einen bloßen Verkehrsunfall handelt, ist die Rechtslage eindeutig: Der Hinterherfahrende hat eine fahrlässige Körperverletzung, § 229 StGB, begangen. Wäre der Vordermann gestorben, würde ihm sogar eine fahrlässige Tötung, § 222 StGB, zur Last fallen. Der Hinterherfahrende verursachte die Kollision und damit ist ihm die Verletzung des Vordermannes zurechenbar. Er handelte dabei auch objektiv fahrlässig, da er gegen die in diesem Fall die erforderliche Sorgfalt konkretisierende Norm § 4 I 1 StVO verstieß.[1101] Es ist nicht ersichtlich, dass ihm aus persönlichen Gründen der Tatverlauf nicht vorhersehbar war oder er ihn nicht vermeiden konnte.[1102]

1100 Siehe zur Beschreibung des Unfallmusters eins auch bereits oben *S. 107.*

1101 Generell wird auch im Strafrecht der objektive Maßstab der Fahrlässigkeit durch staatliche Normen bestimmt, wenn diese die erforderliche Sorgfalt für die jeweilige Situation konkretisieren. Dies ist völlig unstreitig, siehe dazu beispielsweise Schönke-Schröder[29]/*Sternberg-Lieben, D./Schuster, F.*, § 15 StGB Rn. 135; MüKo StGB[2]/*Duttge, G.*, § 15 StGB Rn. 136–138.

1102 Allgemein zur zweistufigen Prüfung der Fahrlässigkeit im Strafrecht und den Voraussetzungen für den individuellen Fahrlässigkeitsvorwurf siehe beispielsweise Fischer[61]/*Fischer, T.*, § 15 StGB Rn. 12–14a; Lackner/Kühl[28]/*Kühl, K.*, § 15 StGB Rn. 35–54; Schönke-Schröder[29]/*Sternberg-Lieben, D./Schuster, F.*, § 15 StGB Rn. 105–190.

Dagegen ist keine vorsätzliche Körperverletzung, § 223 I StGB, gegeben, da keine Anhaltspunkte dafür bestehen, dass der Hinterherfahrende den Vorausfahrenden wissentlich und willentlich verletzen bzw. an der Gesundheit schädigen wollte.[1103]

b) Die strafrechtliche Bewertung von Sportunfällen

Die Beurteilung der Tat ändert sich allerdings, wenn man berücksichtigt, dass der Unfall sich während eines Sportwettkampfes ereignete. Auch bei der Prüfung der Strafbarkeit ist der Besonderheit der Sportausübung, insbesondere der damit einhergehenden und bewusst in Kauf genommenen Eigengefährdung, entsprechend Rechnung zu tragen.

Die Diskussion im Strafrecht zu diesem Problem zeigt deutliche Parallelen zu der Diskussion im Zivilrecht.[1104] Letztlich können auch hier die Ansätze in zwei Lager hinsichtlich der ihnen zugrunde liegenden Rechtfertigung eingeteilt werden: Entweder es wird primär auf die soziale Akzeptanz des Sports abgestellt oder es wird die bewusste individuelle Entscheidung des Einzelnen zur Eingehung des Risikos betont.[1105]

Ähnlich der Entwicklung im zivilrechtlichen Haftungsrecht setzt sich auch im Strafrecht vermehrt die Begründung durch, die die Sozialüblichkeit des Sports und die damit einhergehende Akzeptanz der Sportausübung in der Gesellschaft betont. Dazu wird häufig mit dem Schlagwort des „erlaubten Risikos" operiert.[1106] Die Vertreter dieses Ansatzes sehen durchwegs den Tatbestand als nicht verwirklicht an, unterscheiden sich jedoch etwas in ihrer genauen Verortung des Problems innerhalb des Tatbestandes.[1107]

1103 Generell zu den Voraussetzungen des Vorsatzes im Strafrecht siehe beispielsweise Fischer[61]/*Fischer, T.*, § 15 StGB Rn. 2–9g; Schönke-Schröder[29]/*Sternberg-Lieben, D./Schuster, F.*, § 15 StGB Rn. 6 ff.; MüKo StGB[2]/*Joecks, W.*, § 16 StGB Rn. 10–65.

1104 Eine sehr gute und kurze Stellungnahme zu diesem Thema bieten: *Rössner, D.*, Fahrlässiges Verhalten im Sport als Prüfstein der Fahrlässigkeitsdogmatik, in: Weigend, T., Festschrift für Hans Joachim Hirsch zum 70. Geburtstag am 11. April 1999, 1999, S. 313–325 und *Eser, A.*, JZ 1978, 368–374. In der Kommentarliteratur bieten Leipziger Kommentar[11]/*Hirsch, H. J.*, § 228 StGB Rn. 12 und Schönke-Schröder[29]/*Sternberg-Lieben, D./Schuster, F.*, § 15 StGB Rn. 214 f. einen guten Überblick und weitere Nachweise. Monographisch siehe zum Beispiel: *Berkl, M.*, Der Sportunfall im Lichte des Strafrechts, 2007; *Zipf, H.*, Einwilligung und Risikoübernahme im Strafrecht, 1970.

1105 Siehe oben: *Zusammenfassung S. 172.*

1106 *Rössner, D.*, Fahrlässiges Verhalten im Sport als Prüfstein der Fahrlässigkeitsdogmatik, in: Weigend, T., Festschrift für Hans Joachim Hirsch zum 70. Geburtstag am 11. April 1999, 1999, S. 315.

1107 Siehe dazu mwN. *Rössner, D.*, Fahrlässiges Verhalten im Sport als Prüfstein der Fahrlässigkeitsdogmatik, in: Weigend, T., Festschrift für Hans Joachim Hirsch zum 70. Geburtstag am 11. April 1999, 1999, S. 319–325; Schönke-Schröder[29]/*Sternberg-Lieben, D./Schuster, F.*, § 15 StGB Rn. 214; Leipziger Kommentar[11]/*Hirsch, H. J.*, § 228 StGB Rn. 12 (ebenfalls kein objektiv sorgfaltswidriges Verhalten).

Dagegen spielt die rechtfertigende Einwilligung auch im Strafrecht[1108] nicht mehr die entscheidende Rolle.[1109] Die Einwände sind hier im Wesentlichen die gleichen, die auch gegen die zivilrechtliche Einwilligung vorgebracht werden: Die Einwilligung würde auf eine Fiktion hinauslaufen, da die Sportler gerade nicht in ihre Verletzung einwilligen, sondern darauf hoffen, unverletzt zu bleiben.[1110] Richtigerweise wird aber auch im Strafrecht ähnlich der hier für das Zivilrecht entwickelten Lösung vertreten, dass bei reinen Kampfsportarten, bei denen die Verletzung des Gegners gerade das Ziel des Sports ist, eine Einwilligung nicht nur fingiert ist.[1111]

Welche Verletzungen noch als sozialadäquat und damit als tatbestandsausschließend beurteilt werden, hängt maßgeblich von den geltenden Wettkampfregeln ab. Regelkonformes Verhalten wird übereinstimmend für sozialadäquat gehalten.[1112] Erst bei regelwidrigem Verhalten zeigen sich gewisse Unterschiede in den Ansichten. Zumeist werden aber leichte Regelverstöße noch als sozialadäquat beurteilt, insbesondere wenn diese in der Sportart typischerweise auftreten.[1113]

c) Beurteilung von Unfallmuster eins

Wendet man die gerade aufgezeigten Grundsätze auf Unfallmuster eins im Radsport an, zeigt sich, dass der Hinterherfahrende nicht tatbestandsmäßig handelt. Der

---

1108 Zur ihrer Bedeutung im Zivilrecht nach dem hier vorgestellten Ansatz siehe oben: *Vorsätzliche Rechtsgutverletzung bei sportregelkonformen Verhalten S. 213 ff.*

1109 *Rössner, D.*, Fahrlässiges Verhalten im Sport als Prüfstein der Fahrlässigkeitsdogmatik, in: Weigend, T., Festschrift für Hans Joachim Hirsch zum 70. Geburtstag am 11. April 1999, 1999, S. 315–319; Leipziger Kommentar[11]/*Hirsch, H. J.*, § 228 StGB Rn. 12.

1110 *Rössner, D.*, Fahrlässiges Verhalten im Sport als Prüfstein der Fahrlässigkeitsdogmatik, in: Weigend, T., Festschrift für Hans Joachim Hirsch zum 70. Geburtstag am 11. April 1999, 1999, S. 316 f.; Schönke-Schröder[29]/*Sternberg-Lieben, D./Schuster, F.*, § 15 StGB Rn. 214.

1111 *Rössner, D.*, Fahrlässiges Verhalten im Sport als Prüfstein der Fahrlässigkeitsdogmatik, in: Weigend, T., Festschrift für Hans Joachim Hirsch zum 70. Geburtstag am 11. April 1999, 1999, S. 317; Leipziger Kommentar[11]/*Hirsch, H. J.*, § 228 StGB Rn. 12.

1112 *Rössner, D.*, Fahrlässiges Verhalten im Sport als Prüfstein der Fahrlässigkeitsdogmatik, in: Weigend, T., Festschrift für Hans Joachim Hirsch zum 70. Geburtstag am 11. April 1999, 1999, S. 323; Schönke-Schröder[29]/*Sternberg-Lieben, D./Schuster, F.*, § 15 StGB Rn. 214; Leipziger Kommentar[11]/*Hirsch, H. J.*, § 228 StGB Rn. 12.

1113 *Rössner, D.*, Fahrlässiges Verhalten im Sport als Prüfstein der Fahrlässigkeitsdogmatik, in: Weigend, T., Festschrift für Hans Joachim Hirsch zum 70. Geburtstag am 11. April 1999, 1999, S. 324 f. sieht die Grenze bei „groben Regelverletzungen“. Leipziger Kommentar[11]/*Hirsch, H. J.*, § 228 StGB Rn. 12 verlangt eine Überschreitung der Spielregeln in „grober Weise“. Schönke-Schröder[29]/*Sternberg-Lieben, D./Schuster, F.*, § 15 StGB Rn. 14 spricht von „grobe[n] Regelwidrigkeiten“.

Hinterherfahrende verhält sich regelkonform[1114] und somit sozialadäquat, daher kann ihm die Verletzung des Vordermannes nicht zugerechnet werden.

2. *Unfallmuster zwei*

Bei *Unfallmuster Nummer zwei* befinden sich zwei Radfahrer im Zielsprint. Der Vorausfahrende wechselt mehrmals die Fahrspur, um den hinter ihm sprintenden Rennfahrern weniger Windschatten zu bieten und das Überholen zu erschweren. Beim zweiten Spurwechsel berühren sich das Hinterrad des Vorausfahrenden und das Vorderrad des Hinterherfahrenden. Aufgrund dieser Berührung stürzt der Hintermann und erleidet ebenfalls Verletzungen sowie einen Sachschaden an seinem Fahrrad.[1115]

a) Rechtslage bei Behandlung des Unfalls als bloßen Verkehrsunfall

Wie oben bereits dargelegt, ist Unfallmuster zwei schwerer in den allgemeinen Straßenverkehr übertragbar als Unfallmuster eins, da ein Zielsprint im täglichen Straßenverkehr nicht vorkommt.[1116] Denkbar ist allerdings die Situation, dass der Vorausfahrende Schlangenlinien fährt und der Hinterherfahrende mit diesem in Berührung kommt.

In diesem Fall hätten beide Radfahrer eine fahrlässige Körperverletzung, § 229 StGB, begangen. Das Verhalten der Beteiligten führt unmittelbar zur Verletzung des jeweils anderen und ist als fahrlässig zu beurteilen. Der Hinterherfahrende verstößt gegen § 4 I 1 StVO, da er nicht den gebotenen Sicherheitsabstand einhält. Der Vorausfahrende hält die Fahrspur nicht ein. Dies ist ein Verstoß gegen das in § 2 I 1 StVO normierte Rechtsfahrgebot und gegen die in § 1 StVO normierte Grundregel der Vorsicht und gegenseitigen Rücksichtnahme.

Eine Vorsatzstrafbarkeit scheidet aber genau wie bei Unfallmuster eins aus. Den beiden Radfahrern fehlt es an dem für § 223 StGB nötigen Schädigungsvorsatz.

b) Rechtslage bei Berücksichtigung der sportspezifischen Interessenlage

Im Gegensatz zu Unfallmuster eins sind bei Unfallmuster zwei nicht beide Beteiligten straffrei. Der Wechsel der Fahrspur im Zielsprint ist als Regelverstoß zu werten.[1117] Legt man die wohl herrschende Ansicht im Strafrecht zugrunde, kommt eine Bewertung als sozialadäquat und damit als nicht tatbestandsmäßig nur in Betracht, wenn es sich nicht um einen groben Regelverstoß handelt.[1118] Allerdings kann an dieser Stelle

---

1114 Zur Beurteilung von Unfallmuster eins siehe bereits oben: *Unfallmuster eins S. 177.*

1115 Siehe zur Beschreibung des Unfallmusters zwei bereits oben *S. 107.*

1116 Siehe oben: *Unfallmuster 2: Sturz des hinterherfahrenden Radfahrers aufgrund des Spurwechsels des Vordermannes im Zielsprint S. 165.*

1117 Zur Beurteilung von Unfallmuster zwei anhand des Radsportreglements siehe oben: *Unfallmuster zwei S. 177 ff.*

1118 Siehe die Nachweise in *Fn. 1113.*

nicht beurteilt werden, ob das Merkmal des groben Regelverstoßes für das Strafrecht zu einer treffenden Differenzierung führt. Im Zivilrecht ist nach hier vorgeschlagener Konzeption nicht nur auf die Schwere des Regelverstoßes abzustellen, sondern es sind auch weitere Umstände in die Abwägung miteinzubeziehen.[1119]

Es ist relativ schwer zu beantworten, ob der Wechsel der Fahrspur im Zielsprint ein grober Regelverstoß oder ein „normaler/mittlerer/leichter" Regelverstoß ist. Eine Möglichkeit besteht darin, die dafür vorgesehene Strafe mit der Strafe für andere Regelverletzungen zu vergleichen. Maßgeblich sind insoweit die Strafenkataloge des BDR bzw. der UCI. Nach dem BDR-Reglement wird ein Wechsel der Fahrlinie im Zielsprint bei einem Eintages-Straßenrennen mit Disqualifikation und einer Geldstrafe von 60 Euro bestraft.[1120] Nach UCI Reglement erwartet den Rennfahrer bei Eintagesrennen (in allen Disziplinen) ebenfalls eine Disqualifikation und eine Geldstrafe zwischen 100 und 200 Schweizer Franken.[1121] Im Vergleich mit den Strafen für andere Regelwidrigkeiten führt die Kumulation aus Geldstrafe und Disqualifikation zu einer vergleichsweise hohen Strafe, da bei anderen Verstößen häufig entweder nur die eine oder die andere Sanktion droht. Teilweise wird auch ein Regelverstoß statt mit einer Disqualifikation nur mit einer Zeitstrafe geahndet. Darüber hinaus werden in manchen Fällen auch nur niedrigere Geldstrafen verhängt.

Der Wechsel der Fahrspur des Vorausfahrenden ist daher als schwerer Regelverstoß zu beurteilen. Strafrechtlich ist das Verhalten somit als sozialinadäquat und als objektiv fahrlässig zu bewerten. Für einen Ausschluss der Rechtswidrigkeit bestehen keine Anhaltspunkte. Ob das Verhalten auch im Einzelfall subjektiv fahrlässig war, ist anhand des jeweiligen Einzelfalls zu beurteilen. Wenn jedoch keine besonderen Umstände auf Seiten des Täters gegeben sind, die dafür sprechen, dass ihm das Verbot (unvermeidbar, § 17 StGB) nicht bekannt war oder er sich im Einzelfall sich daran halten konnte, ist sein Verhalten auch als schuldhaft zu bewerten.

3. *Zusammenfassung*

Insgesamt ist demnach das Verhalten der Beteiligten in Unfallmuster eins als nicht strafbar zu beurteilen. Dagegen macht sich der im Zielsprint die Spur wechselnde Fahrer strafbar. Je nach Folge des Unfalls entweder gemäß § 229 StGB oder sogar gemäß § 222 StGB. Eine Vorsatzstrafbarkeit wird dagegen in der Regel nicht gegeben sein, da es am entsprechenden Vorsatz fehlt.

1119 Siehe dazu oben: *Regelverstöße und deren Verhältnis zur im Verkehr erforderlichen Sorgfalt S. 205 ff.*

1120 BDR, Wettkampfbestimmungen Straßenrennsport, Stand 04.2014, Anhang A Strafenkatalog.

1121 UCI, Cycling Regulations, Part 12 Discipline and Procedure, Stand 03/2014, Punkt 12.1.040.

II. Anforderungen gemäß § 823 II 1 BGB an die Schutzgesetzverletzung

Es besteht in der Literatur keine Einigkeit hinsichtlich der Frage, welche Voraussetzungen des Strafgesetzes für einen Anspruch auf Schadensersatz aus § 823 II 1 BGB erfüllt sein müssen. Konkret besteht Streit über die Auslegung des von § 823 II 1 BGB geforderten Merkmals des Verstoßes gegen ein Schutzgesetz. Hinsichtlich der Verletzung von StGB-Vorschriften reicht dabei die Bandbreite der vertretenen Ansichten von bloßer Verwirklichung des Tatbestandes (mit anschließender zivilrechtlicher Prüfung der Rechtswidrigkeit und des Verschuldens) bis zur Erfüllung aller Voraussetzungen der Strafbarkeit mit Ausnahme eines eventuell vorliegenden Strafantragserfordernisses.[1122]

1. *Auswirkungen auf die hier vorgestellten Beispiele*

Zunächst ist festzustellen, dass in Unfallmuster eins ein Anspruch aus § 823 II 1 BGB nach allen Ansichten zur Reichweite der Verweisung von § 823 II 1 BGB ausscheidet. Bei Unfallmuster eins liegt schon der Tatbestand der Strafrechtsnorm nicht vor, da der Tatbestand von § 229 StGB eine objektive Sorgfaltspflichtverletzung verlangt und diese nach der im Strafrecht herrschenden Theorie der Sozialadäquanz aufgrund der sportrechtlichen Besonderheit des Falles nicht gegeben ist. Auf die Verletzung des Tatbestandes der Strafnorm kann nach keiner Ansicht für einen Anspruch aus § 823 II 1 BGB verzichtet werden.[1123]

Nicht weiter nachgegangen werden braucht an dieser Stelle der Frage, welches Ergebnis sich ergibt, wenn man mit einer im Strafrecht verbreiteten Meinung statt eines Tatbestandsausschlusses eine Einwilligung des Sportlers vertritt.[1124] Diese Ansicht wird auch im Strafrecht immer seltener vertreten und ist insbesondere für verhaltensbezogene Straftatbeständen unpassend, da eine regelkonforme Sportausübung keine Verhaltenspflicht verletzen kann. Vertritt man diese Ansicht dennoch, wird man der Einwilligung auch für den Anspruch aus § 823 II 1 BGB rechtfertigende Wirkung zukommen lassen müssen. Es besteht dafür die Möglichkeit, die Verweisung von § 823 II 1 BGB so auszulegen, dass das Strafgesetz auch rechtswidrig verletzt sein muss oder man berücksichtigt die Einwilligung direkt in der zivilrechtlichen Anspruchsprüfung.

Anders liegt der Fall jedoch bei Unfallmuster zwei. Hier erfüllt der Vorausfahrende alle Voraussetzungen des Strafgesetzes. Es besteht dann insoweit ein Unterschied, ob die Rechtswidrigkeit und das Verschulden nach den Vorgaben des Zivilrechts oder des Strafrechts beurteilt werden. Konkret geht es vor allem um die Frage, ob

1122 Siehe allgemein zum Streitstand: MüKo BGB[6]/*Wagner, G.*, § 823 BGB Rn. 435 f.; Soergel[13]/*Spickhoff, A.*, § 823 BGB Rn. 204–215.

1123 Soergel[13]/*Spickhoff, A.*, § 823 BGB Rn. 205; *ders.* Gesetzesverstoß und Haftung, 1998, S. 187 ff.

1124 Siehe dazu oben: *Die strafrechtliche Bewertung von Sportunfällen S. 255 f.*

das Verschulden anhand des objektiven zivilrechtlichen Maßstabes des § 276 II BGB oder des subjektiven Maßstabes des StGB beurteilt werden soll.

2. Geltung des zivilrechtlichen Sorgfaltsmaßstabes

Es erscheint überzeugender, den objektiven Fahrlässigkeitsmaßstab des Zivilrechts anzuwenden. Dieser passt besser zum Sinn und Zweck des § 823 II 1 BGB, Schäden auszugleichen.[1125] Der Schadensausgleich sollte zum Schutz des Geschädigten nicht von subjektiven Voraussetzungen des Schädigers abhängen. Diese sind nur für die Entscheidung über die Strafbarkeit des Verletzenden von Belang.

Nach der hier vorgestellten Lösung würden dementsprechend persönliche Einschränkungen auf Seiten des die Spur wechselnden Rennfahrers, die dessen strafrechtliche Fahrlässigkeitsschuld ausschließen würden, nicht zu einem Ausschluss des Anspruches aus § 823 II 1 BGB führen. Allerdings ist im Rahmen der Prüfung des Verschuldens der sportrechtlichen Besonderheit anhand der oben genannten Kriterien Rechnung zu tragen.[1126]

C. § 823 II 1 BGB in Verbindung mit StVO Regeln

Bei der Prüfung des Anspruchs aus § 823 II 1 BGB in Verbindung mit den StVO Vorschriften stellt sich zunächst das Problem, ob die Sportler überhaupt gegen die StVO verstoßen. Dies ist insbesondere deshalb problematisch, da es sich bei den hier untersuchten Unfällen nicht nur um bloße Verkehrsunfälle handelt, sondern auch dem Umstand, dass die Radfahrer an einem gemäß § 29 II 1 StVO genehmigten Radrennen teilnehmen, genügend Rechnung getragen werden muss.

I. Verletzung der StVO

Wie bereits dargestellt, verstoßen die Sportler sowohl in Unfallmuster eins (dort nur der Hinterherfahrende) sowie in Unfallmuster zwei (dort beide Rennfahrer) auf den ersten Blick gegen § 4 I 1 StVO beziehungsweise § 2 I 1 StVO.[1127] Andererseits erlangt die StVO bei einem genehmigten Wettkampf zwischen den Sportlern nur eingeschränkte Geltung, da die entsprechenden Vorschriften im Lichte der gemäß § 29 II 1 StVO notwendigen Genehmigung auszulegen sind.[1128] Die Genehmigung erfolgt stets auch in Hinblick auf das Radsportreglement, sodass regelkonforme

---

1125 *BGH,* Urteil v. 16.1.1968 (Az. VI ZR 134/66), zitiert nach Juris, Rn. 15; Soergel[13]/*Spickhoff, A.*, § 823 BGB Rn. 211; Staudinger/*Hager, J.*, Stand 2009, § 823 BGB Rn. G 38; a.A. dagegen MüKo BGB[6]/*Wagner, G.*, § 823 BGB Rn. 436.

1126 Siehe oben: *Regelverstöße und deren Verhältnis zur im Verkehr erforderlichen Sorgfalt S. 205 ff.*

1127 Siehe oben *Verschulden S. 161 f.* und *Voraussetzungen S. 165.*

1128 Zur Begründung dieses Ergebnisses siehe auch oben: *Genehmigungspflicht für Radrennen S. 101 f.*

Verhaltensweisen nicht gegen die StVO verstoßen. In Unfallmuster eins kann man daher schon keine Verletzung der StVO annehmen.

Nicht ganz so eindeutig ist die Lage jedoch bei nicht regelkonformen Verhaltensweisen wie in Unfallmuster zwei. Bei diesen Verhaltensweisen wäre es denkbar, dass diese nicht nur gegen das Reglement, sondern auch gegen die StVO verstoßen. Mit anderen Worten ist zu überprüfen, ob die StVO im Rennen für das Verhältnis zwischen den Teilnehmern vollständig derogiert ist und nur noch das Reglement die Fahrordnung bestimmt oder ob die StVO im Verhältnis zwischen den Teilnehmern nur bis zur Stufe des Reglements derogiert ist, sodass beide Regelwerke die Fahrordnung bestimmen.

II. Vollständige Derogation in Hinblick auf § 823 II BGB

Zumindest in Hinblick auf § 823 II 1 BGB ist es überzeugender, eine völlige Derogation der StVO Vorschriften im Binnenverhältnis zwischen den Teilnehmern anzunehmen. Dies gilt gerade für diejenigen StVO Vorschriften, die Sachverhalte betreffen, die auch im Radsportreglement geregelt werden. Andernfalls würden die Sportregeln des Radsports durch den Zufall, dass das Wettkampfgeschehen im Gegensatz zu den sonstigen Sportarten der StVO unterfällt, zu Schutzgesetzen aufgewertet. Es erscheint darüber hinaus nicht sinnvoll, die StVO durch die Wettkampfregeln zunächst aufzuweichen, dem überbleibenden Rest dann aber Schutzgesetzcharakter beizumessen. Vielmehr verliert die StVO im Rennen aufgrund der Genehmigung nach § 29 II 1 StVO und der wettkampffreundlichen Auslegung ihren Charakter als Schutzgesetz zwischen den Teilnehmern. In dieser Situation dient die StVO nicht mehr dem Schutz der Teilnehmer untereinander.

Im Übrigen erscheint eine vollständige Derogation auch deshalb überzeugender, da sonst bei einem Verstoß gegen eine Wettkampfvorschrift, der gleichzeitig noch ein Verstoß gegen eine teilweise derogierte StVO Vorschrift darstellt, der Sportler nicht nur mit einer Sportsanktion belegt werden könnte, sondern auch noch ein staatliches Bußgeld fürchten müsste.

Die in vielen Wettkampfausschreibungen zu findende Passage, dass im Rennen die StVO gelte[1129], steht dem gefundenen Ergebnis nicht entgegen. Damit wird vor allem auf die Geltung der StVO gegenüber unbeteiligten Dritten und Zuschauern hingewiesen.

III. Haftungsbegrenzung durch Verschuldensprüfung

Selbst wenn man eine nur teilweise Derogation annehmen würde, käme es zumindest gemäß § 823 II 2 BGB zu einer Begrenzung des Anspruches, da der Schädiger schuldhaft gegen die StVO verstoßen muss. Bei der Verschuldensprüfung wären

1129 Vgl. beispielsweise die Ausschreibung des *Sport Scheck Mountainbike Festivals Tergenseer Tal*, abrufbar unter http://www.mtb-festival.de/files/2008/09/haftungsausschlussmtbfestival2014.pdf (Zuletzt geprüft am: 30.09.2014).

wiederum die bereits dargestellten Grundsätze zur sportfreundlichen Auslegung des Verschuldensmaßstabes heranzuziehen.[1130]

IV. Bedeutung im Zusammenhang mit § 315c StGB

Mangels Geltung der StVO zwischen den Rennteilnehmern scheidet auch ein Verstoß der Rennteilnehmer gegen § 315c StGB aufgrund einer Verkehrswidrigkeit aus. Einer unter Umständen denkbaren Strafbarkeit gemäß § 315c I Nr. 1 StGB soll an dieser Stelle nicht weiter nachgegangen werden.

1130 Siehe oben: *Umgang mit Regelverstößen – Verschuldensebene S. 199 ff.* und *Maßstab der Verschuldens S. 209 ff.*

3. Teil: Haftungsfragen bei Trainingsunfällen

Im 3. Teil wird der Frage nachgegangen, wie nach einem Unfall im Radtraining gehaftet wird. Als Ausgangspunkt können die bereits bekannten *Unfallmuster eins* und *zwei* dienen, lediglich mit dem Unterschied, dass diese sich nun während des Trainings ereignen.

Bei *Unfallmuster Nummer eins* fährt ein Radfahrer dicht hinter dem anderen, um im Windschatten des anderen Fahrers Kraft zu sparen. Als Folge des geringen Abstandes zwischen den Beteiligten kommt es zu einer Kollision, die zu einem Sturz beider Fahrer führt. Beide Beteiligten erleiden Schürfwunden und Prellungen. An den Rädern und der Kleidung der Radsportler entsteht ein Sachschaden.[1131]

Bei *Unfallmuster Nummer zwei* befinden sich zwei Radfahrer im Zielsprint. Der Vorausfahrende wechselt mehrmals die Fahrspur, um den hinter ihm sprintenden Rennfahrern weniger Windschatten zu bieten und das Überholen zu erschweren. Beim zweiten Spurwechsel berühren sich das Hinterrad des Vorausfahrenden und das Vorderrad des Hinterherfahrenden. Aufgrund dieser Berührung stürzt der Hintermann und erleidet ebenfalls Verletzungen sowie einen Sachschaden an seinem Fahrrad.[1132] Im Gegensatz zur Situation im Wettkampf ist aber davon auszugehen, dass die Radfahrer den Zielsprint nur trainieren. Dies ist im Training durchaus üblich und gerade Rennradfahrer nutzen dazu häufig Ortsschilder als virtuelle Ziellinie.

1131 Siehe die Beschreibung des Unfallmusters eins auch bereits oben *S. 107*.
1132 Siehe die Beschreibung des Unfallmusters zwei bereits oben *S. 107*.

6. Kapitel: Haftung gemäß § 280 I BGB bei Unfällen im Training

Im sechsten Kapitel geht es um die Haftung gemäß § 280 I BGB bei Unfällen während eines Radsporttrainings. Dabei ist von entscheidender Bedeutung, ob zwischen den Trainingsteilnehmern ein von § 280 I BGB gefordertes Schuldverhältnis besteht. Dieses kann auf verschiedenen Wegen entstehen. Zunächst kommt in Betracht, dafür eine Mitgliedschaft im gleichen Verein oder sogar die gemeinsame (mittelbare) Mitgliedschaft im gleichen Spitzenverband ausreichen zu lassen. Darüber hinaus ist zu prüfen, ob nicht aufgrund des gemeinsamen Trainings allein ein solches Schuldverhältnis entsteht.

A. Schuldverhältnis zwischen den Teilnehmern aufgrund Mitgliedschaft in einem Team

Es besteht die Möglichkeit, dass die am Training teilnehmenden Sportler Mitglied eines Radteams sind. Je nach Organisation des Teams kommen dann relative Schutzpflichten zwischen den Teammitgliedern in Betracht, bei deren Verletzung gemäß § 280 I BGB Schadensersatz geleistet werden muss. Sollte dies nicht der Fall sein, so könnten die Sportler zumindest alle im gleichen Spitzenverband, konkret also im BDR oder im internationalen Umfeld in der UCI, organisiert sein. Möglicherweise genügt bereits eine dieser Verbindungen zur Begründung von relativen Schutzpflichten, bei deren Verletzung gemäß § 280 I BGB Schadensersatz geleistet werden muss.

I. Organisation im gleichen Spitzenverband

Mit Organisation im gleichen Spitzenverband ist die mittelbare Mitgliedschaft der Sportler im Spitzenverband gemeint. Die Sportler sind nicht direkt Mitglied des Spitzenverbandes, sondern deren mittelbare Mitgliedschaft beruht auf drei Brücken: Mitglieder des Spitzenverbandes sind die Spitzenverbände der Länder, Mitglieder dieser Landesspitzenverbände wiederum sind die Radvereine. Dementsprechend sind die Mitglieder der Radsportvereine über die Brücken Mitgliedschaft im Radsportverein, Mitgliedschaft des Radvereins im Landesspitzenverband und Mitgliedschaft des Landesspitzenverbandes im BDR mittelbar Mitglieder des BDR.[1133]

Die mittelbare Mitgliedschaft in der UCI entsteht durch die weitere Brücke Mitgliedschaft des nationalen Spitzenverbandes in der UCI.

1133 Siehe zur Organisation des Radsports in Deutschland bereits oben: *Satzungslösung S. 77 ff.*, die Nachweise in *Fn. 308, 309* und *310* sowie *Vergleich zur Mitgliedschaft im selben Spitzenverband S. 144 f.*

Allerdings führt dies nicht zur Geltung des Reglements zwischen den mittelbaren Mitgliedern und daher werden auf diesem Wege auch keine relativen Schutzpflichten begründet. Insoweit bestehen keine Unterschiede zur Wettkampfsituation.[1134]

II. Mitgliedschaft im selben Sportverein

Auch aufgrund der Mitgliedschaft im selben Verein entstehen keine relativen Schutzpflichten zwischen den Vereinsmitgliedern. Insoweit ist die Verbindung der Vereinsmitglieder untereinander nicht eng genug.[1135]

III. Mitgliedschaft in einem nicht als Verein aber auf anderem Wege rechtlich organisierten Team

Auch im Training besteht die Möglichkeit, dass die Trainingsteilnehmer einem rechtlich organisierten Team angehören, das allerdings nicht als eingetragener Verein organisiert ist. In diesem Fall könnten relative Schutzpflichten zwischen ihnen bestehen. Auch hier gilt im Wesentlichen das Gleiche wie bei der gemeinsamen Wettkampfteilnahme.[1136]

1. Arbeitsrechtliche Verbundenheit zwischen dem Team und den Rennfahrern

Sollten die Rennfahrer, wie es für den Profisport typisch ist, arbeitsvertraglich an das Team gebunden sein, besteht zwischen ihnen als Arbeitnehmern eines Betriebes kein direktes Schuldverhältnis. Eine Sonderverbindung zwischen den Arbeitnehmern wird, genauso wie ein Drittschutz des Arbeitsverhältnisses zugunsten des verletzten Arbeitnehmers, überwiegend zu Recht abgelehnt.[1137] Hingewiesen sei allerdings noch einmal auf den Haftungsausschluss gemäß § 105 I 1 SGB VII, nach dem bei Körperschäden und Vorliegen gewisser weiterer Voraussetzungen nicht der Schädiger haftet, sondern die Unfallversicherung leisten muss.[1138] Darüber hinaus findet das Haftungsprivileg gemäß § 106 III Fall 3 SGB VII auch dann Anwendung, wenn die Arbeitnehmer zwar nicht dem gleichen Betrieb angehören, aber auf einer

---

1134 Siehe dazu ausführlich oben: *Vergleich zur Mitgliedschaft im selben Spitzenverband S. 144 f.*

1135 Zur ausführlichen Begründung siehe oben: *Die Teammitglieder starten für ein als eingetragener Verein organisiertes Team S. 141 ff.*

1136 Siehe dazu oben: *Die Teammitglieder sind im Rahmen eines Arbeits- oder sonstigen Dienstvertrages mit dem Team verbunden S. 138 ff.* und *Die Teammitglieder gründen eine Gesellschaft bürgerlichen Rechts, um gemeinsam an Rennen teilzunehmen S. 145 f.*

1137 Siehe oben: *Die Teammitglieder sind im Rahmen eines Arbeits- oder sonstigen Dienstvertrages mit dem Team* verbunden *S. 138 ff.*

1138 Siehe *Leube, K.*, VersR 2008, 880, 881.

gemeinsamen Betriebsstätte tätig sind. Dies kann für die im Wettkampf gegeneinander antretenden Profisportler, insbesondere auch Radrennfahrer, angenommen werden.[1139] Aber auch wenn Profis aus verschiedenen Mannschaften gemeinsam auf einer gemeinsamen Trainingsstrecke trainieren, liegt die Annahme einer gemeinsamen Betriebsstätte zumindest nahe.

2. *Ausdrückliche vertragliche Gründung einer Gesellschaft bürgerlichen Rechts*

Haben die Rennfahrer sich ausdrücklich vertraglich auf das Bestehen einer Gesellschaft bürgerlichen Rechts geeinigt, kommt bei Verletzung einer Pflicht aus dem Gesellschaftsvertrag und Vorliegen der weiteren Voraussetzungen eine Schadensersatzpflicht aus § 280 I BGB in Betracht.[1140] Dementsprechend kommt auch ein Anspruch auf Schadensersatz wegen nicht regelkonformen Verhaltens eines Mitglieds bei einem gemeinsamen Training in Betracht. Dem schädigenden Gesellschafter käme dabei § 708 BGB zugute.[1141]

B. Schuldverhältnis zwischen den Trainingsteilnehmern aufgrund des Zusammenschlusses zum Trainieren alleine

Möglicherweise kommt es zu relativen Schutzpflichten alleine aufgrund des gemeinsamen Trainierens oder genauer gesagt, aufgrund einer Absprache, die den meisten gemeinsamen Trainings zugrunde liegt.

Dagegen bestehen im Gegensatz zur gemeinsamen Wettkampfteilnahme keine relativen Schutzpflichten zwischen den Trainingsteilnehmern aufgrund der Grundsätze des Vertrages mit Schutzwirkung für Dritte in Verbindung mit dem Regelanerkennungsvertrag, der Teil der Lizensierungs- und Nennungslösung ist[1142]*, da für das Training kein Nennungsvertrag besteht und der Lizensierungsvertrag sich nur auf die Wettkampfteilnahme bezieht*[1143].

Diese Absprache wurde bereits oben ausführlich besprochen. Der wesentliche Inhalt der Absprache ist die Verabredung zum gemeinsamen Training und die Geltung des Radsportreglements.[1144] Selbst wenn die Absprache nicht ausdrücklich erfolgt,

---

1139 *Leube, K.*, VersR 2008, 880, 881 f.

1140 *BeckOk BGB/Schöne, T.*, Stand *08.2014, § 705 BGB Rn. 107.; MüKo BGB⁶/Ulmer, P., § 705 BGB Rn. 242, 198.*

1141 Siehe dazu auch oben: *Die Teammitglieder gründen eine Gesellschaft bürgerlichen Rechts, um gemeinsam an Rennen teilzunehmen S. 145 ff.*

1142 Siehe oben: *Schutzpflichten aufgrund drittschützenden Charakters des Regelanerkennungsvertrages S. 124 ff.*

1143 Siehe oben: *Geltung über den Spitzenverband S. 92.*

1144 Siehe oben: *Vereinbarung mit anderen Trainingsteilnehmern S. 88 ff.*

einigen sich die Teilnehmer konkludent auf die Geltung des geschriebenen und ungeschriebenen Radsportreglements[1145].[1146] Allerdings steht es den Trainierenden frei, sich ausdrücklich darauf zu einigen, nur Teile des Reglements anzuwenden oder dieses zu modifizieren.

An dieser Stelle soll nun der Frage nachgegangen werden, inwieweit die Absprache relative Schutzpflichten zwischen den Trainingsteilnehmern begründet, bei deren Verletzung gemäß § 280 I BGB Schadensersatz geleistet werden muss. Das hängt maßgeblich von der rechtlichen Einordnung der Abrede ab. Es kommt in Betracht, dass die Abrede einen Gesellschaftsvertrag zur Gründung einer Gesellschaft bürgerlichen Rechts darstellt. Aber selbst wenn dies nicht der Fall sein sollte, könnte das gemeinsame Training relative Schutzpflichten aufgrund des Entstehens eines ähnlichen geschäftlichen Kontaktes, § 311 II Nr. 3 BGB, begründen.

I. Gründung einer Gesellschaft bürgerlichen Rechts durch gemeinsames Trainieren

Möglicherweise gründen die Sportler durch das gemeinsame Trainieren oder die Abrede zum gemeinsamen Trainieren eine Gesellschaft bürgerlichen Rechts im Sinne von § 705 BGB.

1. *Vergleich des Inhalts der Trainingsabrede mit dem Pflichtenprogramm eines Vertrages zur Gründung einer Gesellschaft bürgerlichen Rechts*

Die Verabredung zum gemeinsamen Training hat im Wesentlichen zwei Komponenten: Erstens wird verabredet, überhaupt ein Training durchzuführen. Das Trainieren mit einem Trainingspartner bietet dabei gegenüber dem Trainieren ohne Partner einige Vorteile. Zunächst kann ohne Trainingspartner das Windschattenfahren und damit das Verhalten im Wettkampf nicht trainiert werden. Außerdem kann durch den Windschatten Kraft gespart werden, wodurch im Training längere Distanzen zurückgelegt werden können und schneller gefahren werden kann. Zuletzt bedeutet ein gemeinsames Training in manchen Situationen auch einen Sicherheitsgewinn, da im Fall eines Unfalles sich die Trainingspartner gegenseitig Hilfe leisten können.

Die zweite Komponente der Abrede betrifft das Verhalten im Training. Aufgrund der Gefährdung, die mit einer gemeinsamen Ausübung des Radsports einhergeht, wird auch im Training von allen Beteiligten erwartet, dass diese gewisse Regeln einhalten. Dies ist bereits oben ausführlich beschrieben worden.[1147] Im Regelfall wird die Einhaltung des geschriebenen und ungeschriebenen Reglements erwartet. Dabei liegt im Gegensatz zur Interessenlage bei Rennen der Schwerpunkt weniger auf

---

1145 Zu diesen beide Sorten des Reglements siehe oben: *Reglement S. 73 ff.* und *Ungeschriebene Regeln S. 75 f.*

1146 Siehe oben: *Vereinbarung mit anderen Trainingsteilnehmern S. 88 ff.*

1147 Siehe oben: *Vereinbarung mit anderen Trainingsteilnehmern S. 88 ff.*

Wahrung der Chancengleichheit[1148], als eher darauf, eine übermäßige Gefährdung im Training und daraus resultierende Unfälle zu vermeiden.

Unterstellt man, bei der Abrede würde es sich um eine vertragliche Abrede handeln, läge ein Gesellschaftsvertrag im Sinne von § 705 BGB über eine Gesellschaft bürgerlichen Rechts vor. Durch das gemeinsame Training wird ein gemeinsamer Zweck durch individuelle Beiträge gefördert.[1149] Die Abrede, das geschriebene und ungeschriebene Reglement einzuhalten, wäre dagegen eine Nebenpflicht in Form einer Schutzpflicht nach § 241 II BGB[1150].[1151]

2. *Bestehen eines Rechtsbindungswillens zur Gründung einer Gesellschaft bürgerlichen Rechts im Radtraining*

Allerdings ist äußerst problematisch, ob es sich bei der Verabredung zum gemeinsamen Training tatsächlich um eine vertragliche Abrede handelt. In Betracht kommt insoweit auch, die Abrede als rechtlich unverbindlich einzuordnen oder als Zwischenstufe eine Gefälligkeitsgesellschaft anzunehmen.

a) Vergleich zur Wettkampfsituation

Bei der gemeinsamen Wettkampfteilnahme mehrerer Radsportler ist eine ähnliche Interessenlage gegeben, da auch dort die Radsportler ein gemeinsames Ziel verfolgen. Für den Fall der gemeinsamen Wettkampfteilnahme wurde vorliegend jedoch ein Rechtsbindungswille der Teilnehmer abgelehnt, da die Wettkämpfer die Erbringung ihrer Sportleistung in Form der gemeinsamen Wettkampfteilnahme nicht rechtsverbindlich vereinbaren wollen. Vielmehr soll es sich, wenn nicht ausdrücklich anders vereinbart, um einen freiwilligen Beitrag handeln.[1152]

1148 Zum Inhalt der Abrede über das Austragen eines Wettkampfes siehe oben: *Möglicher Inhalt einer solchen Vereinbarung S. 111 f.*

1149 Zu den Beiträgen der Gesellschafter bei einer Gesellschaft zwischen Sportlern siehe bereits oben: *Charakterisierung der Verpflichtung zum gemeinsamen Austragen eines Wettkampfes S. 111 f.*

1150 Zu den Nebenpflichten einer Gesellschaft bürgerlichen Rechts mit dem Gesellschaftszweck Sportausübung siehe oben: *Charakterisierung der Pflicht, den Wettkampf entsprechend dem Reglements und dem Fairplay Grundsatz* auszutragen *S. 112.*

1151 Allgemein zum Bestehen einer Gesellschaft bürgerlichen Rechts zwischen Sportler siehe bereits oben: *Möglicher Inhalt einer solchen Vereinbarung S. 111 ff.*; *Die Teammitglieder gründen eine Gesellschaft bürgerlichen Rechts, um gemeinsam an Rennen teilzunehmen S. 145 ff.*; *Die Rennfahrer bilden ein Team aufgrund einfacher loser Absprache S. 147* ff.

1152 Siehe oben: *Kriterien für die Rechtsverbindlichkeit der Absprache S. 148 f.* und *Gründung einer Gesellschaft bürgerlichen Rechts S. 151 f.*

b) Abschluss einer Vereinbarung mit Rechtsbindungswillen vor jedem Training

Auch das gemeinsame Training soll im Regelfall eine rechtlich unverbindliche Unternehmung darstellen. Es ist nicht gewollt, dass die Teilnahme am Training als Gesellschaftsbeitrag verbindlich ist. Die Vereinbarung zielt nur auf eine gemeinsame sportliche Betätigung, an der keine wirtschaftlichen Interessen bestehen und die nicht verpflichtend sein soll. Dementsprechend besteht in aller Regel beim gemeinsamen Training kein Rechtsbindungswille zur Gründung einer Gesellschaft bürgerlichen Rechts. Selbst wenn man nicht an die Abrede zum Training, sondern an die tatsächliche Erbringung der Trainingsleistung als konkludente Erklärung anknüpfen würde, ergibt sich kein anderes Ergebnis. In diesem Fall wäre zwar die Gesellschafterpflicht schon teilweise erbracht, sodass insoweit argumentiert werden könnte, dass die Trainingsteilnehmer sich nicht zur Erbringung des Beitrages zum Training verpflichten wollen, ist aufgrund der tatsächlichen Erbringung des Beitrages nicht relevant. Dagegen lässt sich jedoch einwenden, dass eben vor Abschluss des Trainings stets nur ein Teil der Beitragspflicht erbracht ist und die Trainingsteilnehmer es sich auch stets offen halten wollen, das Training vorzeitig abzubrechen. Auch in diesem Fall ist damit eine gesellschaftsrechtliche Verpflichtung nicht gewollt.

Es ist aber natürlich nicht ausgeschlossen, dass die Radrennfahrer sich ausnahmsweise doch dazu entscheiden, zum gemeinsamen Training eine Gesellschaft bürgerlichen Rechts zu gründen, weil sie eine solche rechtliche Organisation ihrer Trainingsgemeinschaft ausdrücklich wünschen. An die Annahme eines solchen Vertragsschlusses sind jedoch hohe Anforderungen zu stellen: Die Trainierenden müssen sich ausdrücklich auf die Gründung einer Gesellschaft bürgerlichen Rechts einigen.[1153] Ist dies der Fall, bestehen relative Schutzpflichten zwischen den Trainierenden.[1154]

c) Zusammenfassung

In aller Regel kommt es durch ein gemeinsames Training von Radsportlern oder durch die Verabredung zu einem solchen nicht zu einem Vertragsschluss über eine Gesellschaft bürgerlichen Rechts.

1153 Das hier gefundene Ergebnis liegt auf einer Linie mit der gegenüber der Annahme eines konkludent geschlossenen Gesellschaftsvertrages zwischen Eheleuten beziehungsweise Partnern einer nichtehelichen Lebensgemeinschaft sehr zurückhaltenden BGH Rechtsprechung. Vergleiche:
BGH, Urteil v. 28.9.2005 (Az. XII ZR 189/02), NJW 2006, 1268, 1268 f.; *BGH,* Urteil v. 30.6.1999 (Az. XII ZR 230–96), NJW 1999, 2962, 2964 f.; *BGH,* Urteil v. 26.04.1995 (Az. XII ZR 132/93), NJW 1995, 3383, 3384; *BGH,* Urteil v. 5.10.1988 (Az. IV b ZR 52/87), NJW-RR 1989, 66; *BGH,* Urteil v. 9.10.1974 (Az. IV ZR 164/73), NJW 1974, 2278.
Für die eheähnliche Lebensgemeinschaft siehe: *BGH,* Urteil v. 9.7.2008 (Az. XII ZR 179/05), NJW 2008, 3277, 3278 f.; *BGH,* Urteil v. 31.10.2007 (Az. XII ZR 261/04), NJW 2008, 443, 444; *BGH,* Urteil v. 12.07.1982 (Az. II ZR 263/81), NJW 1982, 2863, 2864.

1154 Siehe gerade: *Ausdrückliche vertragliche Gründung einer Gesellschaft bürgerlichen Rechts S. 267.*

II. Das gemeinsame Radtraining als ähnlicher geschäftlicher Kontakt im Sinne von § 311 II Nr. 3 BGB aufgrund einer Gefälligkeitsgemeinschaft

Mit der Ablehnung einer Gesellschaft bürgerlichen Rechts zwischen den Trainierenden ist dagegen noch nicht abschließend über das Bestehen relativer Schutzpflichten entschieden. Wie oben bereits für den Fall der gemeinsamen Wettkampfteilnahme ohne vertragliche Regelung dargelegt, besteht die Möglichkeit, zwischen den Beteiligten eine Gefälligkeitsgesellschaft anzunehmen, die zwar zu keinen Primärpflichten führt, aber Schutzpflichten entfaltet. Als Schutzpflicht kommt insbesondere die Einhaltung des Reglements zur Verhütung von Unfällen in Betracht.[1155] Die Gefälligkeitsgesellschaft wäre dann unter den Begriff ähnlicher geschäftlicher Kontakt nach § 311 II Nr. 3 BGB zu subsumieren.[1156]

Die Lösung des Problems hat sich dabei wieder an den bereits vorgestellten Begründungsansätzen von relativen Schutzpflichten zu orientieren. Relative Schutzpflichten können entweder Folge eines in diese Richtung gehenden übereinstimmenden Parteiwillens sein (wobei unter Umständen auch genügen würde, dass der Kontakt zur Vorbereitung einer solchen Willensübereinkunft aufgenommen wurde), oder Folge eines nach Treu und Glauben berechtigten Vertrauens auf den erhöhten Schutz der eigenen Rechtsgüter.[1157]

Für das gemeinsame Training greift jedoch keine der beiden Begründungen. Es kann nicht davon ausgegangen werden, dass die Trainierenden untereinander darüber übereinstimmen, dass ihre Rechtsgüter erhöhtem Schutz unterliegen sollen und deshalb eine Gefälligkeitsgemeinschaft besteht. Die Willensübereinkunft über gewisse Regeln zum Schutz vor Unfällen soll das Verhaltensprogramm in der Gruppe definieren (insbesondere eingeschränkte Geltung der StVO, dafür aber Geltung des radsportspezifischen Reglements zum Fahren in der Gruppe), nicht aber den Rechtsgüterschutz materiell erweitern. Es besteht auch kein berechtigtes Vertrauen auf einen Vermögensschutz nach § 280 I BGB, da es sich bei dem gemeinsamen Training um eine nicht wirtschaftlich motivierte Tätigkeit handelt, bei der keine

---

1155 Siehe dazu oben: *Gefälligkeitsverhältnis mit Schutzpflichten als Zwischenstufe zwischen Gesellschaftsvertrag und rechtlich unverbindlicher Absprache S. 150 f.* und *Relative Schutzpflichten aufgrund einer Gefälligkeitsgemeinschaft zwischen den Beteiligten S. 152 f.*

1156 Zur Auslegung des § 311 II Nr. 3 BGB siehe oben: *§ 311 II Nr. 3 BGB im Verhältnis zu den bisherigen Lehren über eine haftungsrechtlich relevante Sonderverbindung bei nicht rechtsgeschäftlichen Kontakten S. 117 f.* und *Auslegung des Begriffs „Ähnlicher geschäftlicher Kontakt" in § 311 II Nr. 3 BGB S. 119 f.*

1157 Siehe oben: *Gefälligkeitsverhältnis mit Schutzpflichten als Zwischenstufe zwischen Gesellschaftsvertrag und rechtlich unverbindlicher Absprache S. 150 f.* und insbesondere die Nachweise in *Fn. 479 und 481.*

Aussicht auf eine vertragliche Bindung besteht, welche ein solches Vertrauen begründen könnte.[1158]

III. Zusammenfassung

Insgesamt kann daher festgehalten werden, dass zwischen den gemeinsam Trainierenden im Regelfall keine relativen Schutzpflichten bestehen. Für die Annahme einer Gesellschaft bürgerlichen Rechts fehlt es am dafür notwendigen Rechtsbindungswillen. Auch eine Gefälligkeitsgesellschaft mit Schutzpflichten kann nicht angenommen werden, da weder ein dahingehender Konsens der Trainierenden noch ein berechtigtes Vertrauen auf relative Schutzpflichten erkennbar ist.

Eine Ausnahme ist für den Fall gegeben, dass die Trainierenden ausdrücklich eine Gesellschaft bürgerlichen Rechts zum gemeinsamen Training gründen. An diesen Vertragsschluss sind jedoch hohe Anforderungen zu stellen.

1158 Zum Zusammenhang zwischen berechtigten Vertrauen auf Vermögensschutz und rechtsgeschäftlichen Handeln siehe oben: *Kontakt zwischen den Rennteilnehmern als ähnlicher geschäftlicher Kontakt im Sinne von § 311 II Nr. 3 BGB S. 121 ff.*

7. Kapitel: Haftung gemäß § 823 I BGB bei Unfällen im Training

Da eine Haftung gemäß § 280 I BGB zwischen den gemeinsam trainierenden Radfahrern mangels relativer Schutzpflichten in den meisten Fällen nicht in Betracht kommt, ist eine Haftung nach § 823 I BGB im Falle eines Unfalls von entscheidender Bedeutung. Die Untersuchung geht dabei wieder von den zwei bereits bekannten Unfallmustern aus.[1159]

A. Verständnis des § 823 I BGB

An dieser Stelle braucht nicht erneut ein Konzept zur Haftung gemäß § 823 I BGB erarbeitet werden. Es soll vielmehr auf das im Rahmen der Wettkampfsituation bereits entwickelte Konzept zu § 823 I BGB zurückgegriffen werden.[1160] So wird sich zeigen, ob die in dieser Arbeit entwickelte Struktur zu § 823 I BGB auch bei der Beurteilung von Haftungsfragen in der Trainingssituation zu sachgerechten Ergebnissen führt.

In der Rechtsprechung ist kein signifikanter Unterschied zwischen der Beurteilung von Sportunfällen während des Trainings und Sportunfällen während des Wettkampfes erkennbar.[1161]

1159 Zur Beschreibung der Unfallmuster siehe oben *S. 107.*

1160 Siehe oben: *Eigener Vorschlag zur angemessenen Berücksichtigung der sportspezifischen Interessenlage am Beispiel des Radsports S. 172 ff.* und *Ergebnisse S. 239 ff.*

1161 Vergleiche die zu Trainingsunfällen ergangene Rechtsprechung: *OLG Zweibrücken,* Urteil v. 14.07.1993 (Az. 1 U 153/92), zitiert nach Juris; *LG Krefeld,* Urteil v. 11.04.2002 (Az. 3 S 76/01), zitiert nach Juris (*alle zum Radsport*); *zu anderen Sportarten siehe: BGH,* Urteil v. 17.2.2009 (Az. VI ZR 86/08), NJW-RR 2009, 812–813; *BGH,* Urteil v. 16.3.1976 (Az. VI ZR 199/74), zitiert nach Juris; *OLG Brandenburg,* Urteil v. 17.03.2011 (Az. 12 U 82/09), zitiert nach Juris; *OLG Stuttgart,* Urteil v. 25.05.2000 (Az. 13 U 157/99), zitiert nach Juris; *OLG Hamm,* Urteil v. 12.5.1997 (Az. 13 U 198/96), NZV 1997, 515; *OLG Düsseldorf,* Urteil v. 29.11.1996 (Az. 22 U 114/96), NJW-RR 1997, 408–409; *OLG Hamm,* Urteil v. 22.5.1984 (Az. 9 U 275/83), VersR 1985, 296; *OLG Celle,* Urteil v. 2.4.1980 (Az. 3 U 186/79), VersR 1980, 874; *OLG Karlsruhe,* Urteil v. 1.12.1977 (Az. 4 U 146/76), NJW 1978, 705–706, mit der zu nach Wettkampfunfällen ergangene Rechtsprechung: *OLG Stuttgart, Urteil v. 14.2.2006 (Az. 1 U 106/05), NJW-RR 2007, 1251–1253; OLG Rostock, Urteil v. 7.5.1997 (Az. Az 1 U 20/96), zitiert nach Juris; OLG Düsseldorf, Urteil v. 12.06.1995 (Az. 1 U 213/94), VersR 1996, 343–344; OLG Koblenz, Urteil v. 13.01.1988 (Az. 1 U 450/87), zitiert nach Juris; AG Brackenheim, Urteil v. 07.04.1989 (Az. C 513/89), VersR, 1286–1287* (*alle zum Radsport*); *zu anderen Sportarten siehe: BGH, Urteil v. 27.10.2009 (Az. VI ZR 296/08), NJW 2010, 537–539; BGH, Urteil v. 29.1.2008 (Az. VI ZR 98/07), NJW 2008, 1591–1593; BGH, Urteil v. 1.4.2003 (Az. VI ZR 321/02), NZV, 321–323; BGH, Urteil v. 5.11.1974 (Az. VI ZR 100/73),*

Der vorliegenden Arbeit liegt ein verhaltensbezogenes Verständnis des § 823 I BGB zugrunde. Bereits auf Ebene des Tatbestandes ist im Rahmen der Zurechnung der Rechts- beziehungsweise Rechtsgutverletzung zum Verhalten des Schädigers zu prüfen, ob der Schädiger gegen die in der jeweiligen Situation einschlägigen Verkehrspflichten verstoßen hat. Dies gilt auch bei Handlungen, die ein Rechtsgut unmittelbar verletzen. Auf Tatbestandsebene wird damit eine Zurechnungsprüfung vorgenommen, die auch wertende Gesichtspunkte berücksichtigt. Eine solche wertende Prüfung ist nach hier vertretener Ansicht nötig, um erlaubte Gefährdungen wie die regelkonforme Sportausübung im Haftungssystem ausreichend berücksichtigen zu können. Die Verkehrspflichten regeln das in der jeweiligen Situation sachgerechte Verhalten, wobei an die Vermeidung der Gefährdung von absolut geschützten Rechten hohe Maßstäbe anzulegen sind. Die Einhaltung der Sportregeln in gesellschaftlich anerkannten Sportarten entspricht jedoch diesen hohen Anforderungen.[1162]

Auf Stufe der Rechtswidrigkeit ergeben sich keine besonderen Probleme, da die Erfüllung des Tatbestandes die Rechtswidrigkeit indiziert, sodass es insoweit nur auf die Prüfung der anerkannten Rechtfertigungsgründe ankommt.[1163] Beim Verschulden ist im Falle von Fahrlässigkeit ein Verstoß gegen Sorgfaltspflichten zu

---

NJW 1975, 109–112; BGH, Urteil v. 5.3.1963 (Az. VI ZR 123/62), zitiert nach Juris; OLG Hamm, Urteil v. 22.10.2012 (Az. 6 U 241/11), zitiert nach Juris; OLG Karlsruhe, Urteil v. 27.9.2012 (Az. 9 U 162/11), NJW-RR 2013, 596–598; OLG Köln, Beschluss v. 27.05.2010 (Az. 19 U 32/10), zitiert nach Juris; OLG Sachsen-Anhalt, Urteil v. 15.2.2013 (Az. 10 U 33/12), zitiert nach Juris; OLG Koblenz, Urteil v. 14.3.2011 (Az. 12 U 1529/09), zitiert nach Juris; OLG Stuttgart, Beschluss v. 21.7.2008 (Az. 5 U 44/08), NZV 2009, 233–235; OLG Hamm, Beschluss v. 4.7.2005 (Az. 34 U 81/05), zitiert nach Juris; OLG Düsseldorf, Urteil v. 11.2.2005 (Az. 15 U 78/04), zitiert nach Juris; Schifffahrtobergericht Karlsruhe, Urteil v. 19.3.2004 (Az. 23 U 6/03), zitiert nach Juris; OLG Köln, Urteil v. 23.1.2002 (Az. 17 U 29/01), zitiert nach Juris; OLG Hamburg, Urteil v. 18.12.2000 (Az. 8 U 116/00), zitiert nach Juris; OLG Stuttgart, Urteil v. 11.7.2000 (Az. 10 U 59/2000, 10 U 59/00), zitiert nach Juris; OLG Stuttgart, Urteil v. 9.3.2000 (Az. 7 U 166/99), zitiert nach Juris; OLG Hamm, Urteil v. 23.3.1998 (Az. 13 U 187/97), zitiert nach Juris; OLG Hamm, Urteil v. 9.1.1997 (Az. 27 U 155/96), zitiert nach Juris; OLG Koblenz, Urteil v. 28.3.1994 (Az. 12 U 845/93), NJW-RR 1994, 1369–1370; OLG Frankfurt, Urteil v. 19.12.1991 (Az. 1 U 127/90), zitiert nach Juris; OLG Düsseldorf, Urteil v. 14.11.1991 (Az. 10 U 80/91), zitiert nach Juris; OLG Düsseldorf, Urteil v. 3.7.1990 (Az. 4 U 200/89), VersR 1992, 247; OLG Frankfurt, Urteil v. 22.3.1990 (Az. 15 U 195/88), zitiert nach Juris; OLG Hamm, Urteil v. 31.1.1990 (Az. 13 U 28/89), zitiert nach Juris; OLG Hamm, Urteil v. 16.1.1990 (Az. 7 U 11/89 BiSchi), NJW-RR 1990, 925–926; OLG München, Urteil v. 22.3.1989 (Az. 3 U 5067/88), zitiert nach Juris; OLG Nürnberg, Urteil v. 15.2.1989 (Az. 9 U 3396/88), zitiert nach Juris; OLG München, Urteil v. 13.12.1984 (Az. 24 U 165/84), zitiert nach Juris; OLG Hamm, Urteil v. 24.04.1985 (Az. 13 U 2/84), VersR 1985, 1072.

1162 Siehe oben: *Tauglichkeit der Verkehrspflichten zur Festlegung des Haftungsmaßes bei Sportunfällen S. 186 ff., Verortung der Verkehrspflichten im Deliktsaufbau S. 195 ff.* und *Umgang mit Regelverstößen – Verschuldensebene S. 199 ff.*

1163 Siehe oben: *Rechtswidrigkeitsebene S. 199.*

prüfen. Die Sorgfaltspflichten entsprechen nicht den Verkehrspflichten, der Maßstab ist insoweit milder. Notwendig ist nicht eine sachgerechte Vermeidung der Gefahr, sondern nur eine zumutbare Vermeidung der Gefahr. Dementsprechend kommt in Betracht, dass ein nicht sportregelkonformes Verhalten, das deshalb immer gegen die Verkehrspflichten verstößt, trotzdem nicht sorgfaltswidrig ist, weil von dem Sportler ein regelkonformes Verhalten ausnahmsweise nicht verlangt werden kann. Wann man regelkonformes Verhalten verlangen kann, hängt von verschiedenen Faktoren ab, die oben entwickelt wurden. Von entscheidender Bedeutung ist insbesondere die Gefährlichkeit des Regelverstoßes.[1164]

Für die sonst zur Lösung der Sporthaftungsfragen vorgetragenen Ansätze bleibt nach dem hier vorgestellten Konzept nur noch ein kleiner Anwendungsbereich. Eine Inbezugnahme des § 242 BGB, wie von der Rechtsprechung praktiziert, ist nicht notwendig.[1165] Ein gemäß § 254 BGB zu berücksichtigendes Mitverschulden aufgrund von Handeln auf eigene Gefahr kommt nur bei eigenen Regelverstößen des Verletzten in Betracht, nicht dagegen aufgrund der Teilnahme am Sport selbst.[1166] Die rechtfertigende Einwilligung spielt nur bei Kampfsportarten im engeren Sinne eine Rolle.[1167]

B. Festlegung der Verkehrspflichten im Radsporttraining

Ausgehend von dieser Struktur können die Verkehrspflichten im Radsporttraining entwickelt werden, um das Maß der erlaubten Gefährdung der geschützten Rechtsgüter festzulegen. Dabei gilt ein strenger Maßstab: Notwendig ist das sachgerechte Verhalten eines idealen Sportlers.[1168]

I. Regelwerke zur Konkretisierung der Verkehrspflichten

Grundsätzlich bestehen für das Radsporttraining mit der StVO[1169] und dem Radsportreglement[1170] zwei Regelwerke, die das zur Gefahrvermeidung notwendige sachgerechte Verhalten der Sportler definieren. Die StVO knüpft dabei an dem Umstand an, dass Radsporttraining häufig im öffentlichen Straßenverkehr abläuft. Das Radsportreglement betont dagegen eher den Aspekt der gemeinsamen Sportausübung.

1164 Siehe oben: *Umgang mit Regelverstößen – Verschuldensebene S. 199 ff.*
1165 Siehe oben: *Vergleich zur Rechtsprechung zu Unfällen im Sport S. 226 ff.*
1166 Siehe oben: *Die Bedeutung des Mitverschuldens gemäß § 254 BGB bei Sporthaftungsfällen, insbesondere auch zur Bedeutung des Handelns auf eigene Gefahr S. 217 ff.*
1167 Siehe oben: *Vorrang einer rechtsgeschäftlichen Lösung S. 222 ff.*
1168 Siehe oben: *Verkehrspflichten auf Tatbestandebene S. 199 ff.*
1169 Zur Geltung der StVO im Radsporttraining siehe oben: *StVO S. 94 ff.*
1170 Zum Radsportreglement siehe oben: *Die Disziplinen des Radsports S. 33 ff.* und *Reglement S. 73 ff.*

Allerdings bringt dieses Zusammentreffen ein großes Problem mit sich: Die beiden Regelwerke widersprechen sich teilweise.[1171] Es ist daher zu untersuchen, wie die Regelwerke gemeinsam die Verkehrspflichten prägen. Aufgrund der Unterschiede wird dabei teilweise nur ein Regelwerk Geltung erlangen können.

II. Grundsätzliche Geltung der StVO

Zunächst ist von einer grundsätzlichen Prägung der Verkehrspflichten im Radsporttraining durch die StVO auszugehen. Die StVO bestimmt das Maß der erlaubten Gefährdung im Straßenverkehr. Sie gilt grundsätzlich für jeden Verkehrsteilnehmer. Nachdem das Radsporttraining zumeist als Verkehrsvorgang abläuft, gilt für die Teilnehmer die StVO.[1172]

III. Situationsabhängige Festlegung der Verkehrspflichten anhand des Radsportreglements anstatt der StVO

Das Radsportreglement trägt den Besonderheiten des Radsports Rechnung und ist daher teilweise deutlich milder als die StVO, insbesondere hinsichtlich des einzuhaltenden Sicherheitsabstandes zwischen den Radsportlern. Andererseits sieht das ungeschriebene Radsportreglement aber zur Kompensation dieses Risikos auch Regeln vor, die über die Vorschriften der StVO hinausgehen. Dennoch ist die Gefährdung bei einer Fahrordnung entsprechend dem Radsportreglement höher als bei Einhaltung der StVO.[1173]

Dieses niedrigere Schutzniveau wird seitens der Rechtsgemeinschaft aus zwei wesentlichen Gründen akzeptiert: Die Sportausübung ist aufgrund ihrer positiven Aspekte, insbesondere der generellen Stärkung der Gesundheit und der Integration der Sportler in soziale Strukturen wie Sportvereine oder Gruppen zur Sportausübung, gesellschaftlich anerkannt und gefördert. Die damit einhergehende negative Folge der erhöhten Verletzungsgefahr wird aufgrund der positiven Eigenschaften akzeptiert. Den Sportlern wird die Ausübung von Sport entsprechend dem Reglement ermöglicht, ohne dass dies für sie negative Folgen hat, auch wenn es zu einem Unfall während der Sportausübung kommt. Der zweite wesentliche Grund für die soziale Akzeptanz der Sportausübung ist der Umstand, dass die Sportausübung auf einem freiwilligen Entschluss der Sporttreibenden beruht.

Ausgehend von diesen Überlegungen wird deutlich, dass beim gemeinsamen Training von Radsportlern die StVO nicht der alleinige Maßstab sein kann, sondern auch das Sportreglement ausreichend zur Geltung gebracht werden muss.[1174]

1171 Siehe oben: *Vergleich mit dem Radsportreglement und dem im Radsport üblichen Fahrverhalten S. 102 f.*

1172 Siehe dazu oben: *StVO S. 94 ff.*

1173 Siehe oben: *Vergleich mit dem Radsportreglement und dem im Radsport üblichen Fahrverhalten S. 102 f.*

1174 Im Ergebnis genauso *Pardey, F.*, SpuRt 1995, 61, 66; *ders.* VersR 1995, 145–147.

Andernfalls würde der Radsport aus dem öffentlichen Verkehrsraum verdrängt und die gemeinsame Ausübung von Radsport wäre nur noch auf nicht öffentlich zugänglichen Flächen möglich. Dies stünde aber im Widerspruch mit der gesellschaftlichen Bewertung der gemeinsamen Sportausübung. Auch die StVO selbst steht dem Radsporttraining im öffentlichen Verkehrsraum nicht entgegen.[1175]

Dagegen spricht auch nicht etwa, dass Radrennen gemäß § 29 II 1 StVO einer Genehmigung bedürfen.[1176] *Die Genehmigung dient dazu, einen Ausgleich zwischen den Interessen der Radrennfahrer und der übrigen Verkehrsteilnehmer herzustellen und so insbesondere auch wechselseitige Gefährdungen zu vermeiden.*

Damit ist allerdings noch nicht entschieden, wann genau das Radsportreglement und nicht die StVO die Verkehrspflichten bestimmt. Auch der Umfang der Überlagerung ist noch nicht bestimmt.

1. Geltung des Radsportreglements

Von entscheidender Bedeutung für die Verkehrspflichten ist zunächst, ob das Radsportreglement in der jeweiligen Situation überhaupt Geltung hatte. Diese Geltungserlangung ist Auslöser der von der StVO abweichenden und damit modifizierten Festlegung der Verkehrspflichten, da nur bei Geltung des Radsportreglements von Sportausübung statt Verkehrsvorgang gesprochen werden kann und sich nur in diesem Fall die gesellschaftliche Bewertung der Gefährdung ändert.

Geltung des Radsportreglements ist in diesem Zusammenhang jedoch nicht im formalen Sinne zu verstehen, dass das Training komplett der Steuerung des Spitzenverbandes unterliegt und dieser insbesondere auch eine entsprechende Sanktionsgewalt besitzt. Es wurde oben bereits dargelegt, wie das Radsportreglement im Training zwischen den Sportlern Geltung erlangt.[1177] Eine generelle Geltung aufgrund einer mittelbaren Mitgliedschaft im Spitzenverband über Radsportvereine wurde ebenso abgelehnt wie eine generelle Geltung aufgrund einer Einordnung des Reglements als drittbegünstigende Satzung.[1178]

Entscheidend für die Geltung ist vielmehr, dass sich die Sportler vor oder während des Trainings ausdrücklich oder konkludent auf die Geltung des Reglements, insbesondere auf die entsprechende Fahrordnung, einigen.[1179] Dafür ist zumindest ein kurzer Austausch zwischen den Trainierenden zu fordern, dass gemeinsam entsprechend der im Sport üblichen Fahrordnung trainiert werden soll. Besonders

1175 Siehe dazu oben: *StVO S. 94 ff.*

1176 Siehe oben: *Genehmigungspflicht für Radrennen S. 101* f.

1177 Siehe oben: *Training S. 88 ff.*

1178 Siehe oben: *Geltung über den Spitzenverband S. 92* und *Geltung durch Nutzung der „Einrichtung Sport“ S. 92* ff.

1179 Genauso hat das *OLG Zweibrücken,* Urteil v. 14.07.1993 (Az. 1 U 153/92), zitiert nach Juris, Rn. 35 für einen Trainingsunfall entschieden.

die Einigung auf die Fahrordnung wird häufig nur konkludent erfolgen.[1180] Diese Einigung stellt auch die Freiwilligkeit der Sportausübung durch die Trainierenden sicher. Läge diese Freiwilligkeit nicht vor, würde ein wesentlicher Aspekt zur Begründung der gesellschaftlichen Akzeptanz des erhöhten Risikos fehlen.

Eine solche Einigung auf die Fahrordnung entsprechend dem Radsportreglement liegt beispielsweise auf jeden Fall vor, wenn zwei Radsportler sich zu einer gemeinsamen Trainingsausfahrt verabreden, um sich auf das nächste Rennradrennen vorzubereiten und dafür insbesondere das Fahren im Windschatten und das taktische Verhalten im Zielsprint trainieren wollen. Es ergibt sich dann auch aus den Umständen der Verabredung, dass nach der im Radsport üblichen Fahrordnung trainiert werden soll. Eine ausdrückliche Einigung auf die Fahrordnung ist daher verzichtbar.

Andererseits mangelt es zum Beispiel an einer solchen Abrede, wenn sich zwei Radsportler nur zufällig im Straßenverkehr begegnen. In diesem Fall bleibt es bei der berechtigten Erwartung der Sportler, dass sich die anderen Verkehrsteilnehmer, auch wenn es sich um Sportler handelt, an die StVO halten werden.[1181]

2. Umfang der Geltung des Radsportreglements

Es ist im Einzelfall durch Auslegung der Abrede zum gemeinsamen Training zu entscheiden, welche Teile des Radsportreglements zwischen den Teilnehmern Geltung erlangen und so die Fahrordnung definieren. Wenn keine ausdrückliche Vereinbarung vorliegt, ist die Auslegung erschwert. Es ist aus Sicht eines objektiven Empfängers in der Situation der Radsportler[1182] zu entscheiden, welche Teile des Reglements gelten sollen.

Grundsätzlich ist von einer Geltung des gesamten geschriebenen und ungeschriebenen Reglements[1183] auszugehen, wenn in der Gruppe ein ausreichender Bezug zur wettkampforientierten Ausübung des Radsports erkennbar ist. Mit wettkampforientierter Ausübung ist nicht notwendigerweise gemeint, dass explizit für Rennen trainiert wird, sondern es genügt bereits, dass zu Wettkämpfen vergleichbare Ziele erreicht werden sollen. Das wäre zum Beispiel der Fall, wenn eine möglichst hohe Geschwindigkeit erzielt werden soll. Es wäre aber auch ausreichend, dass sich die Radsportler wie Wettkämpfer verhalten, also insbesondere mit geringen Abständen zueinander fahren, um eine möglichst hohe Geschwindigkeit zu erzielen.

1180 Siehe oben: *Vereinbarung mit anderen Trainingsteilnehmern S. 88* ff.

1181 Im Straßenverkehr darf grundsätzlich darauf vertraut werden, dass sich die anderen Verkehrsteilnehmer an die Regeln halten. Vgl. die Nachweise zum Vertrauensgrundsatz oben in *Fn. 653.*

1182 Zur Auslegung der Abrede zum gemeinsamen Training siehe bereits oben: *Vereinbarung mit anderen Trainingsteilnehmern S. 88 ff.*

1183 Zum Inhalt dieses Reglements siehe oben: *Die Disziplinen des Radsports S. 33* ff. und insbesondere *Reglement S. 73 ff.* sowie *Ungeschriebene Regeln S. 75 ff.*

Daneben besteht die Möglichkeit, dass nur Teile des Reglements gelten sollen oder es sogar insgesamt bei der StVO als Fahrordnung bleiben soll. Dies ist bei weniger wettkampforientierten Gruppen der Fall, deren Fokus eher auf Sicherheit als auf Erreichung einer möglichst hohen Geschwindigkeit liegt.

Zur Verdeutlichung können einige Beispiele gebildet werden: Beim gerade genannten Beispiel, dass zwei Radfahrer gemeinsam für Rennradrennen trainieren und sogar spezifische Elemente des Wettkampfes wie Windschattenfahren und Renntaktik in das Training einfließen lassen, ist eine Einigung auf das gesamte geschriebene und ungeschriebene Reglement anzunehmen. Ähnlich wird es sich beim gemeinsamen Training von Rennmannschaften eines Vereines oder eines Radteams verhalten. Des Weiteren kann auf Indizien wie rennmäßige Kleidung der Sportler, wettkampforientierte Räder und insbesondere entsprechende Fahrweise während des Trainings zurückgegriffen werden. Gerade das letzte Indiz ist besonders wichtig. Beim gemeinsamen Training wird den Teilnehmenden zumeist sehr schnell deutlich, um welche Form des Trainings es sich handelt und welche Regeln gelten sollen. Wie oben bereits beschrieben, wacht eine Gruppe auch über die Einhaltung der Regeln.[1184]

Andererseits kann bei der Teilnahme an einer touristisch orientierten gemeinsamen Radtour aus Sicht der Teilnehmer nicht angenommen werden, dass das Reglement für wettkampforientiertes Radfahrern die Fahrordnung prägen soll. Bei solchen Radtouren wird von den Teilnehmern die Sicherheit während der Tour gegenüber der erreichten Geschwindigkeit als wichtiger erachtet. Die Teilnehmer vertrauen berechtigterweise darauf, dass die anderen Teilnehmer sie nicht über das von der StVO vorgegebene Maß hinaus gefährden. Dieses Vertrauen ist berechtigt, wenn die Ausrüstung der Teilnehmer, die Ziele der Teilnehmer oder die bereits bekannte Fahrweise in der Gruppe nicht auf eine sportlich orientierte Fahrweise schließen lassen.

3. *Zusammenfassung*

Es kann damit festgehalten werden, dass das Radsportreglement unter Umständen die StVO hinsichtlich der Verkehrspflichten überlagert. Das ob der Überlagerung bestimmt sich genauso wie der Umfang der Überlagerung nach der zwischen den Sportlern bestehenden Abrede zum gemeinsamen Training, da diese Abrede der Auslöser für die abweichende Behandlung des Vorganges als gemeinsame Sportausübung statt als normaler Verkehrsvorgang ist.

IV. Konkrete Vorgaben des Radsportreglements

Das Radsportreglement macht relativ genaue Vorgaben zur Fahrordnung, die von der jeweils ausgeübten Disziplin abhängen.[1185] Wichtig ist, dass entgegen dem Reglement

1184 Siehe oben am Ende von: *Inhalt der Vereinbarung S. 88 ff.*

1185 Siehe oben: *Die Disziplinen des Radsports S. 33 ff.* und *Reglement S. 73 ff.*

im Wettkampf die Anforderungen etwas strenger sind, da auch das ungeschriebene aber zwischen Radsportlern bekannte (ungeschriebene) Reglement eingehalten werden muss. Diese stellt eine gewisse Kompensation für die Gefährdung durch die Fahrordnung ohne Sicherheitsabstände dar. Nach dem ungeschriebenen Reglement müssen abhängig von der Gefahr gewisse Handzeichen gegeben werden. Darüber hinaus müssen die Teilnehmer konzentriert und möglichst gleichmäßig fahren, das heißt es ist eine möglichst gerade Fahrlinie einzuhalten und auch die Geschwindigkeit soll möglichst konstant gehalten werden.[1186]

C. Bestimmung des Fahrlässigkeitsmaßstabes im Radsporttraining

Der Verschuldensprüfung kommt auch bei Trainingsunfällen eine große Bedeutung zu. Auch auf dieser Ebene ist die sportspezifische Interessenlage zu berücksichtigen. Geschuldet ist danach das Verhalten, das von einem „reasonable sportsman" in der jeweiligen Situation zur Gefahrvermeidung erwartet werden kann.[1187] Die dafür einzuhaltenden Sorgfaltspflichten sind dementsprechend etwas milder als die Verkehrspflichten, an die höchste Maßstäbe anzulegen sind.

I. Grundsatz: Einhaltung des Reglements

Grundsätzlich verlangen die Sorgfaltspflichten, dass das geschriebene und ungeschriebene Reglement eingehalten wird. Andererseits kann, wie in der Wettkampfsituation, nicht in jedem Einzelfall eine Einhaltung aller Regeln erwartet werden.[1188]

II. Sorgfaltsgemäßes Verhalten trotz Regelverstoßes

Wann ein Regelverstoß gegen die im Verkehr erforderliche Sorgfalt verstößt und damit vorwerfbar ist, kann auch in der Trainingssituation abstrakt nur schwer beantwortet werden. Maßgeblich ist die Situation im Einzelfall. Insoweit kann auf die Kriterien zurückgegriffen werden, die für die Wettkampfsituation entwickelt wurden. Diese sind insbesondere die Gefährlichkeit der Handlung, die Eigenart der Sportart, die Situation der Regelübertretung sowie die Fähigkeiten der Sportler.[1189] Voraussetzung für diese abweichende Festlegung der Sorgfaltspflichten in der Trainingssituation ist aber genauso wie für die abweichende Festlegung der Verkehrspflichten, dass sich die Radsportler auf ein Training nach dem Radsportreglement statt der StVO verständigt haben.

1186 Siehe oben: *Ungeschriebene Regeln S. 75 f.*

1187 Siehe oben: *Sorgfaltspflichten auf Ebene des Verschuldens S. 203 f.*

1188 Siehe oben: *Regelverstöße und deren Verhältnis zur im Verkehr erforderlichen Sorgfalt S. 205 ff.*

1189 Siehe oben: *Regelverstöße und deren Verhältnis zur im Verkehr erforderlichen Sorgfalt S. 205 ff.*

Allerdings ist zu beachten, dass im Training ein im Vergleich zum Wettkampf etwas vorsichtigeres Verhalten verlangt werden kann. Im Training kann erwartet werden, dass der Wettkampfgedanke stärker hinter den Sicherheitsgedanken zurücktritt, als dies im Rennen der Fall ist.

Besondere Probleme bereitet die Frage, inwieweit das ungeschriebene Reglement[1190] eingehalten werden muss. Dafür ist im Einzelfall vor allem zu prüfen, ob von den Beteiligten die Kenntnis des ungeschriebenen Reglements überhaupt erwartet werden kann. Grundsätzlich wird man auch die Kenntnis des ungeschriebenen Reglements erwarten können, da es zwischen Radsportlern sehr verbreitet ist. Im Übrigen wäre es untypisch, wenn die Sportausübung keinen Regeln unterliegen würde[1191], oder zumindest die StVO-Schutzvorschriften ohne Kompensation durch andere Regeln entfallen würden. Meistens wird man von demjenigen, dem die Regeln unbekannt sind, zumindest erwarten können, dass er sich nach den Regeln erkundigt. Im Übrigen ist es üblich, dass eine Gruppe über das Einhalten der Fahrordnung wacht.[1192]

III. Beurteilung von Unfallmuster eins und zwei

Betrachtet man Unfallmuster eins, ist keinem der beiden Fahrer ein fahrlässiges Verhalten vorwerfbar. Das Fahren mit geringem Abstand zueinander ist vom Reglement auch im Training erlaubt.[1193] In diesem Fall wäre jedoch noch zu prüfen, ob die Berührung nicht durch ein Handzeichen des Vorausfahrenden entsprechend dem ungeschriebenen Reglement hätte vermieden werden können.

Bei Unfallmuster zwei ist jedoch das Verhalten des vorderen Fahrers als fahrlässig zu beurteilen, da nach dem Reglement im Zielsprint die Fahrspur nicht gewechselt werden darf.[1194] Gerade im Zielsprint passieren häufig Unfälle[1195], sodass von den Beteiligten, gerade bei Zielsprints, die nur zum Training erfolgen, erhöhte Aufmerksamkeit und Regeltreue verlangt werden kann.

1190 Zu den Regeln des ungeschriebenen Reglements siehe oben: *Ungeschriebene Regeln S. 75 f.*

1191 Siehe zu diesem Gedanken bereits oben: *Fehlendes Bewusstsein über die Vereinbarung bei einem Trainingsteilnehmer S. 90 f.*

1192 Siehe oben: *Inhalt der Vereinbarung S. 88* ff.

1193 Siehe zur Beurteilung von Unfallmuster eins nach dem Radsportreglement oben: *Unfallmuster eins S. 177.*
So auch das *LG Krefeld,* Urteil v. 11.04.2002 (Az. 3 S 76/01), zitiert nach Juris.

1194 Siehe zur Beurteilung von Unfallmuster zwei nach dem Radsportreglement oben: *Unfallmuster zwei S. 177 f.*

1195 Siehe oben die Zusammenfassung der Untersuchung der Verletzungen bei den Hamburg Cyclassics: *Verletzungen bei den Hamburger Cyclassics (aktuell Vattenfall Cyclassics) S. 54.* und insbesondere den Nachweis in *Fn. 177.*

D. Mitverschulden im Radsporttraining

Im Radsporttraining kommt auch ein Mitverschulden der Trainierenden gemäß § 254 BGB in Betracht. Allerdings stellt die Teilnahme an einem Radtraining an sich noch kein Mitverschulden dar, auch nicht unter dem Gesichtspunkt des Handelns auf eigene Gefahr. Die Begründung ist die Gleiche wie in der Wettkampfsituation: Beim Radsporttraining handelt es sich um eine erlaubte und gesellschaftlich akzeptierte Gefahr. Das Eingehen einer solchen Gefahr stellt kein Mitverschulden dar.[1196]

Dagegen kommt ein Mitverschulden in Betracht, wenn der Trainierende sich im Training selbst stark überfordert und infolgedessen sich selbst gefährdet.[1197]

Darüber hinaus kommt ein Mitverschulden in Betracht, wenn der Geschädigte seinerseits Unfallverhütungsvorschriften[1198] nicht beachtet.[1199] Insbesondere ist auch ein Mitverschulden gegeben, wenn kein Helm getragen wird.[1200] Allerdings ist hinsichtlich der Regelübertretung der gleiche Maßstab anzuwenden wie beim Verschulden auf Seite des Schädigers. Nicht jeder Regelverstoß bedeutet automatisch ein Mitverschulden, vielmehr ist im Einzelfall genau zu prüfen, ob gegen das von einem „reasonable sportsman" zum Selbstschutz zu verlangende Verhalten verstoßen wurde.[1201]

E. Absprache zum gemeinsamen Training als vertraglicher Haftungsausschluss

In der Absprache zum gemeinsamen Training könnte ein vertraglicher Haftungsausschluss oder zumindest eine vertragliche Haftungsmodifikation liegen. Wie bereits dargelegt, ist das Deliktsrecht grundsätzlich abdingbar, solange die gesetzlichen Grenzen, insbesondere § 276 III BGB, eingehalten werden.[1202] Die Absprache zum gemeinsamen Training müsste dann eine mit Rechtsbindungswillen geschlossene Komponente enthalten, nach der die Haftung für regelkonformes oder sogar auch regelwidriges Verhalten ausgeschlossen sein soll.

Eine solche Vereinbarung liegt unproblematisch vor, wenn sich die Trainierenden darauf ausdrücklich mit Rechtsbindungswillen einigen. Allerdings wird dies nur selten der Fall sein. Daher ist zu prüfen, ob ein solcher Haftungsausschluss nicht

---

1196 Siehe oben: *Untauglichkeit des eingegangenen Risikos als einziges Kriterium S. 218 ff.* und *Teilnahme am Sport als Handeln auf eigene Gefahr S. 221 f.*

1197 Siehe oben: *Untauglichkeit des eingegangenen Risikos als einziges Kriterium S. 218 ff.* und *Teilnahme am Sport als Handeln auf eigene Gefahr S. 221 f.*

1198 Zu diesen Vorschriften siehe oben: *Reglement S. 73 ff.* und *Ungeschriebene Regeln S. 75 f.*

1199 Siehe oben: *Unbestrittene Fälle des Mitverschuldens nach § 254 I BGB S. 220 f.*

1200 Zur Pflicht einen Helm zu tragen siehe oben: *Sturzhelm S 75.*

1201 Siehe oben: *Unbestrittene Fälle des Mitverschuldens nach § 254 I BGB S. 220.*

1202 Siehe dazu oben: *Allgemeine Anforderungen an einen rechtsgeschäftlichen Haftungsausschluss S. 178.*

durch die Teilnahme am Training oder bereits durch die Verabredung zum Training konkludent vereinbart wird.

I. Interesse der Trainierenden an einem Haftungsausschluss

Grundsätzlich ist bei der Annahme von konkludenten Haftungsausschlüssen Zurückhaltung geboten, da sonst die Gefahr besteht, den Parteien eine Vereinbarung zu unterstellen, die diese in Wirklichkeit gar nicht geschlossen haben.[1203] Bei der Auslegung der konkludenten Erklärung ist zu beachten, dass diese die Interessen der Parteien vor dem schädigenden Ereignis zu erforschen hat. Dabei ist der herrschenden Meinung zuzugeben, dass diese häufig von dem Bestehen von Versicherungsschutz abhängen: Ist der Schaden versichert, liegt es weniger im Interesse der Parteien, dass die Haftung ausgeschlossen ist.[1204]

Gerade beim Radtraining ist vorstellbar, dass die Trainierenden potentielle Schäden an ihren Rädern gerne von der Haftpflichtversicherung des anderen Unfallbeteiligten ersetzt haben möchten. Dies gilt umso mehr, als bei der Privathaftpflichtversicherung häufig keine hohen Selbstbeteiligungen anfallen. Andererseits ist die Privathaftpflichtversicherung keine Pflichtversicherung, sodass nicht unbedingt von einem Versicherungsschutz des anderen ausgegangen werden kann.[1205] Ideal wäre daher eine auflösend bedingte Vereinbarung, § 158 II BGB, des Haftungsausschlusses, wobei die auflösende Bedingung das Bestehen von Versicherungsschutz wäre.

Die Kosten zur Wiederherstellung der Gesundheit und ein möglicher Anspruch auf Lohnfortzahlung trotz Arbeitsunfähigkeit infolge Krankheit stehen dagegen weniger im Interesse der Trainierenden, da diese Kosten zumeist nicht von ihnen selbst, sondern von den Krankenversicherungen beziehungsweise dem Arbeitgeber getragen werden.[1206]

Betrachtet man die Interessenlage jedoch, ohne den Versicherungsschutz zu berücksichtigen, so ergibt sich kein eindeutiges Ergebnis. Grundsätzlich ist davon auszugehen, dass jeder Trainierende ein Interesse an einem Haftungsausschluss hat, wenn er später der Schädigende ist. Sollte er jedoch zum Geschädigten werden, besteht eher kein Interesse an einem Haftungssauschluss. Damit hängt das Interesse an einem Haftungsausschluss insgesamt davon ab, welche Perspektive die Radsportler eher einnehmen, die des potentiell Geschädigten oder des potentiellen Schädigers. Dafür spielt vor allem die persönliche Einstellung zu Schäden und die Einschätzung der

---

1203 Siehe oben: *Allgemeine Anforderungen an einen rechtsgeschäftlichen Haftungsausschluss S. 178.*

1204 Siehe oben: *Konkludente Abrede S. 181 ff.*

1205 Siehe dazu oben: *Konkludente Abrede S. 181 ff.* Dort insbesondere auch zu einem möglichen Ausschluss der Leistung der Privathaftpflichtversicherung für Schäden infolge radsportlicher Betätigung.

1206 Siehe dazu oben: *Bedeutung des Sports für die Gesellschaft und Umgang der Gesellschaft mit Folgeschäden der Sportausübung S. 25 ff.* Siehe dort auch zum Fall der privaten Krankenversicherung.

Höhe der eigenen Schäden im Verhältnis zu den Schäden der anderen Sportler eine Rolle. Als Verdeutlichung kann ein Beispiel dienen:

Besonders gefährdet sind im Radsporttraining die Laufräder (dies bezeichnet die Einheit aus Nabe, Speichen, Felge und Reifen) der Fahrräder, da es aufgrund des geringen Abstandes zwischen den Trainierenden häufig zur Berührung der Laufräder und daher Schäden an diesen kommt. Der Wert der eingesetzten Laufräder kann dabei erheblich voneinander abweichen. Beispielsweise können an Rennrädern Laufräder zwischen 100 Euro und 2000 Euro verwendet werden. Ein Preisunterschied zwischen den Laufrädern von zwei Trainingsteilnehmern von 1500 Euro ist daher keine Seltenheit. Trainiert man nun als einziger einer Gruppe mit Laufrädern für 100 Euro, während der Rest der Gruppe Laufräder für 2000 Euro einsetzt, besteht ein hohes Interesse an einem Haftungsausschluss. Begibt man sich jedoch mit einem Rad mit Laufrädern für 2000 Euro in eine Gruppe, die billige Laufräder einsetzt, will man keinen Haftungsausschluss vereinbaren.

II. Bewertung der Interessenlage

Insgesamt kann daher kein ausreichend übereinstimmender Wille zur Vereinbarung eines Haftungsausschluss ausgemacht werden. Das Interesse ist insbesondere abhängig vom Bestehen von Versicherungsschutz, der eigenen Einstellung zu künftigen Schäden und dem Wert der Ausrüstung im Vergleich zu den anderen Trainierenden.

Für einen Haftungsausschluss wäre dagegen eine klarere Willensübereinstimmung notwendig.

III. Notwendigkeit eines Haftungsausschlusses

Nach dem hier vorgestellten Konzept zur Haftung bei Sportunfällen ist ein rechtsgeschäftlicher Haftungsausschluss darüber hinaus auch nicht nötig. Für Schäden infolge regelkonformen Verhaltens wird nicht gehaftet. Bei Schäden infolge regelwidrigen Verhaltens ist eine genaue Prüfung des Verschuldens im Einzelfall ausreichend, um zu einem angemessen Ausgleich zwischen den Beteiligten unter Berücksichtigung der sportspezifischen Gefährdung ihrer Rechtsgüter zu kommen.

8. Kapitel: Haftung gemäß § 823 II 1 BGB bei Unfällen im Training

A. Haftung gemäß § 823 II 1 BGB in Verbindung mit den Sportregeln als Schutzgesetze

Wie bei Unfällen während eines Wettkampfes stellt sich die Frage, ob nicht das Reglement des BDR bzw. der UCI Schutzgesetz im Sinne von § 823 II 1 BGB ist. Bei Trainingsunfällen käme sogar in Betracht, das ungeschriebene Reglement[1207] als Schutzgesetz heranzuziehen, da dieses im Gegensatz zum Wettkampf im Training eingehalten werden muss.[1208]

Allerdings sind sowohl das geschriebene als auch das ungeschriebene Reglement keine vom Staat erlassenen Rechtsnormen.[1209] Dementsprechend stellen die Regelwerke keine Schutzgesetze im Sinne von § 823 II 1 BGB, Art. 2 EGBGB dar. Die Regelwerke sind auch kein Gewohnheitsrecht, sodass auch auf diesem Wege die Schutzgesetzeigenschaft nicht begründet werden kann.[1210]

B. Haftung gemäß § 823 II BGB in Verbindung mit Vorschriften des StGB

Wie bei einem Unfall während eines Wettkampfes, stellen sich bei der Frage der Haftung nach § 823 II 1 BGB in Verbindung mit § 222 StGB beziehungsweise § 229 StGB im Wesentlichen zwei Probleme: Zunächst ist zu klären, ob überhaupt gegen die Schutzgesetze verstoßen wurde, da bei deren Auslegung ebenfalls zu berücksichtigen ist, dass sich die Unfälle nicht zufällig im Straßenverkehr, sondern im Rahmen eines gemeinsamen Sporttrainings ereignen. Daneben ist auch bei Trainingsunfällen zu klären, welche Anforderungen § 823 II 1 BGB an die Verletzung des Schutzgesetzes stellt.

I. Strafrechtliche Bewertung von Unfällen während des Radsporttrainings

Es wurde oben bereits dargelegt, wie Unfallmuster eins und zwei[1211] strafrechtlich zu bewerten sind, wenn sich die Unfälle während eines Wettkampfes ereignen: Bei

1207 Zum ungeschriebenen Reglement siehe oben: *Ungeschriebene Regeln S 75 f.*

1208 Siehe oben: *Training S. 88 ff.*

1209 Siehe oben: *Allgemeine Anforderungen an ein Schutzgesetz S. 251* f. sowie *Das BDR und UCI Reglement als Schutzgesetz S. 252 f.*

1210 Siehe oben: *Das BDR und UCI Reglement als Schutzgesetz* S. 252 *f.*

1211 Zur Beschreibung der Unfallmuster siehe oben: *S. 107.*

Unfallmuster eins sind beide Beteiligten straffrei, da das Verhalten der Beteiligten schon nicht den Tatbestand des § 229 StGB beziehungsweise des § 222 StGB im Falle einer Todesfolge erfüllt. Das liegt daran, dass aufgrund der gemeinsamen Sportausübung das Verhalten der Beteiligten als sozialadäquat zu beurteilen ist, obwohl es gegen das nach der StVO im Straßenverkehr vorgeschriebene Verhalten verstößt.[1212] Anders ist dies jedoch bei Unfallmuster zwei: Hier hat sich der Vorausfahrende gemäß § 229 StGB strafbar gemacht, da sein Verhalten als grob regelwidrig und daher als nicht mehr sozialadäquat zu beurteilen ist.[1213]

Problematisch ist nun, ob sich die strafrechtliche Beurteilung der Unfälle ändert, wenn sich diese nicht im Wettkampf, sondern im Training ereignen. Die strafrechtlichen Veröffentlichungen differenzieren nicht zwischen Unfällen im Wettkampf und im Training, sondern sprechen zumeist allgemein von Sportunfällen.[1214] Daraus lässt sich wohl schließen, dass die Autoren regelkonformes Verhalten auch im Training als sozialadäquat beurteilen.

1. Unterschied zwischen der Ausübung des Radsports im Training beziehungsweise im Wettkampf

Ein wichtiger Unterschied zwischen der Ausübung des Radsports im Training beziehungsweise im Wettkampf liegt im unterschiedlichen Weg der Geltungserlangung des Radsportreglements. Im Wettkampf wird die Geltung des Reglements über die sternvertragliche Verpflichtung mit dem Spitzenverband sichergestellt. Dieser Sternvertrag wird vom Spitzenverband mit allen Sportlern geschlossen.[1215]

Im Training dagegen folgt die Geltung des Reglements aus der Abrede der Teilnehmer zum gemeinsamen Trainieren. Dieser liegt zumindest konkludent der Inhalt zugrunde, dass die StVO im Binnenverhältnis zwischen den Sportlern durch das Sportreglement überlagert werden soll.[1216]

1212 Siehe oben: *Unfallmuster eins S. 254 ff.*

1213 Siehe oben: *Unfallmuster zwei S. 257 f.*

1214 Schönke-Schröder[29]/*Sternberg-Lieben, D./Schuster, F.*, § 15 StGB Rn. 214 differenziert zwischen „organisierte[m] Sport" und Sport „außerhalb anerkannter, verbandsmäßig organisierter Sportarten". Leipziger Kommentar[11]/*Hirsch, H. J.*, § 228 StGB Rn. 12 spricht zwar zu Beginn von „gegeneinander ausgetragenen Wettkämpfen", die weitere Darstellung ist dagegen nicht eindeutig nur auf Wettkampfverletzungen bezogen. Auch *Rössner, D.*, Fahrlässiges Verhalten im Sport als Prüfstein der Fahrlässigkeitsdogmatik, in: Weigend, T., Festschrift für Hans Joachim Hirsch zum 70. Geburtstag am 11. April 1999, 1999. differenziert nicht zwischen Sportausübung im Wettkampf und Sportausübung im Training.

1215 Zur Geltungserlangung des Reglements im Wettkampf siehe oben: *Wettkampf S. 76 ff.*

1216 Zur Geltungserlangung des Reglements im Training siehe oben: *Training S. 88 ff.*

2. Auswirkung des Unterschiedes auf die strafrechtliche Beurteilung

Die Begründung für die im Vergleich zu einem normalen Verkehrsunfall strafrechtlich mildere Beurteilung der Tatbeiträge trägt indes in beiden Fällen. Aufgrund der sozialen Akzeptanz der regelkonformen Sportausübung ist das Verhalten im Sport anders zu beurteilen als ein schädigendes Verhalten im tagtäglichen Leben. Die soziale Akzeptanz der Sportausübung besteht sowohl bei einer Regelgeltung aufgrund einer Abrede zwischen Trainingsteilnehmern als auch bei einer Abrede zwischen den Teilnehmern und dem Spitzenverband.

Mit anderen Worten ist die soziale Akzeptanz der Sportausübung im Training nicht geringer als im Wettkampf, nur weil die Geltungserlangung des Reglements im Wettkampf gegenüber dem Training formalisierter ist. Entscheidend ist dagegen, dass das Reglement grundsätzlich sozial akzeptiert ist[1217] und grundsätzlich Geltung erlangt. Training ist außerdem genauso Teil der Sportausübung wie der eigentliche Wettkampf, sodass auch aus diesem Grund keine geringere soziale Akzeptanz der Sportausübung zu erkennen ist.

Dementsprechend ist aus strafrechtlicher Sicht keine andere Bewertung des Verhaltens der Beteiligten in Unfallmuster eins beziehungsweise zwei angezeigt, wenn die Unfälle sich im Training statt im Wettkampf ereignen. Voraussetzung ist jedoch, dass die Trainingsteilnehmer sich einig sind, dass das Radsportreglement und nicht die StVO die Fahrordnung während des Trainings bestimmen soll. Nur in diesem Fall ist die mildere Bewertung angemessen.[1218]

3. Dennoch strengere Bewertung im Einzelfall möglich

Damit ist allerdings noch nicht entschieden, ob nicht im Einzelfall dennoch ein etwas strengerer Maßstab an das sozialadäquate Verhalten anzulegen ist. Dies gilt insbesondere im Hinblick auf nicht regelkonforme Verhaltensweisen. Unter Umständen kann im Training von den Sportlern im Vergleich zum Wettkampf eher erwartet werden, dass diese das Reglement einhalten.[1219]

Dies ist jedoch eine Frage der Situation im Einzelfall und betrifft neben der Festlegung der Grenze der Sozialadäquanz vor allem auch die Beurteilung des Verschuldens, das sich auch in der Trainingssituation nach hier vertretener Ansicht nach zivilrechtlichem Maßstab beurteilt.[1220]

1217 Zu möglichen Ausnahmen siehe oben: *Fn. 823.*

1218 Siehe zu diesem Gedanken bereits oben: *Situationsabhängige Festlegung der Verkehrspflichten anhand des Radsportreglements anstatt der StVO S. 276 ff.*

1219 Siehe zum diesem Gedanken oben: *Sorgfaltsgemäßes Verhalten trotz Regelverstoßes S. 280* f.

1220 Siehe dazu auch oben: *Geltung des zivilrechtlichen Sorgfaltsmaßstabes S. 260.*

4. *Konkrete Bewertung von Unfallmuster eins und zwei*

Wie in der Wettkampfsituation sind dementsprechend die Sportler in Unfallmuster eins straffrei. In Unfallmuster zwei macht sich dagegen der Vorausfahrende gemäß § 229 StGB strafbar.

II. Anforderungen an die Verletzung des Schutzgesetzes

Bei der Überlegung, wann von einer Verletzung eines Schutzgesetzes im Sinne von § 823 II 1 BGB gesprochen werden kann, ergeben sich keine Unterschiede zur Beurteilung dieser Frage im Rahmen eines Unfalles im Wettkampf.[1221]

III. Zusammenfassung

Die Beurteilung der Haftung gemäß § 823 II 1 BGB in Verbindung mit den Vorschriften des StGB unterscheidet sich nicht wesentlich von der Haftung gemäß § 823 II 1 BGB in Verbindung mit den Vorschriften des StGB in der Wettkampfsituation. Dies liegt vor allem daran, dass strafrechtlich keine andere Bewertung der Tat angezeigt ist, wenn sie sich im Training statt im Wettkampf ereignet.

Konkret kommt in den genannten Beispielen daher nur in Unfallmuster zwei ein Anspruch des Hinterherfahrenden gegen den Vorausfahrenden gemäß § 823 II 1 BGB in Verbindung mit § 229 StGB in Betracht.

Ein mögliches Mitverschulden wäre nach den bereits vorgestellten Grundsätzen zu berücksichtigen.[1222]

C. Haftung gemäß § 823 II 1 BGB in Verbindung mit Vorschriften der StVO

Es wurde oben bereits dargestellt, dass das im Radsport übliche Verhalten häufig gegen die StVO verstößt.[1223] Auch bei den hier beispielhaft verwendeten Unfallmustern eins und zwei verstoßen die Beteiligten Radsportler gegen Vorschriften der StVO.[1224] Es stellt sich daher die Frage, ob nicht eine Haftung gemäß § 823 II 1 BGB in Verbindung mit den Vorschriften der StVO in Betracht kommt.

In der Wettkampfsituation erlangt die StVO zwischen den Rennfahrern nur eingeschränkte Geltung. Dieses Ergebnis wurde hauptsächlich mit der Genehmigung

---

1221 Siehe oben: *Anforderungen gemäß § 823 II 1 BGB an die Schutzgesetzverletzung S. 259* f.

1222 Siehe oben: *Die Bedeutung des Mitverschuldens gemäß § 254 BGB bei Sporthaftungsfällen, insbesondere auch zur Bedeutung des Handelns auf eigene Gefahr S. 217* ff.

1223 Siehe oben: *Vergleich mit dem Radsportreglement und dem im Radsport üblichen Fahrverhalten S. 102 f.*

1224 Siehe oben: *Rechtslage ohne Berücksichtigung der sportspezifischen Besonderheit der Situation S. 159 ff.*

des Wettkampfes gemäß § 29 II 1 StVO begründet: Die Genehmigung des Wettkampfes führt zu einer modifizierten Auslegung der Vorschriften der StVO.[1225]

Im Training besteht dagegen keine Genehmigung, die als Anknüpfungspunkt für eine modifizierte Auslegung dienen kann.

I. Geltung der StVO im Binnenverhältnis zwischen den Teilnehmern

Die entscheidende Frage für den Anspruch ist daher zunächst, ob die StVO im Binnenverhältnis zwischen den Trainingsteilnehmern volle Wirkung entfaltet.

Vorab ist festzustellen, dass die StVO im öffentlichen Interesse die Sicherheit und Leichtigkeit des Straßenverkehrs fördert. Die StVO verfolgt damit öffentliche Interessen und dient insbesondere auch dem Schutz der Verkehrsteilnehmer.[1226] Daher können im Außenverhältnis zwischen den Trainierenden und anderen Verkehrsteilnehmern keine Ausnahmen anerkannt werden. Es wäre nicht zu rechtfertigen, den unbeteiligten Dritten den ihnen durch die StVO vermittelten Schutz zu entziehen, um den Sportlern die Sportausübung zu erleichtern. Keinesfalls dürfen sich daher beispielsweise Trainierende über Ampeln, § 37 StVO, oder Geschwindigkeitsbegrenzungen, § 3 StVO, hinwegsetzen. Ein grundsätzliches Verbot des Radsporttrainings sieht die StVO dagegen auch in § 31 StVO nicht vor.[1227]

Deutlich komplexer ist jedoch die Frage, ob zwischen den Beteiligten am Radsporttraining, also im Binnenverhältnis zwischen den Sportlern, die StVO uneingeschränkte Geltung erlangt. Dies braucht an dieser Stelle nicht umfassend geklärt zu werden, sondern es kann sich darauf beschränkt werden, zu überprüfen, ob die StVO noch im Sinne von § 823 II 1 BGB als Schutzgesetz verletzt ist. Fraglich ist insbesondere, ob der Schutzzweck der StVO auch das Verhältnis zwischen den Teilnehmern eines Radsporttrainings erfasst. Abstrakt gesprochen verlangt die heute allgemein anerkannte Lehre vom Schutzzweck der Norm, dass die Verbotsnorm das verletzte Rechtsgut vor der konkreten Schädigungsart schützen will.[1228]

1. Trainingsunfälle und Schutzzweck der StVO

Nachdem die StVO die Sicherheit und Leichtigkeit des Straßenverkehrs fördern soll, ist ihr Schutzzweck natürlich grundsätzlich, die Verkehrsteilnehmer vor Schäden zu

1225 Siehe oben: *Situationsabhängige Festlegung der Verkehrspflichten anhand des Radsportreglements anstatt der StVO S. 276 ff.*

1226 *Janker, H.* in: Burmann, Michael/Jahnke, Jürgen/Heß, Rainer u. a., Straßenverkehrsrecht, 23. Aufl. 2014, Vor StVO Rn. 3.

1227 Siehe oben: *StVO S. 94 ff.*

1228 MüKo BGB[6]/*Oetker, H.*, § 249 BGB Rn. 122; *BGH,* Urteil v. 14.3.2006 (Az. X ZR 46/04), NJW-RR 2006, 965–966; Staudinger/*Schiemann, G.*, Stand 2005, § 249 BGB Rn. 31.

schützen. Dementsprechend fallen Schäden infolge von Verkehrsunfällen, bei dem der Schädiger die StVO verletzt hat, grundsätzlich in den Schutzbereich der StVO.

Dieser Grundsatz gilt jedoch nicht ohne Ausnahmen. Insbesondere profitieren die Teilnehmer eines Radsporttrainings untereinander nicht vom Schutzzweck der StVO, wenn diese nach den Regeln des Radsportreglements trainieren.[1229] Als Rechtfertigung für diese Einschränkung kann zunächst die grundsätzliche Akzeptanz der Ausübung des Radsports im Straßenverkehr ins Feld geführt werden.[1230] Grundsätzlich ist das Radsporttraining im Straßenverkehr möglich[1231], sodass es widersprüchlich wäre, anzunehmen, die StVO schütze vor solchen Verhaltensweisen.

Die StVO soll nicht das staatlich akzeptierte Sportreglement bei der Sportausübung ersetzen. Vielmehr ist das Anliegen, die Sportausübung im Straßenverkehr in Einklang mit den Interessen der übrigen Verkehrsteilnehmer zu bringen. Die StVO definiert hierzu die Verhaltensregeln, die gegenüber den anderen Verkehrsteilnehmern einzuhalten sind. Die Verhaltensregeln unter den Sportlern werden dagegen vom Sportreglement festgelegt.

2. *Zwischenergebnis*

Trainingsunfälle zwischen den Teilnehmern eines Radsporttrainings sind daher nicht vom Schutzzweck der StVO erfasst, solange im Training das Radsportreglement Anwendung findet. Trainieren die Teilnehmer dagegen explizit nach den Regeln der StVO und nicht nach dem Radsportreglement[1232], fallen Unfälle auch in den Schutzzweck der StVO.

II. Einschränkung des Anspruch durch § 823 II 2 BGB

Im Übrigen wäre auch die Einschränkung des § 823 II 2 BGB zu beachten. Die Sportler müssten schuldhaft gegen die StVO verstoßen. Bei der Beurteilung des Verschuldens wäre der oben näher konkretisierte sportfreundliche Sorgfaltsmaßstab anzuwenden[1233], vorausgesetzt die Sportler haben sich auf ein Training nach dem Reglement statt der StVO geeinigt.

1229 Zur Möglichkeit das Radsporttraining entweder entsprechend den Vorschriften der StVO oder entsprechend den Vorschriften der Radsportreglements zu gestalten siehe oben: *Situationsabhängige Festlegung der Verkehrspflichten anhand des Radsportreglements* anstatt der StVO *S. 276 ff.*

1230 Siehe oben: *Situationsabhängige Festlegung der Verkehrspflichten anhand des Radsportreglements* anstatt der StVO *S. 276 ff.*

1231 Siehe oben: *StVO S. 94 ff.*

1232 Siehe zu diesem Unterschied oben: *Situationsabhängige Festlegung der Verkehrspflichten anhand des Radsportreglements* anstatt der StVO *S. 276 ff.*

1233 Siehe oben: *Maßstab der Verschuldens S. 209 ff.*

III. Ergebnis

Auch in der Trainingssituation scheitert der Anspruch aus § 823 II 1 BGB in der Regel an der mangelnden Schutzwirkung der StVO Regeln im Binnenverhältnis zwischen den Trainierenden.

9. Kapitel: Abschließende Zusammenfassung

A. Ausübung des Radsports und dessen Gefährlichkeit

I. Formen des Radsports

Die Auswertung des Radsportreglements hat gezeigt, dass Radsport in verschiedenen Disziplinen ausgeübt werden kann. Die klassische Form ist das Austragen von Rennen, bei denen entweder gemeinsam oder einzeln gestartet wird und derjenige gewinnt, der als Schnellster eine vorgegebene Distanz bewältigt. Bei Radrennen reicht die Spanne von Straßenrennen über Rennen auf speziellen Radbahnen bis hinzu Mountainbike- und BMX-Rennen, die auch über unbefestigte Wege führen. Neben Radrennen gibt es noch verschiedene andere Formen des Radsports, bei denen es primär auf Geschicklichkeit ankommt und die teilweise stark den Ballsportarten gleichen.[1234] Die Untersuchung konzentriert sich jedoch auf Radrennen.

II. Gefährlichkeit des Radsports

Die Teilnahme an Radrennen und das dazugehörende Training ist für die Radrennfahrer sehr gefährlich. Die Auswertung von Veröffentlichungen aus der medizinischen Forschung und von empirischem Material hat ergeben, dass sich die meisten Radsportler zumindest einmal pro 1000 Stunden Sportausübung verletzen.[1235] Vergleicht man die gewonnenen Ergebnisse mit der Gefährlichkeit anderer Sportarten, so zeigt sich, dass im Radsport das relative Risiko sich überhaupt zu verletzen, niedriger ist als beispielsweise in Ballsportarten. Andererseits ist das Risiko eine schwere oder sogar tödliche Verletzung zu erleiden, deutlich höher als in fast allen anderen Sportarten.[1236]

Jedoch ist es sehr schwierig, die Verletzungshäufigkeiten im Radsport exakt darzustellen. Problematisch ist insbesondere, dass die veröffentlichen Studien und Daten nur einen sehr begrenzten Bereich des Radsports – beispielsweise nur die Verletzungen während eines bestimmten Rennens – abbilden. Darüber hinaus ist ein Vergleich zwischen den Studien erschwert, da diese häufig mit unterschiedlichen Definitionen des zentralen Merkmals Verletzung operieren.[1237]

Die Gefährlichkeit des Radsports beruht insbesondere auf der schnellen Fortbewegung mit dem Fahrrad ohne das Einhalten von Sicherheitsabständen. Die Unterschreitung des eigentlich gebotenen Sicherheitsabstandes ist dabei Folge der bewussten Entscheidung der Radsportler, den Windschatten der anderen Radsportler

1234 Siehe dazu oben: *Die Disziplinen des Radsports S. 33 ff.*
1235 Siehe oben: *Gefahren im Radsport S. 51 ff.*
1236 Siehe oben: *Risikovergleich mit anderen Sportarten S. 65 f.*
1237 Siehe dazu oben: *Zusammenfassung S. 63 ff.*

zu nutzen, um Kraft zu sparen. Insgesamt kommt dem Windschattenfahren aufgrund der damit verbundenen Kraftersparnis im Radsport eine herausragend wichtige Rolle zu.[1238]

Trotz dieser Gefährdung der Radsportler ist der Sport sozial akzeptiert. Dies beruht im Wesentlichen auf zwei Aspekten: Zunächst auf der Organisation des Radsports durch den Radsportspitzenverband BDR, die sicherstellt, dass beim Radsport ein Sportreglement eingehalten wird, das die Radsportler schützt und die Gefährdung so ein sozial noch akzeptiertem Maß nicht überschreitet. Darüber hinaus beruht die Ausübung von Radsport auf einer freiwilligen individuellen Entscheidung der Radsportler.

III. Regelwerke zur Begrenzung der Gefährlichkeit des Radsports

Die Gefährlichkeit des Radsports wird durch verschiedene Regelwerke begrenzt, die eine bestimmte Fahrordnung zwischen den Teilnehmern vorschreiben. Diese Regelwerke sind das geschriebene Radsportreglement[1239], das ungeschriebene Radsportreglement[1240] und die StVO[1241].

1. StVO

Die StVO gilt grundsätzlich für alle radsportlichen Aktivitäten im öffentlichen Verkehrsraum, die Verkehrsvorgänge darstellen. Das ist für die meisten radsportlichen Aktivitäten, insbesondere jene des klassischen Radrennsports, der Fall.[1242]

Die Untersuchung hat gezeigt, dass die StVO das Ausüben von Radsport im Straßenverkehr gestattet.[1243] Das Austragen von Radrennen bedarf jedoch der Erlaubnis nach § 29 II 1 StVO.[1244] Grundsätzlich sieht die StVO für Radsportler vor, dass diese zueinander einen gewissen Mindestsicherheitsabstand einhalten. Im Fall eines genehmigten Radrennens können die StVO Vorschriften im Lichte von § 29 II 1 StVO ausgelegt werden, sodass die Anforderungen insoweit niedriger sind.[1245] Das gleiche gilt für ein Training der Radsportler, bei dem diese übereinstimmend das Radsportreglement und nicht die StVO als maßgeblich für die Fahrordnung untereinander halten. Vor solchen Verhaltensweise schützt die StVO nicht, was hauptsächlich auf

1238 Siehe oben: *Typische Unfallmuster und deren Ursache S. 66* ff.
1239 Siehe oben: *Reglement S. 73 ff.*
1240 Siehe oben: *Ungeschriebene Regeln S. 75 f.*
1241 Siehe oben: *StVO S. 94 ff.*
1242 Siehe oben: *StVO S. 94 ff.*
1243 Siehe oben: *StVO S. 94 ff.*
1244 Siehe oben: *Genehmigungspflicht für Radrennen S. 101 f.*
1245 Siehe dazu oben: *§ 823 II 1 BGB in Verbindung mit StVO Regeln S. 260 ff.*

der sozialen Akzeptanz der Sportausübung und der Freiwilligkeit der Sportausübung beruht.[1246]

2. *Geschriebenes Radsportreglement*

Das geschriebene Radsportreglement wird vom Radsportspitzenverband, also der UCI oder dem BDR, erlassen. Das Ziel ist dabei nicht nur den Sportbetrieb zu organisieren und so insbesondere für einen fairen Wettkampf zu sorgen, sondern auch, die Gefährdung für die Sportler zu minimieren. Im Rahmen der Arbeit wurde untersucht, wie das geschriebene Radsportreglement zwischen den Beteiligten Geltung erlangt. Dafür bestehen unterschiedliche Möglichkeiten, die sich nicht gegenseitig ausschließen, sondern ergänzen.[1247] Zu unterscheiden sind die Satzungslösung, die Lizensierungslösung und die Nennungslösung.

Unter Satzungslösung wird verstanden, dass die Spitzenverbände, die in Deutschland als Idealvereine gemäß § 21 BGB organisiert sind, das Reglement als Satzung beschließen. Dies führt allerdings noch nicht zu einer Geltung des Radsportreglements zwischen den Radsportlern, da diese nicht direkt Mitglied des Spitzenverbandes sind. Die Radsportler sind vielmehr nur über die Brücken Mitgliedschaft in einem Radsportverein, Mitgliedschaft des Radsportvereins im Landesverband und Mitgliedschaft des Landesverbandes im BDR mittelbare Mitglieder im BDR (die mittelbare Mitgliedschaft in der UCI ergibt sich durch die weitere Brücke der Mitgliedschaft des BDR in der UCI). Die Satzung eines Vereins ist jedoch nur für die unmittelbaren Mitglieder verbindlich. Gegenüber den mittelbaren Mitgliedern ist sie nur verbindlich, wenn sie durch die dazwischen beteiligten Radsportvereine und Landesverbände fehlerfrei umgesetzt wird. Nachdem dies in der Praxis selten der Fall sein wird und darüber hinaus auch nicht alle Radsportler Mitglied in einem Radsportverein sind, ist die Satzungslösung nicht ausreichend zur Umsetzung des Reglements.[1248]

Geeigneter ist dagegen die Lizensierungslösung. Unter Lizensierungslösung wird die rechtsgeschäftliche Unterwerfung der Sportler unter das Sportreglement durch den Abschluss einer sogenannten Lizenzvereinbarung mit dem Spitzenverband verstanden. Die Sportler unterwerfen sich gegenüber dem Spitzenverband unter dessen Disziplinarbefugnis und erkennen das Reglement an, der Spitzenverband erteilt den Sportlern dafür im Gegenzug eine Lizenz und damit die Erlaubnis an von ihm organisierten beziehungsweise genehmigten Wettkämpfen teilzunehmen. Die Schwäche der Lizensierungslösung liegt darin, dass Sportler, die keine Lizenz beantragen (das sind praktisch alle nicht besonders leistungsorientierten Radsportler), nicht an das Reglement gebunden sind.[1249]

1246 Siehe oben: *Haftung gemäß § 823 II 1 BGB in Verbindung mit Vorschriften der StVO S. 288 ff.*

1247 Zum Verhältnis der Verfahren siehe oben: *Verhältnis der Verfahren S. 85 f.*

1248 Zur Satzungslösung siehe ausführlich oben: *Satzungslösung S. 77 ff.*

1249 Zur Lizensierungslösung siehe insgesamt oben: *Lizensierungsverfahren S. 79 ff.*

Um auch die nicht lizensierten Sportler an des Reglement zu binden, wird daher häufig (unter Umständen zusätzlich zur Lizenzvereinbarung) auf das Nennungsverfahren zurückgegriffen. Das Nennungsverfahren beinhaltet ebenfalls eine rechtsgeschäftliche Anerkennung des Reglements durch die Sportler. Im Gegensatz zur Lizensierungsvereinbarung, die eine Unterwerfung für einen bestimmten Zeitraum vorsieht, zielt die Nennungsvereinbarung auf die Anerkennung des Reglements bei einem bestimmten Anlass, wie zum Beispiel einem bestimmten Rennen, ab.[1250]

Sollten sich Fehler in der Nennungs- oder Lizensierungsvereinbarung eingeschlichen haben, wirken diese sich in aller Regel nur ex nunc und nicht ex tunc aus. Dies gilt insbesondere auch für eine unter Umständen mögliche Anfechtung des Sportlers. So wird sichergestellt, dass die Sportler nicht nach ihrer Teilnahme am Wettkampf noch ihre Anerkennung des Reglements beseitigen können.[1251]

Sowohl in der Lizensierungs- als auch in der Nennungsvereinbarung wird nur das geschriebene Reglement anerkannt. Jedoch ist die Rechtsprechung zu Recht großzügig bei der Auslegung der Vereinbarungen: auch ohne ausdrückliche Abrede kann man davon ausgehen, dass die Regeln zur Verhütung von Unfällen konkludent vereinbart wurden.[1252]

Allerdings erfasst die Vereinbarung des geschriebenen Reglements im Rahmen der Lizensierungs- oder Satzungslösung nicht die Situation des gemeinsamen Radsporttrainings. Im Radsporttraining wird die Fahrordnung nur dann durch das Reglement bestimmt, wenn sich die Teilnehmer darauf untereinander geeinigt haben.[1253] Diese Vereinbarung, die bestimmt, ob die Teilnehmer erwarten, dass die StVO eingehalten wird, oder ob entsprechend dem Reglement ohne Sicherheitsabstände gefahren wird, ist eine Vereinbarung ohne Rechtsbindungswillen.[1254] Die Vereinbarung selbst ist dabei nicht rechtsgestaltend, sondern löst nur die gesellschaftlich abweichende Beurteilung des Verhaltens aus. Erst diese gesellschaftlich abweichende Beurteilung des Verhaltens verändert die Rechtslage.

Um den Inhalt der Abrede zum gemeinsamen Training zu bestimmen, kann jedoch auf die Auslegungsgrundsätze von Willenserklärungen zurückgegriffen werden. Dabei ist ebenfalls davon auszugehen, dass bei entsprechender sportlicher Ausrichtung des Trainings (das Gegenteil wäre eine gemeinsame Radtour ohne Bezug zum Radsport) in der Regel eine solche Vereinbarung gegeben ist, da man als Teilnehmer davon ausgehen muss, dass ein gemeinsames Training in einer anerkannten Sportart nach den für die Sportart typischen Regeln ablaufen soll.[1255] Sollte bei einem Teilnehmer diese Vorstellung dennoch vorliegen, so besteht eine mit der Situation des fehlenden Erklärungsbewusstseins vergleichbare Konstellation,

1250 Zum Nennungsverfahren siehe oben: *Nennungsverfahren S. 82 f.*
1251 Siehe oben: *Folge eines Fehlers im Lizensierungs- oder Nennungsverfahren S. 84 f.*
1252 Siehe oben: *Erfasste Regeln S. 86 ff.*
1253 Siehe oben: *Training S. 88 ff.*
1254 Siehe oben: *Inhalt der Vereinbarung S. 88 ff., Rechtsnatur der Vereinbarung S. 91* und *Abschluss einer Vereinbarung mit Rechtsbindungswillen vor jedem Training S. 270.*
1255 Siehe oben: *Inhalt der Vereinbarung S. 88 ff.*

sodass in diesem Fall das Reglement gilt, die zukünftige Bindung an das Reglement durch den Trainingsteilnehmer jedoch durch eine der Anfechtung vergleichbare Erklärung verhindert werden kann, wenn ihm keine Fahrlässigkeit zur Last fällt.[1256] Eine Geltung des Radsportreglements durch die bloße Teilnahme am leistungsorientierten Sport und die deshalb bestehenden Bindung an das Reglement als drittbegünstigende Satzung des Spitzenverbandes ist dagegen abzulehnen.[1257]

3. *Ungeschriebenes Reglement*

Unter dem Begriff ungeschriebenes Reglement werden in dieser Arbeit die Gesamtheit der Regeln des gemeinsamen Radfahrens verstanden, die zwar nicht Teil des vom Spitzenverband erlassenen geschriebenen Reglements sind, hinsichtlich deren Einhaltung unter Radsportler dagegen weltweit ein großer Konsens besteht. Konkret geht es hauptsächlich um das Anzeigen von gewissen Gefahren durch Handzeichen und eine konzentrierte Fahrweise in der Gruppe.[1258] Das ungeschriebene Reglement erlangt im Wettkampf keine Geltung über das Lizensierungs- und/oder Nennungsverfahren.[1259] Im Training ist es dagegen regelmäßig Teil der dem Training zugrundeliegenden Willensübereinkunft, dass im Training die Regeln des Radsports gelten sollen.[1260]

B. Relative Schutzpflichten als Grundlage für eine Haftung der Sportler gemäß § 280 I BGB

Einer möglichen Haftung der Sportler gemäß § 280 I BGB nach einem Sportunfall wurde bisher in Literatur und Rechtsprechung kaum Beachtung gewidmet. Die vorliegende Arbeit beschäftigt sich dagegen ausführlich mit dieser Anspruchsgrundlage.[1261] Dies liegt an den Unterschieden zwischen § 280 I BGB und dem zumeist bei Sportunfällen diskutierten § 823 I BGB: Im Gegensatz zu § 823 I BGB sind nach § 280 I BGB auch primäre Vermögensschäden ersatzfähig. Darüber hinaus wird gemäß § 280 I 2 BGB das Vertretenmüssen des Schädigers vermutet, während hingegen bei § 823 I BGB dem Geschädigten der Nachweis des Verschuldens des Schädigers

---

1256 Siehe oben: *Fehlendes Bewusstsein über die Vereinbarung bei einem Trainingsteilnehmer S. 90 f.*

1257 Siehe oben: *Geltung durch Nutzung der „Einrichtung Sport“ S. 92 ff.*

1258 Siehe oben: *Ungeschriebene Regeln S. 75 f.*

1259 Siehe oben: *Erfasste Regeln S. 86 ff.*

1260 Siehe oben: *Inhalt der Vereinbarung S. 88 ff.*

1261 Zu dieser Anspruchsgrundlage siehe insgesamt: *Haftung gemäß § 280 I BGB basierend auf einem Schuldverhältnis zwischen den Rennfahrern aufgrund der Rennteilnahme S. 109 ff.*, *Schuldverhältnis zwischen den Teilnehmern aufgrund Mitgliedschaft in einem Team S. 265 ff.* und *Schuldverhältnis zwischen den Trainingsteilnehmern aufgrund des Zusammenschlusses zum Trainieren alleine S. 267 ff.*

obliegt.[1262] Problematisch für die hier untersuchte Fallgestaltung der Haftung von Sportlern bei einem Sportunfall ist aber vor allem das für § 280 I BGB zentrale Erfordernis des Bestehens von relativen Schutzpflichten zwischen den Beteiligten aufgrund eines Schuldverhältnisses.

§ 280 I BGB könnte auch einen wesentlichen Beitrag zur Bekämpfung des Dopings leisten. Eine zivilrechtliche Haftung des dopenden Sportlers gegenüber dem nicht gedopten Sportler gemäß § 823 I BGB scheitert zumeist an einer Rechts- oder Rechtsgutverletzung des im Wettkampf unterlegenen nicht gedopten Sportlers. Diesem entstehen jedoch primäre Vermögensschäden, wenn ihm mögliche Preisgelder oder Werbeeinnahmen verloren gehen, für die unter Umständen der gedopte Sportler gemäß § 280 I BGB haften muss.[1263]

I. (Gesellschafts-)Vertragliche Bindung zwischen den Sportlern aufgrund der gemeinsamen Sportausübung

1. Gemeinsame Wettkampfteilnahme

Zwischen den Sportlern entsteht durch die Wettkampfteilnahme allein keine vertragliche Bindung untereinander. In Betracht käme eine gesellschaftsrechtliche Verbindung in Form einer Gesellschaft bürgerlichen Rechts, § 705 BGB, da die Sportler durch ihre gemeinsame Wettkampfteilnahme das gemeinsame Produkt „ausgetragener Wettkampf" schaffen. Die Pflicht das Reglement einzuhalten, wäre dann eine Nebenpflicht der Gesellschaft.

Für eine solche Gesellschaft zwischen den Sportlern fehlt es jedoch an einem Vertragsschluss zwischen den Wettkämpfern. Diese einigen sich weder direkt untereinander noch mit dem Veranstalter beziehungsweise Spitzenverband als Bote/Stellvertreter. Nachdem die Sportausübung im Verhältnis zwischen Sportler und Spitzenverband mit dem Lizensierungs- und/oder Nennungsvertrag bereits rechtsgeschäftlich geregelt ist, bedarf es keiner weiteren rechtsgeschäftlichen Regelung des Sportbetriebes im Verhältnis zwischen den Sportlern.[1264]

2. Gemeinsames Training

Ähnlich der Situation im Wettkampf entsteht durch die Teilnahme am Training ein gemeinsames Produkt „gemeinsames Training". Insoweit wäre die Abrede zum gemeinsamen Training als Vertrag über eine Gesellschaft bürgerlichen Rechts nach § 705 BGB auszulegen, wenn die Abrede mit Rechtsbindungswillen getroffen würde. In diesem Fall wäre die Einhaltung des Reglements eine Nebenpflicht nach

---

1262 Zu den Unterschieden der Haftung nach § 823 I BGB beziehungsweise § 280 I BGB siehe oben *S. 107 f.*

1263 Zur Haftung im Falle des Dopings siehe oben: *S. 109.*

1264 Siehe oben: *Schuldverhältnis zwischen den Teilnehmern aufgrund vertraglicher Vereinbarung zwischen den Teilnehmern S. 111 ff.*

§ 241 II BGB, bei deren Verletzung ein Anspruch nach § 280 I BGB in Betracht käme.[1265] Jedoch erfolgt die Abrede zum gemeinsamen Trainieren regelmäßig nicht mit Rechtsbindungswillen, da keine Verbindlichkeit der Abrede gewollt ist.[1266]

II. Relative Schutzpflichten aufgrund des engen Kontakts der Sportler zueinander, Bestehen eines ähnlichen geschäftlichen Kontakts im Sinne von § 311 II Nr. 3 BGB, Bestehen einer Gefälligkeitsgesellschaft

Es wurde auch untersucht, ob aufgrund des durch die Sportausübung entstehenden tatsächlichen Näheverhältnisses zwischen den Sportlern, durch das sich die Einwirkungsmöglichkeiten der Beteiligten auf die Rechte und Rechtsgüter des jeweils anderen erhöht, relative Schutzpflichten zwischen den Sportlern entstehen, ohne dass diese vertraglich miteinander verbunden sind.[1267] In diesem Fall käme eine Gefälligkeitsgesellschaft in Betracht, bei der nur Schutzpflichten, aber keine Pflichten zur Erbringung von Gesellschafterbeiträgen entstehen.

Letztlich geht es dabei um das in der Literatur bereits ausführlich diskutierte Problem des Entstehens relativer Schutzpflichten aufgrund eines sozialen Kontaktes, der gerade kein rechtsgeschäftlicher Kontakt ist und auch nicht zu einem solchen werden soll. Im Rahmen dieser Diskussion haben sich zwei Begründungslinien für das Entstehen von relativen Schutzpflichten herausgebildet, die auch für die Untersuchung des Kontaktes zwischen den Rennteilnehmern fruchtbar gemacht werden konnten.

Der erste Ansatz erblickt vor allem im Willen der Beteiligten zur Eingehung einer rechtsgeschäftlichen Bindung untereinander den Grund für das Entstehen von relativen Schutzpflichten. Selbst wenn es dann doch nicht zu einer vertraglichen Bindung zwischen den Beteiligten kommt, so rechtfertigt zumindest die (sogar teilweise nur einseitige) Erwartung und Vorbereitung einer solchen Bindung die relativen Schutzpflichten. Die andere Ansicht löst sich stärker von einer (zukünftigen) Willensübereinkunft der Parteien und rechtfertigt die relativen Schutzpflichten mit einem gesetzlichen Schuldverhältnis zwischen den Parteien, das aufgrund der Grundsätze von Treu und Glauben entsteht, wenn die Parteien berechtigterweise auf einen Schutz ihrer Rechte und Rechtsgüter vertrauen durften.

Diese beiden Lehren sind inzwischen von § 311 II Nr. 3 BGB anerkannt. § 311 II Nr. 3 BGB ist eine Generalklausel, die jedoch nicht selbst die Rechtfertigung für das Entstehen relativer Schutzpflichten enthält, sondern eine Begründung von

1265 Siehe oben: *Ausdrückliche vertragliche Gründung einer Gesellschaft bürgerlichen Rechts S. 267.*

1266 Siehe oben: *Gründung einer Gesellschaft bürgerlichen Rechts durch gemeinsames Trainieren S. 268 ff.*

1267 Siehe dazu insgesamt oben: *Andere Sonderverbindung zwischen den Wettkämpfern S. 117 ff.* und *Das gemeinsame Radtraining als ähnlicher geschäftlicher Kontakt im Sinne von § 311 II Nr. 3 BGB aufgrund einer Gefälligkeitsgemeinschaft S. 271 f.*

relativen Schutzpflichten nach den bekannten und gerade genannten Lehren fordert. Gelingt eine solche Begründung, kann von einem ähnlichen geschäftlichen Kontakt zwischen den Beteiligten gesprochen werden. Eine Gefälligkeitsgesellschaft wäre ein ähnlicher geschäftlicher Kontakt im Sinne von § 311 II Nr. 3 BGB.

Der Kontakt zwischen den Rennteilnehmern ist jedoch kein solcher ähnlicher geschäftlicher Kontakt, da die Untersuchung gezeigt hat, dass das Näheverhältnis zwischen den Sportler gerade nur sportlicher und nicht rechtsgeschäftlicher Natur ist. Daher gelang nach keiner der beiden klassischen Begründungsansätze die Annahme von relativen Schutzpflichten zwischen den Sportlern.

Die Untersuchung hat damit gezeigt, dass auch nach Einführung des § 311 II Nr. 3 BGB bei nicht vermögensrelevanten sozialen Kontakten im Regelfall keine relativen Schutzpflichten zwischen den Beteiligten entstehen.

1. Relative Schutzpflichten zwischen den Wettkämpfern aufgrund der Schutzwirkung für Dritte des Regelanerkennungsvertrages

Im Rahmen der Lizensierungs- und/oder Nennungsvereinbarung findet sich stets eine Regelung, dass die Teilnehmer das geschriebene Reglement einhalten. Dies ist eine ausdrücklich vereinbarte Schutzpflicht nach § 241 II BGB im Rahmen der Lizensierung- und/oder Nennungsvereinbarung. Die Arbeit ist daher der Frage nachgegangen, ob nicht die Konkurrenten des schädigenden Sportlers in Schutzbereich des Vertrages zwischen dem schädigenden Sportler und dem Spitzenverband einbezogen sind.[1268]

Nachdem zwar die Rechtsgrundlage des Vertrages mit Schutzwirkung für Dritte stark umstritten ist, über die Voraussetzungen der Einbeziehung in den Schutzbereich aber im Wesentlichen Einigkeit besteht, konnte im Rahmen der vorliegenden Fragestellung der Fokus auf die tatsächliche Reichweite des Drittschutzes gelegt werden, ohne dass an den anerkannten Kriterien des Instituts des Vertrages mit Schutzwirkung für Dritte gerüttelt werden musste.

Die Voraussetzung der Leistungsnähe des verletzten Sportlers ist dabei unproblematisch. Der verletzte Sportler kommt mit der Regelkonformität (mangels Leistung ist in diesem Zusammenhang auf die Nähe zur Schutzpflicht abzustellen) des Konkurrenten genauso in Kontakt wie der Spitzenverband.[1269]

Deutlich schwieriger zu beurteilen ist die Gläubigernähe, also die Nähe des verletzten Sportlers zum Spitzenverband. Die Beurteilung ist zusätzlich durch die in letzter Zeit immer schlimmer gewordene Konturlosigkeit des Merkmals erschwert. Letztlich ist das nötige besondere Interesse des Spitzenverbandes an der Einbeziehung der Konkurrenten in den Schutzbereich des Regelanerkennungsvertrages

---

1268 Siehe oben: *Schutzpflichten aufgrund drittschützenden Charakters des Regelanerkennungsvertrages S. 124 ff.*

1269 Siehe oben: *Leistungsnähe des verletzten Konkurrenten S. 129 f.*

vorhanden, weil es sogar eine Aufgabe des Spitzenverbandes ist, die Sportler vor regelwidrigen Schädigungen durch ihre Konkurrenten zu bewahren.[1270]

Anders könnte das Interesse des Verbandes bei regelkonformer Schädigung gelagert sein: In diesem Fall wird der Verband ein Interesse daran haben, dass der regelkonform schädigende Sportler nicht haften muss. Andernfalls bestünde die Gefahr, dass das staatliche Haftungsrecht die Sportausübung behindert. Aus diesem Grund käme in Betracht, dass der Lizensierungs- beziehungsweise Nennungsvertrag sowohl Vertrag mit Schutzwirkung für Dritte für den Fall der regelwidrigen Schädigung ist, gleichzeitig aber einen Haftungsausschluss zugunsten Dritter für den Fall der regelkonformen Schädigung enthält (in Wirklichkeit enthält Lizensierungs- beziehungsweise Nennungsvertrag jedoch keinen solchen Haftungsausschluss[1271]).[1272]

Auch die Merkmale Erkennbarkeit des erweiterten Schutzkreises[1273] und Schutzbedürftigkeit des Geschädigten[1274] sind erfüllt. Dementsprechend entfaltet der Regelanerkennungsvertrag für den geschädigten Sportler Drittschutz.

Dies ist eine neue und bisher kaum vertretene Lösung. Die Attraktivität dieses Ansatzes liegt daran, dass man zu relativen Schutzpflichten zwischen den Sportlern gelangt, ohne dafür das direkte Verhältnis zwischen diesen von einer sportlichen Begegnung in eine (rechts-)geschäftliche Begegnung umzudeuten. Der Beitrag von relativen Schutzpflichten zur Bekämpfung von Doping darf dabei nicht unterschätzt werden.

Es ist jedoch hervorzuheben, dass die Lizensierungs- und/oder Nennungslösung nicht zu einer Geltung der unfallverhütenden Vorschriften des Reglements (etwas anderes könnte für die Anti-Doping Bestimmungen gelten, dies ist eine Frage der Auslegung des Regelanerkennungsvertrages[1275]) zwischen den Radsportlern beim gemeinsamen Trainieren führt, sodass ein Anspruch aus § 280 I BGB in Verbindung mit dem Regelanerkennungsvertrag als Vertrag mit Schutzwirkung für Dritte in der Trainingssituation ausscheidet.[1276]

III. Sportler sind Teil eines Teams

Es wurde auch die Sonderkonstellation untersucht, dass die Sportler Mitglieder desselben Teams sind. In diesem Fall können sich auch aufgrund der Teammitgliedschaft

---

1270 Siehe oben: *Nähe des verletzten Sportlers zum Spitzenverband – Gläubigernähe S. 130 ff.*

1271 Siehe dazu oben: *Haftungsmodifikation über den Regelanerkennungsvertrag S. 183 ff.*

1272 Zu diesem Gedanken siehe oben: *Auswirkung der „Teilnahme auf eigene Gefahr"-Klausel auf die Gläubigernähe S. 132 ff.*

1273 Siehe oben: *Erkennbarkeit des erweiterten Schutzkreises S. 134 f.*

1274 Siehe oben: *Schutzbedürftigkeit der Sportler S. 135.*

1275 Siehe oben: *Geltung über den Spitzenverband S. 92.*

1276 Siehe oben: *Schuldverhältnis zwischen den Trainingsteilnehmern aufgrund des Zusammenschlusses zum Trainieren alleine S. 267 ff.*

relative Schutzpflichten zwischen den Beteiligten ergeben. Dies hängt maßgeblich von der Organisation des Teams ab. Dagegen ist insoweit ohne Bedeutung, ob die Teammitglieder gemeinsam trainieren oder gemeinsam an einem Rennen teilnehmen.

1. Team basiert auf ausdrücklicher vertraglicher Regelung

Sollte es sich um Profisportler handeln, die mit dem Team arbeits- oder sonstig dienstvertraglich verbunden sind, ist die Situation entsprechend den allgemeinen Grundsätzen zu relativen Schutzpflichten zwischen den Arbeitnehmern eines Betriebes zu lösen. Zwischen diesen bestehen keine relativen Schutzpflichten, da das Arbeitsverhältnis keinen Drittschutz vermittelt. Zu bedenken sind in diesen Fällen jedoch auch insbesondere die Grundsätze des innerbetrieblichen Schadensausgleichs und die Einstandspflicht der gesetzlichen Unfallversicherung.[1277]

Wenn das Team als eingetragener nicht wirtschaftlicher Verein, § 21 BGB, organisiert ist, bestehen zwischen den Mitgliedern nach hier vertretener Lösung ebenfalls keine Schutzpflichten aufgrund der Vereinsmitgliedschaft.[1278]

Sollten das Team ausdrücklich vertraglich als Gesellschaft bürgerlichen Rechts, § 705 BGB, organisiert sein, bestehen zwischen den Mitgliedern als Gesellschafter relative Schutzpflichten nach § 241 II BGB. Der Inhalt dieser Schutzpflichten ist dabei unter anderem – vorbehaltlich ausdrücklich anderer vertraglicher Fixierung, das geschriebene Reglement einzuhalten.[1279]

2. Team basiert nicht auf ausdrücklicher vertraglicher Abrede

Es wurde auch der Fall untersucht, dass die Sportler sich lose als Team verabredet haben, dem Team also keine ausdrückliche vertragliche Regelung zugrunde liegt. Nachdem auch in diesem Fall von den Beteiligten ein überindividueller Zweck verfolgt wird, käme eine Organisation als Gesellschaft bürgerlichen Rechts in Betracht. Unter Umständen wäre in diesem Fall auch eine Gelegenheitsgesellschaft zwischen den Sportlern denkbar, bei der nur Schutzpflichten aber keine sonstigen Gesellschafterpflichten bestünden. Ebenfalls möglich wäre, dass durch die Absprache auch keine

---

1277 Siehe oben: *Die Teammitglieder sind im Rahmen eines Arbeits- oder sonstigen Dienstvertrages mit dem Team verbunden S. 138 ff* und *Arbeitsrechtliche Verbundenheit zwischen dem Team und den Rennfahrern S. 266 f.*

1278 Siehe oben: *Die Teammitglieder starten für ein als eingetragener Verein organisiertes Team S. 141 ff.* und *Mitgliedschaft im selben Sportverein S. 266.*

1279 Siehe oben: *Die Teammitglieder gründen eine Gesellschaft bürgerlichen Rechts, um gemeinsam an Rennen teilzunehmen S. 145 ff.* und *Ausdrückliche vertragliche Gründung einer Gesellschaft bürgerlichen Rechts S. 267.*

Gelegenheitsgesellschaft entsteht, sodass zwischen den Sportler aufgrund der Absprache ein Team zu bilden, keine relativen Schutzpflichten entstehen würden.[1280]

Die Entscheidung, ob eine Gesellschaft oder nur eine Gelegenheitsgesellschaft vorliegt, hängt davon ab, ob die Vereinbarung, ein Team zu bilden, als Gesellschaftsvertrag ausgelegt werden kann. Dafür ist notwendig, dass die Beteiligten mit Rechtsbindungswillen handeln, insbesondere also die Erbringung ihrer Gesellschafterbeiträge als verbindlich ansehen. Dies ist bei einem Zusammenschluss zu einem Team zwischen Sportlern ohne ausdrückliche vertragliche Vereinbarung regelmäßig nicht der Fall. Eine Rechtsverbindlichkeit der Absprache entspricht regelmäßig nicht den Interessen der Sportler, die im Sport keine vermögensrelevanten Interessen verfolgen.[1281] Insoweit bestätigt sich hier die zurückhaltende Rechtsprechung des BGH zur Gründung einer Gesellschaft bürgerlichen Rechts durch einen konkludenten Vertragsschluss.[1282]

Eine Gelegenheitsgesellschaft mit Schutzpflichten entsteht, wenn sich die Schutzpflichten nach den zwei bereits vorgestellten Ansätzen (Willensübereinkunft beziehungsweise gesetzliches Schuldverhältnis aufgrund von nach Treu und Glauben berechtigtem Schutzinteresse) begründen lassen. Dies ist jedoch ebenso in den meisten Fällen abzulehnen. Aufgrund des Zusammenschlusses zu einem Team zur gemeinsamen Sportausübung besteht kein berechtigtes Vertrauen auf einen erhöhten Rechtsgüterschutz, da sich der Zusammenschluss außerhalb der vermögensrelevanten Sphäre bewegt. Nach der hier vorgestellten Lösung führt also die lose Absprache ein Team zu bilden regelmäßig nicht zu relativen Schutzpflichten zwischen den Sportlern.[1283]

C. Die Verkehrspflichten als Konkretisierung des Tatbestandes von § 823 I BGB und die Sorgfaltspflichten als Maßstab der Fahrlässigkeit im Rahmen des Verschuldens

Problematisch an der Haftung wegen eines Sportunfalls ist, dass das Verhalten der Sportler das normalerweise erlaubte Maß der Gefährdung fremder Rechtsgüter deutlich übersteigt. Für den Radsport konnte dies sehr klar gezeigt werden: statt

---

1280 Siehe dazu insgesamt: *Die Rennfahrer bilden ein Team aufgrund einfacher loser Absprache S. 147 ff.*

1281 Siehe oben: *Rechtliche Konsequenzen des Bestehens einer Gesellschaft bürgerlichen Rechts S. 148, Kriterien für die Rechtsverbindlichkeit der Absprache S. 148 f.* und *Das Verhältnis zwischen Radsportlern S. 151 ff.*

1282 Siehe oben: *Abschluss einer Vereinbarung mit Rechtsbindungswillen vor jedem Training S. 270.*

1283 Siehe oben: *Relative Schutzpflichten aufgrund einer Gefälligkeitsgemeinschaft zwischen den Beteiligten S. 152 f.* und *Schuldverhältnis zwischen den Trainingsteilnehmern aufgrund des Zusammenschlusses zum Trainieren alleine S. 267 ff.*

die StVO (die das normalerweise erlaubte Maß der Gefährdung im Straßenverkehr definiert) zum Schutz der anderen Sportler einzuhalten, halten die Radsportler allerhöchstens (sogar hier kommt es manchmal zu Regelverstößen) das Radsportreglement ein, das eine weitaus gefährlichere Fahrweise zulässt. Konsequenterweise müsste daher der sich regelkonform verhaltende Sportler im Falle der Schädigung eines Konkurrenten gemäß § 823 I BGB haften.[1284] Dies wäre jedoch nicht sachgerecht und würde der grundsätzlichen gesellschaftlichen Akzeptanz und Förderung der Sportausübung widersprechen. Auch dem Umstand, dass die Sportler die erhöhte Gefährdung freiwillig eingehen, muss ausreichend Rechnung getragen werden.[1285]

I. Die Bedeutung der Verkehrspflichten für die Haftung wegen eines Sportunfalls

Dieses Problem kann mit Hilfe der Verkehrspflichten gelöst werden. Nach hier vertretener Ansicht definieren die Verkehrspflichten das Maß der erlaubten Gefährdung. Sie sind daher Teil der Zurechnungsprüfung im Rahmen des § 823 I BGB. Dies steht teilweise in Widerspruch zu der aktuell herrschenden Meinung, die einen Verkehrspflichtenverstoß im Rahmen des § 823 I BGB nur im Falle der Tatbestandsverwirklichung durch Unterlassen, bei nur mittelbaren Verletzungshandlungen oder der Verletzung von Rahmenrechten fordert, sonst aber für überflüssig hält.[1286]

Es konnte jedoch gerade am Beispiel des sich regelkonform verhaltenden Sportlers gezeigt werden, dass auch unmittelbare Verletzungshandlungen teilweise das Maß der erlaubten Gefährdung nicht übersteigen. Solche Verletzungen dennoch als tatbestandsmäßig und rechtswidrig anzusehen, wäre nicht sachgerecht. Dies würde der gesellschaftlichen Akzeptanz und Förderung des Sports sowie dem Umstand widersprechen, dass der Sport von den Sportlern freiwillig ausgeübt wird und diese daher auch die damit verbundene Gefahr akzeptieren.[1287]

Mit der Festlegung der Verkehrspflichten entsprechend dem Sportreglement – wobei jedoch dem Richter eine Überprüfung möglich bleibt- wird auch die bisher angewandte Unterscheidung zwischen Sport gegeneinander und Sport miteinander beziehungsweise zuletzt auch Sport mit oder ohne besonderem Gefährdungspotential hinfällig. Dass die ursprüngliche Unterscheidung nicht durchzuhalten war, zeigt auch schon die Tatsache, dass Sportarten mit besonderem Gefährdungspotential den Sportarten gegeneinander gleichgestellt wurden. Wann jedoch die Sportart besonders gefährlich ist (für den Radsport wird man dies jedoch annehmen können),

---

1284 Siehe dazu oben: *Vorüberlegung S. 159 ff.*

1285 Siehe oben: *Veränderte Rechtslage bei Sportunfällen S. 166 ff.*

1286 Siehe oben: *Tauglichkeit der Verkehrspflichten zur Festlegung des Haftungsmaßes bei Sportunfällen S. 186 ff.*

1287 Siehe oben: *Tauglichkeit der Verkehrspflichten zur Festlegung des Haftungsmaßes bei Sportunfällen S. 186 ff.*

kann abstrakt nur sehr schwer beantwortet werden.[1288] Es besteht in der Praxis auch die große Gefahr, dass die Gefährlichkeit häufig aufgrund eines subjektiven Gefühls beurteilt wird. Dagegen kann im Einzelfall sehr gut beurteilt werden, welches Verhalten unter Berücksichtigung der Besonderheiten der Sportausübung von den Beteiligten verlangt werden konnte.[1289]

II. Die Verkehrspflichten im Vergleich zu den Sorgfaltspflichten

Die Verkehrspflichten, die den Tatbestand des § 823 I BGB konkretisieren, unterscheiden sich nach hier vertretener Ansicht von den Sorgfaltspflichten, die entsprechend § 276 II BGB die im Verkehr erforderliche Sorgfalt festlegen.[1290]

Die Verkehrspflichten definieren auf Ebene des Tatbestandes das Maß der erlaubten Gefährdung. Es ist daher ein strenger Maßstab anzulegen. Gefordert ist daher ein Höchstmaß an äußerer Sorgfalt, wie es der ideale Verkehrsteilnehmer an den Tag legen würde. Eine Subjektivierung nach den Fähigkeiten des Handelnden kommt nicht in Betracht, auch nicht typisierend nach Verkehrsgruppen.[1291]

Die Sorgfaltspflichten definieren dagegen, was von der Person im Einzelfall zur Gefahrvermeidung verlangt werden kann. Der Maßstab ist daher milder: verlangt wird die im Verkehr erforderliche Sorgfalt eines durchschnittlichen Verkehrsteilnehmers des entsprechenden Verkehrskreises. Es gilt daher grundsätzlich auch ein objektiver Maßstab, jedoch wird dieser entsprechend den Typen der Verkehrsteilnehmer subjektiviert.[1292]

III. Festlegung der Verkehrspflichten und Sorgfaltspflichten im Sport

Bei der Festlegung der Verkehrspflichten im Sport ist zu berücksichtigen, dass der Sport gesellschaftlich anerkannt ist. Der Sport als Verkehr muss daher trotz seiner Gefahr nicht unterlassen werden, sondern es muss nur das eingehalten werden, was der ideale Sportler tun würde, um die Gefahr auf das kleinste Maß zu reduzieren, ohne dabei den Sport seines Wettkampfcharakters zu berauben. Konkret ist dieses Verhalten vom Richter zu bestimmen, die von den Spitzenverbänden aufgestellten Sportregeln, insbesondere diejenigen zur Verhütung von Unfällen, verfügen jedoch über erhebliche Leitwirkung. Daher wird bei regelkonformen Verhalten – außer die

---

1288 Siehe speziell zu diesem Punkt oben: *Bewertung und Verhältnis zur BGH Rechtsprechung S. 233 f.*

1289 Siehe oben: *Radsport als Kampfsport bzw. Sport mit besonderem Gefahrenpotential S. 173 ff.*

1290 Zur Durchführbarkeit der Unterscheidung siehe oben: *Unterscheidung zwischen Verkehrspflichten und Sorgfaltspflichten S. 248.*

1291 Siehe oben: *Verkehrspflichten auf Tatbestandebene S. 199 ff.*

1292 Siehe oben: *Sorgfaltspflichten auf Ebene des Verschuldens S. 203 f.*

Sportregeln verstoßen gegen die guten Sitten und können daher nicht Grundlage der Verkehrspflichten sein[1293] - kein Verstoß gegen die Verkehrspflichten anzunehmen sein.[1294] Regelwidriges Verhalten verstößt dagegen gegen die Verkehrspflichten in der jeweiligen Situation, da es die Gefahr der Sportausübung stärker als notwendig erhöht.[1295]

Bei der Festlegung der im Verkehr erforderlichen Sorgfalt im Rahmen des Verschuldens gilt dagegen ein milderer Maßstab, bei dem auch die Besonderheit der Sportausübung beachtet werden muss, sodass nicht pauschal beantwortet werden kann, ob jeder Regelverstoß gegen die im Verkehr erforderliche Sorgfalt verstößt. Maßgeblich ist insoweit, ob von einem „reasonable sportsman" in der jeweiligen Situation erwartet werden kann, das Sportreglement einzuhalten.[1296] Dies hängt von verschiedenen Indizien ab: Maßgeblich ist zunächst insbesondere die Gefährlichkeit der Handlung, da § 823 I BGB die dort genannten Rechte und Rechtsgüter schützt und nicht die Regeltreue des Sportlers. Je gefährlicher also eine Handlung ist, desto eher kann auch deren Unterlassung erwartet werden. Darüber hinaus spielt die Eigenart der Sportart eine Rolle: Je eher diese zu Regelübertretungen führt, zum Beispiel weil reflektierte Entscheidungen im Eifer des Gefechts erschwert sind, desto weniger können Regelverstöße den Sportlern vorgeworfen werden. Ähnlich verhält es sich mit der Situation der Regelübertretung: macht diese eine schnelle Entscheidung notwendig, zum Beispiel beim Zweikampf um den Ball, können Regelverstöße eher hingenommen werden als in Situationen abseits vom eigentlichen Spielgeschehen. Darüber hinaus spielen die Fähigkeiten der Sportler eine Rolle. Je größer die Fähigkeiten, desto eher kann ein regelkonformes Verhalten erwartet werden. Auch das Maß der Regelübertretung kann ein Indiz sein, jedoch kann selbst bei einer vorsätzlichen Regelverletzung das Verhalten noch sorgfaltsgerecht sein, da die Sorgfaltspflichten sich auf die geschützten Rechtgüter beziehen und nicht auf die Regeltreue.[1297] Im Training kann eine etwas größere Vorsicht erwartet werden als im Wettkampf.[1298]

Mit der sportspezifischen Festlegung der im Verkehr erforderlichen Sorgfalt ist jedoch keine generelle Modifikation des Verschuldensmaßstabes verbunden. Es besteht keine Rechtfertigung für eine generelle Begrenzung auf grobe Fahrlässigkeit.

1293 Siehe zu diesem Sonderproblem oben: *Grenzen der Risikozuweisung durch die Verkehrspflichten S. 213 ff.*

1294 Konkret zur Festlegung der Verkehrspflichten im Radsport siehe oben: *Konkrete Festlegung der Verkehrspflichten im Radsport S. 248 ff.* und *Festlegung der Verkehrspflichten im Radsporttraining S. 275 ff.*

1295 Siehe oben: *Verkehrspflichten auf Tatbestandebene S. 199* ff. und *Verkehrspflichten im Radsport S. 191 ff.*

1296 Siehe oben: *Sorgfaltspflichten auf Ebene des Verschuldens S. 203 f.*

1297 Siehe oben: *Regelverstöße und deren Verhältnis zur im Verkehr erforderlichen Sorgfalt S. 205 ff.* sowie *Bestimmung des Fahrlässigkeitsmaßstabes im Radsporttraining S. 280 f.*

1298 Siehe dazu oben: *Sorgfaltsgemäßes Verhalten trotz Regelverstoßes S. 280 f.*

Auch der entsprechend den Grundsätzen des innerbetrieblichen Schadensausgleichs entwickelte abgemilderte und abgestufte Maßstab des Vertretenmüssens kann mangels Vergleichbarkeit der Situation von Erbringung der Arbeitsleistung im gleichen Betrieb und gemeinsamer Sportausübung nicht angewandt werden. Eine analoge Anwendung von §§ 708, 1359 BGB scheidet ebenfalls aus, da sich der Gesetzgeber bewusst für eine nur auf ganz bestimmte Situationen begrenzte Anordnung des Maßstabes von § 277 BGB entschieden hat.[1299]

IV. Verhältnis des hier vertretenen verhaltensbezogenen Konzepts zu den traditionellen Lehren zu § 823 I BGB

Der hier vertretene verhaltensbezogene Aufbau des § 823 I BGB steht im Widerspruch zu der herrschenden erfolgsorientierten Betrachtung, nach der bei unmittelbaren Rechtsgutverletzungen die Rechtswidrigkeit bereits aufgrund der unmittelbaren Rechtsverletzung indiziert ist und ein Verstoß gegen Verkehrspflichten daher keine Rolle spielt.

Es bestünde grundsätzlich die Möglichkeit, den hier vorgestellten verhaltensbezogenen Aufbau auf Fälle der Schädigung zwischen Sportlern zu begrenzen und im Übrigen bei unmittelbaren Verletzungshandlungen am erfolgsorientierten Aufbau festzuhalten. Überzeugender erscheint dagegen ein genereller Übergang zu einer verhaltensbezogenen Betrachtungsweise. Gerade die Schädigung im Sport zeigt, dass auch unmittelbare Verletzungshandlungen teilweise dem Verantwortungsbereich des Geschädigten zugewiesen sind. Andererseits soll nicht verschwiegen werden, dass die meisten unmittelbaren Verletzungshandlungen offensichtlich gegen die in der Situation zu beachtenden Verkehrspflichten verstoßen. In diesem Fall erübrigt sich eine separate Feststellung des Verstoßes, im Hintergrund ist ein solcher Verstoß aber gegeben.[1300]

Nicht abschließend gelöst werden konnten im Rahmen dieser Arbeit die Spannungen, die sich zwischen einem verhaltensbezogenen Aufbau und den Eingriffsbefugnissen sowie dem Unterlassungsanspruch aus § 1004 BGB ergeben. Für die Eingriffsbefugnisse konnte jedoch gezeigt werden, dass im Sport Zurückhaltung bei der Annahme von Notwehrrechten geboten ist. Keinesfalls ist gegen sportregelgerechte Verhaltensweisen, die bei erfolgsbezogener Sichtweise einen Angriff nach § 227 II BGB darstellen, Notwehr oder Nothilfe zulässig.[1301]

1299 Siehe oben: *Maßstab der Verschuldens S. 209 ff.*

1300 Siehe oben: *Verstoß gegen Verkehrspflichten als Voraussetzung trotz unmittelbarer Verletzungshandlung S. 241 ff.*

1301 Siehe oben: *Problemfelder im Zusammenhang mit dem favorisierten Deliktsaufbau S. 245 ff.*

D. Haftung gemäß § 823 II 1 BGB

Im Fall der Schädigung eines anderen Sportlers während der Sportausübung kommt eine Haftung gemäß § 823 II 1 BGB in Betracht. Als Schutzgesetze kommen in diesem Fall die Sportregeln selbst, Vorschriften aus dem StGB und Vorschriften aus der StVO in Betracht.

I. Die Sportregeln als Schutzgesetze

Das Sportreglement wird von den privatrechtlich organisierten Spitzenverbänden ohne staatliche Ermächtigungsgrundlage erlassen. Die Sportregeln selbst sind daher keine Schutzgesetzes im Sinne von § 823 II 1 BGB, da sie keine Gesetze im Sinne von Art. 2 EGBGB darstellen. Das Sportreglement stellt auch kein Gewohnheitsrecht dar, sodass auch auf diesem Wege das Sportreglement nicht als Schutzgesetz in Frage kommt.[1302]

II. Strafgesetze als Schutzgesetze

Als verletzte Schutzgesetze nach einem Sportunfall kommen verschiedene Normen des StGB in Betracht.[1303] Im Vordergrund stehen § 229 StGB und § 222 StGB, aber auch eine Verletzung von §§ 212, 223, 224, 226 StGB ist denkbar. Allerdings ist auch bei der strafrechtlichen Bewertung des Verhaltens zu berücksichtigen, dass sich die Verletzung während der Sportausübung ereignet hat. Das Strafrecht trägt der sozialen Akzeptanz der Sportausübung und dem Umstand, dass die Sportler sich freiwillig selbst gefährden, ebenfalls durch eine mildere Beurteilung der Tat Rechnung.

Die dogmatische Begründung zur abweichenden Behandlung von Sportunfällen ist auch im Strafrecht noch nicht abschließend geklärt. Aktuell scheint sich jedoch ein Tatbestandsausschluss aufgrund der sozialen Akzeptanz des Risikos durchgesetzt zu haben. Dieser wird unter dem Gesichtspunkt des erlaubten Risikos diskutiert. Dagegen hat auch im Strafrecht – ähnlich dem hier vertretenen Ansatz im Zivilrecht - die rechtfertigende Einwilligung nur noch bei reinen Kampfsportarten eine Bedeutung, da die Annahme einer solchen Einwilligung bei den anderen Sportarten auf einer Fiktion beruhen würde.[1304]

Die Grenze der Haftungsmilderung ist jedoch nach der herrschenden Ansicht im Strafrecht bei groben Regelverstößen erreicht. Ob diese Grenzziehung sachgerecht ist, konnte im Rahmen der Untersuchung nicht abschließend geklärt werden. Es bestehen jedoch Zweifel, ob das Merkmal des groben Regelverstoßes aussagekräftig

---

1302 Siehe oben: *§ 823 II 1 BGB in Verbindung mit den Sportregeln als Schutzgesetze S. 251 ff.* und *Haftung gemäß § 823 II 1 BGB in Verbindung mit den Sportregeln als Schutzgesetze S. 285.*

1303 Siehe dazu insgesamt oben: *§ 823 II 1 BGB in Verbindung mit Vorschriften des StGB S. 253 ff.*

1304 Siehe oben: *Die strafrechtliche Bewertung von Sportunfällen S. 255 f.*

genug ist oder ob es sich stattdessen nicht empfehlen würde, auf eine Gesamtschau aus mehreren Kriterien zurückzugreifen. Die Kriterien könnten dabei denjenigen entsprechen, die vorliegend für die Verschuldensprüfung im Zivilrecht entwickelt wurden.[1305]

Dementsprechend ist die Haftung gemäß § 823 II 1 BGB in Verbindung mit Vorschriften aus dem StGB bereits stark eingeschränkt, da bei einer Schädigung in Folge regelkonformen Verhaltens der Schädiger bereits den Tatbestand der Strafrechtsnormen nicht verwirklicht. Sollte es sich jedoch um ein grob regelwidriges Verhalten handeln, wäre die Grenze der strafrechtlichen Privilegierung überschritten, sodass ein Anspruch gemäß § 823 II 1 BGB in Betracht kommt.[1306] Das Verschulden wäre dann nach hier vertretener Ansicht nach den Maßstäben des Zivilrechts zu bemessen und nicht nach dem subjektiven Maßstab des Strafrechts.[1307]

III. Vorschriften der StVO als Schutzgesetze

Für den Radsport scheinen Ansprüche aus § 823 II 1 BGB in Verbindung mit Vorschriften der StVO naheliegend, da der Radsport häufig als normaler Verkehrsvorgang abläuft. Darüber hinaus verstoßen Radsportler während der Sportausübung konsequent gegen Schutzvorschriften aus der StVO wie zum Beispiel § 4 StVO oder § 2 IV StVO.

Jedoch ist zu beachten, dass die StVO im Wettkampf zwischen den Sportlern keine volle Geltung erlangt. Ein Radrennen bedarf gemäß § 29 II 1 StVO der Genehmigung. Wird eine solche Genehmigung erteilt, ist damit auch die Aussage verbunden, dass das Rennen nach dem Sportreglement ablaufen darf. Daher sind die Vorschriften der StVO im Lichte der gemäß § 29 II StVO erteilten Genehmigung auszulegen, sodass die StVO zwischen den Teilnehmern keine Wirkung entfaltet. Dementsprechend scheidet ein Anspruch aus § 823 II 1 BGB in Verbindung mit Vorschriften der StVO aus.[1308]

Ein Anspruch gemäß § 823 II 1 BGB in Verbindung mit Vorschriften der StVO scheidet auch im Radsporttraining aus, da solche Unfälle nicht vom Schutzbereich der StVO erfasst sind.[1309]

E. Haftungsausschluss und Einwilligung

Im Sport besteht in aller Regel kein vertraglicher Haftungsausschluss zwischen den Beteiligten. Eine Einwilligung in die Verletzung oder in das Risiko der Verletzung

---

1305 Siehe oben: *Die strafrechtliche Bewertung von Sportunfällen S. 255 f.*

1306 Siehe oben: *§ 823 II 1 BGB in Verbindung mit Vorschriften des StGB S. 253 ff.* und *Haftung gemäß § 823 II BGB in Verbindung mit Vorschriften des StGB S. 285 ff.*

1307 Siehe oben: *Anforderungen gemäß § 823 II 1 BGB an die Schutzgesetzverletzung S. 259 f.*

1308 Siehe oben: *§ 823 II 1 BGB in Verbindung mit StVO Regeln S. 260 ff.*

1309 Siehe oben: *Haftung gemäß § 823 II 1 BGB in Verbindung mit Vorschriften der StVO S. 288 ff.*

kann ebenfalls in der Regel nicht angenommen werden; nur bei reinem Kampfsport ist von einer Einwilligung auszugehen.

I. Vertraglicher Haftungsausschluss

Zwischen Sportlern besteht aufgrund der gemeinsamen Sportausübung kein vertraglicher Haftungsausschluss, obwohl für eine solche Vereinbarung mehrere Anknüpfungspunkte bestünden.[1310]

Zunächst könnte alleine durch die gemeinsame Sportausübung konkludent eine vertragliche Haftungsmodifikation zwischen den Wettkämpfern geschlossen werden. Dies wäre jedoch bloße Fiktion.[1311]

Auch über den Spitzenverband beziehungsweise Rennveranstalter wird kein solcher Haftungsausschluss abgeschlossen, weder als Vereinbarung zwischen den Sportlern -wobei der Spitzenverband/Veranstalter nur als Bote/Stellvertreter beim Vertragsschluss auftreten würde- noch als Vereinbarung zwischen Sportler und Spitzenverband im Rahmen des Regelanerkennungsvertrages dergestalt, dass der Sportler im Fall der Schädigung durch einen anderen Sportler auf eine Inanspruchnahme desselben verzichtet.[1312] Im letzteren Fall läge keine Vereinbarung zwischen den Rennfahren untereinander vor, sondern der Regelanerkennungsvertrag zwischen dem Spitzenverband/Rennveranstalter und dem Sportler würde die für den Dritten günstige Vereinbarung enthalten, den Konkurrenten für den Fall der (regelkonformen) Schädigung durch diesen nicht in Anspruch zu nehmen.

Ein solches pactum de non petendo stünde nicht im Widerspruch zu der herausgearbeiteten Erkenntnis, dass der Regelanerkennungsvertrag im Rahmen der Lizensierungs- oder Nennungsvereinbarung Drittschutz vermittelt.[1313] Drittschutz wird nur für regelwidriges Verhalten vermittelt, das Stillhalteabkommen würde sich aber, wenn es denn überhaupt vereinbart würde, wohl nur auf einen Verzicht der Inanspruchnahme nach einer Schädigung als Folge regelkonformen Verhaltens beziehen.[1314]

1310 Siehe oben: *Bestehen einer vertraglich vereinbarten Haftungsmilderung S. 178 ff.*

1311 Siehe oben: *Direkte vertragliche Haftungsmodifikation zwischen den Wettkämpfern S. 179 ff.* und *Absprache zum gemeinsamen Training als vertraglicher Haftungsausschluss S. 282 f.*

1312 Siehe oben: *Haftungsmodifikation über den Regelanerkennungsvertrag S. 183 ff.*

1313 Zum Drittschutz des Regelanerkennungsvertrages siehe oben: *Schutzcharakter des Lizensierungs- und Anerkennungsvertrages S. 127 ff.*

1314 Siehe dazu: *Der Regelanerkennungsvertrag als Vertrag mit Schutzwirkung für die Rennfahrer und als Haftungsausschluss S. 183* und *Auswirkung der „Teilnahme auf eigene Gefahr"-Klausel auf die Gläubigernähe S. 132 ff.*

II. Rechtfertigende Einwilligung

Entgegen früher häufiger vertretener Ansicht spielt die rechtfertigende Einwilligung im Falle der Binnenhaftung zwischen Sportlern nur für reine Kampfsportarten eine Rolle. Handelt es sich dagegen nicht um reinen Kampfsport, also um Sport, bei dem die körperliche Konfrontation nicht das primäre Ziel der Sportausübung ist, würde die Annahme einer Einwilligung auf einer Fiktion beruhen.[1315]

Bei reinen Kampfsportarten wie Ringen oder Boxen ist dagegen regelmäßig eine Einwilligung in die Kampfhandlungen des Gegners anzunehmen. In den durch diese Kampfhandlungen eintretenden Verletzungserfolg selbst braucht der Teilnehmer nicht einzuwilligen, es reicht, wenn er diesen billigend in Kauf nimmt. Insoweit kann von einer Risikoeinwilligung gesprochen werden, da der Teilnehmer sogar hofft, nicht verletzt zu werden, den Verletzungserfolg also eigentlich nicht will, ihn aber in Kauf nimmt, um am Kampf teilnehmen zu können. Die Grenze der Einwilligung wird dabei durch § 138 BGB bestimmt.[1316]

F. Mitverschulden im Falle der Haftung nach einem Sportunfall

Teilweise wird gerade bei der Sporthaftung versucht, über das Schlagwort „Handeln auf eigene Gefahr“ eine Haftungsmilderung zu begründen.[1317] In ähnlicher Weise nimmt die Rechtsprechung einen auf § 242 BGB gestützten Haftungsausschluss für den Fall der regelkonformen Schädigung im Sport an.[1318]

I. Mitverschulden gemäß § 254 BGB und Handeln auf eigene Gefahr

Mit dem Begriff „Handeln auf eigene Gefahr“ ist zunächst ein Verhalten des Geschädigten beschrieben, bei dem dieser sich freiwillig einer ihm bekannten Gefahr aussetzt. Gerade bei der Teilnahme am Sport kann man davon sprechen, dass sich die Sportler freiwillig dem Risiko von Sportunfällen aussetzen.[1319]

Ein Handeln auf eigene Gefahr ist entsprechend § 254 BGB zu behandeln. Die früher teilweise vertretenen Ansichten, dass in diesem Fall eine Einwilligung in die Verletzungen oder ein rechtsgeschäftlicher Haftungsausschluss vorlägen, sind inzwischen überholt, da dies Erklärungen voraussetzen würde, die in aller Regel nicht

1315 Siehe oben: *Die Einwilligung in vorsätzliche Rechtsgutverletzungen im Rahmen der Sportausübung S. 215 f.* und *Vorrang einer rechtsgeschäftlichen Lösung S. 222 ff.*

1316 Siehe oben: *Die Einwilligung in vorsätzliche Rechtsgutverletzungen im Rahmen der Sportausübung S. 215 f.* und *Vorrang einer rechtsgeschäftlichen Lösung S. 222 ff.*

1317 Siehe oben: *Die Bedeutung des Mitverschuldens gemäß § 254 BGB bei Sporthaftungsfällen, insbesondere auch zur Bedeutung des Handelns auf eigene Gefahr S. 217 ff.*

1318 Siehe oben: *Vergleich zur Rechtsprechung zu Unfällen im Sport S. 226 ff.*

1319 Siehe oben: *Rechtliche Bewertung des Handelns auf eigene Gefahr S. 217 ff.*

vorliegen und deren Annahme daher auf einer Fiktion beruhen würde. Liegt allerdings tatsächlich eine Einwilligung oder ein vertraglicher Haftungsausschluss mit dem Schädiger vor, so bedarf es in diesem Fall keines Rückgriffs auf § 254 BGB.[1320]

Höchst problematisch ist, dass bei einem Handeln auf eigene Gefahr das Maß des dadurch bestehenden Mitverschuldens häufig hauptsächlich anhand der Höhe des Risikos festgelegt wird. Dies greift jedoch zu kurz. Nach hier vertretener Ansicht kann das Mitverschulden aufgrund Handelns auf eigene Gefahr nur aufgrund einer Gesamtschau aus gesellschaftlicher Akzeptanz des Risikos, Einhaltung von anerkannten Schutzmaßnahmen beziehungsweise Regeln zum Eigenschutz und Verhältnis zwischen den Anforderungen der Sportart und der Fähigkeiten des Betroffenen beurteilt werden.[1321]

Wendet man diese Formel an, so wird zunächst deutlich, dass die Teilnahme am Sport alleine kein gemäß § 254 BGB zu berücksichtigendes Mitverschulden unter dem Gesichtspunkt des Handelns auf eigene Gefahr darstellt, da die Teilnahme am Sport gesellschaftlich akzeptiert ist und daher kein Risiko darstellt, dessen Eingehung im Fall eines Schadens gemäß § 254 BGB sanktioniert werden darf.[1322] Daher kommt ein Mitverschulden gemäß § 254 BGB durch die Teilnahme am Sport erst in Betracht, wenn an gesellschaftlich nicht akzeptierten Sportarten teilgenommen wird (häufig ist schon fraglich, ob in diesem Fall noch von Sportarten gesprochen werden kann: ein Beispiel wäre das Duell mit Feuerwaffen)[1323], der Geschädigte anerkannte Schutzmaßnahmen nicht beachtet hat und/oder die Ausübung der Sportart die persönliche Leistungsfähigkeit des Sportlers stark überschreitet (ein völlig Ungeübter probiert das „Skifliegen" aus; ein Kletteranfänger versucht sich an der Eiger Nordwand)[1324]. Als Beispiel für das Außerachtlassen von Schutzmaßnahmen kann im Radsport insbesondere das Nichttragen eines Helmes angeführt werden (beim normalen Radfahren besteht dagegen in der Regel kein Mitverschulden, wenn kein Helm getragen wird[1325]).[1326]

Ein Mitverschulden kann auch gegeben sein, wenn der Sportler das Sportreglement verletzt, da dieses insoweit auch Regeln zum Eigenschutz enthält. Allerdings

1320 Siehe oben: *Möglichkeiten zur Berücksichtigung eines freiwillig eingegangenen Risikos S. 217 f.* und *Handeln auf eigene Gefahr bei Teilnahme an gesellschaftlich missbilligten Sportarten S. 222 ff.*

1321 Siehe oben: *Untauglichkeit des eingegangenen Risikos als einziges Kriterium S. 218 ff., Unbestrittene Fälle des Mitverschuldens nach § 254 I BGB S. 220 f.* und *Teilnahme am Sport als Handeln auf eigene Gefahr S. 221 f.*

1322 Siehe oben: *Teilnahme am Sport als Handeln auf eigene Gefahr S. 221* f. und *Mitverschulden im Radsporttraining S. 282.*

1323 Siehe oben: *Handeln auf eigene Gefahr bei Teilnahme an gesellschaftlich missbilligten Sportarten S. 222 ff.*

1324 Siehe oben: *Unbestrittene Fälle des Mitverschuldens nach § 254 I BGB S 220 f.* und *Teilnahme am Sport als Handeln auf eigene Gefahr S. 221 f.*

1325 Siehe oben: *Pflicht zum Tragen eines Helmes S. 162 ff.*

1326 Siehe oben: *Unbestrittene Fälle des Mitverschuldens nach § 254 I BGB S. 220 f.*

ist hier der gleiche Maßstab anzuwenden wie auf Verschuldensseite: nicht jeder Regelverstoß ist als fahrlässig zu bewerten, sodass es insoweit ebenfalls wieder auf die Indizien zur Vorwerfbarkeit des Regelverstoßes ankommt.[1327]

II. Anwendungsbereich

Das soeben Gesagte gilt sowohl für Ansprüche aus § 280 I BGB als auch für Ansprüche aus § 823 I, II 1 BGB.

G. Vergleich zur Rechtsprechung in Sporthaftungsfragen

I. Konzeptionelle Unterschiede

Vergleicht man die hier vorgeschlagene Lösung mit der Ansicht der Rechtsprechung zur Lösung von Sporthaftungsfällen, so ergeben sich einige konzeptionelle Unterschiede: Der BGH[1328] und ihm folgend die Oberlandesgerichte[1329] beurteilen den Tatbestand und die Rechtswidrigkeit im Rahmen des § 823 I BGB für die im Sport typischerweise als unmittelbare Verletzungen auftretenden Schädigungshandlungen nicht verhaltens- sondern erfolgsbezogen. Damit entsteht das Problem, dass der Schädiger eigentlich gemäß § 823 I BGB auch für Schädigungen haften müsste, die durch sportregelkonformes Verhalten entstanden sind. Nachdem auch die Rechtsprechung dies nicht für sachgerecht erachtet, hält der BGH die Geltendmachung eines Schadensersatzanspruches aufgrund sportregelkonformer Schädigung für treuwidrig. Das heißt, dass der Anspruch gemäß § 242 BGB nicht geltend gemacht werden kann. Entscheidendes Argument dafür ist nach Ansicht der Gerichte, dass der Geschädigte genauso gut hätte Schädiger sein können. Bei einem Sportunfall hänge es letztlich vom Zufall ab, wer Schädiger sei und wer Geschädigter.[1330]

Im Falle von sportregelwidrigen Schädigungen hat der BGH bisher offen gelassen, ob auch in diesem Fall die Geltendmachung des Schadens treuwidrig ist. Die Rechtsprechung wendet für diesen Fall dagegen einen milderen Verschuldensmaßstab an, nachdem insbesondere Regelverstöße im Eifer des Gefechts nicht als fahrlässig zu beurteilen sind.[1331]

Insgesamt erscheint das Verhältnis der beiden Ansätze nicht stimmig: Wenn sportregelwidriges Verhalten teilweise am Verschulden scheitert, fragt sich, warum für sportregelkonformes Verhalten auf § 242 BGB zurückgegriffen werden muss. § 242 BGB wird in diesem Zusammenhang als Einwendung behandelt, was aber eigentlich voraussetzen würde, dass zumindest die positiven Entstehensvoraussetzungen für den Anspruch, insbesondere also auch das Verschulden, grundsätzlich

---

1327 Siehe oben: *Unbestrittene Fälle des Mitverschuldens nach § 254 I BGB S 220 f.*
1328 Siehe oben: *BGH Rechtsprechung S. 226 ff.*
1329 Siehe oben: *OLG Rechtsprechung S. 232 ff.*
1330 Siehe oben: *Vergleich zur Rechtsprechung zu Unfällen im Sport S. 226 ff.*
1331 Siehe oben: *BGH Rechtsprechung S. 226 ff.*

bejaht werden. Dagegen soll doch gerade bei sportregelkonformen Verhalten kein Verschulden gegeben sein.[1332]

Zuletzt ist noch die Heranziehung von § 242 BGB zu kritisieren, da mit § 254 BGB insoweit eine speziellere Norm besteht. Die vom BGH angenommene Treuwidrigkeit der Geltendmachung eines Schadensersatzanspruchs, da die Gefahr reziprok ist, wäre besser über § 254 BGB zu berücksichtigen.[1333]

II. Gleiche Ergebnisse

Die erreichten Ergebnisse gleichen sich jedoch trotz der konzeptionellen Unterschiede. Für sportregelkonformes Verhalten braucht nicht gehaftet zu werden und für sportregelwidriges Verhalten nur, wenn die Verletzung schuldhaft erfolgte, was nicht schematisch schon bei Vorliegen eines Regelverstoßes bejaht werden kann.[1334]

H. Beweislast im Sporthaftungsprozess

Grundsätzlich kann es im Prozess zwischen Sportlern nach einem Sportunfall bei Anwendung des hier vorgestellten Konzepts zum materiellen Recht bei den allgemeinen Grundsätzen zur Verteilung der Beweislast bleiben.[1335]

I. Anspruch aus § 823 I BGB

Der Kläger trägt die Beweislast für die Voraussetzungen des Anspruchs. Im Falle des Unfalls zwischen Sportlern bedeutet das, dass der Kläger für den Anspruch aus § 823 I BGB die Recht- oder Rechtsgutsverletzung durch ein Verhalten des Schädigers beweisen muss, das gegen die Verkehrspflichten verstößt. In der Praxis muss damit der Kläger beweisen, dass der Schädiger sich sportregelwidrig verhalten hat.[1336]

Auch das Verschulden muss bei § 823 I BGB vom Kläger bewiesen werden, sodass im Fall von Fahrlässigkeit dieser in der Praxis beweisen muss, warum im Einzelfall vom Schädiger erwartet werden konnte, sich an die Sportregeln zu halten. Die nachgewiesene Regelverletzung alleine genügt noch nicht für die Annahme von Verschulden, kann jedoch als Indiz für einen mittelbaren Beweis der Fahrlässigkeit herangezogen werden. Die Indizwirkung ist gerade nicht stark genug, um bei einem Beweis des regelwidrigen Verhaltens einen Anscheinsbeweis für das Verschulden anzunehmen.[1337]

1332 Siehe oben: *Bewertung der Rechtsprechung S. 230 ff.*
1333 Siehe oben: *Bewertung der Rechtsprechung S. 230 ff.*
1334 Siehe oben: *Vergleich der Rechtsprechung mit dem hier vorgelegten Ansatz zur Lösung von Haftungsfragen im Sport S. 234 f.*
1335 Siehe oben: *Beweisprobleme S. 235 ff.*
1336 Siehe oben: *Beweislast bei der Haftung gemäß § 823 I BGB S. 235 f.*
1337 Siehe oben: *Anscheinsbeweis für fahrlässiges Verhalten bei verkehrspflichtwidrigem Verhalten S. 236 f.*

II. Anspruch aus § 280 I BGB

Bei § 280 I BGB trägt der Kläger die Beweislast für die Pflichtverletzung, die in der vorliegenden Konstellation ein regelwidriges Verhalten voraussetzt. Dementsprechend ist auch bei dieser Anspruchslage der Kläger mit dem Nachweis des sportregelwidrigen Verhaltens des Klägers beweisbelastet. Jedoch ist die Beweislast hinsichtlich des Vertretenmüssens gemäß § 280 I 2 BGB umgekehrt, sodass das Vertretenmüssen vermutet wird und dem Beklagten nur die Möglichkeit bleibt, diese Vermutung zu widerlegen. Dafür muss er beweisen, dass im Einzelfall von ihm kein regelkonformes Verhalten erwartet werden konnte, beispielsweise weil er in einer sehr hektischen Spielsituation gehandelt hat und sein Verhalten nicht besonders gefährlich war.[1338]

III. Vergleich zur Verteilung der Beweislast nach der Ansicht des BGH

Die hier vertretene Verteilung der Beweislast entspricht der Verteilung der Beweislast, die der BGH im Falle des Sporthaftungsprozesses annimmt. Allerdings ergibt sich nach hier vertretenem Konzept die Beweisbelastung des Klägers bezüglich des regelwidrigen Verhaltens des Schädigers schon aus den allgemeinen Grundsätzen, während der BGH dafür eine Umkehr der Beweislast aufgrund von Treu und Glauben annehmen muss. Nach Ansicht des BGH muss für regelwidrige Schädigung aufgrund von § 242 BGB nicht gehaftet werden. Dies stellt eine Einwendung dar, sodass für deren Vorliegen normalerweise der Beklagte beweisbelastet wäre.

Dies erscheint dem BGH jedoch als zu große Belastung für den schädigenden Sportler, insbesondere da im Sporthaftungsprozess die Beweislage meist recht ungünstig ist und der Beweis des regelkonformen Verhaltens (den der Schädiger zu seiner Entlastung erbringen müsste) daher oft nicht erbracht werden könnte.[1339]

1338 Siehe oben: *Vergleich mit der Beweislast beim Anspruch aus § 280 I BGB S. 238 f.*

1339 Siehe oben: *Vergleich mit der Beweislast bei Sporthaftungsfällen nach der Lösung der Rechtsprechung des BGH S. 238.*

Literaturverzeichnis

Aitken, S.A./Biant, L.C./Court-Brown, Charles M., Recreational mountain biking injuries, Emergency Medicine Journal 2011, 274–279.

Albert, Edward, Riding a Line: Competition and Cooperation in the Sport of Bicycle Racing, Sociology of Sport Journal 1991, 341–361.

Ders., Dealing with Danger, The Normalization of Risk in Cycling, International Review for the Sociology of Sport 1999, 157–171.

Aleman, Kylee B./Meyers, Michael C., Mountain Biking Injuries in Children and Adolescents, Sports Medicine (Auckland, N.) 2010, 77–90.

Arnold, M.P./Biedert, R./Friedrich N.F., Das Verletzungsmuster von Spitzenbikern, Sportorthopädie - Sportraumatologie 1999, 3–6.

Arnold, M.P., Mountain biking. Cool way to enjoy nature with side effects, Der Orthopäde 2005, 405–410.

Arnold, Markus, Mountainbiken, in: Engelhardt, Martin, Sportverletzungen - GOTS Manual, Diagnose, Management und Begleitmaßnahmen - mit Zugang zum Elsevier-Portal, München 2009, S. 643–647.

Bamberger, Heinz Georg/Roth, Herbert (Hrsg.), Beck'scher Online-Kommentar BGB, München, (zitiert als: BeckOk BGB/*Bearbeiter*).

Bar, Christian von, Entwicklung und rechtsstaatliche Bedeutung der Verkehrs(sicherungs)pflichten, JZ 1979, 332–337.

Ders., Verkehrspflichten: richterliche Gefahrsteuerungsgebote im deutschen Deliktsrecht, Köln u.a. 1980.

Barrios, Carlos/Sala, D./Terrados N./Valenti JR, Traumatic and overuse injuries in elite professional cyclists, Sports Exercise and Injury 1997, 176–179.

Behrens, Walter/Rühle, Peter, Grenzen der Haftungsbeschränkung bei Sportunfällen - Trotz Pflichtversicherung kein Schadensersatz bei Segelregatten?, NJW 2007, 2079–2083.

Bergermann, Michael, Doping und Zivilrecht, Rechtmäßigkeit von Doping-Sanktionen sowie durch Doping begründete Schadensersatzansprüche, Bd. 3422, Frankfurt am Main 2002.

Berkl, Melanie, Der Sportunfall im Lichte des Strafrechts, Unter besonderer Berücksichtigung der Eigenverantwortung des Sportlers, Bd. 17, Baden-Baden 2007.

Bernardo, Nieves de/Barrios, Carlos/Vera, Pablo/Laíz, César/Hadala, Michal, Incidence and risk for traumatic and overuse injuries in top-level road cyclists, Journal of Sports Sciences 2012, 1047–1053.

Beulke, Stefan, Die Haftung des Bergführers bei beruflicher und privater Ausübung des Bergsports, zugleich ein Beitrag zum Sporthaftungsrecht für den Bereich des Bergsports, Bd. 395, München 1994.

Biener, Kurt, Sportunfälle, Epidemiologie und Prävention; Lehre Forschung Verhütung, 2. Aufl., Bern 1992.

Bohlen, Heinz, Haftungsausschluß durch bewußte Selbstgefährdung, Bd. 454, München 1995.

Bohlmann, Thomas J., Injuries in Competitive Cycling, The Physician and Sportsmedicine 1981, 117–126.

Brox, Hans, Die Einschränkung der Irrtumsanfechtung, Ein Beitrag zur Lehre von der Willenserklärung und deren Auslegung, Karlsruhe 1960.

Brox, Hans/Walker, Wolf-Dietrich, Allgemeiner Teil des BGB, 36. Aufl., München 2012.

Brüggemeier, Gert, Deliktsrecht, Ein Hand- und Lehrbuch, 1. Aufl., Baden-Baden 1986.

Buchberger, Markus, Die Überprüfbarkeit sportverbandsrechtlicher Entscheidungen durch die ordentliche Gerichtsbarkeit, Ein Vergleich der Rechtslage in der Bundesrepublik Deutschland und den Vereinigten Staaten von Amerika, Bd. 3, Berlin 1999.

Burger, Klaus, Bewusste Risikoübernahme - Rechtsentwicklungen zur Eigenverantwortung im am Beispiel des Bergsports (Teil 1), SpuRt 2007, 149–152.

Ders., Bewusste Risikoübernahme - Rechtsentwicklungen zur Eigenverantwortung am Beispiel des Bergsports (Teil 2), SpuRt 2007, 192–195.

Burmann, M./Jahnke, J./Heß, R./Janker, H. (Hrsg.), Straßenverkehrsrecht, Kommentar mit StVO und StVG, den wichtigsten Vorschriften der StVZO und der FeV, dem Verkehrsstraf- und Ordnungswidrigkeitenrecht, dem Schadensersatzrecht des BGB und dem Versicherungsrecht, der Bußgeldkatalog-Verordnung und Verwaltungsvorschriften sowie einer systematischen Einführung, 23. Aufl., München 2014.

Buschbell, Hans, Radfahrer im Straßenverkehr: Haftungs- und versicherungsrechtliche Aspekte, NJW 2011, 3605–3611.

Caemmerer, Ernst von, Wandlungen des Deliktsrechts, Bd. 2, in: Caemmerer, Ernst von, Hundert Jahre deutsches Rechtsleben, Festschrift zum hundertjährigen Bestehen des Deutschen Juristentages 1860–1960, Karlsruhe 1960, S. 49–136.

Canaris, Claus-Wilhelm, Ansprüche wegen positiver Vertragsverletzung und Schutzwirkung für Dritte bei nichtigen Verträgen, JZ 1965, 475–482.

Ders., Die Vertrauenshaftung im deutschen Privatrecht, Bd. 16, München 1971.

Ders., Die Vertrauenshaftung im Lichte der Rechtsprechung des Bundesgerichtshofs, in: Canaris, Claus-Wilhelm, 50 Jahre Bundesgerichtshof, Festgabe aus der Wissenschaft, München 2000, S. 129–197.

Ders., Die Reform des Rechts der Leistungsstörungen, JZ 2001, 499–524.

Carmont, Michael R., Mountain biking injuries: a review, British Medical Bulletin 2008, 101–112.

Chow, Tony K./Bracker Mark D./Patrick, Kevin, Acute Injuries From Mountain Biking, Western Journal of Medicine 1993, 145–148.

Chow, Tony K./Kronisch, Robert L., Mechanisms of Injury in Competitive Off-Road Bicycling, Wilderness and Environmental Medicine 2002, 27–30.

Dannenberg, Andrew L./Needle, Scott/Mullady, Daniel/Kolodner, Kenneth B., Predictors of Injury Among 1638 Riders in a Recreational Long-Distance Bicycle Tour: Cycle Across Maryland, American Journal of Sports Medicine 1996, 747–753.

Derksen, R., Ultimate Fighting - oder: setzt das Strafrecht modernen Gladiatorenkämpfen Grenzen?, SpuRt 2000, 141–145.

Deutsch, Erwin, Die Mitspielerverletzung im Sport, VersR 1974, 1045–1051.

Ders., Fahrlässigkeit und erforderliche Sorgfalt, eine privatrechtliche Untersuchung, 2. Aufl., Köln u.a. 1995.

Ders., Allgemeines Haftungsrecht, 2. Aufl., Köln u.a. 1996.

Ders., Doping als pharmarechtliches und zivilrechtliches Problem, VersR 2008, 145–150.

Dohmen, Heinz, Für und Wider den Rechtfertigungsgrund des verkehrsrichtigen Verhaltens, Köln 1965.

Dölle, Hans, Die Lehre von den außergesetzlichen Schutzpflichten aus sozialem Kontakt, ZStW 1943, 67–102.

Dressler, Wolf-Dieter, Sportrecht und Deliktsrecht in der Rechtsprechung, in: Trägern der Juristischen Studiengesellschaft, Aktuelle Rechtsfragen des Sports, Tübinger Begegnung; Dialog zwischen der Juristischen Fakultät der Universität Tübingen und Richtern des Bundesgerichtshofs; [Fakultätsbegegnung am 20. Mai 1998], Heidelberg 1999, S. 49–58.

Emmerich, Volker Haftung bei Sportveranstaltungen Anmerkung zu: BGH, Urteil vom 1.4.2003 - VI ZR 321/02 (Karlsruhe), JuS 2003, 1026–1027.

Emond, Stephen D./Tayoun, Paul/Bedolla, John P./Camargo Jr, Carlos A., Injuries in a 1-Day Recreational Cycling Tour: Bike New York, Annals of Emergency Medicine 1999, 56–61.

Eser, Albin, Zur strafrechtlichen Verantwortlichkeit des Sportlers, insbesondere des Fußballspielers, JZ 1978, 368–374.

Esser, Josef/Weyers, Hans-Leo, Schuldrecht, Band II, Besonderer Teil, 6. Aufl., Heidelberg 1984.

Fabarius, Maria-Elisabeth, Äussere und innere Sorgfalt, Bd. 31, Köln u.a. 1991.

Faust, Florian, Haftung bei Sportwettbewerben, Anmerkung zu BGH Urteil vom 29.1.2008, VI ZR 98/07, JuS 2008, 838–840.

Fenn, Herbert, Erfassung der Sportler durch die Disziplinargewalt der Sportverbände - Erläuterungen und praktische Hinweise anhand der „Reiter“ - Entscheidung des Bundesgerichtshofs vom 28.11.1994, SpuRt 1997, 77–82.

Finvers, Kimberly A./Strother, Ralph T./Mohtadi, Nicholas, The Effect of Bicycling Helmets in Preventing Significant Bicycle-Related Injuries in Children, Clinical Journal of Sport Medicine 1996, 102–107.

Fischer, Thomas/Schwarz, Otto Georg/Dreher, Eduard/Tröndle, Herbert (Hrsg.), Strafgesetzbuch mit Nebengesetzen, 61. Aufl., München 2014, (zitiert als: Fischer/*Bearbeiter*).

Fleischer, Holger, Reichweite und Grenzen der Risikoübernahme im in- und ausländischen Sporthaftungsrecht, VersR 1999, 785–792.

Flume, Werner, Anmerkung zu BGH vom 14.3.1961 - VI ZR 189/39, JZ, 605–606.

Ders., Allgemeiner Teil des Bürgerlichen Rechts II. Das Rechtsgeschäft, Bd. 2, 3. Aufl. 1979.

Fraenkel, Michael, Tatbestand und Zurechnung bei § 823 Abs. 1 BGB, Bd. 51, Berlin 1979.

Friedrich, Paul, Die Haftung des Sportlers aus § 823 I BGB, NJW 1966, 755–761.

Friedrich, Walter J., Doping und zivilrechtliche Haftung, SpuRt 1995, 8–11.

Fritzweiler, Jochen, Haftung bei Sportunfällen, Weilheim u.a. 1978.

Ders., Regelverstoß durch „Hineingrätschen“ beim Fußballspiel, SpuRt 1994, 100–102.

Ders., Gefährliches Boxen und staatliches Verbot, SpuRt 1995, 156–157.

Ders., Zur Bedeutung von Schiedsrichterentscheidungen bei der Verschuldensprüfung bei Mitspielerverletzungen, Anmerkung zu OLG Hamm vom 23.3.1998 (13 U 187/97), SpuRt 1998, 157–158.

Fritzweiler, Jochen/Coelln, Christian von, 1. Teil. Sport und Staat, in: Fritzweiler, Jochen/Pfister, Bernhard/Summerer, Thomas, Praxishandbuch Sportrecht, 2. Aufl., München 2007, S. 28–91.

Fritzweiler, Jochen, 3. Teil. Sport, Arbeit und Wirtschaft, in: Fritzweiler, Jochen/Pfister, Bernhard/Summerer, Thomas, Praxishandbuch Sportrecht, 2. Aufl., München 2007, S. 236–331.

Ders., 5. Teil. Sport, Schäden und Beeinträchtigungen, in: Fritzweiler, Jochen/Pfister, Bernhard/Summerer, Thomas, Praxishandbuch Sportrecht, 2. Aufl., München 2007, S. 398–500.

Fuchs, Maximilian, Wer muss Schäden aus Sportverletzungen ausgleichen?, SpuRt 1999, 133–138.

Füllgraf, Lutz, Haftungsbegrenzung bei Sportverletzungen, VersR 1983, 705–712.

Galli, Bernhard, Haftungsprobleme bei alpinen Tourengemeinschaften, Bd. 1700, Frankfurt am Main u.a. 1995.

Ders., Haftungsprobleme beim „Freeclimbing“, SpuRt 1997, 87–89.

Gaulrapp, H./Weber A./Rosemeyer B., Injuries in mountain biking, Knee Surgery Sports Taumatology Arthroscopy 2001, 48–53.

Gernhuber, Joachim, Das Schuldverhältnis, Begründung und Änderung; Pflichten und Strukturen; Drittwirkungen, Bd. 8, in: Gernhuber, Joachim, Handbuch des Schuldrechts, Tübingen 2003.

Glocker, Moritz, Die strafrechtliche Bedeutung von Doping, De lege lata und de lege ferenda, Bd. 4936, Frankfurt am Main 2009.

Gösele-Koppenburg, Andreas/Jenoure, Peter/Farkas, Gérard/Schwamborn, Thomas/Lüscher, Nicolas, Mountainbike: Verletzungen und Überlastungsschäden, Schwerpunktthema Massenausdauersportarten, Sportorthopädie - Sportraumatologie 2008, 143–148.

Götz, Astrid, Die deliktische Haftung für Sportverletzungen im Wettkampfsport, - Zugleich ein Beitrag zur Dogmatik der Verkehrspflichten im Rahmen von § 823 Abs. 1 BGB, Bd. 1, Karlsruhe 2009.

Greiner, Hans-Peter (Hrsg.), Neminem laedere, Aspekte des Haftungsrechts; Festschrift für Gerda Müller zum 65. Geburtstag am 26. Juni 2009, Köln 2009.

Grooten W.J.A./Genberg S./Jonasson L./Debauere F., Injuries among Swedish mountainbike cyclists at an elite level, Journal of Sports Traumatology and Related Research 1999, 196–205.

Grunsky, Wolfgang, Zur Haftung bei Sportunfällen, JZ 1975, 109–112.

Ders., Haftungsrechtliche Probleme der Sportregeln, Bd. 142, Heidelberg u.a. 1979.

Ders., Anmerkung zu OLG Frankfurt a.M., Urt. v. 25.2.1993 - 15 U 197/91, SpuRt 1994, 96–98.

Gutheil, Ulrike, Doping, Die haftungsrechtliche und sportrechtliche Verantwortung von Sportler Trainer Arzt und Sportverband, Hamburg 1996.

Haas, Ulrich/Adolphsen, Jens, Verbandsmaßnahmen gegenüber Sportlern, NJW 1995, 2146–2148.

Haas, Ulrich/Martens, Dirk-Reiner, Sportrecht, Eine Einführung in die Praxis, Bd. 5, 2. Aufl., München 2011.

Haas, Ulrich/Prokop, Clemens, Zu den formellen Grenzen der vereinsrechtlichen Disziplinargewalt im Rahmen von Unterwerfungsvereinbarungen, SpuRt 1998, 15–18.

Hanselmann, Gerd, Radfahren - gewusst wie!, Sportliches Radfahren in Schule und Verein, Schorndorf 1999.

Hauer, Stephan, Die Bedeutung der Haftpflichtversicherung für die Annahme konkludenter Haftungsausschlüsse, ZVersWiss 2013, 353–365.

Haupt, Günter, Über faktische Vertragsverhältnisse, Leipzig 1943.

Heermann, Peter W./Götze, Stephan, Zivilrechtliche Haftung im Sport, Bd. 11, Baden-Baden 2002.

Heermann, Peter W., Modifizierte Anwendung der FIS-Regeln infolge technischer und räumlicher Neuerungen im Wintersport, NJW 2003, 3253–3255.

Heermann, Peter W., Bürgerliches Recht, Anmerkung zu BGH Urteil vom 29.1.2008 - VI ZR 98/07, JZ 2008, 999–1004.

Ders., Haftung im Sport, Stuttgart u. a. 2008.

Hellgardt, Klaus Günther, Die Haftung für Sportverletzungen, Köln 1973 (Dissertation).

Henke, Thomas/Gläser, Heribert, Die Risikobewertung der verschiedenen Sportarten, Epidemiologie und Sportverletzungen, in: Bergler, Reinhold, Irrationalität und Risiko, Köln 2000, S. 300–318.

Henke, Thomas/Luig, Patrick/Schulz, D., Sportunfälle im Vereinssport in Deutschland, Aspekte der Epidemiologie und Prävention, Bundesgesundheitsblatt 2014, 628–637.

Henssler, M./Willemsen, H. J./Kalb, H.-J. (Hrsg.), Arbeitsrecht Kommentar, 5. Aufl., Köln 2014.

Hentschel, P./König, P./Dauer, P. (Hrsg.), Straßenverkehrsrecht, Straßenverkehrsgesetz, Straßenverkehrs-Ordnung, Fahrerlaubnis-Verordnung, Fahrzeug-Zulassungsverordnung, Straßenverkehrs-Zulassungs-Ordnung, EG-Fahrzeuggenehmigungsverordnung (Auszug), Bußgeldkatalog, Gesetzesmaterialien, Verwaltungsvorschriften und einschlägige Bestimmungen des StGB und der StPO, 42. Aufl., München 2013.

Himmelreich, H./Pralle H./Vogt L./Banzer W., Mountainbike Injuries in World-Cup and Recreational Athletes, Sportverletzung Sportschaden 2007, 180–184.

Hoffmann, Hans Joachim, Der Einfluss des Gefälligkeitsmoments auf das Haftungsmaß, AcP 167 (1967), 394–409.

Hofmann, Paul, Zum Problem des Verschuldens bei krankheitsbedingter Arbeitsunfähigkeit, ZfA 1979, 276–334.

Houben, Christian-Armand, Untauglichkeit und Unzulässigkeit der „gefährlichen Sportart“ im EntgeltfortzahlungsG, SpuRt 2000, 185–188.

Huber, Ulrich, Zivilrechtliche Fahrlässigkeit, in: Weber, Werner/Wieacker, Franz/Forsthoff, Ernst, Festschrift für Ernst Rudolf Huber, zum 70. Geburtstag, Göttingen 1973, S. 253–289.

J. von Staudinger (Begr.), Kommentar zum Bürgerlichen Gesetzbuch mit Einführungsgesetz und Nebengesetzen, Berlin, (zitiert als Staudinger/*Bearbeiter*), im Einzelnen:

Ders., Buch 1, Allgemeiner Teil, §§ 90–124; §§ 130–133, (Allgemeiner Teil 3).

Ders., Buch 1, Allgemeiner Teil, §§ 139–163, (Allgemeiner Teil 4).

Ders., Buch 1, Allgemeiner Teil, §§ 164–240 (Allgemeiner Teil 5).

Ders., Buch 2, Schuldrecht, Einleitung zu § 241 ff; §§ 241–243 (Treu und Glauben).

Ders., Buch 2, Recht der Schuldverhältnisse, §§ 249–254, (Schadensersatzrecht).

Ders., Buch 2, Recht der Schuldverhältnisse, § 255–304 (Leistungsstörungsrecht I).

Ders., Buch 2, Recht der Schuldverhältnisse; §§ 311, 311a, 312, 312a–i (Vertragsschluss).

Ders., Buch 2, Schuldrecht, §§ 328–345 (Vertrag zugunsten Dritter, Draufgabe, Vertragsstrafe).

Ders., Buch 2, Schuldrecht, §§ 397–432 (Erlass, Abtretung, Schuldübernahme, Mehrheit von Schuldnern und Gläubigern).

Ders., Buch 2, Schuldrecht, §§ 613a–619a (Dienstvertragsrecht 2).

Ders., Buch 2, Schuldrecht, §§ 705–740 (Gesellschaftsrecht).

Ders., Buch 2, Schuldrecht, §§ 823 E-I, 824, 825 (Unerlaubte Handlungen I) Teilband 2.

Ders., Buch 4, Familienrecht, §§ 1353–1563 (Eheliches Güterrecht).

Ders., Buch 5, Erbrecht, §§ 2064–2196, (Testament 1).

Jacob, Thomas, Verstößt „Mixed Martial Arts“ gegen die Menschenwürde, SpuRt 2012, 2–5.

Jahnel, Dietmar, Mountain-Biken - Regelungen im österreichischen und deutschen Recht, SpuRt 1995, 193–196.

Jähnke, Burkhard/Laufhütte, Heinrich Wilhelm/Odersky, Walter (Hrsg.), Leipziger Kommentar, Strafgesetzbuch, 11. Aufl., Bd. 6, Berlin 2005, (zitiert als: Leipziger Kommentar/*Bearbeiter*).

Joecks, Wolfgang/Miebach, Klaus (Hrsg.), Münchner Kommentar zum Strafgesetzbuch, §§ 1–37 StGB, 2. Aufl., Bd. 1, München 2011, (zitiert als: MüKo StGB/*Bearbeiter*).

Kallmeyer, Harald, Die Gefälligkeitsverhältnisse: eine rechtsdogmatische Untersuchung, zugleich ein Beitrag zum sogenannten Handeln auf eigene Gefahr, Göttingen 1968 (Dissertation).

Kettler, Dietmar, Recht für Radfahrer, Mit der neuen StVO, München 1998.

Ders., Anmerkung zu OLG Düsseldorf vom 14.8.2006 - I-1 U 9/06, NZV 2007, 39–40.

Ders., Neues zum Verschulden gegen sich selbst, NZV 2007, 603–606.

Kilian, Mathias, Der Begutachtungsvertrag nach der Schuldrechtsreform, NZV 2004, 489–496.

Kohte, Wolfhard, Die rechtfertigende Einwilligung, AcP 185 (1985), 105–161.

Konopka, Peter, Richtig Rennrad fahren, Vom Anfänger bis zum Könner; Technik, Training, Ausrüstung, 6. Aufl., München 2006.

Krähe, Christian, Die zivilrechtlichen Schadenersatzansprüche von Amateur- und Berufssportlern für Verletzungen beim Fußballspiel: aktuelle Fragen des Sportrechts als Anwendungsfälle moderner Grundsätze des Haftungsrechts, Bd. 269, Bern u.a. 1981.

Krebber, Sebastian, Der nicht zufällige Kontakt ohne Vertragsnähe auf der Grenze zwischen vertraglicher und deliktischer Haftung, - Eine Untersuchung zu § 311 Abs. 2 und 3 BGB -, VersR 2004, 150–157.

Krebs, Peter, Sonderverbindung und außerdeliktische Schutzpflichten, Bd. 83, München 2000.

Kreikebohm, R./Spellbrink, W./Waltermann, R. (Hrsg.), Kommentar zum Sozialrecht, 3. Aufl., München 2013.

Kronisch, Robert L./Chow, Tony K./Simon, Lauren M./Wong, Parthenia F., Acute Injuries in Off-Road Bicycle Racing, The American Journal of Sports Medicine 1996, 88–93.

Kronisch, Robert L./Pfeiffer, Ronald P./Chow, Tony K., Acute injuries in cross-country and dowhnhill off-road bicycle racing, Medicine and Science in Sports and Exercise 1996, 1351–1355.

Kronisch, Robert L./Pfeiffer, Ronald P./Chow, Tony K./Hummel, Christopher B., Gender Differences in Acute Mountain Bike Racing Injuries, Clinical Journal of Sport Medicine 2002, 158–164.

Kronisch, Robert L./Pfeiffer, Ronald P., Mountain Biking Jnjuries: An Update, Sports Medicine (Auckland, N.) 2002, 523–537.

Kühl, Kristian/Heger, Martin/Lackner, Karl/Dreher, Eduard (Hrsg.), Strafgesetzbuch, Kommentar, 28. Aufl., München 2014, (zitiert als: Lackner/Kühl/*Bearbeiter*).

Laar, Matthias, Besser Rennrad fahren, Ausrüstung Fahrtechnik Training Wettkampf, 2. Aufl., München 2014.

Lange, Hermann/Schiemann, Gottfried, Schadensersatz, Bd. 1, in: Gernhuber, Joachim, Handbuch des Schuldrechts, Tübingen 2003.

Lareau, Stephanie A./McGinnis, Henderson D., Injuries In Mountain Bike Racing: Frequency of Injuries In Endurance Versus Cross Country Mountain Bike Races, Wilderness & Environmental Medicine 2011, 222–227.

Larenz, Karl, Rechtswidrigkeit und Handlungsbegriff im Zivilrecht, in: Caemmerer, Ernst von, Vom deutschen zum europäischen Recht, Festschrift für Hans Dölle, Tübingen, S. 169–227.

Ders., Lehrbuch des Schuldrechts, Allgemeiner Teil, München 1979.

Larenz, Karl/Canaris, Claus-Wilhelm, Lehrbuch des Schuldrechts, Besonderer Teil, 2. Halbband, 13. Aufl. 1994.

Larenz, Karl/Wolf, Manfred, Allgemeiner Teil des bürgerlichen Rechts, 8. Aufl., München 1997.

Laumen, Hans-Willi, § 12 Der Anscheinsbeweis, in: Baumgärtel, Gottfried/Laumen, Hans-Willi/Prütting, Hanns, Handbuch der Beweislast - Grundlagen, 2. Aufl., Köln u.a. 2009.

Leer, Eugen/Dambeck, Gerhard, Piste und Recht, Die FIS-Verhaltensregeln für den Skifahrer, Verkehrssicherungspflicht, Verhalten gegenüber Pistenraupen, Der

Schlepplift-Unfall, Rechtsfragen um die Sicherheitsbindung: Erläuterungen und Nachweise aus Literatur und Rechtsprechung, 2. Aufl., München 1989.

Lehmann, Heinrich, Begrenzung der Rechtswidrigkeit, unter vergleichender Berücksichtigung des schweizerischen Rechts, in: Lehmann, Heinrich/Nipperdey, Hans Carl, Recht und Wirtschaft, Festschrift für Justus Wilhelm Hedemann zu seinem 80. Geburtstag am 24.4.1958, Berlin 1958, S. 177–190.

Leube, Konrad, Haftungsbeschränkung bei Arbeitsunfällen im Berufssport, VersR 2008, 880–883.

Lindner, Wolfram, Erfolgreiches Radsporttraining, Vom Amateur zum Profi, München 1993.

Looschelders, Dirk, Die Mitverantwortlichkeit des Geschädigten im Privatrecht, Bd. 38, Tübingen 1999.

Ders., Die haftungsrechtliche Relevanz außergesetzlicher Verhaltensregeln im Sport, JR 2000, 265–274.

Ders., Auswirkungen der Versicherung auf die Haftung beim Sport, in: Greiner, Hans-Peter, Neminem laedere, Aspekte des Haftungsrechts; Festschrift für Gerda Müller zum 65. Geburtstag am 26. Juni 2009, Köln 2009, S. 129–145.

Ders., Schuldrecht, Allgemeiner Teil, 10. Aufl., München 2012.

Ders., Schuldrecht, Besonderer Teil, 9. Aufl., München 2014.

Lutter, Theorie der Mitgliedschaft: - Prolegomena zu einem Allgemeinen Teil des Korporationsrechts, AcP 180 (1980), 84–159.

Maimaris, C./Summers C.L./Browining C./Palmer C.R., Injury patterns in cyclists attending an accident and emergency department: a comparison of helmet wearers and non-wearers, British Medical Journal 1994, 1537–1539.

Marburger, Peter, Die Regeln der Technik im Recht, Köln u.a. 1979.

Matthiessen, Kay, Die zivildeliktische Haftung aus Verletzung der Verkehrspflichten, Berlin 1974 (Dissertation).

Mertens, Verkehrspflichten und Deliktsrecht - Gedanken zu einer Dogmatik der Verkehrspflichtverletzung, VersR 1980, 397–408.

Mohnheim, Dirk, Das Ende des Schiedszwangs im Sport - Der Fall Pechstein, SpuRt 2014, 90–94.

Möllers, Thomas/Möhring, Alexandra, Haftungsbeschränkung bei Sportwettkämpfen, Anmerkung zu Urteil vom BGH vom 29.01.2008 - VI ZR 98/07, LMK 2008, 109–110.

Münzberg, Wolfgang, Verhalten und Erfolg als Grundlagen der Rechtswidrigkeit und Haftung, Bd. 4, Frankfurt am Main 1966.

Nelson, Nicolas G./McKenzie, Lara B., Mountain Biking-Related Injuries Treated in Emergency Departments in the United States, 1994–2007, The American Journal of Sports Medicine 2011, 404–409.

Neumann, Georg, Physiologische Grundlagen des Radsports, Deutsche Zeitschrift für Sportmedizin 2000, 169–175.

Niedermair, Harald, Körperverletzung mit Einwilligung und die Guten Sitten, zum Funktionsverlust einer Generalklausel, Bd. 139, München 1999.

Nipperdey, Hans Carl, Rechtswidrigkeit, Sozialadäquanz, Fahrlässigkeit, Schuld im Zivilrecht, NJW 1957, 1777–1782.

Ders., Tatbestandsaufbau und Systematik der deliktischen Grundtatbestände, NJW 1967, 1985–1994.

Ohly, Ansgar, „Volenti non fit iniuria" Die Einwilligung im Privatrecht, Die Einwilligung im Privatrecht, Bd. 73, Tübingen 2002.

Ders., Einwilligung und „Einheit der Rechtsordnung", in: Pawlik, Michael/Zaczyk, Rainer, Festschrift für Günther Jakobs, Zum 70. Geburtstag am 26. Juli 2007, Köln u.a. 2007, S. 451–468.

Otto, Harro, Zur Strafbarkeit des Doping - Sportler als Täter und Opfer, SpuRt 1994, 10–16.

Palandt, Otto (Begr.), Bürgerliches Gesetzbuch, Mit Nebengesetzen; insbesondere mit Einführungsgesetz (Auszug) einschließlich Rom I- und Rom II-Verordnung, Allgemeines Gleichbehandlungsgesetz (Auszug), BGB-Informationspflichten-Verordnung, Unterlassungsklagengesetz, Wohn- und Betreuungsvertragsgesetz, Produkthaftungsgesetz, Erbbaurechtsgesetz, Wohnungseigentumsgesetz, Versorgungsausgleichsgesetz, Lebenspartnerschaftsgesetz, Gewaltschutzgesetz, 73. Aufl., München 2014, (zitiert als: Palandt/*Bearbeiter*).

Pallmann, Hans-Dietrich, Rechtsfolgen aus Gefälligkeitsverhältnissen, Regensburg 1971 (Dissertation).

Pardey, Frank, Ersatzansprüche zwischen Mitgliedern einer Radsportgruppe, Anmerkung zu OLG Zweibrücken Urteil vom 14.7.1993, SpuRt 1995, 61–67.

Ders., Handeln auf eigene Gefahr bei radsportlicher Betätigung, Anmerkung zum Urteil des OLG Zweibrücken vom 14.7.1993 (1 U 153/92), VersR 1995, 145–147.

Petev, Valentin, Zum Problem der Rechtswidrigkeit in Bezug auf die zivilrechtliche Haftung bei Sportunfällen, VersR 1976, 320–323.

Pfeiffer, R.P./Kronisch, R.L., Off-Road Cycling Injuries. An Overview., Sports Medicine (Auckland, N.) 1995, 311–325.

Pfeiffer, Ronald P., Off-Road Bicycle Racing Injuries--The NORBA Pro/Elite Category. Care and Prevention, Clinics in Sports Medicine 1994, 207–218.

Pfister, Bernhard, Autonomie des Sports, sport-typisches Verhalten und staatliches Recht, in: Pfister, Bernhard/Will, Michael R., Festschrift für Werner Lorenz zum siebzigsten Geburtstag, Tübingen 1991, S. 171–192.

Pfister, Bernhard/Summerer, Thomas, 2. Teil. Sport, Vereine und Verbände, in: Fritzweiler, Jochen/Pfister, Bernhard/Summerer, Thomas, Praxishandbuch Sportrecht, 2. Aufl., München 2007, S. 207–218.

Pfister, Bernhard, Schutzzweck von Sportregeln – insbesondere zum Schadensersatzanspruch bei Vermögensschäden aufgrund Verletzung von Sportregeln, in: Gitter, Wolfgang/Heinze, Meinhard/Schmitt, Jochem, Festschrift für Wolfgang Gitter, zum 65. Geburtstag am 30. Mai 1995, Wiesbaden 1995, S. 731–743.

Ders., Sportregeln vor staatlichen Gerichten, SpuRt 1998, 221–226.

Ders., Rechtsverhältnisse zwischen den Teilnehmern sportlicher Wettbewerbe, in: Lorenz, Werner/Rauscher, Thomas/Mansel, Heinz-Peter, Festschrift für Werner Lorenz zum 80. Geburtstag, München 2001, S. 245–269.

Ders., Einleitung, in: Fritzweiler, Jochen/Pfister, Bernhard/Summerer, Thomas, Praxishandbuch Sportrecht, 2. Aufl., München 2007, S. 1–27.

Pförringer, Wolfgang/Ullmann, Christian, Radfahren, Touren, Rennen, Mountain Bike; Risiken erkennen, Unfälle vermeiden, Verletzungen heilen, München 1990.

Picker, Eduard, Vertragliche und deliktische Haftung, - Überlegungen zu einer Neustrukturierung der Haftungssysteme -, JZ 1987, 1041–1088.

Prokop, Clemens, Neuere Entwicklungen zur strafrechtlichen Ahndung des Dopings, SpuRt 2014, 18–19.

Prütting, Hanns, § 5 Die non-liquet-Situation und die Normentheorie, in: Baumgärtel, Gottfried/Laumen, Hans-Willi/Prütting, Hanns, Handbuch der Beweislast - Grundlagen, 2. Aufl., Köln u.a. 2009.

Raab, Thomas, Die Bedeutung der Verkehrspflichten und ihre systematische Stellung im Deliktsrecht, JuS 2002, 1041–1048.

Rauscher, Thomas/Krüger, Wolfgang (Hrsg.), Münchener Kommentar zur Zivilprozessordnung mit Gerichtsverfassungsgesetz und Nebengesetzen, §§ 1025–1109 ZPO, 4. Aufl., Bd. 3, München 2013, (zitiert als: *Müko-ZPO/Bearbeiter*).

Reichert, Bernhard, Handbuch Vereins- und Verbandsrecht, 12. Aufl., Köln 2010.

Reifferscheid, Florian, Notfallversorgung einer Radsportveranstaltung, Anästhesiologie, Intensivmedizin, Notfallmedizin, Schmerztherapie 2010, 456–462.

Reinhart, Michael, Fan-Schlägereien gehören nicht zum Sport, SpuRt 2014, 56–58.

Reuss, Karl Friedrich, Die Intensitätsstufen der Abreden und die Gentlemen-Agreements, AcP 154 (1955), 485–526.

Riesenhuber, Karl, Die Rechtsbeziehungen zwischen Nebenparteien, dargestellt anhand der Rechtsbeziehungen zwischen Mietnachbarn und zwischen Arbeitskollegen, Berlin 1997.

Ders., Die Rechtsbeziehungen zwischen Arbeitnehmern, Streit und Recht am Arbeitsplatz, JZ 1999, 711–717.

Rolfs, C./Giesen, R./Kreikebohm, R./Udsching, P. (Hrsg.), Schwerpunktkommentar Arbeitsrecht, München 2008.

Ders., Beck'scher Online-Kommentar Arbeitsrecht, München, (zitiert als: BeckOk Arbeitsrecht/*Bearbeiter*).

Rosenberg, Leo/Schwab, Karl Heinz/Gottwald, Peter, Zivilprozessrecht, 17. Aufl., München 2010.

Rössner, Dieter, Fahrlässiges Verhalten im Sport als Prüfstein der Fahrlässigkeitsdogmatik, in: Weigend, Thomas, Festschrift für Hans Joachim Hirsch zum 70. Geburtstag am 11. April 1999, Berlin 1999, S. 313–325.

Rother, Werner, Die „vorwiegende Verursachung", VersR 1983, 793–798.

Rüßmann, Helmut/Herberger, Maximilian/Martinek, Michael/Weth, Stefan (Hrsg.), juris Praxiskommentar BGB, Schuldrecht, 6. Aufl., Bd. 2, 2013, (zitiert als: jurisPK BGB/*Bearbeiter*).

Säcker, F. J./Rixecker, R. (Hrsg.), Münchener Kommentar zum Bürgerlichen Gesetzbuch, München, (zitiert als: *MüKo BGB/Bearbeiter*); im Einzelnen:

Ders., Allgemeiner Teil, §§ 1–240 BGB, ProstG, AGG, 6. Aufl. 2012, Bd. 1.

Ders., Schuldrecht Allgemeiner Teil, §§ 241–432 BGB, 6. Aufl. 2012, Bd. 2.

Ders., Schuldrecht Besonderer Teil II, §§ 611–704 BGB, 6. Aufl. 2012, Bd. 4.

Ders., Schuldrecht Besonderer Teil III, §§ 705–853 BGB, Partnerschaftsgesellschaftsgesetz, Produkthaftungsgesetz, 6. Aufl. 2013, Bd. 5.

Ders., Sachenrecht, §§ 854–1296 BGB, WEG, ErbbauRG, 6. Aufl. 2013, Bd. 6.

Ders., Familienrecht I, §§ 1297–1588 BGB, Versorgungsausgleichsgesetz, Gewaltschutzgesetz, Lebenspartnerschaftsgesetz, 6. Aufl. 2013, Bd. 7.

Ders., Familienrecht II, §§ 1589–1921 BGB, SGB VIII, 6. Aufl. 2012, Bd. 8.

Ders., Erbrecht, §§ 1922–2385 BGB, §§ 27–35 BeurkG, 6. Aufl. 2013, Bd. 9.

Schattmann, Matthias, Betrug des Leistungssportlers im Wettkampf, Zur Einführung eines Straftatbestandes im sportlichen Wettbewerb, Bd. 4725, Frankfurt am Main u.a. 2008.

Scheerer-Buchmeier, Heike, Die Abgrenzung des Rechtsgeschäfts von der nicht rechtsgeschäftlichen Vereinbarung unter besonderer Berücksichtigung der Diskussion im 19. Jahrhundert, Köln 1990 (Dissertation).

Scheffen, Erika, Zivilrechtliche Haftung im Sport, NJW 1990, 2658–2665.

Scheidler, Alfred, Rennräder im öffentlichen Verkehr, SVR 2010, 368–374.

Schenke, Wolf, Die Einwilligung des Verletzten im Zivilrecht, unter besonderer Berücksichtigung ihrer Bedeutung bei Persönlichkeitsverletzungen, Erlangen 1965 (Dissertation).

Scheuer Werner, Haftung bei Skiunfällen, DAR 1990, 121–124.

Schiemann, Gottfried, Ausschluss der Haftung für Sportschäden, für die kein kollektiver Haftungsträger eintritt, LMK 2003, 141–143.

Schild, Wolfgang, Doping in strafrechtlicher Hinsicht, in: Schild, Wolfgang, Rechtliche Fragen des Dopings, Heidelberg 1986, S. 13–34.

Schilken, Eberhard, Zivilprozessrecht, 6. Aufl., München 2010.

Schimikowski, Peter, Haftung bei sportlichen Wettbewerben, Anmerkung zu BGH Urteil vom 29.1.2008 - VI ZR 98/07, r+s 2008, 189–190.

Schimke, Martin/Eilers, Götz, Vereins- und Verbandsrecht, in: Nolte, Martin/Horst, Johannes, Handbuch Sportrecht, Schorndorf 2009, S. 87–121.

Schmidt, Achim, Das große Buch vom Radsport, Aachen 2007.

Schmidt, Karsten, Die Vereinsmitgliedschaft als Grundlage von Schadensersatzansprüchen, - Positive „Vertragsverletzung" und „sonstiges Recht" im Innenrecht des Vereins, JZ 1991, 157–162.

Scholten, Hans-Joseph, Mithaftung ohne Fahrradhelm? Zur Begründung einer allgemeinen Obliegenheit, SVR 2012, 161–168.

Ders., Rechtsfragen rund um das Tragen eines Helmes im Straßenverkehr, NJW 2012, 2993–2996.

Schönke, Adolf/Schröder, Horst/Lenckner, Theodor/Eser, Albin (Hrsg.), Strafgesetzbuch: Kommentar, 29. Aufl., München 2014, (zitiert als: Schönke-Schröder/*Bearbeiter*).

Schröder, Rainer/Bedau, Maren, Doping: Zivilrechtliche Ansprüche des Konkurrenten gegen den gedopten Sportler, NJW 1999, 3361–3367.

Schueller, G., Mountainbiking, Der Radiologe 2010, 460–470.

Schulze, Reiner/Dörner, Heinrich (Hrsg.), Bürgerliches Gesetzbuch, Handkommentar, 8. Aufl., Baden-Baden 2014, (zitiert als: *Schulze-Dörner BGB/Bearbeiter*).

Schwab, Martin, Grundfälle zu culpa in contrahendo, Sachwalterhaftung und Vertrag mit Schutzwirkung für Dritte nach neuem Schuldrecht, JuS 2002, 872–878.

Sievers, Martin, Die zivilrechtliche Haftung des Sportlers wegen Dopings, Bd. 5, Clausthal-Zellerfeld 1996.

Soergel (Hrsg.), Bürgerliches Gesetzbuch mit Einführungsgesetzen und Nebengesetzen, Schuldrecht 10, 13. Aufl., Bd. 12, Saarbrücken 2005, (zitiert als: Soergel/*Bearbeiter*).

Soergel, Theodor (Begr.), Bürgerliches Gesetzbuch mit Einführungsgesetzen und Nebengesetzen, Schuldrecht I, 12. Aufl., Bd. 2, Stuttgart u.a. 1990, (zitiert als: Soergel/*Bearbeiter*).

Soergel, Theodor (Begr.), Bürgerliches Gesetzbuch mit Einführungsgesetzen und Nebengesetzen, Schuldrecht IV/2, 12. Aufl., Bd. 5, Stuttgart u.a. 1999, (zitiert als: Soergel/*Bearbeiter*).

Heymanns, Carl, Gesetzesverstoß und Haftung, Köln u.a. 1998.

Steiner, Udo, Das Verhältnis von Schiedsgerichtsbarkeit und staatlicher Gerichtsbarkeit, SpuRt 2014, 2–5.

Stoll, Hans, Das Handeln auf eigene Gefahr, Berlin 1961.

Ders., Unrechtstypen bei Verletzung absoluter Rechte, AcP 162 (1963), 203–236.

Ders., Kausalzusammenhang und Normzweck im Deliktsrecht, Bd. 364/365, Tübingen 1968.

Storch, Alfred, Rechtliche Behandlung von Sportverletzungen beim Golfspiel, VersR 1989, 1131–1133.

Summerer, Thomas, 2. Teil. Sport, Vereine und Verbände, in: Fritzweiler, Jochen/Pfister, Bernhard/Summerer, Thomas, Praxishandbuch Sportrecht, 2. Aufl., München 2007, S. 102–234.

Teichmann, Arndt, § 823 I BGB und die Verletzung eines anderen im Sport, JA 1979, 293–297 und 347–351.

Temme, Carsten, Radsport, in: Engelhardt, Martin, Sportverletzungen - GOTS Manual, Diagnose, Management und Begleitmaßnahmen - mit Zugang zum Elsevier-Portal, München 2009, S. 397–401.

Thiele, Wolfgang, Leistungsstörung und Schutzpflichtverletzung, zur Einordnung der Schutzpflichtverletzung in das Haftungssystem des Zivilrechts, JZ 1967, 649–657.

Thompson, Diane C./Patterson, Matthew Q., Cycle helmets and the prevention of injuries. Recommendations for competitive sport, Sports Medicine (Auckland, N.) 1998, 213–219.

Trägern der Juristischen Studiengesellschaft (Hrsg.), Aktuelle Rechtsfragen des Sports, Tübinger Begegnung; Dialog zwischen der Juristischen Fakultät der Universität Tübingen und Richtern des Bundesgerichtshofs; [Fakultätsbegegnung am 20. Mai 1998], Heidelberg 1999.

Vieweg, Klaus, Disziplinargewalt und Inhaltskontrolle - Zum Reiter-Urteil des Bundesgerichtshofs, SpuRt 1995, 97–101.

Wagner, Gerhard, Gesetzliche Schuldverhältnisse, in: Willoweit, Dietmar, Rechtswissenschaft und Rechtsliteratur im 20. Jahrhundert, Mit Beiträgen zur Entwicklung des Verlages C.H. Beck, München 2007, S. 181–252.

Wagner, Gerhard/Kötz, Hein, Deliktsrecht, 12. Aufl., München 2013.

Weiss, Christof, Fahrtechnik Straßenrad, Bike spezial 2001.

Westermann, Harm Peter/Grunewald, Barbara/Maier-Reimer, Georg (Hrsg.), Bürgerliches Gesetzbuch: Handkommentar mit AGG, EGBGB (Auszug), ErbbauRG, LPartG, ProdHaftG, VBVG, VersAusglG und WEG, 14. Aufl., Bd. II, Köln 2014, (zitiert als: Erman-BGB/*Bearbeiter*).

Wiethölter, Rudolf, Der Rechtfertigungsgrund des verkehrsrichtigen Verhaltens, Karlsruhe 1960.

Willoweit, Dietmar (Hrsg.), Rechtswissenschaft und Rechtsliteratur im 20. Jahrhundert, Mit Beiträgen zur Entwicklung des Verlages C.H. Beck, München 2007.

Zimmermann, Verletzungserfolg, Spielregeln und allgemeines Sportrisiko, VersR 1980, 497–502.

Zipf, Heinz, Einwilligung und Risikoübernahme im Strafrecht, Neuwied 1970.

Zippelius, Reinhold, Die Rechtswidrigkeit von Handlung und Erfolg, AcP 157 (1958/59), 390–398.

Internetquellen

ADAC, Home, http://www.adac.de/ (Zuletzt geprüft am: 30.09.2014).

bast, Gurte, Kindersitze, Helme und Schutzkleidung - 2012, http://www.bast.de/DE/Publikationen/Foko/2013-2012/2013-06.html?nn=605396 (Zuletzt geprüft am: 30.09.2014).

bast, Gurte, Kindersitze, Helme und Schutzkleidung - 2013, http://www.bast.de/DE/Publikationen/Foko/2015-2014/2014-11.html?nn=605396 (Zuletzt geprüft am: 30.09.2014).

BDR, BDR Reglements, http://www.rad-net.de/modules.php?name=html&f=verwaltung/reglements.htm&menuid=76 (Zuletzt geprüft am: 30.09.2014).

–, Der BDR - ein Dachverband mit Profil, http://www.rad-net.de/modules.php?name=html&f=bdr/verbands-portrait.htm&menuid=56 (Zuletzt geprüft am: 30.09.2014).

–, Die 17 Landesverbände im BDR, http://www.rad-net.de/modules.php?name=html&f=LV/index.htm&menuid=59&menuid=404 (Zuletzt geprüft am: 30.09.2014).

–, Mitgliedschaft im BDR, http://www.rad-net.de/modules.php?name=html&f=bdr/mitgliedschaft.htm&menuid=57 (Zuletzt geprüft am: 30.09.2014).

–, rad-net - Das Radsport-Portal, http://www.rad-net.de/index.php?menuid=60 (Zuletzt geprüft am: 30.09.2014).

–, rad-net Vereinssuche, http://www.rad-net.de/modules.php?name=Verein&menuid=43&menuid=403 (Zuletzt geprüft am: 03.10.2014).

bfu - Beratungsstelle für Unfallverhütung, Tödliche Sportunfälle in der Schweiz 2000–2012, http://www.bfu.ch/sites/assets/Shop/bfu_2.117.01_bfu-Grundlagen%20%E2%80%93%20T%C3%B6dliche%20Sportunf%C3%A4lle%20in%20der%20Schweiz,%202000%E2%80%932012.pdf (Zuletzt geprüft am: 09.10.2014).

Bike New York, TD Five Boro Bike Tour, http://www.bikenewyork.org/ride/five-boro-bike-tour/ (Zuletzt geprüft am: 30.09.2014).

Bundesfachverband für Kichboxen e.V., Satzungen und Ordnungen, http://www.wako-deutschland.de/Die-Wako-Allgemein/Satzung.html (Zuletzt geprüft am: 30.09.2014).

CCS Germany GmbH, Impressum, http://www.nutrixxion.de/impressum (Zuletzt geprüft am: 30.09.2014).

Deutscher Boxsport-Verband e.V., Links und Downloads, http://www.box-sport-verband.de/links-downloads/ (Zuletzt geprüft am: 30.09.2014).

Flowmotion GmbH, Haftungsausschluss MTB Marathon/kids Cup/E-Bike Rennen/Uphill Contest, http://www.mtb-festival.de/files/2008/09/haftungsausschlussmtbfestival2014.pdf (Zuletzt geprüft am: 30.09.2014).

GDV Die Deutschen Versicherer, Allgemeine Versicherungsbedingungen für die Haftpflichtversicherung (AHB), http://www.gdv.de/downloads/versicherungsbedingungen/allgemeine-versicherungsbedingungen-fur-die-haftpflichtversicherung-ahb (Zuletzt geprüft am: 30.09.2014).

Gläser, Heribert/Henke, Thomas, Sportunfälle - Häufigkeit, Kosten, Prävention, http://www.budoten.org/wp-content/uploads/2010/09/arag-sportunfaelle.pdf (Zuletzt geprüft am: 30.09.2014).

Lagardère Unlimited Events Germany GmbH, Europas größtes Radrennen, http://www.vattenfall-cyclassics.de/index.php/de/eventinfos (Zuletzt geprüft am: 30.09.2014).

MMAF, Wettkampfregeln der Mixed Martial Arts Sport Association Austria, http://www.mma-verband.at/index.php?option=com_content&view=article&id=50&Itemid=55 (Zuletzt geprüft am: 30.09.2014).

UCI, Constitution, http://www.uci.ch/mm/Document/News/Rulesandregulation/16/26/19/UCIConstitution-October12013-ENG_English.pdf (Zuletzt geprüft am: 30.09.2014).

UCI., Regulations, http://www.uci.ch/inside-uci/rules-and-regulations/regulations/ (Zuletzt geprüft am: 30.09.2014).

UCI, Union Cycliste Internationale, http://www.uci.ch/ (Zuletzt geprüft am: 30.09.2014).

USA Cycling, USA Cycling, http://www.usacycling.org/mtb/ (Zuletzt geprüft am: 30.09.2014).

Vattenfall Cyclassics, Ausschreibung, http://www.vattenfall-cyclassics.de/images/stories/jedermann/2014/Anmeldung/PDF/VC14_Ausschreibung.pdf (Zuletzt geprüft am: 30.09.2014).

Wikipedia, Liste von tödlich verunglückten Radrennfahrern, http://de.wikipedia.org/wiki/Liste_von_t%C3%B6dlich_verungl%C3%BCckten_Radrennfahrern (Zuletzt geprüft am: 30.09.2014).

Wikipedia, Mailand - Sanremo, http://de.wikipedia.org/wiki/Mailand%E2%80%93 Sanremo (Zuletzt geprüft am: 30.09.2014).

Stichwortverzeichnis

HAFTUNGS- UND VERSICHERUNGSRECHT

Rechtliche Probleme der vertraglichen und außervertraglichen Haftung sowie des Versicherungsrechts

Herausgegeben von Prof. Dr. Christoph Brömmelmeyer, Prof. Dr. Dr. h.c. mult. Erwin Deutsch, Prof. Dr. Hans-Peter Schwintowski und Prof. Dr. Jochen Taupitz

Band 1 Jochen Taupitz: Zivilrechtliche Haftung bei Kreditkartenmißbrauch. 1995.

Band 2 Sabine Scheiper: Der Versicherungsmakler. Aufgabe und Vergütungssystem im Wandel. 1996.

Band 3 Thomas Kritter: Der Ausschluß des Arztes von der Rechnungserstattung in der privaten Krankenversicherung. 2000.

Band 4 Torsten Kretschmer: Die zeitliche Abgrenzung des Versicherungsschutzes in der Allgemeinen Haftpflichtversicherung. Unter besonderer Berücksichtigung des AGB-Gesetzes und internationaler Deckungskonzepte. 2002.

Band 5 Seok-Chan Yoon: Die Gefährdungshaftung für moderne Techniken. Zugleich eine Stellungnahme zum neuen Schadensersatzrecht. 2002.

Band 6 Wolfram Irmer: Sekundärrechtsschutz und Schadensersatz im Vergaberecht. Die Notwendigkeit der Neuordnung des Primär- und Sekundärrechtsschutzes im Vergaberecht. 2004.

Band 7 Tabea Quiring: Die Dritthaftung von Sachverständigen. Nach der Schuldrechtsreform und der Neuregelung des § 839 a BGB. 2006.

Band 8 Jana Kossak: Rechtsfolgen eines Verstoßes gegen das Benachteiligungsverbot im Allgemeinen Zivilrechtsverkehr. Eine Untersuchung des § 21 AGG unter besonderer Berücksichtigung des europäischen Sanktionensystems. 2009.

Band 9 Susann Rochlitz: Arbeitszeitkonten in der (Alters-)Vorsorge. Rechtliche Perspektiven nach der Flexi II-Reform. 2011.

Band 10 Mirja Sauerland: Die Harmonisierung des kollektiven Verbraucherrechtsschutzes in der EU. Eine Analyse bezüglich der Kompetenz der Europäischen Union zur Schaffung von einheitlichen auf Leistung gerichteten Kollektivklagemechanismen. 2012.

Band 11 Jan Mittelstädt: Der Kapitalisierungsanspruch des Verletzten gemäß § 843 Abs. 3 BGB. Eine rechtsdogmatische Untersuchung zur materiellen und prozessualen Durchsetzung des Kapitalisierungsanspruches. 2014.

Band 12 Mareike Keller: Ein Konzept zur Umsetzung der Ausgleichsfunktion bei der Bemessung des Schmerzensgeldes. 2014.

Band 13 Jörg Büchner: Neue Entwicklungen und alte Probleme in der Berufsunfähigkeitsversicherung nach der VVG-Reform. Unter besonderer Berücksichtigung des aktuellen Bedingungsmarktes. 2015.

Band 14 Friedrich Anselm Wagner: Haftungsfragen bei Unfällen zwischen Radsportlern. Zugleich eine Untersuchung zu relativen Schutzpflichten und der Struktur des § 823 Abs. 1 BGB. 2016.

www.peterlang.com